VINDOBONA

VERLAG SEIT 1

AF155389

NORBERT GIESLER

Mein **Leben** auf der **Achterbahn**

Eine turbulente
Reise durch fast ein
Jahrhundert

VINDOBONA
VERLAG SEIT 1946

Bibliografische Information
der Deutschen Nationalbibliothek:

Die Deutsche Nationalbibliothek
verzeichnet diese Publikation in
der Deutschen Nationalbibliografie.
Detaillierte bibliografische Daten
sind im Internet über
http://www.d-nb.de abrufbar.

www.vindobonaverlag.com

© 2023 Vindobona Verlag

ISBN 978-3-902935-86-1
Lektorat: Dr. Swen Wagner,
Jovyplatz 4, 45964 Gladbeck
Umschlagfotos: Sorrapong Apidech,
Loraliu, Eugenesergeev | Dreamstime.com,
Norbert Giesler
Umschlaggestaltung, Layout & Satz:
Vindobona Verlag
Innenabbildungen, Autorenfoto:
Norbert Giesler

Die vom Autor zur Verfügung gestellten
Abbildungen wurden in der bestmög-
lichen Qualität gedruckt.

Gedruckt in der Europäischen Union
auf umweltfreundlichem, chlor- und
säurefrei gebleichtem Papier.

INHALTSVERZEICHNIS

VORWORT

Mein Leben glich der Fahrt auf einer Achterbahn. Während meine Familie in der Kreisstadt Namslau, Bezirk Breslau, wohnte, verbrachte ich ab dem Alter von sechs Jahren die Sommermonate in Oberschlesien auf dem Hof meiner Großeltern Giesler. Die Ländereien sollen als Lehen vom Herzog Georg II. von Brieg (1523–1586) an den Urahn vergeben worden sein. Die Äcker lagen unmittelbar an der deutsch-polnischen Grenze. Gesprochen in dieser Gegend wurde das sogenannte „Wasserpolnisch", welches ich mir schnell anzueignen hatte. Die Zweisprachigkeit brachte Segen und Defizite in meinem Leben. Unsere Mutter flüchtete dann mit uns fünf Kindern vor der Roten Armee und wir kehrten zu Fuß in die Heimat nach Namslau zurück. Jetzt unter polnischer Herrschaft half meine Zweisprachigkeit, uns vor dem Hungertod zu bewahren. Nach unserer Vertreibung aus Namslau schlossen sich Lageraufenthalte in der Ost- und der Westzone an, bis wir am Südharz im Dorf Bartolfelde vorerst eine neue Bleibe fanden. Mit elf Jahren wurde ich eingeschult und die sprachlichen Defizite brachten jetzt Ausgrenzung und Hohn, der selbst von Lehrerinnen gefördert wurde.

Mein starker Wille, verbunden mit Lernbereitschaft und Ausdauer ließ mich die Probleme des Alltags überwinden und mich nach dem Studium des Bauingenieurwesens beruflich auf einem holperigen Weg bis zum Bauoberrat aufsteigen. Mein privates Glück hingegen war immer wieder auch von Tiefschlägen gekennzeichnet, bevor ich endlich angekommen bin.

Nun, im hohen Alter, habe ich die Geschichte meines Lebens aufgeschrieben. Es ist meine Geschichte und doch ist es auch die Geschichte eines Lebens im 20. Jahrhundert – gekennzeichnet durch all die äußeren Ereignisse, die sich kein Mensch ausgesucht hat. Erst recht kein Kind in der Kriegszeit. Ich war als Kind mit den Sommern auf dem Hof der Großeltern und auch sonst wirtschaftlich sicherlich privilegiert. In der dann folgenden düsteren Epoche hingegen blieb gar keine Zeit, erwachsen zu werden – man musste es einfach sein, um zu überleben.

Nach dem Krieg waren alle Selbstverständlichkeiten erneut auf den Kopf gestellt. Als Flüchtling hieß es, sich wieder durchzusetzen. Auch gegen alle Vorurteile. Das war damals so, das ist auch heute so. Es ist immer eine Herausforderung, wenn man in eine ganz neue Umgebung geworfen wird. Mir hat mein Drang zur Bildung geholfen. Und was an Sprache mein Problem war, konnte ich durch mein mathematisches Verständnis auf manchen Feldern mehr als ausgleichen. Manchmal auch durch Sturheit. So habe ich irgendwann auch wirtschaftlich wieder Fuß gefasst im Leben. Immer aber blieben viele Möglichkeiten auch zu so manchem Unfug und mancher Dummheit. Ich habe wenig ausgelassen. Dass ich so alt werden konnte, hat auch mit Glück zu tun.

Mein Leben ist sicherlich kein in jeder Hinsicht typisches des 20. Jahrhunderts, aber bestimmt doch ein exemplarisches. Hoffen wir, dass heutige und nachfolgende Generationen die schlimmsten Auswüchse, die meine Generation erlebt hat, nicht ebenso in irgendeiner Form durchmachen müssen. Bleiben wir wachsam und strebsam, auch wenn es in heutigen Zeiten nicht so einfach scheint, Mensch zu bleiben und andere Mensch bleiben zu lassen. Es lohnt sich.

1 DIE GESCHICHTE DER AHNEN

Etwas grundsätzliche Historie vorab

Bis weit in das 18. Jahrhundert war Schlesien durch das bäuerliche Leben geprägt, welches beherrscht wurde durch den Adel. Seine Strukturen änderten sich teils durch den Einfluss der beginnenden Industrialisierung. Im oberschlesischen Bereich um die Stadt Krakau wie auch im Ruhrgebiet verstärkte sich der Kohleabbau. Der damit verbundene wirtschaftliche Aufschwung Deutschlands sowie der übrigen westlichen Staaten zog Arbeiter besonders aus Polen an. Sie gründeten Familien oder ließen diese nach Deutschland nachkommen. Natürlich brachten sie die polnischen Familiennamen und ihre Sprache mit. Während sich unter ihnen im Ruhrgebiet die deutsche Sprache durchsetzte, blieb der polnische Einfluss auf die deutsche Sprache infolge der nahen Grenze zu Polen besonders in Schlesien erhalten. Es entstand jedoch ein Sprachgemisch, welches unter dem Begriff „Wasserpolnisch" bekannt wurde.

Besonders entlang der damaligen Staatsgrenze wurde von der polnischen und der deutschen Bevölkerung das Wasserpolnisch genutzt, um gegenseitig an Feierlichkeiten oder kulturellen Darbietungen teilzunehmen. Auch vereinfachte die Sprache beidseitig der Grenze das Kennenlernen der Dorfbewohner und schuf erst die Möglichkeit, Ehen einzugehen. Bis auf die grenznahen Dörfer wurde in den deutschen Reichsgebieten – wie auch in Schlesien und Preußen – grundsätzlich Deutsch gesprochen.

Das wirtschaftliche Gefälle von Polen nach Deutschland verstärkte sich weiter, sodass in den folgenden Jahren viele Polen sich mit und auch ohne ihre Familien als Arbeiter speziell auf deutschen Gütern anboten.

Nach dem für Deutschland verlorenen Zweiten Weltkrieg wurde das Reich von den Siegermächten zerschlagen. Deutsche

Gebiete wurden abgetrennt und Besatzungszonen im Rest Deutschlands eingerichtet. Einschneidend war die Grenzziehung Oder–Neiße, die verbunden war mit dem Verlust der einst deutschen Reichsgebiete Schlesien, Preußen und Pommern. In den Gebieten – jetzt eingegliedert in das polnische Staatsgebiet – änderten sich die Besitzverhältnisse und die Sprache.

Die Familie Giesler

Zur Geschichte der Familie Giesler gibt es eine mündliche Überlieferung, die der Großvater Daniel gern vortrug. Unser Urahn Giesler (Gislar, Gisler) soll wohl im Jahr 1508 im Salzburger Land in Österreich geboren worden sein. Als junger Bursche kämpfte er im Bauernkrieg 1525/26 auf protestantischer Seite. Seine Glaubensbrüder verloren und damit war für ihn eine Rückkehr in den Pongau in den Bezirk St. Johann unmöglich. Er blieb beim Kriegsdienst und schloss sich einem Heer der Reformierten an. Mut und Tapferkeit ließen ihn in den Offiziersstand aufsteigen. Der Herzog Georg II. von Brieg soll dem Urahn und weiteren Gefolgsleuten Ländereien in Oberschlesien in der Nähe von Kreuzburg im Golkowitzer Sande als Erblehen übertragen haben. Der Hof der Großeltern entwickelte sich dann aus dieser Lehensvergabe um das Jahr 1550. In der Auflistung sind die Hofbesitzer seit Georg Giesler benannt.

Die Äcker lagen an der damaligen schlesisch-polnischen Grenze. Mit seinen Knechten hatte der Urahn Grenzsicherung zu betreiben. Die Lehensvergabe führte zur Gründung des Dorfes Waldungen, heute Borek (Polen). Dem Urahn soll ferner das Privileg eines „Freimanns" zugesprochen worden sein. Er durfte unter der Obhut seines „Freigrafen" in einem gewissen Rahmen Recht sprechen. Das übertragene Grundstück soll in der Breite und Länge 115 x 780 m = 89.700 m² groß gewesen sein. Durch Fleiß und Umsicht der Ahnen wurde im Lauf der Zeit die anfängliche Grundstücksfläche auf über 35 Hektar vergrößert.

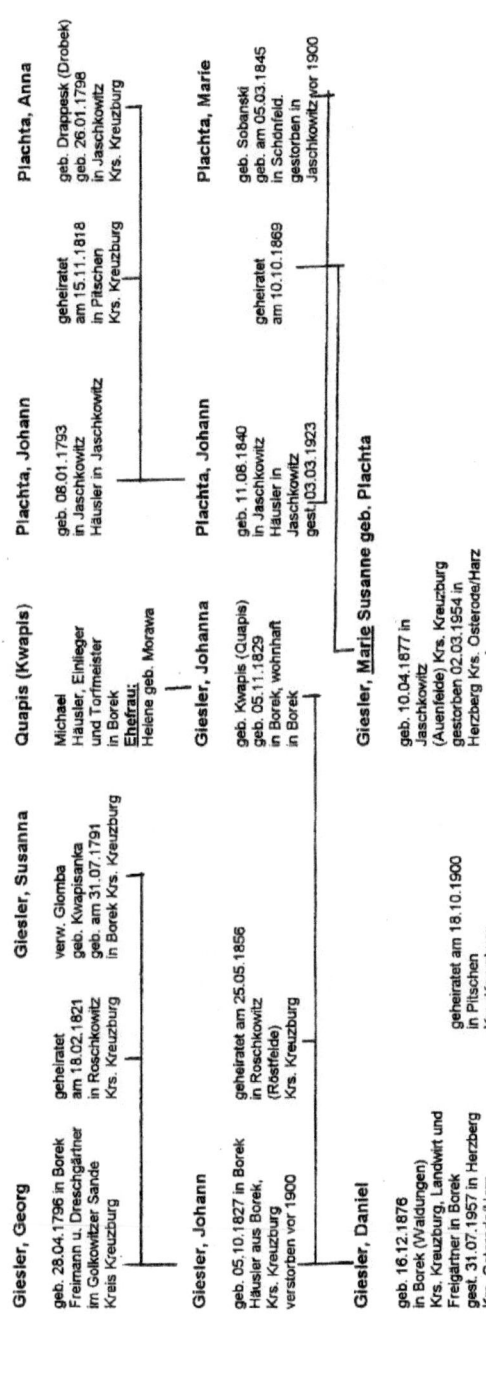

Giesler, Georg

geb. 28.04.1796 in Borek
Freimann u. Dreschgärtner
in Golkowitzer Sande
Kreis Kreuzburg

geheiratet
am 18.02.1821
in Roschkowitz
Krs. Kreuzburg

Giesler, Susanna

verw. Glomba
geb. Kwapisanka
geb. am 31.07.1791
in Borek Krs. Kreuzburg

Quapis (Kwapis)

Michael
Häusler, Einlieger
und Torfmeister
in Borek
Ehefrau:
Helene geb. Morawa

Plachta, Johann

geb. 08.01.1793
in Jaschkowitz
Häusler in Jaschkowitz

geheiratet
am 15.11.1818
in Pitschen
Krs. Kreuzburg

Plachta, Anna

geb. Drappesk (Drobek)
geb. 26.01.1798
in Jaschkowitz
Krs. Kreuzburg

Giesler, Johann

geb. 05.10.1827 in Borek
Häusler aus Borek,
Krs. Kreuzburg
verstorben vor 1900

geheiratet am 25.05.1856
in Roschkowitz
(Rostfelde)
Krs. Kreuzburg

Giesler, Johanna

geb. Kwapis (Quapis)
geb. 05.11.1829
in Borek, wohnhaft
in Borek

Plachta, Johann

geb. 11.08.1840
in Jaschkowitz
Häusler in
Jaschkowitz
gest. 03.03.1923

geheiratet
am 10.10.1869

Plachta, Marie

geb. Sobanski
geb. 05.03.1845
in Schönfeld,
gestorben in
Jaschkowitz vor 1900

Giesler, Daniel

geb. 16.12.1876
in Borek (Waldungen)
Krs. Kreuzburg, Landwirt und
Freigärtner in Borek
gest. 31.07.1957 in Herzberg
Krs. Osterode/Harz

geheiratet am 18.10.1900
in Pitschen
Krs. Kreuzburg

Giesler, Marie Susanne geb. Plachta

geb. 10.04.1877 in
Jaschkowitz
(Auenfelde) Krs. Kreuzburg
gestorben 02.03.1954 in
Herzberg Krs. Osterode/Harz

Abbildung 1: Abfolge der Hofbesitzer und deren Ehefrauen

Abbildung 2: Blick von der Straße auf das Anwesen
des Großvaters im Überblick, 1976

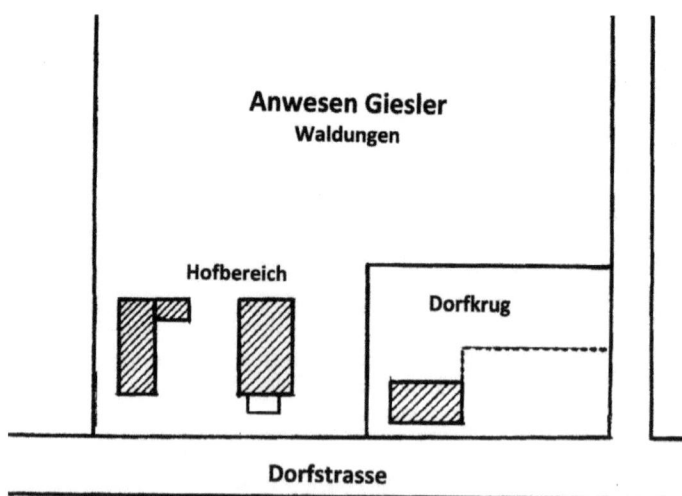

Abbildung 3: Grundstücksaufteilung
zum Bau des Dorfkruges

In folgenden Generationen wurden das bäuerliche Anwesen und das Privileg Freimann gemäß dem Schlesischen Erbfolgerecht an den ältesten Sohn übertragen. Den Brüdern hatte der Erbnehmer ein Startgeld und den Schwestern eine kleine Aussteuer zu zahlen. Aus schriftlichen Aufzeichnungen geht hervor, dass selbst noch der Ahn Georg Giesler (1796) die Bezeichnungen „Freimann und Dreschgärtner im Golkowitzer Sande Kreis Kreuzburg" tragen durfte. Georg Giesler wollte den Hof an seinen erstgeborenen Sohn Johann (1827–1900) übertragen. Doch dessen Schicksal durchkreuzte die geplante Hofübergabe. Nach einem Unfall musste dem Sohn ein Bein unterhalb des Knies amputiert werden. Mit dieser Behinderung konnte er weder schwere Hofarbeiten ausführen noch die Äcker bewirtschaften. Seine Brüder standen im Beruf oder hatten in andere Höfe eingeheiratet. Lediglich mein Großvater Daniel als Nachzügler der Familie stand für die Hofübergabe zur Verfügung. Er war noch zu jung und so musste sein Vater Georg zunächst den Betrieb weiterführen. Für den ursprünglichen Hoferben Johann trennte man zur Existenzsicherung aus dem Anwesen im südöstlichen Eckbereich eine Fläche heraus und baute darauf den Dorfkrug mit Kegelbahn und Festplatz. Nach Johanns Tod und der Wiederheirat seiner Ehefrau wechselte der Gasthof in eine andere Familie.

Kurz vor dem Tod seines Vaters Johann übernahm mein Großvater Daniel Giesler (geb. 1876) das Anwesen. Bald danach erkrankte seine Mutter, Marie Giesler, geb. Kwapis (Quapis), geb. 5.11.1829, sodass übereilt für den neuen Hofinhaber eine geeignete Ehefrau gefunden werden musste. Schließlich konnte ja kein Hof ohne eine Frau betrieben werden. Diese Suche übernahm der Viehhändler. Er glaubte, in Marie Susanne Plachta, geb. 10.4.1877 in Auenfelde (Jaschkowitz), die richtige Frau gefunden zu haben. Ein Treffen mit der Familie Plachta war schnell vereinbart. Während seine Mutter mit dem Vater Plachta über die Mitgift verhandelte, warteten die beiden Hauptpersonen – er als zukünftiger Bräutigam und seine Braut – eher still in einer kleinen Kammer. Nur wenige Tage danach schloss sich ein weiteres Treffen an, wo man über die Hochzeitsvorbereitungen sprach. Die Heirat fand statt nach Abschluss der Feldarbeiten am 18.10.1900. In der Ehe geboren wurden neun Kinder, wobei ein Kind bereits bei der Geburt verstarb.

Nachstehend aufgeführt sind die Kinder der Großeltern, also meine Tanten und Onkel:

1. Giesler, Karl Johann, geb. 29.1.1902, gest. 9.11.1960 in Burscheid/Leverkusen
2. Giesler, Hans-Johann Karl, geb. 27.4.1906, gest. 8.7.1986 in Herzberg/Harz
3. Giesler, Wilhelm Daniel, geb. 25.2.1908, gest. 26.2.1978 in Klein Wesensberg
4. Rübner, Marie Martha, geb. Giesler, geb. 15.6.1911, gest. 30.10.1981 in Deetz/Zerbst
5. Jansen, Ottilie Karoline, geb. Giesler, geb. 28.12.1912, gest. 13.3.1996 in Herzberg/Harz
6. Kenner, Anna Marie, geb. Giesler, geb. 5.4.1914, gest. 30.10.1973 in Rankendorf/Grevesm.
7. Giesler, August Daniel, geb. 1.8.1916, gest. 9.4.1986 in Bergen auf Rügen
8. Giesler, Heinrich Hermann, geb. 28.9.1918, gest. 10.7.2007 in Bielefeld

Keine Überraschung dürfte sein, dass jede Familie im Ort mit den Großeltern verwandt oder verschwägert war. Inzwischen lag der Hof 400 Jahre im Besitz unserer Familie, aber noch immer bestand der Graf des Gutes Roschkowitz (Roschkowice) auf Frondienste. Es waren für ihn Fuhr- und Spanndienste zu leisten. Neben der Hofbewirtschaftung betrieb der Großvater eine kleine Pferdezucht. Aber auch in diesem Bereich hatte sich der Graf das Monopol eingerichtet. Die Bauern durften nur Pferdestuten halten, die Hengste zur Zucht standen in der Obhut des Grafen. Für jedes Fohlen im Gutsbereich hatte sich der Graf das Vorkaufsrecht eingeräumt. Neben dem Ackerbau betrieben die Großeltern einen Gartenbaubetrieb, dessen Erzeugnisse sie auf dem Wochenmarkt in Pitschen (Byczyna) Kreis Kreuzburg (Kluczbork) verkauften.

Meine Bestrebungen, mehr über den Urahn, seine unmittelbaren Nachkommen und die Lehensvergabe zu erfahren, sind gescheitert. Derzeitig zuständige Stellen in Polen bestätigten die Vernichtung der in Pitschen geführten Kirchenbücher sowie der Grundstücksakten des Ortes Waldungen. In mündlichen Rückfragen verfestigte sich mein Eindruck, man wolle keine Auskunft an Deutsche erteilen.

Die Ahnen Wengel

Die wenigen Kontakte zu den Großeltern mütterlicherseits lassen mich kaum über deren Ahnen berichten. Eine Ahnentafel soll es gegeben haben, die familiäre Verbindungen nach Schweden beinhaltete. Der Stammsitz der Familie Wengel war der Ort Kahlau, Kreis Mohrungen, Bezirk Allenstein in Ostpreußen.

Der Großvater <u>Gottfried</u> Wengel (1867–1945) und seine Ehefrau <u>Auguste</u> Wengel, geb. Karls (1882–1945) zogen elf Kinder groß und bildeten die Sippe der Wald-Wengel. Eines dieser Kinder ist meine Mutter Ida, geb. 19. Oktober 1911. Wie der Beiname der Familie bereits ausdrückt, lag ihr Anwesen am Waldrand von Kahlau. Wengels besaßen über hundert Hektar Wald und bezogen ihre Einnahmen aus der Holzwirtschaft, der Rinderhaltung und der Ausrichtung von Jagden auf Elche und Hirsche. Im Ortskern von Kahlau wohnte die Familie der sogenannten Feld-Wengel. Wollte die Verwandtschaft sich sonntags besuchen, bedurfte es keiner besonderen Benachrichtigung. Die freie Sicht zwischen den beiden Höfen ließ erkennen, wenn eine Familie in festlicher Kleidung ihren Hof verließ. Die Zeit für die Wegstrecke, egal ob zu Fuß oder mit der Kutsche, reichte für die andere Familie aus, sich festlich anzukleiden, Kuchen zu backen und den Tisch für das gemeinsame Kaffeetrinken einzudecken.

Das behagliche Leben auf dem Hof der Großeltern und der zwei Schwestern unserer Mutter nahm durch den Vormarsch der Roten Armee im Januar 1945 ein schreckliches Ende. Soldaten besetzten das Anwesen, fesselten die Schwestern an Tischen und vergewaltigten sie über Tage hinweg. Vor ihrem Abzug verschleppten sie eine Schwester, die andere verfiel in einen religiösen Wahn. Wenige Tage später kamen marodierende polnische Banden auf den Hof, trieben das Vieh weg, verbrannten das Anwesen und erschlugen den Großvater Gottfried Wengel. Die Großmutter Auguste und die geschändete, verwirrte Tochter mit ihrem Kleinkind zwängten die Polen in einen überfüllten Viehwaggon. Auf der Fahrt gen Westen mussten sie über mehrere Tage eng gedrängt im Waggon stehen. Es gab für sie weder Wasser noch Verpflegung. Während der ganzen Fahrt trug die Großmutter das Kleinkind ihrer Tochter auf dem Arm. Sie wollte damit verhindern, dass das Kind zertreten wird. Kurz nach dem Öffnen der Waggons ist unsere Großmutter an Erschöpfung verstorben. Doch all das geschah ja erst später.

Im Sommer 1941, vor diesen hässlichen Ereignissen, besuchte meine Mutter mit uns Kindern ihre Eltern, ihre in Kahlau ansässige Familien und deren Höfe. Über die Reise nach Ostpreußen werde ich berichten.

Meine Eltern

Meine Mutter Ida wurde als achtes Kind der Familie Wengel in Kahlau geboren. Mit 16 Jahren verließ sie das elterliche Anwesen und fand bei der Familie ihres Onkels Wilhelm Wengel in Düsseldorf-Eller ein neues Zuhause. In Düsseldorf eröffnete sich für die junge Frau auch eine berufliche Perspektive, die in Kahlau nicht gegeben war. In der Obhut von Onkel und Tante erhielt sie wunschgemäß die Ausbildung zur examinierten Krankenschwester.

Ihr Beruf führte im Jahr 1931 zur Begegnung mit ihrem zukünftigen Ehemann, dem Soldaten Hans-Johann Giesler aus Oberschlesien. Er war eingesetzt gegen bewaffnete Aufständische im Ruhrgebiet und wurde bei den Konflikten verwundet. In einem Lazarett in der Nähe von Düsseldorf verliebten sich die Krankenschwester Ida aus Ostpreußen und der Unteroffizier Hans-Johann aus Oberschlesien. Da beide dienstverpflichtet waren, mussten sie ihre Vermählung bis zum 17. Mai 1933 verschieben. Die Trauung fand in Kahlau statt. Anschließend konnten sie im Kasernenbereich des Infanterie-Regiments 3 der Stadt Deutsch Eylau/Westpreußen (heute: Iława) eine Dienstwohnung beziehen. Aus jener Zeit dürfte der Ratschlag meines Vaters stammen: „Sohn, ziehe nie in ein Haus, in welchem gleichgestellte Kollegen mit ihren Frauen wohnen."

Der eigentliche Berufswunsch meines Vaters war das Studium der Forstwirtschaft. Sein ältester Bruder Karl ist diesen Weg gegangen. Doch seinen Eltern fehlte das Geld, gleichzeitig zwei Söhne studieren zu lassen. Um nicht als Knecht auf einem anderen Hof arbeiten zu müssen, verpflichtete sich mein Vater mit 19 Jahren als Berufssoldat. Die hierfür erforderliche Genehmigung seiner Eltern hatte allerdings sein Bruder Karl unterschrieben. Seine Ausbildung fand in Berlin statt.

Noch vor Ablauf der zwölfjährigen Dienstverpflichtung besuchte mein Vater die Finanzschule in Meersburg am Bodensee. Mit dem dort erworbenen Zivilschein durfte er sich bewerben um die Stelle eines Steuerassistenten beim Finanzamt in Namslau (Namysłów), Bezirk Breslau in Schlesien. Seine zivile Tätigkeit beim Finanzamt in Namslau war eher kurz. Etwa im Jahr 1938 erfolgte die Einberufung zur deutschen Wehrmacht. Man brauchte ihn wegen seiner polnischen Sprachkenntnisse zur Vorbereitung des Polenfeldzugs. Nach dessen Beendigung begann seine Ausbildung zum Offizier zur See in Glückstadt/Elbmündung.

Mein Start ins Leben

Aus der Ehe sind sieben Kinder hervorgegangen. Im Jahr 1933 wurde meine Schwester Helga geboren, verstarb dann aber im dritten Lebensmonat an einer Lungenentzündung. Am Heiligen Abend des Jahres 1934 erblickte meine Schwester Christa das Licht der Welt. Die große Erwartung auf einen Stammhalter knüpfte mein Vater an meine Geburt.

Abbildung 4: Meine Mutter, in zweiter Reihe
hinter dem Chefarzt stehend

Abbildung 5: Mein Vater, links im Bild
vor der Marineschule in Glückstadt

Am Sonntag, den 8.11.1936 erfüllte sich sein Begehren. Wieder half der Stabsarzt bei der Entbindung. Zunächst zeigten sich nur kleine Füße. Doch bald war die Freude übergroß, es war ein Junge. Nach einem Klaps auf den Po begann ich kräftig zu schreien. Ich brachte stolze 10,7 Pfund auf die Waage, weil eine Fettschicht meinen kleinen Körper umhüllte. Da sich meine Füße zuerst zeigten, beklagte der Stabsarzt: „Dieses ist ein richtiger Kerl für das Militär, leider wird er kein Infanterist wie der Vater, sondern eher ein Fallschirmjäger. Auch sein Fettmantel zeigt, dass sich der Bursche bereits auf den harten preußischen Winter eingestellt hat." Um in der Kaserne die frohe Nachricht über seinen Stammhalter zu verbreiten, brauchte mein Vater wohl drei Tage. Getauft wurde ich in der evangelischen Kirche zu Dt. Eylau auf den Namen Norbert Heinz Giesler.

Nach der Beendigung seiner Dienstzeit als Berufssoldat nahm mein Vater eine Anstellung beim Finanzamt der Kreisstadt Namslau an. Wir bezogen eine Dachgeschosswohnung in der Brieger Straße, wo meine Schwester Ursel, genannt Uschi, am 11.11.1938 geboren wurde.

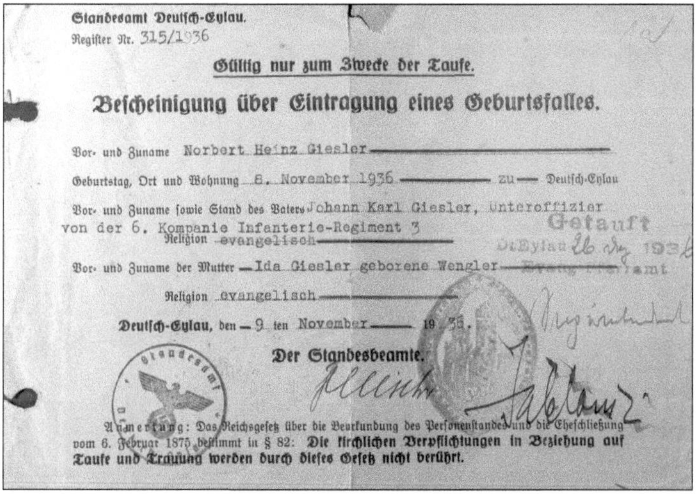
Standesamt Deutsch-Eylau.
Register Nr. 315/1936

Gültig nur zum Zwecke der Taufe.

Bescheinigung über Eintragung eines Geburtsfalles.

Vor- und Zuname Norbert Heinz Giesler

Geburtstag, Ort und Wohnung 8. November 1936 zu Deutsch-Eylau

Vor- und Zuname sowie Stand des Vaters Johann Karl Giesler, Unteroffizier von der 6. Kompanie Infanterie-Regiment 3

Religion evangelisch

Vor- und Zuname der Mutter Ida Giesler geborene Wengler

Religion evangelisch

Deutsch-Eylau, den 9 ten November 1936.

Der Standesbeamte.

Getauft
Dt.Eylau 26 Dez 1936
Evang. Pfarramt

Anmerkung: Das Reichsgesetz über die Beurkundung des Personenstandes und die Eheschließung vom 6. Februar 1875 bestimmt in § 82: Die kirchlichen Verpflichtungen in Beziehung auf Taufe und Trauung werden durch dieses Gesetz nicht berührt.

Abbildung 6: Meine Taufbescheinigung – die einzige amtliche Bestätigung meines Daseins

Unsere neue Wohnung

Bald erfolgte ein Umzug in eine größere Wohnung ein paar Meter weiter im Haus Brieger Straße 21. In diesem Neubau konnten wir im Erdgeschoss links die 90 qm große Wohnung beziehen, sie bestand aus 3 $^1/_2$ Zimmern plus Küche und Bad. Für die vollständige Möblierung der Räume vergab der Staat ein zinsloses Ehestandsdarlehen von 1.000 Reichsmark. Von dieser Summe wurden für jedes geborene Kind 250 RM in Abzug gebracht. Mit Uschis Geburt galt das Darlehen damit als getilgt. Im Erdgeschoss rechts wohnte das Ehepaar Betke und über uns die Familie Sonnek. Sie hatte fünf Kinder, vier Jungs und ein Mädchen. Sonneks Kinder waren im Abstand von jeweils zwei Jahren geboren, aber generell älter als wir.

Abbildung 7: Haus Brieger Straße 21, aufgenommen 2017

2 MEINE KINDHEIT

Meine erfrorenen Füße

Weihnachten 1939, mein Vater war gerade abgereist, als Sonneks Kinder begeistert von einer Ausstellung in der katholischen Kirche redeten. In der Krypta sei eine imposante Weihnachtskrippe mit lebensgroßen Figuren der Heiligen Drei Könige aufgebaut. Ein Pater würde Geschichten über das Heilige Land und Christi Geburt erzählen. Als meine Schwester Christa davon hörte, war ihre Begeisterung riesengroß. Sie wollte unbedingt mit in die Kirche laufen. Auch ich drängte meine Mutter, mitgehen zu dürfen. Dieses Verlangen gefiel meiner Mutter nicht. Sie hielt den Weg zur katholischen Kirche für mich zu weit, zusätzlich würden uns der hohe Schnee und die eisige Kälte von zirka –22 Grad schaden. Mit dem Vorschlag der Sonnek-Kinder, mich auf ihren Schlitten zu setzen und zur Kirche zu ziehen, war meine Mutter letztlich einverstanden. Eingehüllt in warme Sachen und an den Füßen ein zweites Paar Wollsocken übergezogen, steckte man mich in einen Schlittensack aus Schafsfell. Auf dem Weg zur Kirche fühlte ich mich richtig wohl. Doch so glücklich wie der Tag für mich begann, endete er nicht.

Die große Weihnachtskrippe und die Geschichten über das Heilige Land interessierten mich sehr, doch bald bibberte ich in der unbeheizten Krypta vor Kälte. Ich war froh, als ich nach dem Kirchenbesuch wieder in den warmen Schlittensack eingepackt wurde. Doch plötzlich auf dem Heimweg begannen meine Füße schrecklich zu brennen. Letztlich schrie ich laut vor Schmerzen. Zu Hause angekommen, ahnte meine Mutter Böses. Ohne mich aus dem Schlittensack auszupacken, fuhr sie mit mir zum Hausarzt. Seine Praxis lag nur wenige Häuser von uns entfernt. Bereits beim Entkleiden verlor ich das Bewusstsein. Es war schon heller Tag, als ich erwachte. Ich lag in einem Bett im Nebenraum der Arztpraxis, neben mir saß meine Mutter. Sie hatte die ganze

Nacht bei mir gewacht. Langsam und sehr besorgt erzählte sie mir, was geschehen war. Einerseits hinderten die doppelten Socken meine Bewegungsfreiheit in den Schuhen und zum anderen standen wir viel zu lange auf dem kalten Boden der Krypta, d. h. meine beiden Füße waren erfroren.

Der Arzt diagnostizierte bei einem Fuß den ersten und beim anderen den zweiten Erfrierungsgrad. Er sah keine andere Chance als die Amputation des stark geschädigten Fußes, doch meine Mutter flehte um dessen Erhalt. Diesem Betteln folgte der Arzt und entschied sich daraufhin für eine für mich sehr schmerzhafte Behandlung. Er betonte, dass diese auch fehlschlagen könne. Ich wurde unter Narkose gesetzt und der Arzt trug in mühevoller Kleinarbeit mit einem Skalpell die erfrorenen Hautschichten am Fuß ab. Als ich wieder erwachte, trat der Arzt an mein Bett und erzählte mir, dass er meine Schmerzen nur vorübergehend lindern könnte. Dauerhaft dürfte er dieses Medikament aber nicht verschreiben. Darum müsste ich in den nächsten Tagen und Wochen sehr, sehr tapfer sein. Erst nach dem dritten Tag durfte ich seine Arztpraxis verlassen. Zu Hause im Bett schrie ich bei jeder Berührung meiner Füße. Zu meiner Beruhigung trug meine Mutter mich oft stundenlang in der Wohnung umher. Entsprechend der ärztlichen Anweisung wurden meine Füße mehrmals täglich im Saft eingekochter Erdbeeren gebadet. Auf Verbände verzichtete der Arzt, weil die frische Luft die Heilung unterstützen sollte.

Für das Baden der Füße schaffte die Mutter immer neue Gläser mit Erdbeeren herbei. In gleicher Zeit aber nahm die Begeisterung meiner Schwestern und der Nachbarn ab, ausgepresste Erdbeeren zu essen. Nach Wochen der Behandlung reduzierten sich meine Schmerzen und ich konnte wieder zaghafte Schritte machen. Es dauerte wohl fünf Monate, bis ich schmerzfrei laufen konnte. In den weiteren zehn Jahren setzte in den Wintermonaten ein kräftiger Juckreiz an den Füßen ein, der mich oft zwang, diese wundzukratzen.

Erster Aufenthalt in Waldungen

Im Sommer 1940 schrieb mein Vater, er wolle Urlaub nehmen und seinen Eltern in Waldungen bei der Getreideernte helfen. Am nächsten Tag, nach Vaters Ankunft in Namslau, gingen wir zum Bahnhof, um die Reise zu den Großeltern anzutreten. Wohl der Stolz auf den Vater in der Uniform der Kriegsmarine veranlasste meine Mutter, uns Kinder und sich selbst im Stil der Marine einzukleiden. Sie trug ein hellblaues Kleid mit einem großen weißen Kragen, meine Schwestern erhielten Matrosenkleider und ich einen Matrosenanzug.

Auf dem Bahnhof angekommen, passierte mir ein großes Malheur. Meine Hose war voll und das Leibchen mit den Strümpfen verschmutzt. Meine Mutter schimpfte und ich glaubte an eine Bestrafung, doch weit gefehlt. Mein Vater lachte und amüsierte sich köstlich über mein Missgeschick. Er war froh, dass ich, dann umgezogen, den Einheitsstil der Familie farbenfroh auflockerte. Mein Vater fügte hinzu, wenn er als Soldat schon Uniform tragen muss, dann sollten wir nicht Gleiches tun. Während der Bahnfahrt gab es viel zu sehen und bald hatte ich meine zuvor volle Hose vergessen.

Abbildung 8:
Unsere Mutter mit
Uschi im Arm, dahinter
Christa und ich

Mitarbeit auf dem Hof

Von dem Bahnhof Pitschen holte uns Großvater mit der Kutsche ab. Die Entfernung zu seinem Hof betrug etwa 6 km. Auf der Fahrt zum Hof galt es für mich die Namen der Pferde, Norma und Selma, zu lernen. Nach etwas mehr als einer Stunde erreichten wir Waldungen. Auf dem Anwesen lebten neben meinen Großeltern die unverheiratete Tante Anna, eine deutsche Magd und ein deutscher Knecht.

Die Gebäude und deren Nutzungen habe ich in der Zeichnung, Abbildung 12, dargestellt, wobei die Maßangaben über die Anzahl der Ziegelsteine und deren Abmessungen errechnet wurden. Für das Zählen der Ziegelsteine standen Fotos des Jahres 1993 zur Verfügung.

Abbildung 9: Wohnhaus,
mit Tür des Kuhstalls ganz rechts

Abbildung 10: Teilansicht des Wohnhauses mit seitlichem Schweinestall und polnischem Erweiterungsbau

Abbildung 11: Scheune mit dem integrierten Pferdestall links im Bild

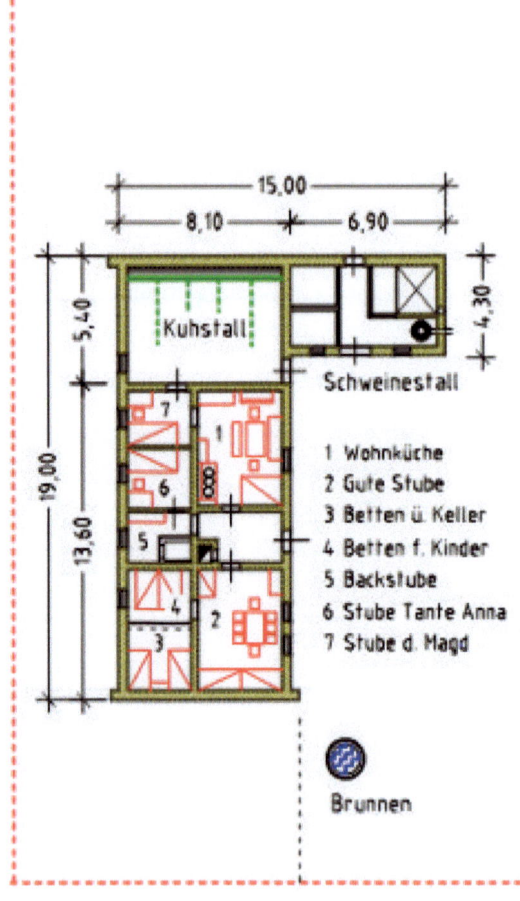

1 Wohnküche
2 Gute Stube
3 Betten ü. Keller
4 Betten f. Kinder
5 Backstube
6 Stube Tante Anna
7 Stube d. Magd

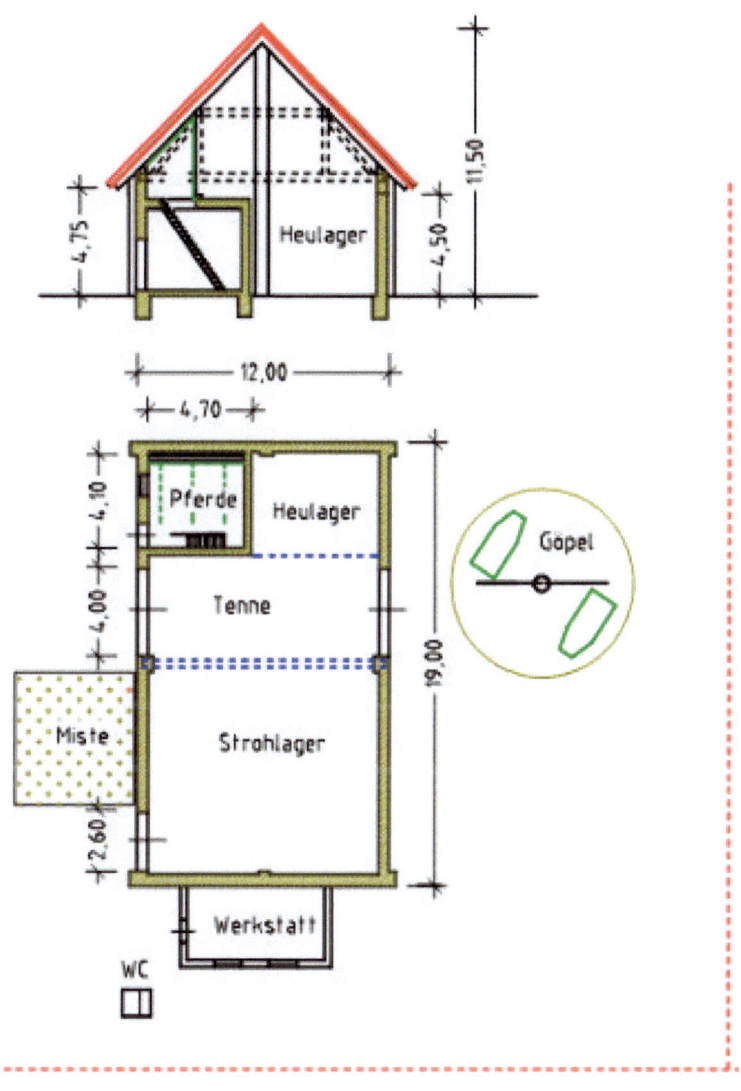

Abbildung 12: Ein Plan des Hofes Giesler, dessen Räumlichkeiten und Zuordnungen

Am Abend hatten sich die Erwachsenen viel zu erzählen, doch wir Kinder, von der Reise müde, wollten ins Bett. Am nächsten Morgen weckte uns das emsige Treiben auf dem Hof. Hier stand abfahrtbereit ein Leiterwagen, beladen mit Kannen, Körben, Decken und aus Stroh gebundenen Seilen zum Binden der neuen Garben. Angebunden an den Leitern waren Sensen, Sicheln und Holzrechen. Wir Kinder hatten flink das Frühstück zu essen; denn es wurden bereits die Pferde aus dem Stall geführt. Zwei Pferde spannte man an den Leiterwagen und ein weiteres an die Mähmaschine. Auf dem Hof verblieb nur die Oma, sie hatte die Tiere zu versorgen und das Abendessen für die Erntehelfer vorzubereiten. Wir drei Kinder, meine Mutter und Tante Anna hatten es uns auf dem Fuhrwerk bequem gemacht. Der Opa kutschierte den Wagen, der Knecht führte das Pferd an der Mähmaschine, auch mein Vater und die Magd gingen zu Fuß zum Feld. Hier angekommen, begannen die Männer entlang der längsten Feldseite zunächst das Korn mit der Sense zu mähen. Diese Vorarbeit war wichtig, um danach die Mähmaschine für die Getreideernte einsetzen zu können. Nun mit zwei Pferden an der Maschine schnitt der Mähbalken die Getreidehalme Reihe um Reihe. Die Frauen nahmen mit ihren Sicheln die geschnittenen Getreidehalme vom Boden auf, bündelten sie und banden sie mit den mitgebrachten Strohseilen zu Garben. Mein Vater und der Knecht stellten die Garben zu Mieten zusammen.

Schwester Christa half die vorbereiteten Strohseile vom Wagen zu holen und auf dem Feld zu verteilen. Meine Füße waren nach den Erfrierungen noch zu empfindlich, sodass ich auf den Stoppeln nur mit Schuhen gehen konnte. Mich aber interessierten die vielen Mäuse, die auf dem Feld umher rannten. Ich sammelte Erdklumpen und versuchte, die flinken Tiere damit zu treffen. Doch diese Biester waren für mich zu schnell. Also hockte ich mich vor ein Mäuseloch, in das gerade eine Maus verschwunden war, und begann, diese auszugraben. Aber auch dieses Vorhaben führte nicht zum Erfolg.

Mit Wolldecken, welche man auf dem Boden ausbreitete, wurde die Vesperpause vorbereitet. Man stellte darauf Kannen mit

Milchkaffee, runde Brotlaibe, geräucherten Bauchspeck sowie Wurst in Dosen. Zum Anfeuchten der trockenen Kehlen wurde den Erwachsenen eine Schnapsflasche gereicht. Nachdem jeder auf dem Lagerplatz seinen Platz gefunden hatte, verteilte man Becher aus emailliertem Blech und Messer. Gegessen wurde schnell, um die Feldarbeiten umgehend wieder aufzunehmen. Ich aber war müde, kroch auf dem Wagen unter eine Pferdedecke und schlief fest ein.

Ich erwachte, als man das Fuhrwerk für die Heimfahrt belud. Die Fahrt zum Hof verlief in aller Stille. Zu Hause angekommen, wurden zunächst die Pferde ausgespannt und versorgt. Auf den Holzbänken vor dem Haus hatte Oma inzwischen Schüsseln verteilt und diese mit Brunnenwasser gefüllt. Nun begann das große Waschen. Die Männer waren meist nackt und die Frauen nur mit der Unterhose bekleidet. Auf dem großen Tisch in der Küche stand das Abendessen. Nach dem Essen ging es für uns Kinder gleich zum Schlafen in die gute Stube, wo dicht an dicht Betten standen. In den nächsten Tagen wurde die Getreideernte fortgeführt. Inzwischen langweilten mich die Feldarbeiten, so blieb ich bei der Oma und erkundete die Stallungen und die Nachbarschaft.

Am Sonntag gab es den Frühschoppen im Dorfkrug. Wie bereits erwähnt, baute man die Gaststätte als Existenzsicherung für den ältesten Bruder des Großvaters. Doch nach seinem Tod und der Wiederheirat seiner Ehefrau ging dieser Dorfkrug in die Familie Kaczmarek (Kazmarek) über. Für die Gieslers aber gehörte die Wirtschaft nach wie vor zum Anwesen. Da ich auch auf dem Feld kräftig geholfen hatte, durfte ich mit in die Wirtschaft.

Wunschgemäß bestellte mein Vater für mich eine rote Limonade, die aus einem großen Glasballon in ein Trinkglas abgefüllt wurde. Neben der roten Limonade standen auf der Theke gleichgroße Glasbehälter mit grüner und gelber Limonade. Nach kurzer Zeit wollte ich auch die grüne Limonade kosten, die wohl der Opa bezahlte. Für mich aber war klar, dass ich auch die gelbe Limonade haben muss. Leider erhörten weder der Vater noch der Opa mein Betteln und Flehen nach der gelben Limonade.

Der Wirt nannte den Preis von vier Pfennig für das Getränk und betonte, wenn du das Geld hast, kannst du auch die gelbe bekommen. Ich war überzeugt, dass meine Mutter, die der Großmutter beim Kochen half, mir das Geld geben würde. Also lief ich schnell zu ihr und erzählte unter Tränen das bisherige Geschehen im Dorfkrug. Doch meine Mutter wies mich unter dem Hinweis ab, es gäbe gleich Mittagessen und da brauchte ich keine Limonade mehr. Auch von meiner Oma gab es kein Geld. Nun gehorchte ich meinem Trotz, schlich in die Schlafstube und entnahm aus der Handtasche meiner Mutter einige kleine Geldstücke. Triumphierend mit den Worten „ätsch bätsch, jetzt habe ich Geld" erschien ich wieder in der Gaststube und verlangte nach der gelben Limonade.

Abbildung 13: Der Dorfkrug, trotz derzeitiger Nutzung als Kapelle wenig verändert, 2017

Nun kam die Frage meines Vaters: „Wer gab dir das Geld?" Beflügelt von meinem Glücksgefühl antwortete ich gewitzt, das Geld in Mutters Handtasche gefunden zu haben. Dann nahm mein Schicksal seinen Lauf. Blitzschnell wurde meine Hose straffgezogen und ich erhielt vom Vater die erste Dresche (Prügel) meines Lebens. Dieses Ereignis blieb auf Dauer in meinem Gedächtnis und weckte alle meine Sinne. Ich glaube, ab diesem Zeitpunkt setzte mein Denkvermögen ein.

Spiel mit dem Regenwasser

Die wenigen Tage in Waldungen gingen rasch vorüber. Kaum in Namslau zurück, musste mein Vater an die holländische Küste abreisen. Für uns kehrte der Alltag wieder ein. Zunächst hatte ich Sonneks Kindern viel über die Geschehnisse auf Opas Bauernhof zu erzählen. Aber auch sie wussten über neue Spiele zu berichten, bei denen ich mitmachen durfte. Große Freude bereiteten uns starke Sommerregen. Sobald das Wasser in der Brieger Straße in der Gosse zu den Gullys floss, setzten sich jeder der Sonnek-Jungs auf einen Straßenablauf. Das Regenwasser staute sich und bald stand die halbe Straßenbreite unter Wasser. Mir gefiel das Spiel und so folgte ich den Jungs. Unsere Mütter hingegen fanden wenig Freude daran, denn wir waren klitschenass. Es ist schon ein Wink mit dem Zaunpfahl, dass ich später in meiner beruflichen Karriere wieder mit Wassermanagement zu tun haben sollte. Dann allerdings, ohne dabei nass zu werden. Man entwickelt sich ja weiter im Leben.

Aber auch am Waschtag konnte ich mit Wasser spielen. Im Keller stellte meine Mutter in der großen Waschküche Wannen auf und füllte diese mit Wasser. Zugesetzt wurde dem Wasser ein blaues Pulver. Noch bevor die Waschfrau, die meiner Mutter half, die Wäsche in die einzelnen Wannen hinein sortierte, spritzte ich mit dem blauen Wannenwasser den Fußboden und die Wände voll. Um mich einige Zeit aus der Waschküche zu vertreiben, schickte mich die Waschfrau zum nahen Kolonialwarenladen. Dort sollte ich einige Tüten von dem „Hau-mich-blau"-Pulver holen. Schnell lief ich zum Laden. Der Verkäufer hörte sich meinen Einkaufswunsch an und fragte, ob die Waschfrau bei uns sei. Als ich dieses bestätigte, sagte er, „Hau-mich-blau" wäre ausgegangen. Damit ich den Weg nicht umsonst gegangen sei, gab er mir für den Heimweg eine ordentliche Tüte voller Süßigkeiten.

Weihnachten 1940

Vor dem Fest erhielt meine Mutter einen Brief des Vaters, der sie sehr traurig machte. Er schrieb, er würde dieses Mal keinen Heimaturlaub bekommen. In der Traurigkeit meiner Mutter sahen wir Kinder, dass möglicherweise das Christkind uns nicht aufsuchen wird. So warteten wir am Heiligen Abend gespannt auf das Bimmeln des kleinen Glöckchens. Dieses zeigte uns immer an, dass die breite Tür zum Wohnzimmer, die seit Wochen geschlossen blieb, nun geöffnet wurde. Doch zu meinem Glück erklang es auch diesmal. Schnell traten wir ein in den eher dunklen Raum. Aus einer Zimmerecke strahlte im hellen Kerzenlicht der Christbaum. Bunte Kugeln, Lametta und Engelshaar spiegelten das Licht der Kerzen. Die Tannenspitze zierte eine prächtige Glaskrone mit Glöckchen und Wunderkerzen sprühten ihre Funken. Vom großen Kachelofen breitete sich eine mollige Wärme aus. Bald sahen wir auch, dass uns das Christkind nicht übergangen hatte. Unter dem geschmückten Baum lagen viele kleine und auch größere Päckchen. Mit dem Öffnen der Geschenke mussten wir Kinder warten, bis wir das erlernte Weihnachtslied gesungen hatten. Halb singend und halb suchend erreichten wir unsere Päckchen. Für die Schwestern gab es Puppen, einen Kinderwagen und eine Puppenwiege. Ich bekam eine Holzeisenbahn und einen Holzbaukasten voller bunter Bauklötze. Diese reichten aus, um einen Bauernhof zu bauen. Die Tiere dazu fand ich in einem Päckchen aus Waldungen. Offensichtlich hatte das Christkind Opas Knecht gebeten, die Tiere aus Holz zu schnitzen.

Neben den Spielsachen gab es bunte Teller voller Süßigkeiten. Damit wir Kinder nicht zu viel von denen naschten, schälte und viertelte meine Mutter Äpfel und legte diese auf einen großen Teller. Beim Zugreifen und Aufessen der Apfelstücke waren meine ältere Schwester und ich so schnell, dass die jüngere Schwester Uschi oft ins Leere greifen musste. Voller Ärger eilte sie in die Küche, um sich einen eigenen Teller zu holen. Auf diesem sollte ihr meine Mutter ihre Portion zuteilen. Doch plötzlich hörten wir aus der Küche einen bestürzenden Schrei und lautes Gepolter. Wir rannten dorthin und sahen auf dem Küchenboden das Oberteil des Küchenschranks und rundherum viel zerbrochenes Geschirr. Von meiner kleinen Schwester aber war nichts zu sehen. Vor Entsetzen über dieses Unheil hielt uns die Mutter an der Küchentür zurück. Sie ging vorsichtig in die Küche und hob das Oberteil des Küchenschranks langsam hoch. Schnell wie ein Wiesel krabbelte meine Schwester aus dem Trümmerhaufen hervor.

Noch befürchtete meine Mutter das Schlimmste und trug Uschi behutsam in das kleine Wohn- und Esszimmer. Nach ihren Schmerzen gefragt, zeigte meine Schwester nur auf ihren Po. Hier blinkte ein kleiner Glassplitter, den die Mutter mit einer Pinzette entfernte. Die Einstichstelle wurde mit Jod abgetupft und mit einem Pflaster überklebt. Darauf eilte meine Mutter zur Nachbarin, die ein Telefon besaß. Sie telefonierte zum Hausarzt und bat um einen schnellen Hausbesuch. Bis zum Eintreffen des Arztes sollte meine verletzte Schwester flach auf dem Sofa liegen bleiben. Noch bevor meine Mutter von der Nachbarin zurückkam, tobte Uschi aber mit uns Geschwistern in der Wohnung umher. Als der Arzt an unserer Korridortür schellte, rannte sie flink zur Tür und begrüßte den Arzt mit den Worten: „Ich bin das kranke Mädchen." Gleich berichtete sie dem Arzt aufgeregt ihre Geschichte: Um ihren bunten Teller zu holen, hatte sie einen Hocker an den Küchenschrank gestellt und krabbelte auf die Platte des vorstehenden Unterschranks. Aus dem Oberschrank hatte sie bereits ihren Teller entnommen und wollte zurück auf den Hocker. Beim Absteigen verlor sie ihren Halt und klammerte sich fest an die geöffnete Tür des Oberschranks. Doch sie und der Oberschrank fielen zu Boden. Offensichtlich war der Sturz des Schrankteils durch den benutzten Hocker stark gemindert worden; denn dieser schleuderte weit in eine Ecke der Küche. Auch muss Uschis Schutzengel verhindert haben, dass der stürzende Oberschrank sie traf. Anders als sonst wurde für das Abendessen die große Brotbüchse aus dem Küchenschrank in das Esszimmer mitgenommen. So fand Uschis kleiner Körper in der Nische des Oberschranks Platz, wo sonst die Brotbüchse steht.

Als der Arzt bei seiner Untersuchung keine weiteren Befunde als den Piks feststellte, der sich durch den entfernten Glassplitter zeigte, wurde die Angelegenheit meiner Mutter sehr peinlich. Auch der Arzt bezweifelte die Notwendigkeit seines Besuchs am Heiligen Abend. Als er jedoch die Unfallstelle in der Küche sah, hatte er volles Verständnis für das Entsetzen und die Sorge meiner Mutter. Auch an anderer Stelle war offensichtlich das Glück mit uns; denn in der Hektik hatten wir die brennenden Kerzen am Christbaum völlig vergessen. Sie waren inzwischen unbewacht abgebrannt und folgenlos erloschen.

Den Krach in unserer Küche hörte auch die Familie Sonnek. Auch von dem späten Arztbesuch waren sie aufgeschreckt. Vorsichtig klopfte zunächst Frau Sonnek an unsere Korridortür und fragte, ob sie helfen könnte. Die Geschichte war schnell erzählt. Frau Sonnek und ihr herbeigerufener Mann stellten den Küchenschrank wieder auf und verankerten beide Schrankteile dieses Mal kippsicher. Bald stand die gesamte Hausgemeinschaft in unserer Wohnung. Einige räumten die Küche auf, andere brachten neues Geschirr und Süßigkeiten für uns. Es dauerte lange, bis im Haus wieder Ruhe einkehrte und wir Kinder in unseren Betten einschliefen.

Lange Zeit nach Weihnachten, erst zu seinem Geburtstag am 27. April 1941, kam mein Vater auf Heimaturlaub. Er unternahm mit uns längere Ausflüge in die nähere Umgebung. An den Besuch eines kleinen Tiergartens kann ich mich erinnern, wo Waschbären und andere fremdartige Tiere besichtigt werden konnten. Auch eine Bahnfahrt zu einem Ort fällt mir ein, wo in einer schwach beleuchteten Grotte eine Unmenge von Totenschädeln und gestapelten Knochen zu sehen waren. Leider ging auch dieser Urlaub meines Vaters schnell zu Ende.

Reise nach Kahlau

Im Sommer bereitete meine Mutter eine größere Bahnfahrt vor. Dieses Mal wollte sie mit uns ihre Heimat in Ostpreußen besuchen. Der große Reisekorb, in dem sonst die schmutzige Wäsche zum Waschen gesammelt wird, wurde ausgeräumt und für die Reise gepackt. Wenige Tage vor der Abreise holte ein Fuhrunternehmen den Korb ab und brachte ihn zum Bahnhof. Meine Erwartungen an die weite Bahnfahrt waren riesengroß; sollte diese doch ganze zwei Tage dauern! Zuerst war alles interessant, der Zug ratterte und ein Telefonmast nach dem anderen glitt am Fenster vorbei. Doch da wir für die Reise sehr früh aufstehen mussten, schlief ich bald ein. Es folgten Phasen des Wachseins und des Schlafens, bis der Schnellzug seinen Zielbahnhof in der Stadt Thorn erreichte. Da die Bahnfahrt erst am nächsten Morgen fortgesetzt werden konnte, übernachteten wir in einem Hotel gegenüber dem Bahnhof. Unsere Mutter erzählte, dass die Personenzüge bis 1939 den sogenannten „Polnischen Korridor" zwischen den Orten Konitz und Thorn ohne Halt durchfahren mussten. Für diese Durchfahrt wurden Abteilfenster und Türen verplombt. Doch aktuell gehörte das Land wieder den Deutschen und die ehemals herrschenden Reiseeinschränkungen waren aufgehoben.

Am nächsten Morgen brachte uns ein Personenzug zur Bezirkshauptstadt Allenstein, wo wir in einen Zug zur Kreisstadt Mohrungen umsteigen mussten. Vor dem Bahnhof von Mohrungen wartete Mutters Vater, mein Großvater Gottfried Wengel. Schnell wurde unser Reisekorb vom Ausgabeschalter der Bahn abgeholt und auf die Kutsche des Großvaters verladen. „Bald sind wir da", sagte der Opa, als wir einen kleinen Teich in Sichtweite des Wohnhauses passierten. Auf dem Teich schwammen viele Enten. Unsere Mutter erzählte, dass sie und ihre Geschwister im Teich das Schwimmen erlernt hätten. Wohnhaus, Stallungen und Scheune waren größer als jene in Waldungen, jedoch waren alle Gebäude fast ausschließlich aus Holz errichtet. Für unseren Empfang gab es reichlich Kuchen, Kaffee und Milch. Auch hier standen in der großen Stube etliche Betten. In einem dieser Betten lag eine kranke Tante meiner Mutter. Sie hatte sich den Oberschenkel gebrochen und als dieser nicht mehr zusammenwachsen wollte, amputierte man ihr das Bein. Nun konnte sie nur im Rollstuhl sitzen oder im Bett liegen.

In den nächsten Tagen erkundete ich den Hof und die Stallungen. Erstaunt darüber war ich, dass der große Kuhstall fast leer war. Lediglich zwei Kühe mit ihren Kälbchen standen darin. Der Opa erzählte mir, dass die Kühe auf Lichtungen in dem angrenzenden Wald weiden und den Stall nur im Winter aufsuchen würden. Weil er mir die Kühe zeigen wollte, durfte ich am nächsten Morgen neben dem Opa auf einem Schlitten sitzen, der mit leeren Milchkannen beladen war. Ein Pferd zog den Schlitten durch das feuchte Gras bis zu einem Unterstand im Wald. Hier hatten einige Frauen bereits Kühe gemolken. Die leeren Kannen wurden vom Schlitten entladen und die vollen Milchkannen für die Heimfahrt schnell aufgeladen. Ich durfte allerdings nicht tiefer in den Wald gehen; denn dort könnten hungrige Wölfe auf mich warten.

Nach und nach besuchte meine Mutter mit uns ihre Verwandtschaft. Es dauerte etwa zwei Wochen, da wurden im Reisekorb neben unserer Wäsche Mehl, Butter, Speck sowie Dosen mit Wurst und Fleisch aufgeschichtet. Weil für uns Kinder hier alles sehr fremd war, freuten wir uns, bald wieder in Namslau zu sein. Dieses Mal fuhr der Zug von Allenstein direkt bis Breslau, wo wir nach Namslau umsteigen mussten.

Unsere Mutter erzählte die Geschichte von einem Knecht, der zur nahen Ostsee geradelt war. Abends nach seinen Erlebnissen gefragt, führte er aus: „Beim Baden in der See trugen viele Leute kleine Höschen, ihm aber war nicht kalt, er ging pudelnackt ins Wasser."

Weihnachten 1941

In Namslau angekommen, holten uns Sonneks Kinder gleich zum Spielen. Doch vorher hatte ich wieder vieles zu erzählen. Auch meine Mutter kündigte an, dass im nächsten Jahr der Klapperstorch uns ein Baby bringen würde. Noch glücklicher und heiterer sah man meine Mutter, als sie die Nachricht erhielt, dass mein Vater dieses Mal Urlaub zum Weihnachtsfest bekomme. Etwa eine Woche vor dem Fest holten wir meinen Vater vom Bahnhof ab. Bald blieben die Türen zum großen Wohnzimmer verschlossen, d. h. man bereitete Weihnachten 1941 vor. Am Nachmittag des Heiligen Abends ging die ganze Familie zum Gottesdienst in die evangelische Kirche. Wieder zurückgekehrt, gab es Eisbein mit Sauerkraut und Stampfkartoffeln. Gespannt warteten wir Kinder auf das Geläut des Glöckchens und das Öffnen der breiten Wohnzimmertür. Wieder war der große Raum abgedunkelt, sodass der Christbaum im hellen Kerzenlicht erstrahlte. Die Wunderkerzen sprühten und unsere Augen richteten sich auf die vielen kleinen Päckchen unter dem Weihnachtsbaum. Doch vor dem Auspacken der Geschenke waren wieder Weihnachtslieder zu singen.

Neben den Bunten Tellern hatte das Christkind für meine Schwestern ein größeres Puppenhaus mit Herd und Töpfen und viele neue Kleider für ihre Puppen mitgebracht. Ich bekam ein Dreirad, welches aus einem leichten eisernen Rohrgestell bestand und durch einen kleinen Sitz aus Buchenholz zusammengehalten wurde. Bereits früh am nächsten Tag wollte ich mein großartiges Dreirad den benachbarten Kindern vorstellen. Aber der hohe Schnee auf dem Zugang zum Haus ließ das Radeln nicht zu. So erschien mir das Herunterfahren auf der Böschung des Straßengrabens leichter zu gehen. Aber auch dieses Vorhaben funktionierte nicht. Frau Betke, die im Erdgeschoss wohnte, beobachtete das Schauspiel von ihrem Fenster aus. Nach einiger Zeit kam sie vor die Haustür und rief mir zu: „Warum ärgerst du dich über dieses dumme Ding, hol' die Axt und schlag es kaputt." Folgsam wie ich war, holte ich das

Beil aus unserem Kellerverschlag und schlug kräftig auf den Sitz des Dreirads. Ein einziger Hieb reichte aus, das Dreirad in zwei Hälften zu zerlegen. Als ich dem Vater davon berichtete, versuchte er mit Leim und Schrauben den Schaden zu beheben, doch seine Reparatur gelang nicht. Letztlich wollte er das Dreirad zur Reparatur einem Tischler bringen, doch seine Urlaubszeit reichte für dieses Vorhaben nicht aus. Später erfuhr ich, dass mein Vater das Dreirad in Holland gekauft und über 1.000 km transportiert hatte, um es nach wenigen Stunden zerstört im Keller abzustellen.

Zu Silvester hatten meine Eltern Gäste eingeladen, wobei die geleerten Flaschen hinter einen Flügel der breiten Wohnzimmertür gestellt wurden. Am Neujahrstag sichtete mein Vater den Schriftverkehr der letzten Monate, Christa und ich halfen unserer Mutter beim Aufräumen der Wohnung. Bald fiel uns auf, dass unser Wirbelwind, die kleine Uschi, fehlte. Die Suche nach ihr endete, als wir hinter der Tür die leeren Weinflaschen des Vorabends entsorgen wollten. Hier fanden wir Uschi tief schlafend. Es sah aus, als ob sie die letzten Tropfen aus den leeren Flaschen getrunken hatte. Sie wurde in ihr Bettchen gelegt und kaum eine Stunde später sprang sie wieder putzmunter in der Wohnung umher. Sie meinte, sie wollte nur probieren, was die Großen so trinken.

Wieder ging Vaters Urlaub viel zu rasch zu Ende.

Bruder Rudi wird geboren

Anfang Februar 1942 kam Hektik in unserer Wohnung auf. Frau Sonnek und eine fremde Frau besuchten uns immer öfter. Aus der kleinen Kammer brachten sie den großen Reisekorb auf den Hausboden und stellten im Raum ein Bett, einen kleinen Schrank, ein Tischchen und zwei Stühle auf. Uns Kindern erzählten sie, bald zieht in die Kammer eine junge Frau ein, die meiner Mutter bei der Arbeit helfen will. Auch würde sie sich um unser neues Baby kümmern. Wohl zwei Tage später stand diese junge Frau vor der Haustür. Sie gab an, von der BDM-Führerin geschickt worden zu sein. Sie trug einen langen Mantel, dunkelblauen Rock, eine weiße Bluse und ein schwarzes Halstuch, welches mit einem Lederknoten gebunden war. Am Abend des 4. Februar wurden wir Kinder zum Schlafen in das Esszimmer geschickt. Das hektische Treiben in der Wohnung machte uns aber bald wieder wach. Besorgt hörten wir die Schmerzenslaute unserer Mutter. Nun standen wir auf und wollten unbedingt zu ihr ins Schlafzimmer. Doch Frau Betke stoppte uns an der Tür und erklärte, dass gerade der Klapperstorch unserer Mutter ins Bein gebissen hätte. Es sei aber nicht so schlimm, wir sollten in unsere Betten gehen und dort ruhig weiterschlafen.

Unsere Mutter durften wir am nächsten Morgen besuchen. Stolz zeigte sie uns das Baby, unseren Bruder Rudi. Seine Augen waren geschlossen und er schlief fest. In den nächsten Tagen konnten wir zusehen, wie unsere Mutter das Brüderchen badete. Hierzu stellte man eine kleine Wanne mit warmem Wasser auf Mutters Bett. Nach dem Pudern und Wickeln legte die junge Frau Rudi zurück in sein Bettchen, wo er einschlief. Auch versorgte die junge Frau unsere Mutter, spielte mit uns Kindern und bereitete die Mahlzeiten zu. Selbst als unsere Mutter das Wochenbett verließ, blieb die junge Frau bei uns und unterstützte unsere Mutter weiter. Mir aber gefiel die entstandene Enge in der Wohnung nicht.

Zweiter Aufenthalt in Waldungen

Onkel Heinrich, der jüngste Bruder meines Vaters, kündigte Anfang Mai 1942 seinen Besuch bei uns in Namslau an. Als Soldat war er in Norwegen auf der Insel Spitzbergen stationiert und auf Heimaturlaub. Dieses Mal – und ohne besonderes Drängeln – durfte ich mit dem Onkel nach Waldungen reisen. Meine Sachen waren schnell gepackt und alsbald ging es zum Namslauer Bahnhof. Im Zug erzählte mir der Onkel von dem Nordlicht, den Schlittenfahrten mit Hunden und von Eisbären. Am

Bahnhof in Pitschen wartete Opa Daniel mit seiner Kutsche auf uns. Auf dem Hof mit dem Gefährt angekommen, gab es für die Männer zur Begrüßung erst einmal einen Schnaps. Anschließend packte der Onkel seine Geschenke aus. Die Oma erhielt warme Hausschuhe, die aus Seehundfell gearbeitet und bunt bestickt waren. Opa bekam eine Wintermütze aus Fell sowie eine Tabakpfeife mit Deckel. Der Opa bedankte sich zwar, aber er sagte: „Lieber Junge, hast Du vergessen? Ich rauche nicht, sondern nehme Schnupftabak."

Auch die Großeltern begeisterten die Geschichten, die Onkel Heinrich am Abend vom hohen Norden, dem kalten Lappland erzählte. Er zeigte Fotos mit Winterlandschaften und mit Zelten, in denen Leute trotz eisiger Kälte wohnen. Er schilderte Schlittenfahrten und die vielen Rentiere, die dort als Haustiere gehalten werden. Des Onkels Urlaub ging schnell zu Ende, ich hingegen blieb auf dem Hof.

Leben und Arbeiten im Dorf

An das Dorfleben hatte ich mich schnell gewöhnt. Neben meinen Großeltern war Tante Anna, die jüngste Schwester meines Vaters, stets um mich besorgt. Das Spielen auf dem Hof und auf der Straße sowie die Wagenfahrten mit dem Opa begeisterten mich stets aufs Neue. Der Platz neben Opa – egal ob beim Essen, auf dem Wagen, in der Kirche oder im Gasthof – gehörte mir. Auf jede meiner Frage hatte er eine passende Antwort und eigentlich interessierte mich alles. Wie erwähnt, reichte der Ort Waldungen bis an die deutsch-polnische Staatsgrenze. Das Flüsschen Prosna stellte den Verlauf der Grenzlinie dar und war im Sommer die Badeanstalt von Deutschen und Polen.

Der Opa und die Oma sprachen – wie alle Leute im Dorf – das sogenannte „Wasserpolnisch". Wie bereits ausgeführt, ermöglichte diese Sprache der Bevölkerung, beidseitig der deutsch-polnischen Grenze am Alltagsgeschehen und den kulturellen Ereignissen teilzunehmen. Gesprochen wurde Wasserpolnisch vornehmlich in den grenznahen Dörfern, weniger in den Städten. So kam es vor, dass ich anfangs bei der ortsansässigen Verwandtschaft kaum etwas von der Unterhaltung verstand. Ich begann diese Sprache zu sprechen. Die Namen der Mahlzeiten, der Tiere auf dem Hof und das Fluchen lernte ich sehr schnell. Darüber hinaus war meine Oma bemüht, mein polnisches Vokabular zu erweitern. Sie erzählte mir, dass sie als junges Fräulein in Berlin bei einem Professor im Haushalt tätig war. Dort erlernte sie neben dem Kochen und Putzen auch Hochdeutsch in Sprache und Schrift. Das sonntägige Lesen in der Bibel festigte und erweiterte ihren Wortschatz.

Zum Besuch des Wochenmarktes in Pitschen, der jeden Freitag stattfand, wurde am Vorabend bei Dämmerlicht der Wagen mit frischem Gemüse, Butter, Sahne, Eiern und geschlachtetem Federvieh beladen. Von der hektischen Betriebsamkeit der Großeltern geweckt, sprang ich aus dem Bett, um die Abfahrt zum Markt nicht zu verpassen. Auf meinem Stuhl zum Anziehen vorbereitet lagen Leibchen, lange Strümpfe, frisches Hemd und eine saubere Hose. Meine Schuhe durfte ich vorerst nicht anziehen, da der Opa diese mit der Wagenschmiere zu kräftig gefettet hatte. Zum Wagen ging es barfuß. Unter dem Kutschersitz war ein Lager für mich vorbereitet. In eine Decke eingehüllt verschlief ich fast die ganze Fahrt. Erst das Holpern des Wagens auf der gepflasterten Straße zum Marktplatz weckte mich. Meine Schuhe hatte Tante Anna inzwischen von der Wagenschmiere gesäubert. Als wir den Marktplatz erreichten, standen dort bereits andere Gespanne und einige Frauen warteten auf unsere Ankunft. Während die Pferde ausgespannt und die Plane vom Wagen entfernt wurden, verkauften Oma und Tante Anna vom Wagen die mitgebrachten Waren. Der Opa legte den Pferden eine Decke auf den Rücken und führte sie mitten durch das Marktgewühl zu einem nahen Gasthof. Hier waren Eisenringe im Straßenpflaster eingelassen, an denen die Tiere angebunden und hiernach das Zaumzeug gelockert wurde. Jedes Pferd bekam einen Futterbeutel um den Kopf gebunden. „Jetzt dürfen sie fressen und sich ausruhen", sagte der Opa.

Abbildung 14: Marktplatz von Pitschen mit Gasthof links im Bild, 2017

Bei einem Bäckerladen kaufte der Opa frische Semmeln und nebenan beim Schlachter einen großen Kranz Jagdwurst. Eilig strebten wir in eine Gastwirtschaft, wo uns Leute freundlich begrüßten. Opa bestellte sich ein Bier und einen Schnaps, für mich gab es ein großes Glas gelbe Limonade. Bei dieser Bestellung lächelte er mich an. Sicherlich hatte er die Geschichte um die gelbe Limonade nicht vergessen. Es gesellten sich andere Männer an unseren Tisch und unterhielten sich mit dem Opa. Bald langweilte ich mich und ging zu den Pferden und dann zum Markt.

Angekommen bei Oma und Tante Anna, hatten diese jedoch keine Zeit für mich. So bummelte ich in den angrenzenden Straßen umher und schaute mir die Auslagen in den Schaufenstern an. Als der Marktplatz sich leerte und einige Stände bereits abgebaut wurden, lief ich zurück zu unserem Wagen. Dieser war leer und Tante Anna bereits unterwegs zum Gasthof, den Opa und die Pferde zu holen. Nach dem Anspannen der Pferde fuhren wir einige Straßen weiter zu einem größeren Geschäft. Hier belud man den Wagen mit allerlei Waren. Für die Heimfahrt bekam ich einen großen Lutscher geschenkt, den ich langsam lutschen sollte. Aber mit ein paar kräftigen Bissen hatte ich ihn aufgegessen.

Begegnung mit dem Gutsverwalter

Auf der Heimfahrt kam es zu einem Erlebnis, das ich nie vergessen werde. Neben dem Weg auf einem großen Feld arbeiteten Frauen und Männer in gebückter Stellung. Sie waren sehr ausgelassen und fröhlich, verstummten aber, als sich ein Reiter näherte. Mit gebeugtem Kopf arbeiteten sie weiter, nur ein Arbeiter eilte an den Feldrand, nahm seine Mütze ab und wartete dort kniend auf den Reiter. Gerade in dem Augenblick, wo ich meinen Großvater wegen des Geschehens auf dem Felde befragen wollte, ritt der Mann auf unseren Wagen zu. Nach einem kurzen Gespräch mit dem Opa entfernte er sich, ohne den wartenden Mann am Feldrand zu beachten. Besorgt und fast ängstlich fragte ich, was der Reiter vom Opa wollte, doch keiner reagierte auf meine Frage. Genervt von meinem weiteren Drängeln sagte schließlich Tante Anna, der Reiter sei der Verwalter des Gutes Roschkowitz. Ihm wären die Ländereien des Grafen von Cramon-Taubadel sowie seine Mägde und Knechte unterstellt. Man sagt ihm nach, dass er auch auf seine Leute mit der Peitsche einschlagen würde.

Am Sonntag, nach dem Essen und dem Vorlesen aus der Bibel, erzählte meine Oma vom Anliegen des Reiters. Unser Opa sei wohl ein freier Bauer, doch nach dem Lehen des Urahns noch immer dem Grafen mit Spann- und Fahrdiensten verpflichtet. Sehr oft würden diese Dienste eingefordert, wenn der Opa selbst auf seinen Feldern säen oder ernten möchte. Auf der Heimfahrt vom Markt hatte der Verwalter des Grafen wieder entsprechende Dienste vom Opa abverlangt. Würde der Opa dieser Aufforderung nicht folgen, könnte er seine Rechte aus dem Lehen verlieren. Der Graf erlaubte ihm als Einzigem in der Grafschaft, eine Dreschmaschine zu betreiben, und verpflichtete gleichzeitig die Bauern, gegen Gebühr diese Maschine für das Dreschen ihres Getreides zu nutzen. Die Arroganz des Reiters und die Demut der knienden Menschen auf dem Felde haben mich tief bewegt.

Arbeitsverteilung auf dem Hof

Wie bei den Markttagen gab es auch eine Arbeitsteilung auf dem Hof. Die Oma, Tante Anna und die Magd waren für den Haushalt, die Gärten und die Tiere zuständig. Die Versorgung der Pferde, die Feldbestellung sowie Reparaturen an Werkzeugen, Maschinen und Gebäuden oblagen dem Opa und dem Knecht. Mein Schaffensbereich lag insbesondere nach einem starken Sommerregen auf der unbefestigten Dorfstraße. Ich setzte mich mitten auf die Straße und versuchte das gesammelte Wasser von einer Wagenspur in eine andere Spur umzuleiten. Hierzu bereitete ich Matsch vor, um damit Dämme zu bauen oder neue Pfützen anzulegen. Oft war ich über mehrere Stunden mit diesen Arbeiten beschäftigt. Probleme gab es danach, wenn ich am Brunnen mit kaltem Wasser gewaschen werden sollte. Meist lief ich davon und musste zum Waschen erst von Tante Anna eingefangen werden. Deutlich schneller verlief das Waschen meiner knielangen und viel zu großen Cordhose. Nur die Hosenträger verhinderten, dass sie nicht zu Boden rutschte.

Die Wochen vergingen und bald hatte ich unsere gesamte Verwandtschaft und deren Höfe in Waldungen kennengelernt. Immer öfter durchstreifte ich über Stunden allein das Dorf. Ich suchte unter meinen Cousins und Cousinen nach Spielgefährten, doch die lehnten ab. Die meisten in meinem Alter waren der deutschen Sprache kaum mächtig und verstanden mich nicht. Sie ärgerten mich und lachten über mein gesprochenes Polnisch. Es blieb nicht aus, dass der eine oder andere wütend wurde und wir uns schlugen. Wohl um Abhilfe zu schaffen, schickte die Oma mich in den nahegelegenen Kindergarten. Doch auch hier erfuhr ich wieder nur Hohn und Spott. Wohl bereits am zweiten Tag zankte ich mich mit einem Mädchen derart, dass ich sie voller Wut in den Oberschenkel biss. Damit waren auch meine hoffnungsvollen Tage im Kinderhort beendet. Oma hatte wohl erkannt, dass der Hauptgrund der Streitereien in meiner Unfähigkeit lag, mich zu verständigen. Deshalb begann sie bei all ihrem Tun, mich intensiv zu unterrichten. Doch alle meine

Bemühungen reichten nicht aus, den auf Polnisch geführten Unterhaltungen der Erwachsenen zu folgen.

Rattenjagd im Schweinestall

Eines Sonntags nahm Tante Anna mich auf dem Gepäckträger ihres Rades mit, um ihren ältesten Bruder Karl, seine Ehefrau und deren Kinder Lore und Klaus zu besuchen. Diese Familie Giesler wohnte in einem größeren Forsthaus am Rand des Schlüsselwalds, zirka 4 km entfernt vom Hof der Großeltern. Der Onkel war Forstmeister, ihm unterstanden mehrere Forstreviere. Hier wurde nur Deutsch gesprochen. Also verstand ich, als Tante Anna von einer Rattenplage im Schweinestall der Großeltern berichtete. Beim Füttern der Schweine würden die Biester direkt in die Tröge springen und ließen sich kaum verscheuchen. Onkel Karl versprach, in den nächsten Tagen nach Waldungen zu kommen und die Ratten zu bekämpfen.

Nach dem Kaffeetrinken und dem Verzehr von reichlich Kuchen zeigten mir Lore und Klaus zunächst die Stallungen und die Hundezwinger auf dem Hof. Sie erzählten, dass ihr Vater Hunde für die Jagd züchtet. Als wir auf dem Rückweg durch die große Diele des Forthauses gingen, sah ich an der linken Wand an einem Brett mehrere Jagdwaffen hängen. Deren Läufe zeigten nach oben. Mein Cousin Klaus, der am gleichen Tag wie ich Geburtstag hatte, aber ein Jahr älter als ich war, erklärte mir deren Unterschiede. Nach und nach zog er den Abzug der Gewehre und Flinten. Plötzlich gab es einen lauten Knall, die Erwachsenen kamen angelaufen, wir Kinder aber hatten uns nur erschreckt. Tante Hilde sah dieses Geschehen ernster und beschimpfte Onkel Karl kräftig. Wir Kinder nahmen die Spur der abgefeuerten Kugel auf und verfolgten diese bis in das Obergeschoss. Wir fanden in einer Fußbodendiele ein Loch und darüber in einem Dachsparren die deformierte Kugel. Das Obergeschoss des Forsthauses war für Gäste eingerichtet. Vor dem Krieg veranstalteten Jagdgesellschaften ihre Feierlichkeiten in dem großen Saal. In kleinen Schlafkammern konnten Gäste auch übernachten. Jetzt aber legt der Onkel auf dem Fußboden des Saals gesammeltes Saatgut von unterschiedlichen Bäumen zum Trocknen aus.

Wie versprochen, kam Onkel Karl zwei Tage später mit seiner Kutsche auf Opas Hof gefahren. Er brachte alte Kleidung und seinen eher kleinen Terrier mit. Die Schweine trieb man aus dem Stall, mistete ihre Boxen und säuberte die Dielen mit Wasser. Man füllte die Tröge mit Futter und verschloss die Fenster und die Stalltür. Nach einer halben Stunde wurden an der hinteren Stallmauer die Dränrohre von außen mit Stroh verstopft. Diese Rohre waren in der Höhe des Betonbodens der Schweineboxen eingebaut und dienten zum Ablauf der Gülle aus dem Stall hin zum außen liegenden Misthaufen. Zwischenzeitlich hatte sich Onkel Karl für die Rattenjagd umgezogen. Er trug lange Stiefel, mehrere Hosen und Jacken übereinander sowie dicke Handschuhe. Damit die Ratten zwischen den Ärmeln und den Handschuhen sowie den Hosen und den Stiefeln nicht hineinschlüpfen konnten, wurden diese Stellen mit Bindfaden mehrfach umwickelt. Der Opa lachte über diese vermummte Gestalt und sagte: „Jetzt kannst du dich als Vogelscheuche auf das Feld stellen." Zuletzt setzte der Onkel eine Imkerhaube auf und befestigte diese am Jackenkragen. Der Opa öffnete die Stalltür einen Spalt breit, sodass der Onkel mit seinem Terrier den Stall betreten konnte. Nach fast einer Stunde klopfte Onkel an die Stalltür, damit diese geöffnet wird. Unter der Imkerhaube war es dem Onkel sehr warm geworden, sodass er noch während der Abnahme der Haube nach einem Schnaps fragte. Opa hatte die Flasche längst in der Hand und trank mit dem Onkel auf die gelungene Rattenjagd.

Nach der Zahl der Schnäpse, die beide getrunken hatten, müssten es wirklich viele Ratten im Stall gewesen sein. Aber auch froh darüber waren beide, dass der Hund von den Ratten nicht gebissen worden war. Vorsichtig ging ich nach dem Opa in den Schweinestall. Hier standen die Holzböden der Boxen nun senkrecht an den Wänden. Sie waren vor der Rattenjagd vom

Onkel hochgeklappt und über Haken und Ösen an den Wänden befestigt worden. Der Raum zwischen dem Betonfußboden des Stalls und den höherliegenden Holzdielen war voller Schweinekot und dazwischen lagen die toten Ratten. Der Opa zählte achtzehn Ratten und mehrere besetzte Rattennester. Der Stallboden, die Fenster und die Stalltür wurden gesäubert und die verschlossenen Dränrohre für den Gülleablauf wieder geöffnet.

Abends erzählte die Oma stolz, dass Onkel Karl Forstwesen studiert habe und durch die weitere finanzielle Unterstützung seiner Schwiegereltern das Studium bis zum Ende fortführen konnte. Heute trage er den Amtstitel „Forstmeister" und sei in den staatlichen Forstverwaltungen tätig. Für meinen Vater, der ja das Gleiche studieren wollte, fehlte dann das Geld. Gezwungenermaßen ging er zur Reichswehr und wurde Berufssoldat. Man sparte wieder Geld an, sodass nun Onkel Wilhelm wiederum mit seinem Studium des Forstwesens beginnen und es beenden konnte. Der jüngste Sohn, mein Onkel Heinrich, ist bei einem Kaufmann in Pitschen zur Lehre gegangen. Allein Onkel August habe noch keinen Beruf, er solle später den Hof übernehmen. Ich sei für die Hofübernahme doch noch zu klein.

Tante Annas Hochzeitsfeier

Im Spätherbst – ich weilte noch immer bei den Großeltern – kam Hektik auf dem Hof auf. Man reparierte oder strich einiges mit Farbe oder Öl an. Räumte die Tenne der Scheune auf und kehrte sauber den Boden. Vom Schlachter, der auf den Hof kam, wurden ein Schwein und ein Kalb geschlachtet. Später erschienen die Back- und Kochfrauen, die emsig Hühner und Gänse schlachteten und ihnen die Federn ausrissen. Die Hochzeit von Tante Anna sollte am kommenden Sonntag, den 8. November 1942 gefeiert werden. Am gleichen Tag hatte ich Geburtstag, doch man versuchte mich aus der Küche und dem Haus zu vertreiben und schickte mich zum Onkel Kaczmarek in den Dorfkrug oder zu Rübners. In diesen Hof Rübner hatte Tante Marie, die älteste Schwester meines Vaters, eingeheiratet. Sie hatte fünf Kinder, mit denen ich spielen sollte. Hier erfuhr ich, dass Tante Anna Herrn Kenner heiraten will. Er besaß in Pitschen eine Schusterwerkstatt und hatte zwei Angestellte. Diese würden Schuhe reparieren und auch neue anfertigen. Zudem flochten sie Körbe aus Weidenruten.

Trotz der empfohlenen Wanderschaft zu den Verwandten im Ort hielt ich mich am liebsten in der hauseigenen Backstube auf. Hier war es schön warm und die Backfrau versorgte mich mit allerlei Leckereien. Für das Backen von Brot und Kuchen bereitete sie am Vorabend den Teig in Holzmollen – das waren Backtröge – zu und deckte diese mit Leinentüchern ab. Am nächsten Morgen portionierte sie den Brotteig und legte diesen rund geformt in aus Stroh geflochtene Körbe. Ich half der Backfrau beim Anheizen des Backofens. Zunächst hatte ich trockenes Reisig und Holz aus dem Schuppen zu holen und Kienholz zu spalten. Nach dem Anzünden des Brennmaterials musste ich weitere Holzscheite nachlegen. Als die entsprechende Hitze im Backofen erreicht war, schob die Backfrau die glühenden Kohlen mit einem Eisenschieber seitlich gegen die Wände des Ofens. Anschließend reinigte sie den Boden mit einem feuchten Lappen und verteilte mit einem Holzschieber die geformten Brote in dem Backofen. Nach einer Weile nahm die Backfrau die gebackenen Brote aus dem Ofen und putzte sie mit einem nassen Lappen. Zum Abkühlen und zur Lagerung der Backwaren wurden diese in einem Nebenraum auf ein Holzgestell gelegt. Dieses glich einem Etagenbett und hatte in engen Abständen seitliche Führungsleisten, die es erlaubten, mehrere Regalbretter in das Gestell einzuschieben.

Nach dem Brotbacken bereitete die Backfrau die Kuchen vor. Meist gab es einen Hefeteig, der mit einer Holzrolle auf den Blechen verteilt und danach belegt wurde mit Zwetschgen, Apfelscheiben, Mohn, Streuseln oder Butter mit Zucker. Mich beim Kuchenbacken aus der Backstube zu vertreiben, gelang nur für kurze Zeit. Zu sehr liebte ich neben der Raumwärme den Geruch des frischen Brotes und die gerade vorbereiteten dicken Streusel. Am Abend wollte auch der Opa den Kuchen probieren. Er bekam ein Randstück mit nur wenigen Streuseln. Schnell hatte ich zugegriffen und dem Opa auch noch die wenigen dicken Streusel von seinem Kuchen stibitzt und aufgegessen. Die Oma, die das Geschehen beobachtete und Opas Blicke erkannte, sagte gleich: „Lass doch den Jungen, der isst die Streusel doch so gern." Natürlich mochte auch der Opa die Streusel. Aber er mochte auch mich. Trotz des leeren Kuchens.

Am Samstagvormittag spannte der Knecht die Pferde vor die Kutsche. Mit dem Opa fuhr ich nach Pitschen zum Bahnhof. Hoch erfreut durfte ich hier meine Eltern und Geschwister begrüßen. Auf der Rückfahrt zum Hof konnte ich die vielen Fragen meiner Mutter kaum beantworten, immer wieder wurde ich von meiner Schwester Christa unterbrochen. Voller Stolz berichtete sie bereits mehrmals, dass sie ein gutes Zeugnis erhalten hatte und in die zweite Klasse versetzt worden sei. Weitere Verwandte mit vielen Kindern reisten zur Trauung von Tante Anna mit ihren Kutschen an. Jetzt verstand ich, warum man in den letzten Tagen so viele Betten in den Zimmern aufgestellt hatte.

Das Fest am Sonntag gefiel mir nicht. Uns Kindern wurde eigentlich alles verboten. Wir durften uns weder in der Küche noch in der großen Stube aufhalten. Für die Kirchfahrt fehlten für uns die Plätze in den Kutschen. Die Mahlzeiten mussten wir in der Küche einnehmen, diese aber wegen der anstehenden Küchenarbeiten schnell wieder räumen. Das Spielen auf dem Hof und in der Scheune war uns untersagt, zu eng standen hier die Pferde und die Kutschen. Selbst in des Onkels Gaststätte hatten wir keinen Zutritt. Eigentlich waren wir Kinder überall im Wege. Aber noch schlimmer kam es für mich, als ich mein Bett mit meinen Schwestern teilen musste. Und das doch eigentlich an meinem Geburtstag, der aber den ganzen Tag völlig unter den Tisch fiel!

Nach der Feier gab es viel aufzuräumen. Meine Eltern und weitere Gäste halfen dabei, die Speisereste zu verwerten, insbesondere weckten sie das restliche Fleisch in Gläser ein. Inzwischen war auch der riesige Kühlschrank in der Gaststätte gefüllt. Für die restlichen verderblichen Speisen baute man in der unbewohnten Kammer zwei Tische auf, breitete eine dicke Schicht

Stroh auf den Tischplatten aus und legte darauf Eisblöcke. Diese wurden wieder mit Stroh abgedeckt und hiernach die Töpfe und Schüsseln mit den Speisen darauf verteilt. Immer öfter musste vom Fußboden das Wasser des abtauenden Eises gewischt werden. Bald kam der Tag, wo unsere Familie und ich abreisten. Dick bepackt mit Kuchen, Eiern, Butter und Speck brachte uns der Opa mit der Kutsche zum Bahnhof nach Pitschen.

Wieder daheim

Zu Hause merkte ich bald, dass die junge Frau nicht mehr bei uns wohnte. Langsam stellten sich Schnee und Eis ein. Es wurde bitterkalt und das Feuer in unserem Kachelofen durfte nicht ausgehen. Auch Weihnachten 1942 feierten wir ohne unseren Vater. Das Christkind brachte für meine Schwestern einen Kaufmannsladen mit Waren und Spielgeld. Neben einem Schlitten bekam ich einen Panzer, eine Kanone und mehrere Soldaten.

Der Silvesterkarpfen

Kurz vor dem Jahreswechsel gab es eine große Überraschung für uns Kinder. Der Onkel Karl aus dem Forsthaus Schlüsselwald schickte uns per Express einen größeren Karton. Aufgeklebt auf dem Paket war ein Zettel mit der Aufschrift: „Vorsicht – lebende Tiere". Beim Auspacken fanden wir einen Brief, eine Menge Holzwolle und zusammen geknülltes Zeitungspapier. Wohl mitten im Karton fanden wir in sehr feuchten Tüchern eingepackt einen kräftigen Karpfen. Im beigefügten Brief war zu lesen, dass der Fisch lebendig und durch Alkohol in seine derzeitige Starre versetzt worden sei. Um den Fisch zu wecken, sollten wir kaltes Wasser in die Badewanne einlaufen lassen und das mit Alkohol getränkte Brot aus seinem Maul entfernen. Hiernach sollten wir den Karpfen behutsam in das Wasser geben und ihn so lange an der Wasseroberfläche halten, bis er sich bewegt.

Unsere Mutter glaubte an einen üblen Scherz und unter Lachen sagte sie: „Diesen Unsinn kann sich nur Onkel Karl ausdenken." Trotzdem folgten wir seinen Ratschlägen. Wie beschrieben, hielt ich den leblosen Fisch in das Wasser. Es dauerte nur wenige Minuten, bis er sich bewegte und mehrmals kräftig nach Luft schnappte. Plötzlich sprang er aus meinen Händen und schwamm munter in der Badewanne umher. Ab nun war das Badezimmer von uns Kindern belegt. Wir achteten darauf, dass der Karpfen immer genügend frisches Wasser bekam.

Aber am Tag des Jahreswechsels war die Wanne leer. Unsere Mutter erzählte, der Fisch hätte wohl versehentlich den Stöpsel der Badewanne gezogen und sei dann über die Rohrleitung zu seinen Artgenossen in den nahen Teich geschwommen. Mit dem neuen Schlitten wollten wir trotz Kälte und Schnee zum Teich fahren, um nachzuschauen, ob es dem Karpfen wirklich gut geht. Draußen im Schnee spielten wir mit anderen Kindern und hatten unseren Fisch schnell vergessen. Beim späteren Essen wären wir gar nicht auf die Idee gekommen, was da wohl fein portioniert auf unseren Tellern liegen könnte.

Dritter Aufenthalt in Waldungen

Doch bald wurde es Frühling und der Onkel August meldete seinen Besuch für den Mai 1943 an. Da der Schularzt mich als zu klein empfand und vom Schulbesuch befreite, brauchte ich nicht zu betteln, um den Onkel zu den Großeltern zu begleiten. Offensichtlich war auch diese Reise längst mit den Großeltern vereinbart. Wie immer holte der Opa uns mit seiner Kutsche vom Bahnhof Pitschen ab. Auf dem Hof fiel mir sofort auf, dass Tante Anna und auch der mir bekannte Knecht nicht mehr da waren. Auf meine Nachfrage erzählte mir die Oma, Tante Anna wohnt jetzt bei ihrem Mann in Pitschen. Neu in das Haus eingezogen wären zwei Mägde aus Polen. Sie würden derzeit im Garten arbeiten. Der Knecht sei als Deutscher zum Militärdienst eingezogen worden, für ihn würde bald Ersatz kommen.

Der Tisch blieb nie leer

Mit Onkel August hatte ich viel Spaß. Er war immer lustig und zu Späßen aufgelegt. Er hatte eine Braut, die Elisabeth Wolnik hieß und nur wenige hundert Meter weiter auf dem Hof ihrer Eltern wohnte. Ein neues Erlebnis kündigte sich für den Sonntag an. Onkel August wollte mit mir an das Flüsschen Prosna fahren und dort Krebse fangen. Auf dem Gepäckträger seines Fahrrads wurde ein großer Korb mit Deckel befestigt und darüber ein Netz gespannt. Ich dürfte mich auf die Querstange des Herrenfahrrads setzen und so radelten wir entlang unseres langen Feldes bis zur Prosna. Aus einem Weidenbusch schnitt er sich eine lange Rute, die besonders viele Blätter hatte. Die Rute steckte er in das Wasser des Baches und wedelte mit ihr im Uferbereich umher. Es dauerte nicht lange, da konnte man im klaren Wasser mehrere Krebse am Blattwerk der Rute erkennen. Erst vorsichtig und dann mit Schwung holte der Onkel die Rute aus dem Wasser und legte sie am Bachufer ab. Jetzt konnten wir die Krebse einsammeln und in den Korb mit dem Deckel stecken. Das über den Korb geworfene Netz verhinderte, dass die Krebse flüchteten. Die Fangweise wiederholten wir, bis der Korb voller Krebse war. Dem Onkel erzählte ich, dass ich Krebse bereits kenne. Im vergangenen Jahr hätte mich ein Krebs beim Baden in der Prosna in den großen Zeh gezwickt. Die Badestelle lag im flachen Wasser des Baches unweit des Dorfes.

Als wir zu Hause ankamen, stand ein riesiger Topf auf dem Küchenherd, in welchem bereits das Wasser kochte. Der Korb mit den Krebsen wurde über den Topf gehalten und der Korbdeckel nach und nach geöffnet. Die meisten Krebse fielen direkt in das brodelnde Wasser, andere krabbelten aus dem Korb oder hielten sich am Korbdeckel fest. Auch sie landeten im Topf. Nach kurzer Kochzeit wechselten die Krebse ihre Farbe von dunkelbraun nach feuerrot. Nach dem Abgießen des heißen Wassers schüttete die Oma sie auf dem Küchentisch. Es war ein riesiger Berg, so viele Krebse hatte ich noch nie auf einem Haufen gesehen. Onkel August zeigte mir, wie man die Scheren und Schwänze der Krebse öffnet und das weiche Fleisch heraus lutscht. Zu den Krebsen gab es frisches Brot, Butter und Salz. Während die Männer Schnaps tranken, bekamen die Frauen und ich frisches Brunnenwasser zu trinken. Diese Krebsmahlzeit hob sich deutlich von den alltäglichen Speisen ab.

In der Regel wurden morgens und abends eine dicke Griesoder Haferflockensuppe und danach Bratkartoffeln mit Spiegelei und Speck gereicht. Für den Opa und den damaligen Knecht stellte die Oma ein etwas größeres Glas Schnaps auf den Tisch. Zum Mittagessen gab es eine kräftige Gemüsesuppe und Salzkartoffeln mit und auch ohne Pökelfleisch. Ein Huhn oder eine Ente, für das Sonntags- oder Festtagsessen geschlachtet, musste reichen für fünf bis sechs Personen. Zunächst kochte man das Federvieh und beließ die Innereien, den Kopf, den Hals, die Flügelspitzen und die Füße im Sud. Dieser, mit heißem Wasser aufgefüllt und nach Zugabe selbstgemachter Nudeln und Kräuter erneut aufgekocht, ergab die Vorsuppe. Für das Hauptgericht briet die Oma das vorgekochte Hühnerfleisch an und gab dazu eine aus Meerrettich und Sahne zubereitete weiße Soße. Zum Essen gehörten selbstverständlich Kartoffelklöße. Als Beilage gab es im Sommer einen Blattsalat, der mit Essig und Zucker angerichtet wurde. Das Leckerste für mich war der Pudding oder die Götterspeise zum Nachtisch.

Bei besonderen Anlässen setzte sich das Hauptgericht zusammen aus Schweinebraten, Rotkraut und Kartoffelklößen. Wenn es die Zeit erlaubte, wurde für den Sonntagnachmittag ein Mohnkuchen mit großen Streuseln gebacken. Den Kaffee bereitete man aus gebrannter, gemahlener Gerste unter Zugabe eines dunkelbraunen Extrakts. Dieser Kaffeezusatz hatte die Form einer Rolle von zirka 5 cm Dicke und einer Länge von etwa 20 cm. Er war eingewickelt in ein eher dunkelrotes Pergamentpapier. Für mich gab es Milch zu trinken, doch abgekochte Milch mit Pelle mochte ich nicht.

Spielerisches Arbeiten

Da ich mich für alles auf dem Hof und den Feldern interessierte, lernte ich in diesem Jahr viel Neues. Mein sonstiges Spielen und Herumtreiben im Ort gingen nun in Arbeit über – wohl auch dadurch bedingt, dass der Knecht fehlte und seine Aufgaben teilweise mir zugewiesen wurden. Ich half der Oma und den Mägden beim Füttern der Schweine und der Kühe. Auch beim Führen der Kühe auf die nahe gelegene Wiese hinter dem Haus war ich stets dabei. Zum Grasen band man sie mit einer langen Leine an einem Pfahl. Bald konnte ich die Kühe melken und meinen Becher Milch direkt von der Kuh abnehmen. Wenn die Milch in der Küche ausgegangen war und ich welche trinken wollte, sagte die Oma nur: „Du weißt doch, wo die Kühe stehen." Der Opa wiederum erklärte mir die Getreidesorten sowie die Sorten der Futter- und Zuckerrüben und deren Besonderheiten. Selbst beim Fohlen einer Stute durfte ich zusehen.

Ein neuer Knecht kommt

Onkel August war längst abgereist, als nun endlich der neue Knecht kommen sollte. Ich spielte wieder einmal allein auf der Dorfstraße, als ich einen Gendarm auf dem Fahrrad sah, der einen jungen Mann im Laufschritt vor sich hertrieb. Vor Opas Anwesen stieg der Gendarm vom Fahrrad und beide Männer betraten den Hof. Der Opa, der an einem Wagen arbeitete, ging auf die beiden zu und wurde vom Gendarmen mit den Worten begrüßt: „Heil Hitler, hier habt ihr euren Pollacken und passt auf, dass er euch nicht wegläuft." Ich eilte dazu und stellte mich dicht an den Opa. Der junge Mann war verschwitzt und voller Staub. Er hatte weder ein Hemd noch Schuhe an, seine Hose war völlig zerlumpt. Opa wollte ihm Wasser zum Trinken geben, doch der Polizist wehrte ab.

Nun verlangte der Gendarm vom Opa, er solle ihm sofort die vorgesehene Unterkunft des „Dreckskerls" zeigen. Opa ging voraus in den Pferdestall und der Gendarm mit dem jungen Mann folgten. Alle stiegen über die steile Holztreppe in eine kleine Kammer oberhalb des Pferdestalls. In der Kammer hing überall dickes Spinnengewebe und der Raum war sehr staubig. Der Opa wollte sich beim Gendarmen für das Aussehen der Kammer entschuldigen. Er führte hierzu an, dass der letzte Pferdeknecht vor längerer Zeit zum Militärdienst eingezogen worden sei und die Kammer seither unbenutzt blieb. Der Polizist erwiderte nur böse: „Für den Pollacken ist dieser Raum viel zu schade, er könnte auch unten bei den Pferden im Mist schlafen." In der Tat war die Kammer mit einer Grundfläche von zirka 2,50 m Breite und 3,50 m Länge sehr geräumig. Drei Wände des Raumes bestanden aus lotrecht stehenden Holzbohlen, die vierte Seite wurde durch die Dachfläche der Scheune unter der Neigung 45° gebildet. Auch die Dachschräge war mit Bohlen verschalt, lediglich für die Beleuchtung der Kammer gab es eine Aussparung mit sechs gläsernen Dachziegeln. Alle Bohlen waren weiß gekalkt, in ihnen steckten lange Nägel zum Aufhängen der Kleidung. Ein Bettgestell, auf dem ein leerer Strohsack lag, stand unter der Dachschräge. Ferner gab es die von dem ehemaligen Knecht gefertigte Holzbank und einen kleinen Tisch, auf dem eine Waschschüssel aus emailliertem Blech stand. Durch den hohen Kniestock und die danach ansetzende Dachschräge konnte ein Erwachsener bequem aufrecht vor dem Bett stehen. An der Wand neben dem Treppenaufgang war eine Holzplatte aus vernagelten Brettern angebracht, die man zum Verschließen des Treppenlochs umklappen konnte. Auch im strengsten Winter war es in der Kammer warm, weil hinter den Holzwänden das Heu für die Fütterung der Pferde lagerte.

Als wir beim Rückweg wieder an der Stalltür angekommen waren, verlangte der Gendarm, dass der Pole nach getaner Arbeit im Pferdestall einzuschließen sei. Würde der Opa dieser Anweisung nicht nachkommen und der Pole fliehen, hätte der Opa die Folgen dieses Vergehens zu tragen. Der Pole soll arbeiten und den Deutschen nicht das Essen wegfressen. Sollte der Dreckskerl nicht folgen, hätte der Opa das Recht, ordentlich die Peitsche zu benutzen.

Längst hatte ich bemerkt, dass dem Opa bald der sogenannte Kragen platzen würde. Für den Polizisten völlig unerwartet, gab Opa ihn zu verstehen, wenn alles so kompliziert sei, möge er den Polen auf dem Hof und den Feldern selbst überwachen. Zudem würde er sein Benehmen zum Anlass nehmen und dieses dem Landrat vortragen. Der Gendarm wusste offensichtlich nicht, dass der Opa vor dem Krieg die Geschicke des Dorfes mitbestimmte und den Landrat aus dieser Zeit gut kannte. Zudem war Onkel Karl, der Forstmeister bei der NSDAP, eine anerkannte Persönlichkeit. Nicht mehr so dominant nahm der Polizist sein Fahrrad und verließ stumm den Hof. Unsere Oma, die wohl die Unterredung mit dem Gendarmen über das offene Küchenfenster verfolgt hatte, kam zu uns und sprach auf Polnisch den sehr ängstlich wirkenden neuen Knecht an. Sie holte eine Waschschüssel, Seife und ein Handtuch und stellte alles auf die Holzbank, die an dem südlichen Giebel des Wohnhauses stand. Hiernach brachte die Oma Wäsche, Hemd, Hose, kurze Stiefel und ein paar Fußlappen. Inzwischen hatte Opa einen Eimer Wasser vom nahen Brunnen geschöpft und neben die Bank gestellt. Der Pole, verschwitzt und staubig, zog sich aus und wusch sich nackt. Dieses Ereignis wollten sich auch die polnischen Mägde ansehen, die zuvor das Mittagessen vorbereitet hatten.

Nachdem das Waschen und Ankleiden des Knechts abgeschlossen war, gingen alle zum Mittagessen in die Küche. Nach dem Essen erzählte der junge Mann auf Polnisch, was er in den letzten Wochen alles zu erdulden hatte. Da auch die anschließende Unterredung mit den Großeltern auf Polnisch geführt wurde, verstand ich nur wenig davon. Nach dem Essen reparierte der Opa den Wagen weiter und schickte Janik, den neuen Knecht, in seine Kammer, um diese aufzuräumen. Ich ging mit dem Knecht, um ihm bei der Arbeit zuzuschauen. Nach der Beseitigung der Spinnennetze und dem Fegen von Wänden und Fußboden, holte sich Janik Wasser aus dem Brunnen und begann, alles abzuwaschen. Für das Stopfen des leeren Strohsacks zeigte ich ihm, wo das Stroh lagert. Währenddessen brachte die

Oma Bettwäsche, zwei Wolldecken und weitere Kleidung. Frisch angezogen und rasiert wurde aus dem ängstlichen jungen Burschen ein ansehnlicher Mann.

In der Küche nach dem gemeinsamen Abendessen wies Opa dem Knecht seine Arbeit zu. Er hatte vornehmlich die Pferde zu versorgen, bei den Feld- und Reparaturarbeiten der Gerätschaften zu helfen und alle Ställe zu misten. Am nächsten Morgen, nachdem die Tiere versorgt waren, half der Knecht dem Opa beim Ausbessern des Wagens. Das Zuschauen langweilte mich, so ging ich ins Dorf, um Neues zu erkunden. Doch bald kam mir in Erinnerung, dass ich, ohne die polnische Sprache zu können, nichts erfahren würde. Ich hatte wohl einen Sprachschatz, der für die Belange auf dem Hof ausreichte, aber zu gering war, um alle Gespräche zu verstehen. Dieses wollte ich alsbald ändern. Durch die notwendige Zusammenarbeit mit den polnischen Mägden und dem polnischen Knecht wurde auf dem Hof nur noch Polnisch gesprochen. In Gegenzug wollten die Mägde und der Knecht Deutsch lernen. Durch den täglichen Kontakt mit ihnen hatte ich neben meinen Großeltern nun drei weitere Lehrer, die mich unterrichteten.

Meine neuen Aufgaben auf dem Hof

Die Mitarbeit des neuen Knechts führte zu einer Neuverteilung der Aufgabengebiete. Ich hatte die Oma bei ihren Arbeiten zu unterstützen. Insbesondere wurde mir die Futterzubereitung für die Schweine, Hühner und Enten übertragen. Ich hatte Kartoffeln aus dem Keller zu holen und in den Schweinestall zu bringen. Hier stand der Kartoffeldämpfer, ein walzenförmiges Gerät, welches sich zusammensetzt aus einem feststehenden eisernen Unterteil und einem kippbaren Oberteil aus verzinktem Blech. In dem unteren Teil befand sich die Feuerstelle, von der ein Ofenrohr durch die Stallwand nach draußen führte. In den oberen Behälter wurden die Kartoffeln und das Wasser eingefüllt und dieser danach mit einem Deckel fest verschlossen.

Nach dem Anfeuern des Kessels hatte ich Holz herbeizuschaffen und aufzupassen, dass das Feuer nicht ausging. Waren die Kartoffeln gar und das heiße Wasser abgelassen, konnte der Deckel abgenommen und das Oberteil nach vorn gekippt werden. Nach und nach purzelten die Kartoffeln in die Holzwanne vor dem Dämpfer. Jetzt galt es die Kartoffeln mit einem Stampfer zu zerkleinern, gehackte Futterrüben und Kleie zuzugeben und alles ordentlich zu mischen. Die Oma sagte: „So, nun haben wir das Schweinefutter fertig." Die Schweine quietschten sehr laut und ich durfte beim Füllen der Tröge helfen.

Bei dieser Arbeit erzählte Oma, dass beim Bau des Hauses der Kartoffelkeller tiefer gegründet werden sollte, doch das anstehende Grundwasser verhinderte dieses Vorhaben. Folglich liegt im Zimmer oberhalb des Kellergewölbes der Fußboden zirka 65 cm höher als in den übrigen Räumen des Hauses. Auf dem höheren Podest standen früher die Betten der Kinder. Zu diesem Kellerraum gibt es zwei Zugänge, der eine von der oberen Stube aus und der andere über eine niedrige Tür von draußen. Damit konnten nach der Ernte die staubigen Kartoffelsäcke vom Feld direkt in den Keller getragen werden. Zudem dient der Keller zur Aufbewahrung von Mohrrüben, Obst und vorübergehend auch für Lebensmittel und Speisen.

Wieder einmal war Markttag in Pitschen. Als wir – Opa, Oma und ich – mit unserem vollgepackten Wagen auf dem Marktplatz ankamen, wartete Tante Anna schon auf uns. Wie immer half die Tante der Oma beim Verkauf der Waren. Auch beim Führen der Pferde zum Gasthof, beim Einkaufen von Brötchen und Jagdwurst sowie der Einkehr in das Gasthaus hatte sich seit dem letzten Jahr nichts geändert. Wieder pendelte ich aus Langeweile zwischen dem Gasthof und unserem Wagen hin und her. Doch dieses Mal ging es nach dem Abverkauf der eigenen Waren zu Tante Annas Wohnung. Das Haus hatte ein größeres Schaufenster und lag am südlichen Rand des Marktplatzes. An dem hinteren Wohnbereich schloss sich eine geräumige Werkstatt an. Als ich hörte, Onkel Franz würde in seiner Werkstatt arbeiten, wollte ich ihn unbedingt besuchen. Er und ein Geselle flochten Körbe, ein anderer Gehilfe besohlte Schuhe. Onkel Franz zeigte mir die gewässerten Weiden, aus denen man zunächst den Korbboden und dann die Wandung herstellt. Als wir beide zurück in des Onkels Wohnung gingen, erzählte Tante Anna gerade, dass ihr Mann nachts im Schlaf laut sprechen würde. Sie könnte ihn fragen, was er tagsüber getan hätte, und er würde wahrheitsgemäß berichten. Der Besuch war bald beendet und wir drei fuhren nach Waldungen zurück.

In den nächsten Wochen gab es kaum Veränderungen bei den alltäglichen Arbeiten auf dem Hof und in der Küche. Erheblich verbessert hatte sich jedoch mein Polnisch. Nun machten die Besuche der Verwandten und das Herumstöbern im Dorf wieder Spaß. Das Spielen auf der Dorfstraße insbesondere nach einem Starkregen hatte ich vergessen. Geblieben hingegen war meine Abneigung, abends gewaschen zu werden. Da Tante Anna fehlte, um mich einzufangen, gelang es mir immer öfter, ungewaschen in mein Bett zu hüpfen. Auch in diesem Sommer war meine Cordhose aus dem vergangenen Jahr das bevorzugte Kleidungsstück. Abends, während die Hose gewaschen wurde, sprang ich entweder nackig oder in einem längeren Nachthemd aus Leinen im Haus herum. Nur sonntags, wenn wir mit der Kutsche zum Gottesdienst in die evangelische Kirche nach Grenzfelde (Schiroslawitz) fuhren, zog man mich stadtfein an. Diese Kleidung bestand aus Unterwäsche (meist einteilig), Oberhemd, Stoffhose, Kniestrümpfen und Halbschuhen. Es wurde frühzeitig zur Kirche gefahren, damit man sich noch vor dem Gottesdienst mit den Verwandten und Bekannten unterhalten konnte. Opa erzählte seinen Freunden, dass er vor wenigen Wochen einen neuen Knecht erhalten habe. Dieser sei sehr fleißig und umsichtig und würde allein mit den Pferden und Maschinen die anstehenden Feldarbeiten ausführen. Der Opa hatte dem Knecht heute frei gegeben und trotz Verbot der Obrigkeit ihm erlaubt, hinter der Grenze auf polnischem Gebiet die katholische Messe zu besuchen. Auch den polnischen Mägden würde man vollständig trauen, beide wären heute allein auf dem Hof. Die Gespräche mit der

Verwandtschaft führten oft zu spontanen Einladungen. Nach dem Gottesdienst gab es dann dort ein Mittagessen, Kaffee und Kuchen. Auch die Schnapsflasche wurde ständig umhergereicht. Erst spät am Abend ging es wieder zurück nach Waldungen. Der Knecht und die Mägde warteten bereits auf unsere Ankunft. Sie waren in Sorge und dachten, uns wäre etwas Schlimmes passiert. Während wir in das Haus gingen, fuhr der Knecht die Kutsche in die Scheune, spannte die Pferde aus und versorgte sie. Beim Abendessen erzählte er über die Erlebnisse seines freien Tages.

Noch innerhalb der nächsten Woche stand das Mähen der „nassen Wiesen" an. Diese befanden sich am Ende des zirka 780 m langen Grundstücks. Hier durchquerte die Prosna das Grasland, wo Onkel August mit mir die vielen Krebse gefangen hatte. Da das Wasser der Prosna jährlich einen Teilbereich der Wiese überflutete, konnte das geerntete Gras oder Heu nur an die Pferde verfüttert werden. Auf der moorigen Wiesenfläche war der Einsatz der Mähmaschine nicht möglich, so mussten der Opa und der Knecht das hohe Gras mit der Sense schneiden. Die Mägde hatten das geschnittene Gras auf einem Gestell – ähnlich einer Sänfte – auf den trockenen Bereich der Wiese zu tragen. Zunächst half ich bei dieser Arbeit kräftig mit, bis mir die kleinen und großen Frösche auffielen. Sie zu jagen, machte mir bald riesigen Spaß. In den nächsten Tagen wurde das zum Trocknen ausgelegte Gras so lange mit der Gabel gewendet, bis es als Heu auf den Leiterwagen aufgeladen und in die Scheune gebracht werden konnte.

Bei den Fahrten zu den Feldern durfte ich immer öfter die Pferde führen. Manchmal blieben nach getaner Arbeit der Wagen oder die betreffende Maschine auf dem Feld stehen. Dann ging es zu Fuß zurück zum Hof. Für den Weg legte Opa den Pferden die Zuggurte auf den Rücken und ich durfte mir ein Pferd zum Reiten aussuchen. Meine Begeisterung, auf einem Pferd zu sitzen, war groß, bis sich eines Tages das Zaumzeug des Pferdes am Hoftor verhakte und ich seitlich vom Pferd abrutschte und zu Boden fiel.

Geschichten der Backfrau

Es war Spätsommer und wieder stand die Getreideernte an. Im Haus setzte Hektik ein. Überall, wo Platz in den Stuben war, wurden Bettgestelle aufgebaut, die Strohsäcke gestopft und die Federbetten bezogen. Auch die Backfrau kam ins Haus und bereitete den Teig für die Brote und Kuchen vor. Sie redete gern und erzählte Geschichten aus dem Ort. Ich blieb in der Backstube, meinem Lieblingsort, und hörte ihr zu, besonders als sie zwei Episoden aus diesem Haus vortrug. Zuvor musste ich ihr hoch und heilig versprechen, weder bei der Oma noch beim Opa zu petzen. Ich versprach alles. Sie erzählte, dass vor dem Krieg sich die Bauern im Gasthof trafen, um die Belange des Ortes zu bereden. Mein Opa war derjenige, der die Wünsche und Anregungen der Gemeindevertreter dem Landrat in Kreuzburg vorzutragen hatte. Oft musste er lange Zeit auf eine Weisung des Landrats warten.

Da aber der Opa im Schreiben von Briefen nicht so geübt war, führte die Oma die Korrespondenz mit dem Landrat. Ich müsste wissen, dass die Oma eine kluge Frau sei, die bereits in jungen Jahren von einem Professor in Berlin in deutscher Sprache und Schrift unterrichtet worden sei. An solchen Tagen, wenn die Bauern im Dorfkrug etwas zu beschließen hatten, saß die Oma gern auf der Holzbank vor dem Haus. Meist waren die Fenster der Gastwirtschaft weit geöffnet, sodass die Oma an der Lautstärke der inzwischen alkoholisierten Gemeindevertreter erkennen konnte, gleich gibt es eine Beschlussfassung. Sie ging näher an den Dorfkrug heran und verfolgte, was der Opa dem Landrat schreiben sollte. Ihr Zuhören war wichtig; denn meist hatte der Opa durch den weiteren Alkoholgenuss die Beschlüsse des Abends am nächsten Morgen vergessen.

Zunächst filterte die Oma aus der Beratung alles für sie Unsinnige heraus. In ihrem Schreiben an den Landrat bat sie über die restlichen Punkte zu entscheiden. Auf die Antwort musste sie sehr lange warten, oft schrieb der Landrat nur Globales zu den Anliegen der Gemeinde. Die Oma war überzeugt, dass sie die Dinge der Gemeinde besser und schneller regeln könnte als der Landrat. Sie stellte das Briefeschreiben an die Kreisverwaltung ein und entschied etwas zeitversetzt über die Anliegen der Gemeinde. Letztlich waren der Opa und die Gemeindevertreter erfreut über die gute Zusammenarbeit mit dem Landrat.

Wohl über vier oder fünf Jahre leitete die Oma die Geschicke des Dorfes. Doch eines Tages meldete der Landrat seine Teilnahme an einer Sitzung der Landwirte an. Im Dorfkrug trug er dann vor, dass er seit langer Zeit weder Anfragen noch Klagen der Gemeinde erhalten hätte. Offensichtlich sei nach langer Zeit Frieden im Ort eingekehrt. Mit seinem Vortrag überraschte der Landrat alle Gemeindevertreter und auch den Opa als Obmann. Jetzt war allen klar, dass die Oma in vorbildlicher Weise die Geschicke des Ortes gelenkt hatte. Der Landrat wollte unbedingt die Oma kennenlernen und besuchte sie auf dem Hof. Mit erhobenem Finger bedankte er sich für ihre Dienste am Wohlergehen der Gemeinde. Er versprach, zukünftig die Briefe der Oma zeitnah und vollständig zu beantworten. Diese Begebenheit sprach sich schnell im Ort und weit über seine Grenzen herum. Waren Oma und Opa in ihrer Kutsche unterwegs, sagten die Leute: „Seht, da fahren der Landrat und der Bürgermeister von Waldungen."

Die Backfrau erzählte weiter, vor Jahren sei sie auf den Hof geladen worden, um für eine Feier Brote und Kuchen zu backen. Hier in der Backstube hatte sie wohl zwei Tage vorher in einer großen Holzmolle den Brotteig vorbereitet. Wie heute stand die Molle auf der langen und breiten Bank. Damit der Teig über Nacht gehen und die erforderliche Wärme entwickeln konnte, wurde er mit einem sauberen Laken abgedeckt. Oma und Opa schliefen eigentlich immer gemeinsam im breiten Ehebett in der Küche, außer wenn Opa angetrunken war. Dann durfte er nicht ins Ehebett zur Oma huschen. An jenem Tag ging der Opa wohl in Vorfreude auf das kommende Fest in den Dorfkrug, um dort ordentlich einen zu bechern. In weiser Vorahnung richtete die Oma im Nebenraum der Backstube das bettähnliche Gestell für seine Übernachtung vor. In der Dunkelheit suchte der Opa sein Nachtlager in der Backstube und ertastete bald sein vermeintliches Bett. Als sie, die Backfrau, sehr früh am nächsten Morgen die Backstube betrat, hörte sie komische Geräusche. Im Dämmerlicht bewegte sich eine in ein weißes Tuch gehüllte Gestalt, die sich näherte und etwas Unverständliches murmelte. Voller Entsetzen schrie sie so laut, dass die Oma aus der Küche herbeieilte und nach dem Geist sehen wollte. Die Spukgestalt war der Opa, der gerade von seinem Nachtlager aufgestanden war. Mit voller Kleidung hatte er auf dem abgedeckten Brotteig geschlafen. Da die Zeit für das Ansetzen eines neuen Brotteigs fehlte, wurden vorsichtig die Teigreste von dem Laken und Opas Kleidung gelöst, mit dem verbleibenden Teig in der Molle vermischt und daraus das Brot gebacken. Backfrau und Oma versprachen, über das Erlebte zu schweigen, doch es dauerte nicht lange, bis das ganze Dorf sich darüber amüsierte.

Dieses Mal gab es keine besonderen Vorkommnisse in der Backstube. Der Grund der Hektik auf dem Hof war die morgige Anreise meiner Eltern und Geschwister. Sie wollten zirka zwei Wochen auf dem Hof bleiben und bei der Getreideernte helfen.

Getreideernte 1943

Nicht nur ich, sondern auch die Großeltern freuten sich auf den Besuch meiner Familie. Ich aber ahnte Böses, als am späten Nachmittag die große Zinkwanne aus der Scheune geholt und in der Küche aufgestellt wurde. Auf dem Küchenherd stand bereits der große Kessel, in dem Wasser kochte. Kaum war das Badewasser zubereitet, half mein Abwehren nichts, eine Magd packte mich und steckte mich in die Wanne. Zunächst mit Seife eingerieben, begann man mich dann mit einer Bürste zu schrubben.

Am nächsten Tag zur Fahrt zum Bahnhof sollte ich stadtfein angezogen werden, doch weder Hemd noch Hose passten. Auch die Schuhe waren zu eng, sodass ich weiterhin barfuß unterwegs war. Auf der Fahrt nach Pitschen saß ich neben dem Opa auf dem Kutschbock und durfte wieder eigenständig die Pferde führen.

Auf dem Bahnhof kam meine Familie uns bereits entgegen. Lachend nahm mich meine Mutter in die Arme, drückte mich fest an sich und bemerkte: „Wie ein Stadtkind siehst du wirklich nicht aus." Aufgefallen waren ihr meine struppigen Haare, die viel zu enge Kleidung, die zerschundenen Knie, die fehlenden Strümpfe und Schuhe. Auch meine Schwestern schauten mich verdutzt an. Sie hatten mich wohl in anderer Erinnerung. Neben meinem wilden Aussehen war ich auch merklich gewachsen und sah äußerst gut genährt aus. Kaum hatten wir auf dem Wagen Platz genommen, bestürmte meine Familie mich mit Fragen um Fragen. Zeit zum Antworten ließ man mir kaum, meine Ausführungen wurden ständig durch neue Fragen unterbrochen oder ich hatte mir Erlebnisse meiner Geschwister anzuhören.

Auf dem Hof angekommen, musste ich das Hemd ausziehen und mich auf einen Hocker setzen. Der Opa brachte meinem Vater die Haarschneidemaschine, die so stumpf war, dass es mir bei jedem Schnitt ziepte. Nach den vielen Haaren zu urteilen, die auf dem Boden lagen, hatte ich nur noch kurze Stoppeln auf dem Kopf. Der Opa tröstete mich mit dem Versprechen, dass nach dem Abendbrot der Opa mit mir und meinem Vater auf ein Feld des Grafen fahren werden. Dessen Getreidefeld wäre bereits abgeerntet und heute Nacht sollte das Feld mit einem neuartigen Dampfpflug gepflügt werden.

Von Weitem konnten wir den Feuerschein und den Rauch zweier riesiger Dampfmaschinen erkennen. Sie standen an den Kopfseiten eines langen Feldes. Unter lautem Puffen und Zischen zogen die Maschinen einen riesigen Pflug an Stahlseilen über den Acker hin und her. Hatte der Pflug die zweite Dampfmaschine erreicht, wurden beide Maschinen seitlich um eine Pflugbreite versetzt und der Pflug neu ausgerichtet. Das laute Schimpfen der Arbeiter an den Maschinen und die Anwesenheit des Grafen zeigten, dass es hier nicht so funktionierte wie erhofft. Noch weit bis in der Nacht waren von unserem Hof der Feuerschein der Maschinen und die Beleuchtung des Feldes zu erkennen.

Am nächsten Morgen stand die Getreideernte bei uns an. Noch im Dämmerlicht wurden Kannen, Körbe, Pferdedecken sowie Sicheln, Sensen und Strohseile zum Binden der Garben auf den Wagen geladen. Der Knecht brachte noch ein geschärftes Ersatzmesser für die Mähmaschine, welches mit alten Säcken umbunden war. Eiligst holte man die Pferde aus dem Stall, spannte sie an den Wagen und die Mähmaschine und ab ging es zu unserem größten Getreidefeld. Nur die Oma, eine Magd und meine Geschwister blieben auf dem Hof. Meine Schwestern wollten ihre hübschen Kleider nicht schmutzig machen. Sie blieben lieber in der Stube bei unserem Bruder Rudi. Wohl nach einer Woche war auch das zweite Getreidefeld gemäht. Das sonnige Wetter ließ die aufgestellten Garben schnell trocknen. Zudem hatte mein Vater noch eine weitere Woche Urlaub, sodass der Opa entschied, das Korn gleich zu dreschen, anstatt es in der Scheune zwischenzulagern.

Für das Einholen des Getreides galt es den kurzen, geschlossenen Ackerwagen zu einem längeren, offenen Leiterwagen umzubauen. Es wurden die seitlichen Bordwände abgenommen und zwischen der Vorder- und der Hinterachse ein längeres Holzteil eingebaut. Bald waren die Wagenleitern aus der Scheune geholt und die Wagenrungen verlängert, um den Leitern seitlichen Halt zu geben. Aufgeladen auf den Wagen wurden der Erntebaum, lange dicke Seile, Gabeln mit langen Stielen und für die Mahlzeiten des Tages Kannen und Körbe.

Auf dem Feld angekommen, entlud man die mitgebrachten Dinge vom Wagen. Sogleich steuerte das Fuhrwerk den aufgestellten Garben zu, wo die Frauen diese zum Verladen an den Wagen brachten. Gleichzeitig säuberten sie das Feld vom liegen gebliebenen Stroh. Unser Vater und der Knecht hoben die Garben mit der Gabel auf den Wagen, wo Opa diese mit den Schnittflächen nach außen stapelte. Ich hatte die Aufgabe, die Pferde zur nächsten Ladestelle zu führen. War der Wagen voll, wurde der Erntebaum auf das gestapelte Stroh gelegt, mit Seilen festgezogen und an den Bordwänden verknotet. Unser Vater und Janik brachten den vollen Wagen zum Hof und kamen mit einem anderen Leiterwagen aufs Feld zurück. Auch dieser Wagen wurde schnell geladen und zum Hof gebracht. Und wieder kehrten sie mit einem Leiterwagen aufs Feld zurück. Da dieser die restlichen Garben aufnehmen musste, war er eigentlich überladen. Aus Sicherheitsgründen mussten alle Personen dieses Mal vom Feld zum Hof laufen. Dort angekommen, schaute ich neugierig nach, wo die vollen Wagen abgestellt waren. Zwei Wagen standen auf dem Hof. Den letzten hatte man von der Straße rückwärts zwischen der Scheune und dem Dorfkrug direkt an die Dreschmaschine herangefahren.

Dreschen des Getreides

Die Dreschmaschine, Lanz Baujahr 1938 aus Breslau, hatte mein Opa gekauft. Wie bereits ausgeführt, hatte der Urahn durch die Lehensvergabe das Privileg, als Freimann Knechte für das Korndreschen zu beschäftigen und deren Dienste gegen Bezahlung den Bauern der Gegend anzubieten. Diese Dreschdienste wurden erweitert auf die Dreschmaschine. Gleiches Recht nahm der Graf für sich in Anspruch und stellte eine Dreschmaschine auf seiner Domäne auf. Domänen waren seinerzeit die Agrarbetriebe von Grafen, die meist entfernt vom gräflichen Schloss lagen.

Die Bauern innerhalb des Gutsbezirkes konnten wählen, ob sie die Dienste des Grafen oder des Großvaters in Anspruch nehmen wollten. Da nur Opas Maschine transportabel war, konnte er diese zu den Bauern hinfahren und auf deren Höfen dreschen, vorausgesetzt sie verfügten über einen Göpel – eine Kraftmaschine, die von einem im Kreis laufenden Pferd angetrieben wurde. Ansonsten gab es den freien Zugang zu Opas Dreschmaschine auf der Tenne.

Da zwei Leiterwagen für das Einfahren des Getreides nur kurzfristig ausgeliehen waren, begann man am nächsten Morgen mit dem Dreschen. Einem Pferd legte man die Scheuklappen an und spannte es vor den Schwenkbaum. Die durch das Kreislaufen des Pferdes entstehende Kraft übertrug sich über eine Welle auf ein eisernes Rad und dann mittels eines breiten

Ledergurts auf das Räderwerk der Maschine. Das Führen des Pferdes übernahm ein älterer Junge aus dem Ort, den Opa eigens dafür eingestellt hatte. Er hatte auch das Pferd von Zeit zu Zeit gegen ein anderes zu wechseln.

Opa und der Knecht entluden die vollen Wagen und legten die Garben auf eine Plattform der Maschine ab. Meine Eltern bedienten die Dreschmaschine. Während die Mutter mit einem Messer die Strohseile der Garben zerschnitt, verteilte der Vater diese Bündel gleichmäßig und schob sie in das Dreschwerk hinein. Am Ende der Maschine wurde das Stroh automatisch mit einem Bindfaden gebunden. Zwei Frauen aus dem Ort hatten die Gebinde von der Maschine abzunehmen und an den südlichen Giebel der Scheune zu bringen. Hier stapelte eine Magd parallel zur Giebelseite die Garben so, dass die Schnittstellen des Strohs nach außen zeigten. War eine Stapelhöhe von zirka 1,50 m erreicht, legte man in der Breite von ca. 1,40 m die nächste Reihe an usw. Insgesamt war das Strohlager für sechs Reihen ausgelegt. Mit steigender Stapelhöhe bildete sich eine senkrechte Wand zum Boden der Tenne aus.

Gerade als der erste Wagen geleert und der zweite an die Dreschmaschine gefahren wurde, kam Tante Anna aus Pitschen angeradelt. Man hatte sie benachrichtigt, weil für das Dreschen des zweiten und dritten Wagens die Aufgabenverteilung neu geordnet werden musste. Jetzt, nachdem alle Strohreihen auf dem Fußboden des Strohlagers ausgelegt waren, begann das Strohstapeln in der zweiten Ebene. Tante Anna hatte das Stroh von der Maschine zum Knecht zu bringen, der dieses mit der Gabel in die höhere Ebene hob. Die zweite Magd stellte ihre Küchenarbeit ein und half dem Opa beim Entladen des Wagens. Alle anderen führten ihre bisherige Arbeit fort. Ich merkte erst jetzt, dass das Korn von der Maschine aus in einen Sack lief. Während des Dreschvorgangs war jeweils ein voller Sack gegen einen leeren auszuwechseln.

Noch bevor der zweite Leiterwagen geleert und das Getreide gedroschen war, rief die Oma zum Essen. Auf dem Hof hatte sich eine riesige Staubwolke gebildet, die offensichtlich nicht zu den schönen Kleidern meiner Schwestern passte. Kaum traten Christa und Uschi vor die Haustür, da waren sie auch wieder im Haus verschwunden. Während die Helfer sich noch wuschen, reichte Oma ihre selbstgemachte kühle Limonade. Es musste schnell gegessen werden, um das Dreschen des Strohs noch vor der Dunkelheit beenden zu können.

Draußen dunkelte es, als der dritte Wagen leer war und das Dreschen beendet wurde. Beim großen Waschen kreiste die Schnapsflasche, um den Staub aus den trockenen Kehlen zu spülen. Nach dem Schließen der Scheunentore fütterten der Vater, der Knecht und eine Magd das Vieh. In der Küche hatte die Oma ein warmes Essen vorbereitet. Ein Palaver gab es nicht, alle waren müde und suchten ihr Bett auf.

Sturz durch das gestapelte Stroh

Die nächsten zwei Tage ähnelten den vorhergehenden. Wieder wurde Getreide vom Feld geholt und in der Scheune gedroschen. Nur Opa konnte nicht mithelfen, er hatte sich mit der Arbeit übernommen. Er litt an einem beidseitigen Leistenbruch. Die Bruchstellen im Unterbauch musste er mit Lederpolster niederhalten, die an einem Eisenring befestigt waren. Die schwere Arbeit hatte die Bruchstellen entzündet, was dem Opa nun große Schmerzen bereitete. Bis zum späten Nachmittag verlief das Dreschen in gewohnter Art. Beim Strohstapeln hatte man die dritte Ebene erreicht, als ich dorthin über die Leiter bis unter das Dachgebälk der Scheune kletterte. Voller Übermut hopfte ich auf dieser letzten Strohebene umher, bis ich in einen Spalt zwischen zwei Stapelreihen trat. Ich rutschte in diesen Spalt hinein und fand an den senkrechten Strohwänden keinen Halt. Meine Hände konnte ich gerade noch vor die Augen halten, um diese von den Disteln und den spitzen Enden der Strohhalme zu schützen. Im gebremsten Tempo ging es dann etwa fünf Meter tief bis zum Scheunenboden. Ich blieb unverletzt, aber hier unten war es staubig und stockdunkel. Angst hatte ich keine.

Ich erinnerte mich an das Spielen mit meinen Vettern in der Scheune von Rübners. Dort bauten wir im Heu lange und enge Gänge und versteckten uns in Höhlen, die wir direkt unter den Dachpfannen anlegten. Wir hatten riesigen Spaß beim Bau der Gänge und beim Verweilen in den Höhlen. Hier unten auf dem Boden war es dunkel und ebenso staubig.

Nun galt es mich aus der misslichen Lage zu befreien. Die Schnittstellen des Strohs waren zu glatt, um im Spalt nach oben krabbeln zu können. Als ich von der Hofseite Stimmen hörte, ging ich in die Hocke und drängte mich durch den engen Spalt bis an die Scheunenwand. An der Wand merkte ich, dass die Stimmen lauter wurden, je weiter ich nach rechts robbte. Bald ertastete ich die Bretter des schmalen geschlossenen Scheunentors. Mit Faustschlägen gegen das Tor und lautem Rufen wollte ich auf mich aufmerksam machen, doch keiner hörte mich. Nach wenigen Minuten wurde die Dreschmaschine abgestellt. Die Magd, die das Stroh stapelte, hatte wohl mein plötzliches Verschwinden bemerkt. Ich hörte, wie man nach mir rief. Ich begann erneut mit Händen und Füßen gegen das Tor zu klopfen und schrie laut: „Hier bin ich, hier bin ich." Mein Vater hat mich wohl als Erster gehört und fragte, ob ich verletzt sei. Ich antworte, dass es mir gut geht. Um das Tor öffnen zu können, sollte ich mich vom Torflügel entfernen und wieder den sicheren Bereich an der Scheunenwand aufsuchen.

Immer mehr Stimmen waren vor dem Scheunentor zu hören. Mit dem Öffnen des Tores rutschte Stroh aus der Scheune auf den Hof. Als die Garben vor dem Tor weitestgehend weggeräumt waren, rief man, dass ich rauskommen solle. Quietschfidel kroch ich aus dem Strohhaufen hervor. Zunächst waren alle froh, mich lebendig und heil zu sehen, doch als die allgemeine Aufregung sich gelegt hatte, fing der Opa an, ordentlich auf Polnisch zu schimpfen. Es waren Wörter, die ich bisher von ihm noch nicht gehört hatte. Er hatte wohl erkannt, dass sich die geöffneten Flügel des Scheunentors wegen des nachdrückenden Strohs nicht mehr verriegeln ließen. Man holte eiligst Hölzer herbei, um damit die Torflügel so weit als möglich zu schließen. Zur Abstützung dieser Konstruktion setzte man den Erntebaum als Strebe ein und verkeilte diesen fest am Boden. Der noch verbliebene offene Spalt zwischen den Torflügeln und dem Scheunendach überspannte man mit einer Plane. Regen und Schnee konnten so das Stroh in diesem Bereich der Scheune nicht verderben. Der Opa befürchtete, dass der schräg gestellte Erntebaum für lange Zeit die Bewegungsfreiheit auf der Hoffläche stark einschränken könnte. Während das Dreschen in der Scheune fortgesetzt wurde, lief ich in die Küche und ließ mich von der Oma trösten. Ich glaubte, nach diesem Desaster dürfte ich den Opa nie wieder besuchen.

Die Tage des Ernteeinsatzes gingen zu Ende. Für die Heimfahrt unserer Familie packte man die Koffer. Die Oma brachte unserer Mutter Eier, Speck und weitere Lebensmittel und fügte leise hinzu, der Opa brauche davon nichts zu wissen. Wenige Minuten später kam der Opa mit fast den gleichen Dingen zu meiner Mutter und sagte geheimnisvoll, Oma dürfe davon nichts erfahren. Während meine Familie abreiste, durfte ich weiter auf dem Hof bleiben.

Ein Paket voller Schokolade

Der Sommer 1943 neigte sich langsam dem Ende zu, es wurden die Felder gepflügt und die neue Saat eingebracht. Auf dem Heimweg vom Feld saß ich wieder einmal auf einem Pferd, meine Angst vor dem Runterfallen hatte ich längst vergessen. Als wir am Hof ankamen, waren das Hoftor und die Tür des Pferdestalls weit geöffnet. Zu spät merkte ich, dass das Pferd eiligst zur geöffneten Stalltür lief. Bevor ich reagieren konnte, stieß ich mit dem Kopf an das Mauerwerk oberhalb der Tür und purzelte stark benommen rücklinks vom Pferd. Opa und Knecht eilten schnell herbei und trugen mich vorsichtig in die Küche. Im breiten Bett der Großeltern sollte ich ruhig liegen bleiben. Kaum aber trug man das Abendessen auf, saß ich wieder frohgemut neben dem Opa am Tisch.

Es war Herbst und auf dem Hof wurde es ruhiger. Der Opa und der Knecht beschäftigten sich mit dem Holzhacken und führten Reparaturen an den Wagen und Maschinen aus. Die meisten Ersatzteile fertigte der Opa in seiner Werkstatt an. Sie bestand aus einem langen Schuppen, der fast über den südlichen Scheunengiebel reichte. Viele Werkzeuge, eine Drehbank und für die Schmiedearbeiten eine Esse und ein Amboss waren vorhanden. Man nähte die Pferdegeschirre und die Stiefel mit Ahle und Pechfaden. Auch diese Arbeiten durfte ich ausführen. Besonders begeistert hat mich das Peitschenflechten. Das benötigte Leder holten wir uns bei Onkel Franz in Pitschen.

Als sich mein siebter Geburtstag näherte, brachte der Postbote für mich ein Päckchen, es kam aus Holland vom Vater. Eingepackt waren zirka 20 Tafeln Schokolade. Im beigefügten Brief stand, dass ich im nächsten Frühjahr eingeschult werde und mein Lotterleben in Waldungen damit bald beendet sei. Zum Abschied sollte ich je eine Tafel den Rübner-Kindern und den Personen auf Opas Hof schenken. Der aufgetragenen Verteilung an Opa, Oma, Mägde und Knecht folgte ich gern, doch den Rübners Kinder wollte ich nichts von meiner Schokolade abgeben. Zu oft hatten sie mich beschimpft oder sogar verhauen. So zog ich mich an meinem Geburtstag zurück und aß in aller Stille Tafel um Tafel. Bald wurde mir schlecht und ich bekam Schüttelfrost und hohes Fieber. Oma steckte mich ins Bett und holte den Arzt. Dieser bereitete eine große Spritze vor. Voller Angst schlug ich ihm die Spritze mit dem roten Serum aus der Hand. Die zweite Spritze konnte ich nicht mehr abwehren. Schnell schlief ich danach ein.

Als ich am nächsten Tag spätnachmittags erwachte, saß meine Mutter am Bett und hielt mir die Hand. Ich aber fragte sofort besorgt nach meiner restlichen Schokolade. Die Oma erzählte mir, der Arzt hätte für seine Bemühungen die letzten Tafeln mitgenommen. Auch wollte er verhindern, dass ich noch einmal krank werde. Noch am Abend reiste meine Mutter mit mir nach Namslau. Noch auf dem Bahnhof von Pitschen war ich über die schnelle Abreise sehr traurig. Opa, der uns mit der Kutsche gefahren hatte, nahm mich fest in seine Arme und tröstete mich: „Sicherlich wirst du auch im nächsten Jahr zu uns kommen dürfen."

Zurück in Namslau 1943

Dieses Mal verlief die Zugfahrt anders als gewohnt. Das sonstige fröhliche Treiben im Abteil war gewichen und es herrschte eine bedrückende Stille. Mehrere Soldaten mit sichtbaren Verwundungen saßen zusammengekauert auf den Bänken. Sie senkten ihre Köpfe oder starrten ins Leere. Besonders aber fielen mir die Veränderungen am Namslauer Bahnhof und in der Innenstadt auf. Viele Fahnen wehten und Plakate aller Art klebten an den Wänden. Auf der Kutschfahrt zur Brieger Straße sah ich mit weißer Farbe bemalte Kellerwände. Pfeile, Buchstaben und Ziffern wiesen auf etwas hin. Etliche Kellerfenster waren zugemauert oder mit dicken Stahlplatten verschlossen. Unsere Mutter erklärte mir, alle Zeichen wiesen auf einen Luftschutzbunker hin, der im Keller der Häuser einzurichten war. Nach einem Bombenangriff auf die Stadt könnten so die Luftschutzhelfer schneller Personen aus den zerstörten Häusern retten. Auch las meine Mutter die Texte auf den Plakaten vor: „Psst, der Feind hört mit", „Der Kohlenklau geht um" und „Der Endsieg steht bevor". Danach verbot sie mir, Päckchen zu berühren, die an Plätzen oder Brücken liegen könnten. Sollte ich eines finden, müsste ich sofort weglaufen und zu Hause darüber berichten. Auch dürfte ich keine Bonbons oder Schokolade von Fremden annehmen oder sogar essen. Die Sachen könnten vom Feind vergiftet worden sein. Für mich aber ergaben die Begriffe, Beschreibungen und Verbote keinen Sinn.

Zu Hause in der Brieger Straße angekommen, schaute ich zunächst in alle Zimmer. Beeindruckt war ich von der Sauberkeit in den Räumen. Christa stellte mir gleich das neue BDM-Mädchen vor, welches nun dauerhaft bei uns wohnen würde. Sie erzählte weiter, dass diese junge Frau unsere Haushaltshilfe sei und in der kleinen Kammer wohne. Christa und Uschi würden neben unserer Mutter im Ehebett schlafen. Rudis Kinderbett stand weiterhin am Kopfende des Ehebettes. Meine Schlafstelle wäre im Esszimmer auf der Couch vorbereitet. In nächster Zeit wurde mein Lebensstil den Stadtmenschen angepasst. Während ich bei den Großeltern meist nackig schlief, musste ich hier einen Schlafanzug anziehen. Noch ungewohnter war für mich das tägliche Waschen und Zähneputzen an jedem Morgen und am Abend. Die Spaziergänge mit der Familie hasste ich. Stets hatte ich brav und gesittet neben meiner Mutter, dem Kinderwagen und meinen Schwestern zu gehen. Für mich stand bald fest, das Leben auf dem Dorf war viel interessanter als dieses in der Stadt.

Um den Spaziergängen aus dem Weg zu gehen, suchte ich wieder Kontakt zu den jüngeren von Sonneks Jungen. Sie gingen in die Stadt, wann es ihnen beliebte, und waren oft über Stunden unterwegs. Sie informierten sich über aktuelle Ereignisse und unternahmen Streifzüge weit über die Stadtgrenze hinaus. Letztlich überzeugte ich sie, mich auf ihren Wegen mitzunehmen. Doch bald nahm auch dieses Lotterleben für mich ein jähes Ende.

Die Jungs kamen auf die Idee, zur nahen Eisenbahnbrücke zu laufen, um sich dort in den Dampf der rangierenden Loks zu stellen. Doch das Verweilen auf dem Gehweg reichte ihnen bald nicht mehr aus. Sie wollten mehr Risiko. Sie stiegen deshalb auf das schmale Gesims hinter dem Brückengeländer und hangelten sich an die Stelle, wo der Dampf der nächsten Rangierlok zu erwarten war. Nicht immer konnte der Weg der Lok erraten werden, zu oft nahm der Zug infolge der vielen Weichen eine andere Richtung ein. Es kam zu Wetten, wobei derjenige Sieger war, der im vollen Dampf der Lok stand. Auch ich als Jüngster habe alle Mutproben bestanden. Ein einziger Fehltritt hätte allerdings ausgereicht, um vor dem Eintreffen des Zugs auf das Gleis zu stürzen oder direkt auf einen fahrenden Zug zu fallen. Als Frau Sonnek von unserem gefährlichen Herumturnen hoch über den Gleisen erfuhr, gab es auch für mich ein striktes Ausgehverbot.

Basteln in der Gruppe

Um mich von der Straße zu holen, suchte meine Mutter für mich eine neue Beschäftigung. Sie fand eine Jugendgruppe, die Bastelkurse für Kinder anbot. Die Herbststürme tobten und der Winter zeigte sich, aber die Kurse wollte ich auf gar keinen Fall versäumen. Drei ältere Jungen leiteten die Gruppe, die aus etwa zehn Jungs meines Alters bestand. Wir trafen uns an vier Tagen in der Woche für drei Stunden nachmittags. Abwechselnd spielten wir im Freien, besuchten Ausstellungen oder bastelten in einer Werkstatt. Jeder durfte hier seine eigene Ritterburg bauen. Alle Werkzeuge und Materialien wurden kostenfrei zur Verfügung gestellt. Die Grundplatte für die Burg bestand aus einer dickeren Sperrholzplatte in der Größe von zirka 50 x 60 cm. Wir durften mit einem engmaschigen Drahtgeflecht den Berg, die Böschungen, den Burggraben und das Plateau formen, auf welchem später die Burganlage erstellt wurde. Die Hochebene sollte etwa 12 cm über der Grundplatte liegen. An drei Seiten sollte ein steiler Berghang und an der vierten Seite ein Burggraben angelegt werden. Über den Graben sollte später die Zugbrücke führen. Ein Modell zeigte uns das fertige Werk.

Nach unserer Modellierung des Drahtgeflechts hatten wir einen Gipsbrei anzurühren und auf das vorgeformte Geflecht aufzutragen. In der Trocknungszeit des Gipses lernten wir Sprüche und Lieder. In Erinnerung geblieben sind mir das Lied „Ja, wenn im Dorf die Bratkartoffeln blühen, wird alles wieder gut, wird alles wieder wunderschön ..." und der Spruch „Es war einmal ein Mann, der hieß Pimpam. Ging er in den Keller, schiss er auf den Teller. Ging er auf den Boden, steckte er den nackten Arsch zum Fenster raus, da lachten ihn alle Tauben aus" (oder so ähnlich).

Unser Burgplateau sah zunächst weiß und ziemlich gipsverschmiert aus. Jetzt hatten wir unser Werk zu säubern. Ein Erzieher gab den Böschungen mit Gips eine raue felsähnliche Struktur und verklebte die zweite Sperrholzplatte mit der Größe 40 x 40 cm, welche die zukünftige Hoffläche darstellte. Jetzt galt es mit unterschiedlichen Farben die angedachten Felsstrukturen in den Böschungen nachzubilden. Alles sah jetzt viel schöner aus als einst der weiße Berg.

Es folgten Übungsstunden mit der Laubsäge und man zeigte uns dem Umgang mit anderen Werkzeugen. Als wir das Sägen beherrschten, durften wir mit Bleistift und Schablonen die Burgmauern, Türme, Wohnhäuser, Stallungen und die Teile der Zugbrücke auf Sperrholzplatten vorzeichnen und aussägen. Ein älterer Junge prüfte alle Teile auf Maßhaltigkeit und Vollständigkeit. War etwas misslungen, musste das Teil neu hergestellt werden.

Die ausgesägten Teile hatten wir zu verkleben oder zu vernageln. Zur Verschönerung der Burgmauern, Dächer, Haus- und Stallwände erhielten wir selbstklebende Tapeten mit den unterschiedlichsten Steinmustern und Farben. Aus Moos und kleinen Ästen bastelten wir Bäume. Unsere Ausbilder führten noch Feinarbeiten an unseren Burgen aus. Sie stellten Ritter, Pferde sowie einen Planwagen auf jeden Burghof und setzten kleine Fähnchen auf die Burgtürme.

Dann kam der Tag, an dem wir vom Bastelkurs Abschied nehmen mussten. Für diesen Tag hatte man unsere Mütter eingeladen, um sich unsere fertigen Ritterburgen anzuschauen. Es gab viel Lob für unsere gute Mitarbeit und die echte Kameradschaft in der Gruppe. Mit Glückwünschen zu unserer baldigen Einschulung wurden wir entlassen. Voller Stolz trug ich meine Burg nach Hause und wartete auf die baldige Schulzeit. Erst später wurde mir bewusst, dass ich damit wohl auch für die Hitlerjugend als Nachwuchs vorbereitet werden sollte.

Meine Begeisterung über die Bastelarbeiten in der Gruppe war derart groß, dass das Christkind mir einen großen aufklappbaren Werkzeugschrank schenkte. Darin enthalten waren neben der Laubsäge die Sägeblätter, Zwingen, Hammer, Zange, Drillbohrer und anderes mehr. Schnell holte ich mir in der nahe gelegenen Tischlerei Leisten- und Sperrholzabfälle. Was ich aber in unserer Wohnung nicht fand, war ein Platz, wo ich basteln konnte. Unsere Mutter, unsere Haushaltshilfe und meine Schwestern befürchteten, mein Wirken könnte Staub in das Esszimmer oder die Küche bringen. Froh war ich, als unser BDM-Mädchen über die Feiertage für zwei Wochen zu ihrer Familie fahren durfte. Nun konnte ich in ihrer Kammer basteln. Ohne unseren Vater verliefen das Weihnachtsfest und der Jahreswechsel 1943/44 eher ruhig und teilweise sehr traurig.

Meine Einschulung, die keine war

Die Osterfeiertage 1944 waren vorbei. Nicht nur ich freute mich auf den baldigen Schulbesuch, sondern die ganze Familie sehnte diesen Tag herbei. Zu oft liefen meine Meinungen den Ansichten der weiblichen Personen im Haus zuwider. Der Tag war gekommen, wo ich mit der Schultüte im Arm und in Begleitung meiner Mutter zur Schule ging. Das Gebäude und der Schulhof waren mit Fahnen geschmückt. Auf dem Schulhof standen nach Klassen geordnet die älteren Schüler mit ihren Lehrern. Wir, die Neuen, rief man namentlich auf und wir durften uns in Viererreihen in der Nähe des Rednerpults aufstellen. Kinder sangen Lieder, danach begrüßte ein Redner unsere Mütter. Er sprach vom erbitterten Kampf gegen die Bolschewiki, der es notwendig macht, in Namslau einige Schulen in Lazarette umzuwandeln. Wir Erstklässler erhielten eine Fibel, ein Rechenbuch und für den Heimweg einen Lutscher. Uns wurde aufgetragen, fleißig mit unserer Mutter und den älteren Geschwistern zu lernen. Jetzt aber dürften wir nach Hause gehen und im nächsten Jahr – nach dem Endsieg gegen die Barbaren – wiederkommen. Beim Verlassen des Schulhofs sangen Schüler zu unserem Abschied noch zwei oder drei Lieder.

Vom Unterricht zu Hause hielt ich nichts. Sobald auch bei Sonneks Jungs der Schulunterricht ausfiel, war ich mit ihnen in der Stadt unterwegs.

Lieblingsorte: Bahnhof und Rummelplatz

Interessantes gab es immer auf dem Bahnhofsgelände zu sehen. Hier passierten Lazarettzüge in die eine Richtung und Züge mit Soldaten in unterschiedlichsten Uniformen in die andere Richtung. Auch häuften sich die Waffentransporte. Panzer und größere Geschütze standen unter Planen auf flachen Güterwagen. Sonneks Jungs konnten die Uniformen den einzelnen Waffengattungen zuordnen und erklärten mir die Bedeutung der Rangabzeichen und Orden. Selbst die unter den Planen transportierten Waffen und Bautypen konnten sie benennen.

Abwechslung vom Bahnhofsgeschehen bot der Rummelplatz. Ab und zu gastierte ein Zirkus auf der Festwiese oder es fand ein Jahrmarkt statt. Geld für diese Veranstaltungen hatten wir keins, so waren wir bedacht, ein paar Groschen zu verdienen. Für kräftige Jungs gab es immer Arbeit beim Betreiber des Kinderkarussells. Er warb unter dem Slogan: „Dreimal schieben, einmal fahren." Den meisten kleinen Fahrgeschäften fehlte ein Motor, so hatten Jungs das Karussell in Bewegung zu halten. An der vertikalen Mittelsäule führte eine Leiter unter das bunte Zeltdach. Hier waren ein Laufsteg um die Achse und in Brusthöhe der Jungs mehrere horizontale Schubstangen an der Mittelsäule befestigt. Durch das Schieben drehte sich die untere Plattform, auf der für Kinder Holzpferde, Wagen oder Motorräder montiert waren. Sonneks Jungs erkannten bald, dass wir beim Betreiber neben den erarbeiten Freirunden noch Geld einfordern konnten. Insbesondere, wenn der Andrang am Karussell hoch und für die Ablösung keine Jungs zur Verfügung standen, wurde um Geld gefeilscht.

Beschäftigung fanden wir auch, sobald ein Zirkus auf dem Festplatz seine Zelte aufschlug. Wir durften Stühle, Bänke und sonstige Kleinteile in das Zelt tragen und bekamen dafür Freikarten für die Veranstaltungen. Diese Billetts verkauften wir für wenig Geld, Abnehmer dafür fanden wir immer. Das Programm und die Fütterung der Tiere konnten wir uns eh kostenlos ansehen. Stärker als der Aufbau interessierte uns der Zeltabbau.

Oftmals war während der Vorstellung beim Verkauf von Eis, Waffeln und Bonbons Geld zu Boden gefallen und konnte kurzfristig nicht gefunden werden. Folglich krochen wir noch vor dem Abbau unter die tribünenartig aufgestellten Stuhl- und Bankreihen und suchten nach Geld. Scheine mussten wir abgeben, das Kleingeld dürften wir behalten. Das Erlebnis „Zirkus" hat mich so sehr beeindruckt, dass Zirkusdirektor für lange Zeit mein Berufswunsch sein sollte.

Letzter Aufenthalt in Waldungen

Krieg bringt Unheil in die Familie

Zu Hause fiel seit Ostern immer öfter die Bemerkung, dass sich bald Familienzuwachs einstellen wird. Der Bauch unserer Mutter war Ende Mai riesengroß, sodass zu Hause das BDM-Mädchen gegen eine junge Frau ausgetauscht wurde. Während meine Schwestern sich über das neue Baby freuten, wuchs bei mir eher das Unbehagen. Die Enge unserer Wohnung war nichts für mich, ich wollte wieder zu den Großeltern aufs Land.

Mein Wunsch nach Freiheit war wohl erhört worden. Nach wenigen Tagen stand in der Frühe plötzlich Tante Anna vor unserer Haustür, um mich abzuholen. Meine Sachen waren schnell gepackt und schon eilte die Tante mit mir zum Namslauer Bahnhof. Dieses Mal ging die Fahrt zunächst nach Breslau, um dort im Lazarett Onkel August zu besuchen. Infolge einer Kriegsverletzung hatte man ihm ein Bein amputiert und er musste deshalb noch eine Weile in Breslau bleiben. „Wir wollen ihn besuchen und ihm etwas Ordentliches zum Essen bringen", sagte die Tante. Danach würden wir nach Pitschen fahren. In einem großen Saal, wo der Onkel sein Bett hatte, war es laut und es roch sehr unangenehm. Voller Begeisterung erzählte ich ihm von meinen Erlebnissen beim Zirkus und dem Wunsch, Zirkusdirektor zu werden. Die Krankenschwestern arbeiteten in großer Eile und es dauerte nicht lange, bis wir gebeten wurden, uns vom Onkel zu verabschieden.

Hiernach besuchten Tante Anna und ich ein großes Kaufhaus in Breslau, wo sie allerlei Dinge einkaufte. In der Spielwarenabteilung ließ sie sich alles zeigen, was zu einer Zirkusausstattung gehört. Es gab Zelte, Wagen, Artisten und Tiere in unterschiedlichen Ausführungen und Maßstäben. Letztlich durfte ich mir einen Zirkuswagen und einige Tiere aussuchen. Die Figuren bestanden aus dicker Pappe, die beidseitig mit einem Tiermotiv beklebt waren. Damit die Modelle stehen konnten, waren sie in die Nut eines Holzbrettchens eingeschoben. Nachdem die Tante der Verkäuferin zugenickt hatte, verpackte diese alles fein säuberlich in einen Karton. Auf der Fahrt nach Pitschen erzählte ich wohl allen Mitreisenden ununterbrochen von den gekauften Tieren und dem Zirkuswagen. In Pitschen angekommen, übernachtete ich in Tante Annas Wohnung. Sie meinte, morgen ist Wochenmarkt, dann kämen die Großeltern, mich abzuholen.

Noch vor dem Einschlafen hatte ich mir fest vorgenommen, morgens sehr früh aufzustehen. Am Stadttor wollte ich auf Oma und Opa warten und sie begrüßen. Doch ich hatte verschlafen und wurde erst wach, als ich den Opa an der Haustür mit Tante Anna sprechen hörte. Während ich mich eiligst anzog und vom Obergeschoss zum Wohnzimmer in das Erdgeschoss lief, hörte ich gerade noch, wie die Tante über den Genesungsfortschritt von Onkel August erzählte. Der Opa saß auf einen Stuhl, er war sehr traurig und wortkarg. Ob er sich an das Familienschicksal erinnerte, wo der Hoferbe, sein Bruder, wegen des Verlustes eines Beins sein Erbe nicht antreten konnte? Langsam ging ich zum Opa und stellte mich neben ihn, er sagte nur: „Na, Lorbass, dann wollen wir mal." Ich war also immer noch sein Schlingel. Trotz all meiner Missgeschicke im letzten Jahr. Glücklich nahm ich seine hingehaltene Hand, wir verabschiedeten uns von Tante Anna und gingen zum Markt. An unserem Wagen verkauften Oma und eine Magd die vom Hof mitgebrachten Waren. Erstaunt war ich darüber, dass die Magd inzwischen so viel Deutsch gelernt hatte, dass sie sich beim Abverkauf mit den Kunden unterhalten konnte.

Auf der Fahrt zum Hof erzählte der Opa vom Onkel August und seinen Kriegsverletzungen. Auch wurde darüber gesprochen, dass Onkel Wilhelm im Krieg ein Auge verloren hat und Hermann Jansen, der Ehemann der Tante Ottilie, in Russland vermisst sei. Jetzt müsste Ottilie ihre vier Kinder allein versorgen. Auf dem Hof angekommen, begrüßte mich der polnische Knecht Janek herzlich in gebrochenem Deutsch. Er hatte wohl gedacht, ich hätte mein Polnisch inzwischen verlernt. Mein Blick ging natürlicherweise zunächst auf das kleine Scheunentor. Es war vollständig geschlossen und von der einst störenden schrägen Stütze war nichts mehr zu sehen. Auch in der großen Wohnstube sah ich nach, ob der rote Fleck, der sich aus dem Serum meiner zerbrochenen Spritze gebildet hatte, auf den weiß gescheuerten Dielen noch zu sehen war. Die Oma erzählte, dass dieser Klecks sich trotz größter Bemühungen nicht beseitigen ließ.

Auf dem Hof hatte sich kaum etwas verändert, doch die sonst herrschende Fröhlichkeit war verflogen. Abgesehen von den bösen Kriegsberichten drückten Omas und Opas Erkrankungen die Stimmung. Die Oma hatte Lungenprobleme und konnte schlecht atmen. Opa litt an seinem Leistenbruch, der sich durch die schwere Feldarbeit eher verschlimmert hatte. Ohne seine fleißigen polnischen Helfer hätte er den Hof aufgeben müssen. Ich merkte bald, dass meine Hände hier dringend gebraucht wurden. Mein unbekümmertes Bummeln im Ort gehörte nun endgültig der Vergangenheit an. Zu meinen Aufgaben gehörten das eigenständige Dämpfen der Kartoffeln, das Zubereiten des Schweinefutters, das Füttern der Schweine und des Federviehs. Ferner übernahm ich das Misten des Schweine- und des Kuhstalls, holte Stroh aus der Scheune, um es in den Ställen zu verteilen. Zu helfen hatte ich auch, wenn Tiere geboren oder geschlachtet wurden. Ich ging mit, wenn eine Sau zum Eber, eine Kuh zum Bullen oder eine Stute zum Hengst gebracht werden musste. Auch sah ich inzwischen ein, dass die bäuerlichen Arbeiten es notwendig machten, sich vor den Mahlzeiten und dem Bettgehen ordentlich zu waschen. Ein Nachthemd anzuziehen, hielt ich jedoch weiterhin für überflüssig. Auch meine Stadtschuhe stellte ich in die Ecke und lief wie gewohnt barfuß.

Im Ort war der Knecht Janek kein Fremder mehr und konnte sich frei bewegen, dennoch blieb er an den Sonntagen zu Hause, um mit mir einen kleinen Zirkus zu bauen. In Opas Werkstatt fertigten wir weitere Zirkuswagen, selbst welche für die Raubtiere mit Wänden aus Gitterstäben. Die Wagenräder sägten wir aus dicken Haselnussästen. Aus Stoffresten und Draht bauten wir ein Viermastzelt für die Zirkus-Aufführungen und weitere Zelte als Ställe für die Pferde und Elefanten. Unsere Zirkusvorstellungen mussten sich dann der Opa, die Oma und die Mägde anschauen. Auch zeigte mir Janek, wie man aus einer Weidenrute eine Trillerpfeife baut.

Inzwischen war auch Onkel August aus dem Lazarett entlassen, musste aber bald in das Krankenhaus der Kreisstadt Kreuzburg zur Nachoperation. Nach seiner Entlassung wohnte er bei seiner Braut Elisabeth auf dem Hof der Wolniks. Am Abend besuchte uns der Onkel oft, erzählte von seinen Kriegserlebnissen und von seiner baldigen Heirat. Auf dem Hof der Großeltern ging alles seinen gewohnten Gang, doch immer öfter hörte man von Omas Atemnot und Opas Bauchschmerzen. Meine schwere Arbeit und das gute Essen ließen mich bald zu einem kräftigen breitschultrigen Bauernburschen werden. Auch meine Ohren und Augen nutzte ich fleißig. So erfuhr ich vieles, was eigentlich für mich nicht bestimmt war. Längst waren die Mägde und der Knecht eingebunden in die Familie. Das Miteinander erweiterte meinen polnischen Wortschatz derart, dass ich sogar den Unterhaltungen der Erwachsenen nun mühelos folgen konnte.

Getreideernte 1944

Mitte Juni erhielten die Großeltern einen Brief von meiner Mutter. Sie teilte mit, dass am 7. Juni 1944 mein Bruder Bodo geboren worden sei. Auch schrieb sie, dass mein Vater den geplanten Urlaub für die anstehende Getreideernte nicht bekommen konnte. Sie würde ihre Hilfe anbieten, käme aber nun mit vier Kindern angereist.

Die Sorgen der Großeltern wuchsen, als auch Onkel Heinrich, der auf Spitzbergen stationiert war, keinen Urlaub für die Getreideernte erhielt. Letztlich hörte ich, dass Onkel Karl, der Forstmeister aus Schlüsselwald, die Organisation der Getreideernte übernehmen wollte. Kurz vor der Ernte reiste meine Mutter mit den Geschwistern an. Es war wohl mit den Großeltern verabredet, dass nach der Ernte unser Bruder Bodo in der Kirche zu Pitschen getauft werden sollte. Zum Vorgespräch beim Pfarrer durfte ich mitfahren, weil der Opa mir beim Onkel Franz ein Paar neue Schuhe bestellen wollte. In seiner Werkstatt wurden meine Füße vermessen, Schuhform und Leder ausgesucht.

Der Ablauf der Getreideernte, das Dreschen und das Einstapeln des Strohs in der Scheune verliefen aufgrund der vielen fremden Helfer reibungslos. Wieder war das Getreide auf zwei Feldern zu mähen und nach dem Trocknen zu dreschen. Zum Herumtollen hatte ich dieses Jahr keine Zeit. Unsere Mutter hatte den Haushalt übernommen und meine Schwester Christa hütete meine Brüder.

Die Ernte war abgeschlossen und Bodos Taufe gefeiert. Nach dem Gottesdienst in Pitschen kamen viele Onkel und Tanten mit ihren Kindern auf den Hof. Die abgestellten Kutschen säumten bald die halbe Dorfstraße. Wie bei Tante Annas Hochzeit durften wir Kinder nicht in die große Wohnstube. Unsere Mahlzeiten hatten wir in der Küche einzunehmen und diese alsbald zu verlassen. Gegen Abend brach die Verwandtschaft auf, sodass im kleinen Kreis über die anstehenden Probleme auf dem Hof gesprochen wurde. Die Großeltern hatten längst daran gedacht, den Hof an meinen Vater zu übertragen. Hauptthema aber blieb die anrückende Rote Armee.

Die Abreise unserer Familie bereitete man vor und der große Reisekorb wurde mit Lebensmitteln vollgepackt. Wegen der Enge in der Namslauer Wohnung wollte ich bei den Großeltern über Winter bleiben, doch Mutters böse Vorahnung ließ es nicht zu. Mit der Kutsche brachte uns Opa zunächst zum Onkel Franz, wo ich meine neuen Schuhe abholen durfte. Sie sahen wundervoll aus. Die Schuhhöhe ging weit über die Knöchel und zum bequemen Anziehen war oberhalb der Ferse eine Lederschlaufe angenäht. Diese setzte an dem Absatz an und führte weit über die Oberkante des Schuhs. Onkel Franz meinte, meine Füße hätten darin noch viel Platz für dicke Wintersocken. Auf dem Bahnhof wurde unser Reisekorb verladen und nach einer kurzen Verabschiedung fuhr der Zug bereits ab.

Das Kriegsgeschehen rückt näher

Vom Namslauer Bahnhof brachte uns eine Mietkutsche in die Brieger Straße. Dort angekommen, fielen mir Bauarbeiten im Haus auf, die während meiner Abwesenheit stattgefunden hatten. Einen Teil des großen Dachbodens, den die Hausbewohner zum Wäschetrocknen nutzten, hatte man teils zu einer Wohnung ausgebaut. Bereits eingezogen in diese Räume war das Ehepaar Jung mit ihrem Sohn. Herr Jung, Doktor der Chemie, arbeitete in einem Werk, welches nach Namslau umgesiedelt wurde. Frau Jung klagte im Haus darüber, dass ihr Sohn, obwohl gut behütet, oft sehr kränkelt. Zum Schutz vor Krankheitskeimen dürfte er sich beim Spielen mit anderen Kindern nicht schmutzig machen. Er wäre auch angehalten, sich bei jeder Gelegenheit die Hände zu waschen. Auch essen dürfte er nicht alles, er bekäme nur speziell zubereitete Mahlzeiten. Um uns die Gefährlichkeit der kleinen Tierchen, Mikroben, zu zeigen, durften wir vorbereitetes Material unter einem Mikroskop ansehen.

Anfangs zögerlich und dann immer öfter nahmen wir, also Sonneks Jungen und ich, den kranken Jungen mit auf unseren Streifzügen durch die Stadt. Sein dauerndes Händewaschen und seine speziell zubereiteten Mahlzeiten hatte er bald vergessen. Auch sein Arzt brauchte nicht mehr zu kommen. Die Familie Jung drückte ihre Dankbarkeit dadurch aus, dass wir Geldscheine bekamen, welche in kleinen Glasröhrchen eingeschweißt waren. Geldprobleme kannten wir nicht mehr, dafür fehlten uns Zuckermarken, um Süßigkeiten zu kaufen. Weil inzwischen der Schulunterricht für alle Kinder ausfiel, dauerten unsere Ausflüge in die Stadt oft Stunden. Leer blieb auch der Rummelplatz, so verharrten wir meist im Bahnhofsbereich. Uns fiel ein Güterzug auf, von dem drei neue Panzer *Tiger II* abgeladen wurden. Auffällig war für Sonneks Jungen deren Tarnfarbe. Sie trugen nicht den üblichen grün/braunen Anstrich, sondern eher die hellen Farben der Wüstenfahrzeuge. Später fuhren die Panzer auf der Brieger Straße an unserem Haus vorbei. Die Kommandanten standen stolz in ihren Panzern, sodass ihre Oberkörper weit aus der oberen Panzerluke herausragten.

Von dem Kriegsgeschehen blieben wir bis zum Herbst 1944 verschont. Doch plötzlich heulten die Sirenen der Stadt auf, die einen Fliegerangriff anzeigten. Es war klares Wetter, sodass man einen Feuerschein über der nahen Stadt Breslau sehen konnte. Der Luftschutzwart holte uns Jungs von der Straße und wir mussten ihm in den Keller in den Luftschutzraum folgen. Ein kräftiger Luftstoß ließ unser Haus erbeben. Wir Jungs wollten gleich auf die Straße stürmen, doch der Luftschutzwart ließ uns nicht aus dem Keller. Später hörten wir, dass auf einem Feld zirka 1 km von uns entfernt eine 500-Kilo-Fliegerbombe explodiert sei. Offensichtlich war diese Bombe für Breslau bestimmt, doch die Namslauer Flak hatte den Flieger abgeschossen.

Als die Herbststürme stärker wurden und das Regenwetter den Tag verdunkelte, hatte man uns die Haushaltshilfe abgezogen. Unsere Mutter und Christa meinten, nun wäre es Zeit, mich zu unterrichten. Auf einer Schiefertafel sollte ich Buchstaben in großer und kleiner Schrift üben. Das Schreiben gefiel mir nicht, ich wollte lieber das Rechnen erlernen. Das Zählen von 1 bis 100 hatte mir die Oma auf Polnisch und Deutsch schon beigebracht. Auch konnte ich bereits das Hinzuzählen und Abziehen selbst größerer Zahlen. Deshalb dauerte es nicht lange, das Malnehmen und Teilen zu erlernen. Nun bestand meine große Schwester darauf, Buchstaben einzuüben, damit Worte zu bilden und diese auf die Schiefertafel zu schreiben.

Im September, Oktober kamen schlechte Nachrichten ins Haus. Zunächst erfuhr Frau Sonnek, dass ihr Mann an der Ostfront gefallen sei. Kaum zwei Wochen später kam die Nachricht, dass ihr ältester Sohn den Heldentod gefunden hätte. Er war erst siebzehn Jahre alt und hatte sich – wie alle Schüler der Abiturklasse – freiwillig zum Kriegseinsatz gemeldet. Noch als meine Mutter Frau Sonnek tröstete, erhielt sie selbst die Nachricht, dass unser Vater bei heftigen Kämpfen in Holland vermisst sei. Während die Zeitungen auf der ersten Seite über die Kriegserfolge und den baldigen Endsieg schrieben, füllten sich die übrigen Seiten mit Todesanzeigen gefallener Soldaten. Eher versteckt wurde über Selbsttötungen ganzer Familien berichtet.

Weihnachten 1944

Wie jedes Jahr besuchten wir am Heiligen Abend den Gottesdienst in der evangelischen Kirche. Dieses Mal beteten wir für das Wohlergehen unseres Vaters. Es war bitterkalt und wir Kinder waren froh, zu Hause in der warmen Stube unser Abendessen einzunehmen. Es gab Stampfkartoffel, Sauerkraut und gekochtes Eisbein. Gespannt warteten wir auf das Klingeln des kleinen Glöckchens und das Öffnen der breiten Wohnzimmertür. Wieder erstrahlten an der großen Tanne im hellen Kerzenlicht die bunten Kugeln und das Lametta. Schnell hatten wir die Weihnachtslieder gesungen und eilten direkt auf die Geschenke zu. Mir schenkte das Christkind eine Dampfmaschine. Sie war zusammen mit einer Tischsäge auf einer größeren Grundplatte montiert. Vor der Inbetriebnahme der Maschine mussten der Tank mit Wasser und ein kleiner Schieber mit Petroleum gefüllt werden. Vor dem Einführen des Schiebers in die Feuerstelle war der Docht anzuzünden, der das Petroleum aus dem Schieber ansaugte.

Die Mutter erzählte, das Feuer würde das Wasser im Kessel erhitzen, wodurch Dampf entsteht. Dieser würde die Maschine in Betrieb setzen und die Säge über den umlaufenden Gurt antreiben. Heute sei es aber zu spät, die Dampfmaschine aufzubauen. Meine Schwestern bekamen neben Puppenkleidern eine große Puppe mit Schlafaugen und einer Stimme. Sobald man die Puppe auf den Rücken legte, schloss sie die Augen. Bei einem leichten Druck auf ihren Bauch schrie sie. Unsere Mutter warnte uns Kinder, nicht zu nahe mit der Puppe an die Öfen zu gehen. Die Puppe könnte dann Feuer fangen und sehr schnell brennen. Auch mir wurde verboten, die Dampfmaschine selbst in Betrieb zu nehmen.

Am ersten Weihnachtstag, während meine Mutter das Mittagessen vorbereitete, durfte ich in der Küche mit der Dampfmaschine spielen. Ich stellte die Maschine auf die breite Fensterbank und sah zu, wie meine Mutter diese in Betrieb nahm. Die Maschine kam unter Dampf und das Sägeblatt bewegte sich. Doch bald war der Tank leer und das Feuer unter dem Kessel erlosch. Trotz des Verbots befüllte ich den Behälter mit dem Petroleum und zündete den Docht an. Offensichtlich war beim Befüllen des Tanks etwas Petroleum auf die Fensterbank geflossen. So entstand beim Anzünden eine Stichflamme, die auch die Küchengardine erfasste. Behände öffnete unsere Mutter das Küchenfenster, warf die brennende Gardine und Dampfmaschine auf den Hof in den Schnee. Mein Weihnachtsgeschenk war dahin. Und wie drei Jahre zuvor mein Dreirad, so landete auch meine Dampfmaschine im Keller. Aber auch die große Puppe meiner Schwestern hatte nur eine kurze Lebensdauer. Bei meinem Test, ob sie wirklich brennt, gab es auch nur eine Stichflamme. Auf dem Fußboden blieben lediglich etwas Draht und Asche übrig. Das Geschrei meiner Schwestern war wohl groß, aber ihre geliebte Puppe gab es nicht mehr.

3 FLUCHT, RÜCKKEHR UND VERTREIBUNG

Flucht vor dem Feind

Kurz nach Weihnachten sprach unsere Mutter mit uns Kindern darüber, dass bald „die russischen Wölfe und Bestien über uns herfallen würden". Sie stellte die Frage, ob wir aus dem Leben ausscheiden oder doch weiterleben wollten. Wir entschieden uns für das Leben. Die Nachricht, lange von den Erwachsenen im Stillen erwartet, erreichte uns am 20. Januar 1945 gegen 18.00 Uhr: „Die Sowjets sind durchgebrochen und auch nicht mehr aufzuhalten." Umgehend kochte unsere Mutter eine Suppe, und während wir Kinder noch aßen, packte sie allerlei Dinge in den großen Reisekorb und in die beiden Kinderwagen. Dann wurden wir Kinder warm angezogen. Eine herbeigerufene Kutsche brachte uns und das Gepäck zum Bahnhof. Im Gebäude fanden wir keinen Platz mehr, überall standen und lagerten Leute, die auf abfahrende Züge warteten. Trotz der Kälte von −20° Celsius und des eisigen Windes auf den Bahnsteigen waren wir froh, uns einen Lagerplatz an der Außenwand des Bahnhofs erkämpft zu haben. Unsere Mutter baute unser Gepäck so auf, dass wenigstens der Wind von uns abgehalten wurde.

Der eine oder andere Zug fuhr in den Bahnhof ein und nahm Flüchtende auf. Unsere Mutter aber hatte keine Chance, mit uns fünf Kindern und dem Gepäck einzusteigen. Selbst als man für 20.00 Uhr und 24.00 Uhr die letzten Personenzüge ankündigte, verließen auch diese ohne uns den Bahnhof in Richtung Breslau.

Inzwischen war es sechs Uhr morgens und das Kampfgeschehen in Stadtnähe wurde immer lauter. Plötzlich begann ein hektisches Treiben im Bahnhof. Auf dem Bahnsteig erschien die Militärpolizei mit zirka zwanzig Soldaten. Diese räumten in kürzester Zeit die Bahnsteige von Alleinreisenden und Ehepaaren. Sie ließen wissen, dass bald der wirklich letzte Zug in

Abbildung 15: Bahnhof Namslau mit Gleis 1 nach Breslau, 2017,
aber wenig verändert zu damals

den Bahnhof einfahren wird. Offensichtlich hatte das Bahnhofs-
personal erkannt, dass ausgerechnet die kinderreichen Mütter
Hilfe brauchten. Sobald der Zug stand, bestieg die Militärpolizei den Zug und holte kriegsfähige Männer aus den Abteilen.
Hiernach mussten alle lebensunnötigen Dinge aus dem Zug
gebracht werden und die Reisenden enger zusammenrücken.
Jetzt gab es Platz für Frauen mit Kindern. Die Soldaten halfen
uns beim Einsteigen und der Einlagerung unseres Gepäcks. Wir
waren froh, endlich nach Stunden aus der eisigen Kälte in ein
warmes Abteil zu kommen.

Langsam fuhr der Zug aus dem Bahnhof und unsere Flucht
begann. Im Wagen standen oder saßen eng gedrängt Leute auf
ihren Gepäckstücken. Nach knapp einer Stunde bei langsamer
Fahrt hielt der Zug in einem Wald zwischen Oels und Breslau
an. Die Beleuchtung im Zug wurde auf Notlicht geschaltet und
das Abteil kühlte langsam aus. Mitreisende erzählten, dass sie
aus der Ukraine kämen und schon mehrere Tage in diesem Abteil säßen. Das Umschalten auf Notlicht hätten sie schon mehrfach erlebt. Meist würde diese Verdunkelung anzeigen, dass
feindliche Flieger im Luftraum sind. Doch unbeeindruckt von
einem möglichen Angriff berichteten sie weiter über die guten

Ackerböden in der Heimat. Auf den Feldern konnten, ohne vorher zu düngen, reiche Ernten eingefahren werden. Sie berichteten auch den Gräueltaten der Bolschewiki an der dortigen deutschsprachigen Bevölkerung. Sie seien froh, bald wieder in Sicherheit und in ihrer alten Heimat zu sein. Nach zirka eineinhalb Stunden gingen die Lichter an und unser Zug fuhr weiter. Beim Einfahren in den niederschlesisch-mährischen Bahnhof von Breslau sah man, dass hier gerade ein Bombenangriff stattgefunden hatte. Schienen der Gleise standen hoch oder waren in Bombentrichter versenkt. Mehrere Kolonnen von Arbeitern reparierten die Gleisanlagen. Im Sackbahnhof standen zwei Lazarettzüge ohne Loks. Der nördlich abgestellte Zug war durch die englischen Bomben wie zu einer Ziehharmonika gefaltet worden. Der andere Lazarettzug, der näher an dem südlichen Empfangsgebäude stand, wies deutliche Treffer durch die Bordmunition der Flugzeuge auf. Unser Personenzug hielt auf dem südlichsten Gleis, direkt vor der Bahnhofshalle. Davor, auf dem breiten Bahnsteig lagerten viele Leute, die alle weiter in Richtung Westen reisen wollten.

Unserer Mutter standen die Tränen in den Augen, als wir im Zug aufgefordert wurden, diesen ganz schnell zu verlassen. Doch bald kamen Frauen in den Zug, die nach Müttern mit vielen Kindern suchten. Da unsere Mutter sichtbar das silberne Mutterkreuz trug, waren wir schnell gefunden. Helferinnen brachten uns und unser Gepäck in die riesige Halle des Bahnhofs. Unüberhörbar auf diesem Weg waren die Hilfe- und Schmerzensschreie der verwundeten Soldaten aus den Lazarettzügen und ihr Flehen nach Wasser.

In der völlig überfüllten Bahnhofshalle wurde uns auf dem kalten Fußboden ein Platz zugewiesen. Man brachte uns Wolldecken und befragte unsere Mutter nach dem angedachten Reiseziel. Sie gab den Ort Heidersdorf, Kreis Lauban (Lubań), an. Hier lebt Onkel Wilhelm, ein Bruder meines Vaters mit seiner Familie. Er stand als Förster in den Diensten des Grafen von Sponeck. Andere Frauen traten hinzu und notierten den Familiennamen, die Anzahl und das Alter der Kinder.

Bald langweilte mich das Sitzen in der Halle und so ging ich auf Entdeckungstour. Alle Automaten in der Bahnhofshalle waren leer und die Toiletten verschmutzt und kaum benutzbar. Weder zum Spülen der WCs noch zum Trinken gab es Wasser. Sämtliche Leitungen waren durch Bomben oder Frost zerstört. Draußen auf dem Bahnsteig war es lauter als in der Halle, der Lärm wurde dort noch übertönt durch die Schreie aus den Lazarettzügen. Doch keiner kümmerte sich um die Verwundeten. Die Tore ihrer Waggons blieben verschlossen. Nach mehreren Stunden verstummte auch der letzte Hilfeschrei. Auf dem Bahnsteig hörte ich die Worte: „Die eisige Kälte hat den Jungs das Sterben erleichtert."

Bereits zwei Tage warteten wir auf einen Zug, der uns zum Zielort bringen sollte. Wir hatten Durst und Hunger und auch die Kälte machte uns zu schaffen. Essen und Trinken gab es nur für Säuglinge und Kleinkinder. An sie verteilte man Fläschchen, in denen warmes Wasser mit Milchpulver und Mehl verrührt waren. Am Vormittag des dritten Tages fuhr ein leerer Personenzug vor die Bahnhofshalle. Wieder erschien die Militärpolizei auf dem Bahnsteig, um das Einsteigen zu ordnen. Froh waren wir, als Helferinnen zu uns kamen und uns und unser Gepäck in ein Zugabteil brachten. Der Zug war schnell belegt und verließ ohne Zögern den Bahnhof. Im warmen Abteil schlief ich bald ein. Wach wurde ich erst, als eine Zugbegleiterin meiner Mutter erklärte, dass wir in Liegnitz (Legnica) umsteigen müssten, um nach Lauban zu gelangen.

Auf dem Bahnhof Liegnitz warteten Frauen, die uns vorbildlich beim Aussteigen halfen. Unsere Mutter wollte vor der Weiterfahrt erst Kontakt mit Onkel Wilhelm aufnehmen. Ihre Suche nach einem Hotel blieb erfolglos, alle Zimmer waren ausgebucht. Um eine vorübergehende Bleibe für uns zu finden, wandte sich unsere Mutter wieder an die helfenden Frauen. Diese nahmen Kontakt zum Eigentümer eines großen Wohn- und Geschäftshauses auf. Das Gebäude stand gegenüber dem Bahnhof. Im Erdgeschoss befanden sich Läden, die drei Obergeschosse bewohnten lediglich zwei Familien. Die Frauen baten, uns dort für wenige Tage aufzunehmen, doch die Hausherrin wehrte ab. Letztlich erschien die Polizei, die uns in dem Haus in ein Wohnzimmer einwies. Auf gleicher Etage teilte man uns eine Küche, ein Bad und WC zu. Offensichtlich war das große Wohnzimmer seit Weihnachten unbenutzt, denn hier stand noch der geschmückte Weihnachtsbaum. Um den kalten Raum zu heizen, fragte meine Mutter die Wohnungsinhaberin nach etwas Brennholz. Doch es kam nur die Antwort: „Für Bagage hätte sie kein Holz." Kurz entschlossen nahm meine Mutter das Lametta und die Kugeln vom Weihnachtsbaum, zerkleinerte ihn und feuerte damit den Kachelofen an. Langsam wurde das Zimmer warm. Beim Nachlegen weiterer Zweige erschreckte uns ein lauter Knall. Eine Verpuffung hatte die Decke des Kachelofens angehoben, sodass der Rauch sich im Zimmer frei ausbreiten konnte. Zum Abziehen des Qualms öffnete unsere Mutter die Fenster, sodass die eisige Kälte von draußen das Zimmer schnell wieder auskühlte. Erst am nächsten Morgen war es unserer Mutter gelungen, einen Ofensetzer zu finden, der den Schaden umgehend beseitigte. Als der Mann hörte, dass wir auf der Flucht vor der Roten Armee sind, lehnte er eine Bezahlung für seine Arbeit ab und brachte uns zusätzlich trockenes Holz zum Heizen.

Nach einer Woche war mit Onkel Wilhelm über Telegramme das Notwendigste abgeklärt. Die Frauen der NS-Organisation halfen uns bei der Weiterfahrt nach Lauban und dort am Bahnhof warteten wieder Helferinnen, die uns beim Aussteigen aus dem Zug unterstützten. Sie waren offensichtlich von Liegnitz aus über unsere Ankunft in Lauban informiert worden. Zudem hatte Onkel Wilhelm zwei Kutscher mit ihren Wagen zu unserem Empfang geschickt. Während wir in eine vorgeheizte Kutsche einsteigen konnten, wurde unser Gepäck auf einen Kastenwagen verladen.

Nach einer knapp zweistündigen Fahrt erreichten wir den Schlossbezirk des Grafen von Sponeck. Innerhalb dieses Areals stand auch das Forsthaus, in welchem der Onkel mit seiner Familie wohnte.

Dort nahmen uns Onkel Wilhelm, seine Ehefrau Marie und die Kinder Almut und Werner dann in Empfang. Auf den Fluren und in den Zimmern drängten sich Leute. Überall war es sehr laut. Überrascht waren wir, als wir Verwandte aus Waldungen und Umgebung trafen. Mit ihren Planwagen angereist waren: Onkel Franz, Tante Anna und deren Sohn Rudi aus Pitschen, Onkel August mit seiner Braut Elisabeth aus Waldungen sowie Tante Hildegard – genannt Hilde – und ihre Kinder Lore und Klaus aus dem Forsthaus Schlüsselwald. Mitgereist waren zwei Familien aus der nahen Umgebung von Pitschen, die ich aber nicht kannte. Auf dem Hof standen vier Planwagen, welche die angereisten Personen nachts zum Schlafen aufsuchten. Wir hingegen bekamen Schlafstellen im Haus.

Man berichtete, dass sich der Opa, die Oma und Tante Ottilie mit ihren vier Kindern mit ihrem Planwagen dem Treck des Ortes angeschlossen hätten. Dieser wollte über das Sudetenland bis nach Bayern fahren. Am nächsten Tag zeigten mir die Cousins Werner und Klaus das Umfeld des Forsthauses. Es gehörte, wie weitere Häuser und Stallungen, zum Ensemble des gräflichen Schlosses. Werner berichtete, dass bereits vor Tagen die Gräfin mit all ihren Bediensteten, Pferden und Rindern geflüchtet sei. Nur einige junge Pferde würden im Stall stehen, die bisher weder zum Reiten noch zum Anspannen vorbereitet waren. Auf dem Anwesen wären nur wenige ältere Mägde und Knechte geblieben, die den restlichen Viehbestand zu versorgen hatten. Für mich unbekannt waren die Pfauen, die in dem Schlosspark umherliefen und ihr Rad schlugen. Voller Stolz erzählte Werner, dass bei Abwesenheit der Gräfin sein Vater, also Onkel Wilhelm, die Schlüsselgewalt für das Anwesen hätte. Damit wäre er auch Chef des Gesindes. In die teils leer stehenden Wohnhäuser hatten sich deutsche Soldaten einquartiert.

Eines Abends lief Onkel Wilhelm aufgeregt im Haus herum. Soldaten hatten angekündigt, ein Pferd zu schlachten, was mein Onkel natürlich wie einen Diebstahl betrachtete. Sie bereiteten ein Strohlager vor und bauten aus Stahlrohren einen Dreibock. Ohne auf das laute Schimpfen des Onkels zu achten, wurde ein junges Pferd von zwei Soldaten aus dem Stall zum vorbereiteten Strohlager geführt. Ein Pistolenschuss in den Kopf ließ das Tier zu Boden fallen. Noch während das Pferd nach dem Schnitt durch die Kehle ausblutete, zog man es mit Seilen an den Hinterhufen am Dreibock hoch. Schnell wurde dem toten Tier das Fell abgezogen und der Bauchraum geöffnet. In kürzester Zeit war das Pferd zerlegt. Ein Koch brachte einen Großteil des Fleisches in seinen Vorratswagen, den Rest bereitete er als Braten in der Schlossküche zu. Das Fleisch war unter den Soldaten schnell aufgeteilt und ebenso schnell gegessen.

Fahrt im Planwagen

Nachdem sich Onkels Aufregung gelegt hatte, berichteten die Soldaten ihm, dass „der Iwan" Heidersdorf bald erreichen wird. Falls er flüchten wolle, solle er sich beeilen. Sie schlugen ihm vor, in südlicher Richtung zu fahren und dann den Weg über das Egerland nach Bayern zu nehmen. Diese Route sei noch in deutscher Hand. Auch sollten wir bei Dunkelheit fahren, weil tagsüber meist englische Jagdflugzeuge die Trecks angreifen und beschießen. Nach eingehender Beratung im Forsthaus war klar, dass in den vier vorhandenen Planwagen kein Platz war, weitere Personen und Gepäck aufzunehmen. Also mussten zwei neue Planwagen hergerichtet werden. Materialien zum Wagenbau waren genügend vorhanden. Sorge bereitete den Männern, geeignete Pferde zum Ziehen der Wagen zu finden. Wie erwähnt, standen in den Ställen nur junge, ungeschulte Pferde.

Da Eile geboten war, bildete man zwei Arbeitsgruppen. Während die Knechte die Ausbildung der Zugtiere übernahmen, hatte die Verwandtschaft den Wagenbau voranzutreiben. Mich interessierte besonders die Arbeit der Knechte. Sie suchten sich zunächst vier Pferde aus dem Bestand aus. Ihr Handwerk verstanden sie, aber es dauerte einige Zeit, bis die Pferde sich das Zaumzeug und das Zuggeschirr anlegen ließen. Hiernach schaffte man einen alten Ackerwagen herbei und brachte die Schwengel so an, dass das auszubildende Pferd zwischen zwei erfahrenen Pferden vor den Wagen gespannt werden konnte. Noch länger dauerte es, bis die Kutscher mit diesem Gespann den Wagen in der Spur halten konnten.

Auch die Wagenbauer waren vorangekommen. In gewohnter Art hatten sie zwei stabile Kastenwagen in Leiterwagen umgebaut. Entsprechend dem Vorbild der anderen Planwagen fertigte der Schmied Eisenbügel zum Aufziehen der Plane an. Die Bügel befestigte man im Abstand von zirka 75 cm an den Leitern der Wagen. Nun legten die Männer die Böden der Wagen dicht an dicht mit vollen Weizen-, Roggen- und Hafersäcken aus. Darauf schichteten sie Stroh und Heu zum Schutz gegen die herrschende Kälte. Strohgarben band man auch an die Leitern der Wagen. Mit dem Aufziehen der Planen und deren Befestigung an den Wagenseiten war die Arbeit der Männer beendet. Nun brachten die Frauen Wolldecken und legten damit den Innenraum der Wagen aus. Mit Federbetten und Kleidungsstücken bauten sie Schlafnester. Noch für den Abend war die Abreise festgelegt. Schnell wurden noch Brote gebacken und allerlei Speisen vorbereitet und in die Wagen geladen.

Vor Fahrtbeginn belehrten uns die Soldaten, wie wir uns bei Fliegerangriffen zu verhalten hätten. Sobald Flugzeuge zu sehen oder zu hören seien, sollten die Wagen angehalten werden. Dann gelte es für alle, so schnell als möglich unter den Wagen zu krabbeln oder anderweitige Deckung zu suchen. Man erklärte uns: „Auf keinen Fall dürft ihr euch im Nahbereich der Wagenräder aufhalten. Die Pferde könnten durch den Lärm der Flugzeuge durchgehen und der anfahrende Wagen euch überrollen. Unter dem Wagen seid ihr einigermaßen sicher, weil die Geschosse der Flieger derart durch die Betten, das Stroh und die Getreidesäcke gebremst werden, dass sie euch nicht erreichen können." Kurz vor der Abfahrt hängten die Männer einige leere Milchkannen an die Wagen, deren Zweck mir unbekannt war.

Als es im Dämmerlicht hieß: „die Wagen besteigen", waren nicht nur wir Kinder, sondern auch die Erwachsenen sehr aufgeregt. Langsam setzten sich die sechs Planwagen in Bewegung.

Nach einer kurzen Fahrt hielten die Gespanne vor einem Fabrikgelände an. Die Männer trugen die leeren Kannen in das Gebäude und kamen etwas später mit vollen Kannen zurück. Der sich ausbreitende Geruch ließ erkennen, dass die Kannen mit Alkohol gefüllt waren. Die Männer freuten sich über ihr Handeln und meinten, bevor die edlen Tropften dem Iwan in die Hände fallen, hätten sie den gesamten Vorrat vernichtet.

Verschnaufen in Hartmannsdorf

Die ganze Nacht wurde auf Nebenstrecken in Richtung Egerland gefahren. Am nächsten Morgen, wohl der 17. März 1945, hielt der Treck auf einer Domäne südwestlich von Hartmannsdorf an. Diesen Ort kannte Onkel Wilhelm aus seiner Tätigkeit beim Grafen. Die ganze Nacht hatte ich geschlafen. Nun aber war ich hellwach und erkundete mit meinen Vettern das Anwesen. Die meisten Bewohner der Domäne waren unter Mitnahme des Großviehbestandes geflohen. Eine ältere Magd sowie zwei Knechte kamen an unseren Treck gelaufen und unterhielten sich mit Onkel Wilhelm. Nach und nach traten deutsche Soldaten aus den Häusern und gesellten sich zu uns. Sie berichteten über das Vorrücken der Roten Armee bei Lauban und fragten, ob wir Feindberührung gehabt hätten.

Die Domäne sah wie folgt aus: Der große Innenhof wurde an drei Seiten von zweigeschossigen Gebäuden begrenzt. Nur die östliche Hofseite blieb unbebaut, sodass man hier in den Hof einfahren konnte. Neben der Toreinfahrt, im südlichen Hofbereich stand das Herrenhaus. Derzeit hatten die Soldaten hier Quartier bezogen. Dem Herrenhaus schloss sich das Wohnhaus an, welches bis vor Kurzem von den Familien der Landarbeiter bewohnt war. Eine große Scheune und Stallungen füllten die westliche Hofseite. Weitere Stallungen befanden sich im Erdgeschoss des zweigeschossigen, nördlichen Gebäudetrakts. Im Obergeschoss dieses Hauses lagen die Kammern der Mägde und Knechte. Im weiteren Bereich des Obergeschosses stießen wir Jungs auf zwei große Stuben. Die auf deren Fußböden zerstreuten Körner zeigten an, dass hier ansonsten Getreide zum Trocknen gelagert wurde.

Da man dem Rat der Soldaten folgen wollte, die Fahrt tagsüber zu unterbrechen, stoppte der Treck. Während die Männer die Planwagen in die Scheune fuhren und die Pferde im Stall versorgten, zeigten wir Jungs den Frauen die beiden großen Räume. Es wurde Stroh herbeigeschafft, dieses mit Wolldecken abgedeckt und als Lagerstätte für uns vorbereitet. Aus den Planwagen holte man nur die für den Aufenthalt benötigten Sachen, ansonsten blieben die Wagen abfahrtbereit. Meine Cousins wie auch ich waren an der Herstellung des Lagers wenig interessiert. Uns trieb es zu den Soldaten. Auf dem Hof unter dem Misthaufen entdeckten wir einen kleinen Panzer. Man sah lediglich eine seiner Ketten und einen seitlichen Einstieg in den Innenraum. Teilweise aus dem Mist ragte seine Kanone. Die Geschützöffnung war mit einer Lederhaube verschlossen. Zunächst hatten uns die Soldaten verboten, uns dem Panzer zu nähern.

Noch bevor wir am Abend unseren Treck fortsetzen wollten, hörten wir von den Soldaten, dass die deutsche Wehrmacht die Russen aus Lauban zurückgeschlagen hat. So wurde entschieden, noch einen Tag auf der Domäne zu bleiben. Der Aufenthalt gab Klaus und mir Zeit, uns mit den jungen Soldaten am Panzer anzufreunden. Letztlich gestatteten sie uns, in den Panzer hineinzuschauen und später sogar in den Innenraum einzusteigen. Der Raum war sehr klein und düster, nur ein kleines Lämpchen spendete etwas Licht. Zudem roch es stark nach Öl und Treibstoff. Im Heck des Panzers gab es zwei Sitzplätze, auf denen wir Platz nehmen durften. Vorne, links und rechts der Kanone befanden sich zwei weitere Sitze, die in unterschiedlichen Höhen angeordnet waren. Ich meine, an der Seitenwand gegenüber dem Einstieg standen senkrecht Panzergranaten, die mit Gurten gesichert waren. Unser Aufenthalt im Panzer musste aber geheim bleiben.

Inzwischen ruhte die Weiterfahrt des Trecks und unter Alkoholgenuss begann man über die Sinnhaftigkeit der weiteren

Flucht zu streiten. Alle wollten in die Heimat Schlesien zurückkehren. Uneinig war man über den Ort, wo man das Kriegsende
abwarten wollte. Unsere Mutter wandte sich an die NS-Frauenschaft, um bis dahin für uns und Tante Hilde mit Klaus und Lore
eine sichere Bleibe zu finden. Da die Frauenschaft noch einige
Punkte zu klären hatte, bat sie uns, zunächst auf der Domäne
zu bleiben. Klaus und ich vertrieben uns die Zeit insbesondere mit den jungen Soldaten am und im Panzer. Eines Morgens,
wir beide saßen mit einem Soldaten im Panzer, kam der Panzer-
fahrer an den Panzer gelaufen und sprach ganz aufgeregt von
einem Befehl. Sein Entsetzen war groß, als er uns beide im Panzer hocken sah. Eiligst kroch er in den Panzer und verschloss
den Einstieg. Für uns Jungs war ein Aussteigen nicht möglich,
da der befehlshabende Offizier sich im Nahbereich des Panzers aufhielt. Hätte er uns gesehen, wäre die Panzerbesatzung
streng bestraft worden.

Also hörten wir von innen, wie der Mist vom Panzer abge-
kratzt und schwere Kisten geladen wurden. Das Anlassen des
Motors erzeugte einen enormen Lärm, der alle Umweltgeräu-
sche übertönte. Langsam setzte sich der Panzer in Bewegung.
Bei jeder Bodenwelle, die er durchfuhr, schlug mein Kopf gegen
die stählerne Rückwand. Über uns gab es wohl kurze Lederpolster, die derartige Stöße abmindern sollten, doch Klaus und
ich waren zu klein, um mit unseren Köpfen die Polster zu erreichen. Ich war froh als der Panzer nach einer Weile anhielt und
wir unter Abgabe eines Ehrenwortes aussteigen durften. Unser
Versprechen galt, keinem anderen Soldaten von unserer Fahrt
im Panzer etwas zu erzählen.

Wie vermutet, hatte der Panzer Kisten mit Granaten geladen, die er zu einem Geschützstand bringen sollte. Für uns
Jungs aber stand der Rückweg zurück zur Domäne an. Die lange Strecke sorgte dafür, dass unser euphorisches Interesse am
Panzer sich auflöste. Unser unfreiwilliger Ausflug in die Felder
dauerte fast eine Stunde, unser Fehlen aber blieb den Erwachsenen unbemerkt. Sie waren beschäftigt, Honig und Spiritus
zu einem Schnaps zuzubereiten und ihn auch zu trinken. Wir

Kinder hingegen tobten in den leeren Ställen und Scheunen umher. Ein Sprung vom Heuschober hätte mich fast das Leben gekostet. Ich stand auf einem Heuschober, schaute zirka 3,50 m nach unten. Ich glaubte, die dort liegende Heuschicht sei ausreichend dick, um einen Sprung auf diese Ebene zu wagen. Wie gewollt, kam ich mit den Rücken auf den Boden auf. Dann aber wurde es dunkel um mich.

Als ich aus der Ohnmacht erwachte, standen einige Erwachsene neben mir. Der herbeigerufene Militärarzt beugte sich über mich. Unsere Mutter und die anderen Wartenden waren erleichtert, als der Arzt bemerkte: „Der Bengel hat sich nichts gebrochen, ein Kopfsprung hätte aber seinen sicheren Tod bedeuten können." Onkel Wilhelm nahm mich auf seine Arme und trug mich nach oben in eine Stube. Doch kaum zwei Stunden später schwirrte ich wieder auf dem Hof herum. Auch hatte der Panzer nach seiner Rückkehr seine Position unter dem Misthaufen wieder eingenommen.

Warten auf das Kriegsende

Gegen Ende März riet der Offizier unserem Treckführer zur Weiterfahrt. Wieder begann eine große Diskussion. Einige wollten nach Heidersdorf zurückkehren, die anderen den Fluchtweg über das Egerland nach Bayern fortsetzen. Wohl am gleichen Tag kam der erwartete Rückruf der NS-Frauenschaft. Im Kurheim von Bad Schwarzbach hatten sie für unsere und Tante Hildes Familie eine Unterkunft mit Verpflegung organisiert. Es wurden Bahnhof und Zeit vereinbart, wo wir in einen Zug nach Bad Flinsberg im Isergebirge einsteigen könnten.

Die drei weiterfahrenden Planwagen brachten uns an den verabredeten Haltepunkt, wo uns zwei Frauen erwarteten. Beim Einfahren des Zuges winkte uns die Schaffnerin zu und deutete auf ein Abteil. Schnell wurde unser Gepäck verladen und kaum hatten wir unsere Plätze im Abteil eingenommen, fuhr der Zug los. Verwundert war ich darüber, dass der Zug eher schwach belegt war. Nach zirka zwei Stunden erreichten wir den Bahnhof von Bad Flinsberg. Zwei Pferdekutschen brachten uns und das Gepäck nach Bad Schwarzbach in das zugeteilte Haus. Dieses Heim lag auf einer Anhöhe nordwestlich des Ortskerns.

Abbildung 16: Das Heim, in dem wir Quartier fanden

Bald umringten uns Kinder und fragten: „Wo kommt ihr her und wie heißt ihr?" Frauen gesellten sich zu uns und hatten ähnliche Fragen. Alsbald begrüßte uns die Heimleiterin und zeigte uns die Zimmer, andere brachten unser Gepäck nach. Man gönnte uns eine kurze Pause, danach zeigte die Heimleiterin uns das Haus. Bei jeder Station des Rundgangs, wie beim Speisesaal, Spielzimmer der Kinder, Waschraum und Toiletten, wurde auf die Hausordnung und deren Einhaltung hingewiesen. Dieses Heim würde der Erholung kinderreicher Mütter und ihrer Kinder dienen, deshalb sei die Mittags- und Nachtruhe unbedingt zu wahren. Zu den Mahlzeiten hätten alle Personen gewaschen und frisch gekämmt eine halbe Stunde vor der Essensausgabe den Speisesaal aufzusuchen. Bei der Essensausgabe sei dem Personal des Heims Hilfestellung zu leisten. Vor Abschluss des Rundgangs teilte man uns mit, dass im Speisesaal eine Zwischenmahlzeit für uns Neuankömmlinge bereitstände.

In den nächsten Tagen wurde es draußen sehr warm. Zunächst spielten Klaus und ich mit den anderen Kindern auf dem Heimgelände, doch bald gingen wir auf Entdeckungstouren. Vom Heim aus hatte man eine gute Sicht auf den Ort und die Straßen der Gegend. Wie die nachstehende Skizze zeigt, führt eine breitere Reichsstraße aus nordöstlicher Richtung nach Westen. Hier zweigte in südlicher Richtung die Talstraße ab, die in den Ort Bad Schwarzbach führte. Abends konnte man auf dieser Straße die Trecks beobachten, die hinter dem Ort die Grenze in das Egerland passierten, um weiter nach Bayern zu fahren. Wir Jungs erkannten bei unseren Streifzügen, dass viele Bewohner des Ortes geflüchtet waren und ihre Häuser leer standen. Es dauerte nicht lange, bis wir den Mut fanden, in die unbewohnten Häuser und Ställe einzusteigen.

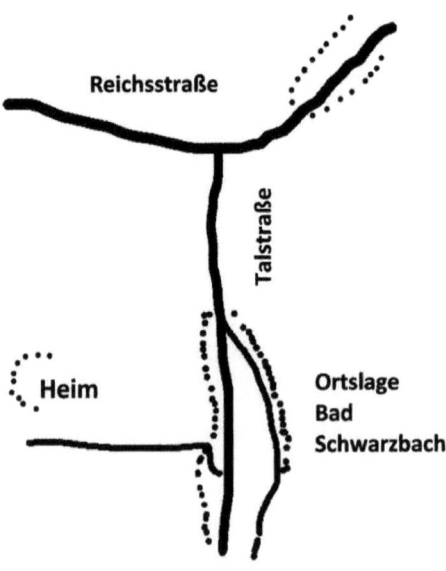

Abbildung 17: Lage des Heims zur Reichs- und Talstraße mit perfektem Überblick

Eines Tages beobachteten Christa und ich einen Streit zwischen Tante Hilde und ihrer Tochter Lore. Es ging darum, dass die Tante die für sie viel zu engen Kleider von Lore anzog. Uns war ein derartiges Verhalten fremd und so fragten wir unsere Mutter, was denn mit Tante Hilde los sei. Nach langem Drängeln erzählte unsere Mutter folgende Geschichte. Es gäbe zwei Gründe, die miteinander verflochten seien, welche die Tante manchmal sonderlich erscheinen lassen. Zum einen sei die Tante eine Halbjüdin und zum anderen habe sie Cousin Klaus mit einer Lippen-Kiefer-Gaumenspalte geboren. Beide Fakten reichten dem Regime aus, ihr die Gebärmutter zu entnehmen. Bei Klaus konnte die Spalte durch eine Hautverpflanzung geschlossen werden, der Tante aber wurden durch ihre Operation alle weiteren Kinderwünsche und damit ihr inneres System des menschlichen Wahrnehmens und Denkens zerstört.

Die deutsche Wehrmacht gibt auf

Im Heim lebten wir bereits mehr als drei Wochen, als sich am 28. April 1945 abends auf der Reichsstraße aus nordöstlicher Richtung Fahrzeuge der deutschen Wehrmacht näherten. Im Bereich der Einmündung der Talstraße verließ die Fahrzeugkolonne diese Straße und fuhr in nördliche Richtung auf ein großes Feld. Ununterbrochen folgten Fahrzeuge, Panzer und Geschütze, der Zug schien kein Ende zu finden. Die deutschen Soldaten, welche die Fahrzeuge begleiteten, warfen alle schweren Ausrüstungsgegenstände und ihre Waffen in die Straßengräben. Mit leichtem Gepäck, mit Pistole und Messer bewaffnet gingen sie auf der Talstraße in ungeordneter Marschformation in Richtung Egerland. Verwundete Soldaten saßen in Handwagen und wurden von Kameraden gezogen. Wir Kinder hätten längst in unseren Betten sein sollen, doch noch immer schauten wir, wie die Soldaten zur nahen Grenze strebten. Inzwischen brannte das auf das Feld aufgefahrene Kriegsmaterial. Eine laute Explosion folgte der anderen, an Schlaf war nun nicht mehr zu denken.

Alle Heimbewohner standen vor der Haustür und schauten auf das Flammenmeer, welches den Himmel hell erleuchtete.

Am nächsten Morgen fiel für uns das gewohnte Frühstück aus. Die Heimleiterin teilte mit, dass das Heimpersonal nicht zum Dienst erschienen sei. Auch wären alle Lebensmittelvorräte über Nacht entwendet worden. Die Heimleiterin beschwichtigte, bald würden neue Lebensmittel geliefert werden. Um ein Frühstück für die verbliebenen Heimbewohner vorzubereiten, suchten einige Frauen und unsere Mutter nach Essbarem in den sonst leeren Vorratsräumen. Letztlich gab es eine warme Suppe aus gemahlenem Getreide, Milchpulver und Wasser. Wir Kinder gaben ihr den Namen „Spuckersuppe". Beim Kauen der gequetschten Getreidekörner lösten sich die Getreideschalen. Da niemand die Schalen schlucken wollte, wurden sie im Mund gesammelt, ausgespuckt und als Häufchen am Tellerrand aufgebaut.

Nach dem Frühstück hielt uns Jungens nichts mehr auf den Stühlen. Wir wollten in die Talstraße, um alles von Nahem anzusehen. In den Straßengräben, die bis 1,50 m tief waren, lagen Gewehre aller Art, Bajonette, Säbel, Panzerfäuste, Kisten voller Eierhandgranaten und allerlei Munition. Finden konnte man Stahlhelme, Patronengurte, Ketten zur Gewehrreinigung, Kochgeschirre, Zeltplanen, Wolldecken und noch viel mehr. Für uns Jungs gab es alles, um damit ordentlich Krieg spielen zu können. Bald trug jeder größere Junge ein Koppel mit Seitengewehr und um die Schulter mindestens einen Patronengurt und Gewehrreinigungsketten. Auch im Ortskern von Bad Schwarzbach hatte sich einiges verändert. Die Läden waren geschlossen und manche Schaufenster waren mit Brettern vernagelt. Auch die Anzahl der leer stehenden Wohnhäuser hatte über Nacht zugenommen.

Als wir Jungs mit unserer Kriegsausrüstung ins Heim zurückkehrten, war bei den Müttern das Entsetzen groß. Sofort mussten wir alles wieder zurückbringen und versprechen, kein Kriegsmaterial mehr anzufassen. Dieses Versprechen war leicht gegeben, aber schwer zu halten. Zu groß war das Bedürfnis, den älteren Jungs zu folgen, die in der Hitlerjugend an Waffen ausgebildet worden waren. Sie wollten unbedingt den Kampf gegen „die russischen Wölfe und Bestien" fortführen. Für den 30. April wurde ein Treffen vereinbart, wo die älteren Jungs uns Kleineren die Funktion einer Panzerfaust vorführen wollten. Eine derartige Gelegenheit wollten Klaus und ich natürlich nicht verpassen. Von der Talstraße aus stieg eine größere Schar frohgestimmter Jungs in östlicher Richtung den Berg hinauf. Mitgeführt wurden fünf Panzerfäuste.

Oben auf dem Bergkamm, den wir von der Talstraße aus erklommen hatten, sollte die Vorführung stattfinden. Hier gab es einen Fahrweg, der im weiten Bogen der Kammlinie folgte. Von unserem Standort aus setzte in östlicher Richtung der abfallende Hang des Berges an. Der vor uns liegende Taleinschnitt war mit kleinen Fichten bewachsen. Nun begann ein älterer Junge, uns die Funktion einer Panzerfaust zu erklären. Wichtig zu wissen sei, dass beim Abschuss der Waffe ein starker Rückstoß entsteht. Zudem würde nach hinten ein Feuerstrahl die Waffe verlassen. Da sich kein älterer Junge traute, die Waffe von der Schulter aus abzufeuern, suchte man für die Vorführung einen Baum mit einer starken Astgabel. Man legte eine Panzerfaust in diese Gabel und befestigte diese mit mitgebrachten Seilen. Vor dem Abschuss der Waffe gab es die Erläuterung, dass wir auf den Berg gekommen seien, um mit lautem Geschrei und den Panzerfäusten die russischen Wölfe zu vertreiben. Nun endlich wurde die Waffe gezündet. Außer dem erwähnten Feuerstrahl gab es weder die erhoffte große Explosion noch irgendeinen sichtbaren Schaden. Lediglich konnte man in der Geschossrichtung innerhalb des Steilhanges an wenigen Tannen das Abknicken von Ästen verfolgen.

Einige Jungs wollten gerade die Reste der abgefeuerten Waffe beseitigen und die zweite Panzerfaust in das Astwerk einbinden, da kamen von rechts und links berittene Soldaten auf uns zu. Sicherlich hatten unser Geschrei und der Abschuss der Panzerfaust sie auf uns aufmerksam gemacht. Sie lachten und hatten Spaß an unserem Treiben. Zwei Reiter trennten sich aus der Gruppe und befragten uns. Wir erzählten wohl alle gleichzeitig, dass wir mit unserem Schreien und den Panzerfäusten die russischen Ungeheuer vertreiben wollten. Einer der Reiter sagte: „Wenn ihr nicht sofort verschwindet, bekommt ihr meine Reitpeitsche zu spüren."

Im Heim berichtete ich meiner Mutter die Geschichte mit den Reitern. Sie war entsetzt über unser Treiben und froh darüber, dass unser erster Kontakt mit den feindlichen Soldaten so glimpflich abgelaufen war. Unserer Mutter wollte ich zunächst nicht glauben, sprachen doch die Reiter Deutsch und sahen auch nicht wie Wölfe aus. Jahrelang hatte man uns Kindern erzählt, die Russen seien keine Menschen, sondern mordende Wölfe und Bestien.

Im Heim rechnete man nun stündlich mit dem Einmarsch der feindlichen Soldaten. Es herrschte eine bedrückende Stimmung und vor Angst wagte kaum jemand etwas zu sagen. Wir Kinder durften das Heim nicht mehr verlassen. Doch die Stunden vergingen und nichts geschah.

Einmarsch der Roten Armee

Am nächsten Tag, dem 1. Mai 1945 sollte eigentlich das Maifest stattfinden. Bereits sehr früh schauten die Leute gespannt auf die Reichsstraße und erwarteten die Rote Armee, doch es bewegte sich nichts. Gegen 13.00 Uhr hieß es: „Die Russen kommen!" Unten im Tal, auf der Hauptstraße aus nordöstlicher Richtung sah man den Anmarsch der Feinde. Im grellen Licht der Sonne strahlten ihre gewaschenen hellbraunen Uniformen und ihre Käppis. Vorneweg, im Abstand von rund 3 Meter, marschierten jeweils drei oder vier Offiziere, danach folgten – jeweils der Straßenbreite angepasst – in Sechserreihen die Sowjets. Sie waren unbewaffnet, trugen keine Fahnen, sie sangen nicht, auch keine Musikkapelle begleitete sie. Im Einmündungsbereich der Talstraße löste sich die Marschposition auf. Während eine Minderheit der Soldaten sich von der Gruppe abtrennte und zu den Gebäuden der Ortschaft eilte, setzten oder legten sich die übrigen in das frische Gras und ruhten.

Auch für mich wie für alle Hausbewohner galt die Aufforderung der Heimleiterin, die Waschküche des Heims aufzusuchen. Diese lag im Erdgeschoss rechts neben dem Treppenaufgang zum Heim. Der Raum war geräumig, aber eher dunkel. In der linken Ecke vom Eingang aus stand der große Waschkessel. Ansonsten gab es hier nur niedrige Bänke, auf denen die Waschwannen standen. Unsere Mutter mit dem Bruder Bodo auf dem Arm stellte sich hinter das Ofenrohr des Waschkessels. Wir Kinder drückten uns eng an sie. Die übrigen Personen, wohl zwanzig an der Zahl, standen eng zusammen und warteten auf das weitere Geschehen. Es dauerte nicht lange, bis die halb offene Tür der Waschküche mit dem Fuß aufgestoßen wurde und ein sowjetischer Offizier mit vorgehaltener Pistole eintrat. Seine grünlich schimmernde Uniform und die hellen Lederteile sahen eher nagelneu aus. Wortlos ging er auf eine junge Frau zu und zerrte sie zur Tür. Ihr Ehemann, dem ein Unterarm fehlte, wollte sie festhalten. Ein Schuss fiel und der Mann, im Kopf getroffen, sank zu Boden. In der Waschküche war es still, bis der zirka fünfjährige Sohn der entführten Frau und des gestürzten Vaters zu schreien begann. Nun erwachten alle aus ihrer Stockstarre. Die Frauen kümmerten sich um den Mann, der kurz darauf verstarb, und um den Buben. Nach zirka zwei Stunden zogen sich die Soldaten zum Abmarsch aus der Ortschaft zurück. Da die junge Frau nicht ins Heim zurückkehrte, begann im Haus, in der näheren und später in der weiteren Umgebung die Suche nach ihr. Gefunden wurde sie nicht.

Unsere Mutter erkannte die exponierte Lage des Heims und wollte dieses umgehend verlassen. Ich erzählte ihr von einem leer stehenden Wohnhaus mitten im Ort. Das Haus war zweistöckig, hatte einen Keller mit Vorräten und einen Stall, wo auch noch Hühner umherliefen. Zudem war der kleine Hof zwischen Wohnhaus und Stall straßenseitig mit einer großen Toranlage mit kleiner Nebentür abgesichert. Die Fenster des Erdgeschosses lagen sehr hoch über dem Boden und konnten nur mit einer Leiter erreicht werden. Auch die Haustür ließ sich gut verriegeln. Unserer Mutter war von diesem Haus begeistert und ohne zu zögern, bezogen wir die Wohnung im Obergeschoss. Damit dieses Haus weiterhin verlassen aussah, durften wir Kinder keine Fenster in der Wohnung öffnen, keinen Lärm machen und auf dem Hof auch nicht spielen. Auch die anschließende Suche nach Nahrungsmitteln war sehr erfolgreich: Neben Getreide, Mehl, Kartoffeln und Eingemachtem fanden wir alles, was für den Haushalt benötigt wurde. Es fehlte uns nur Milch für den Bruder Bodo. Am nächsten Tag gingen Christa und ich auf Erkundungstour. Im Garten des Nachbarn fanden wir zwei Ziegen, die wir gleich in unseren Stall brachten.

Unsere Mutter hatte nicht vergessen, dass sie umgehend mit uns die Heimreise nach Namslau antreten wollte. Sie glaubte, dort Näheres über unseren vermissten Vater zu erfahren. So suchten wir nach einem Handwagen, der groß genug war für unsere Sachen, aber leicht genug, ihn zu ziehen. Diesen Wagen fanden wir bei einem verlassenen Malerbetrieb. Der Wagen sah sehr stabil aus, hatte vier große Räder, eine ebene Ladefläche und eine Deichsel. Mit dem vorhandenen Zuggeschirr konnten zwei Personen den Wagen ziehen. Eiligst ging es mit dem Wagen in unser Quartier. Weiter wurde in den unbewohnten Häusern nach Lebensmitteln gesucht und diese wurden bei uns gehortet. Unsere Nahrungsvorräte erlaubten unserer Mutter, wieder ordentliche Mahlzeiten für uns zu kochen. Auch reichte die Milch der Ziegen aus, um neben der Versorgung unseres Babys Bodo auch noch Buttervorräte anzulegen.

Nachdem um die Familie alles geordnet war, trieb es mich mit anderen Jungs zur Wiese, wo die deutsche Wehrmacht ihre Waffen und Gerätschaften verbrannt hatte. Doch dieser Weg wurde uns versperrt. Sowjetische Soldaten bewachten entlang der Talstraße deutsche Zivilpersonen, welche aus den Straßengräben das Kriegsmaterial der deutschen Wehrmacht räumten und auf Lastkraftwagen verluden. Erstaunt war ich darüber, dass auf den Türen der Fahrzeuge nicht der rote Stern der Sowjets, sondern der amerikanische weiße Stern im Kreis zu sehen war. Gefahren wurden die Lkw von dunkelhäutigen Fahrern. Derartig schwarze Männer hatte ich noch nie gesehen.

Nach zwei Wochen in unserer Bleibe kehrten immer mehr der geflüchteten Hauseigentümer zurück. Nochmals begannen wir, aus den leeren Häusern unverderbliche Lebensmittel zu holen. Es wurden Brote gebacken, Hühner geschlachtet, gebraten und eingeweckt. Kurz vor unserer Abfahrt aus dem Ort besuchten Christa und ich eher aus Langeweile Tante Hilde, Lore und Klaus. Sie wohnten noch immer im Heim und hungerten. Sie beklagten sich, dass wir sie allein gelassen hätten. Lore kam mit zu unserer Mutter und bettelte, mit uns nach Schlesien mitgehen zu dürfen. Dort wollten sie ihren Vater, unseren Onkel Karl, treffen, der als Volkssturmführer die Heimat nicht verlassen durfte. Aus Mitleid stimmte unsere Mutter deren Begleitung zu, auch wenn sich unsere Tante durch passives und etwas hochmütiges Verhalten zuvor bei uns nicht gerade dafür empfohlen hatte.

Bereits in der Frühe des nächsten Tages beluden wir den Handkarren mit unserem großen Reisekoffer. Neben den Esswaren nahmen wir Kleidung und Wolldecken mit. Gleichfalls auf dem Wagen verstauten wir den Kinderwagen von Bodo und die Sportkarre für den dreijährigen Rudi. Obwohl Uschi mit ihren 6,5 Jahren eher schwächlich aussah, sollte sie möglichst laufen. Den Wagen ziehen wollten unsere Mutter und ich im Alter von 8,5 Jahren. Christa mit 10,5 Jahren sollte den Wagen von hinten schieben und dabei auf die Kinder aufpassen. Auf der verabredeten Stelle wartete bereits Tante Hilde mit ihren Kindern. Ihre Habseligkeiten trugen sie in Rucksäcken.

Rückkehr nach Heidersdorf

Zunächst anlaufen wollten wir den Schlossbezirk Heidersdorf, jetzt unter polnischer Besetzung hieß der Ort Włosień. Unsere Mutter glaubte, dort auf Verwandtschaft zu treffen, die uns auf ihren Planwagen bis nach Schlesien mitnehmen würde. Heidersdorf wollten wir über wenig befahrene Nebenstraßen erreichen. Um diese Straßen zu finden, hatte unsere Mutter sich im Kurheim eine Wanderkarte geben lassen. Zunächst ging unsere Fahrt bergab, danach aber hatten wir auch höhere Berge des Isergebirges zu überwinden. Hier hofften wir auf die Unterstützung von Tante Hilde und ihren Kindern. Doch die lehnten ab und gingen einfach weiter.

Um für uns den schweren Wagen leichter bergauf zu bringen, sollte Rudi vom Wagen absteigen und laufen. Während Uschi, die nur bergab auf dem Wagen saß, tapfer bergauf ging, setzte sich Rudi einfach an den Straßenrand. Er wollte nicht gehen. Oft gab es einen bis zu zwei Kilometer langen Berganstieg. Einen Zwischenhalt einzulegen, trauten wir uns nicht, wir hatten Angst, danach den Wagen nicht wieder ins Rollen zu bringen. Im Stillen hofften wir, der Rudi würde langsam nachkommen, doch weit gefehlt. Waren wir endlich mit dem Wagen auf dem Bergkamm angekommen, meckerte Tante Hilde, warum sie so lange auf uns warten musste. Mich aber schickte unsere Mutter nach einer kurzen Verschnaufpause, den Rudi zu holen. Mit auf den Weg bekam ich die deutliche Ermahnung, ihn nicht zu versohlen. Wieder im Tal bei meinem Bruder angekommen, packte ich ihn an der Hand und zog ihn bergauf. Sein Trotz aber war stärker, er wollte nicht laufen. Notgedrungen musste ich ihn auf die Schulter nehmen und den langen Weg bis zur Bergkuppe tragen. Dreist fanden wir auch das Verhalten von Tante Hilde und ihren Kindern. Legten wir Pausen ein, um die mitgebrachten Speisen zu verzehren, wollten sie selbstverständlich daran teilhaben. Doch wegen der verweigerten Hilfeleistungen an den Bergen wurde nicht geteilt. Wasser zum Trinken konnten sie aus den Gebirgsbächen schöpfen. Je weiter wir das Gebirge verließen, desto leichter ließ sich unser Wagen ziehen.

Öfters begegneten wir nun ähnlichen Trupps, die in Richtung ihrer Heimat unterwegs waren. Kampfspuren im Gelände sahen wir eher nicht. Nach einer Wegstrecke von zirka 16 km durch Berg und Tal waren wir derart müde, dass wir nach einem Ort zum Übernachten suchten. Nach wenigen Kilometer erreichten wir eine Ortschaft, an deren Eingang ein ausgebrannter Panzer vor einer zerstörten Panzersperre stand. Etwas weiter auf der Straße passierten wir den Dorfplatz. Hier war ein Gedenkstein mit einer niedrigen Mauer eingefasst. Direkt davor lagen zwei tote Pferde. Etwa in der Ortsmitte näherten wir uns einem kleinen Wohnhaus. Davor lagen in einer Reihe zirka zehn tote Männer, deren Oberkörper mit Decken abgedeckt waren. Blutspritzer an der weißen Hausfassade deuteten auf eine Erschießung. Wohl 200 Meter weiter fanden wir ein kleines Gasthaus, dessen Pforte fest verschlossen war. Nach Klopfen und Rufen öffnete eine alte Frau, sie erklärte, dass ihr Haus für Übernachtungsgäste nicht eingerichtet sei. Wir mögen weiterziehen. Doch unsere Mutter bettelte so lange, bis die Wirtin uns in den Schankraum ließ und dort unserer Übernachtung zustimmte. Alsbald erzählte sie, dass ihre Familie geflüchtet sei und sie allein im Haus wohne. Wir Kinder hätten ihr leidgetan und deshalb habe sie uns geöffnet. Zu den toten Männern führte sie aus, dass diese dem hiesigen Volksturm angehört hatten. Alte Männer und junge Burschen wollten das Dorf gegen die Rote Armee verteidigen. Sie hatten an den Ortseingängen Panzersperren aus Holzstämmen gebaut. Auch gelang es ihnen, einen feindlichen Panzer mit der Panzerfaust abzuschießen. Doch wenige Minuten später näherten sich seitlich über die Felder zwei sowjetische Reiter. Selbst diese Soldaten und ihre Pferde konnten die Männer erschießen. Doch plötzlich stürmte eine Vielzahl von Sowjets in das Dorf. Sie stellten die Männer an die Wand und erschossen sie. Den restlichen Dorfbewohnern wurde Strafe angedroht, sollten sie die Toten begraben. Doch deren Verwesung war inzwischen derart fortgeschritten, dass die Beerdigung morgen stattfinden sollte.

Da im Gasthof die Vorbereitung unseres Abendessens noch etwas dauern würde, wollten Klaus und ich uns die erschossenen Männer und Pferde näher ansehen. Im Bereich der abgedeckten Leichen waren der Gestank und der Fliegenbefall derart heftig, dass wir diesen Ort schnell verließen. Nun gingen wir zu dem Dorfplatz, wo die beiden toten Pferde lagen. Deren Verwesung war nicht so stark, jedoch hatten sich ihre Bäuche prall aufgebläht. Aus deren Hinterteil quoll eine große graue Blase heraus. Als Klaus am Rand des Platzes einen alten Karabiner mit aufgepflanztem Bajonett fand, war uns klar: Wir müssen den Ballon aufstechen. Klaus stieg auf den Bauch eines Pferdes und rammte mit voller Wucht das Bajonett in die Blase. Im gleichen Augenblick spritze daraus eine grüne stinkende Brühe, die ihn besudelte. Als ich über ihn lachte, sollte ich es bei dem zweiten Pferd besser machen. Folglich stellte ich mich im weiten Abstand zum toten Pferd und versuchte das Bajonett, wie einen Sperr in die Blase zu werfen. Doch der Wurf gelang nicht, der gewählte Abstand war zu groß. Also rückte ich näher an das Pferd und warf erneut. Dieses Mal traf ich das Ziel und stand, wie Klaus vorher, selbst im Strahl der grünen Brühe. Gewehr und Bajonett ließen wir liegen und versuchten uns in der Pferdetränke am Dorfbrunnen zu waschen. Aber das beste Säubern half nichts, wir stanken wie die Pest.

Zurück in dem Gasthof mussten wir vor der Tür warten, bis eine Wanne aufgestellt und heißes Wasser zubereitet war. Wir hatten in die Wanne zu steigen und wurden ordentlich geschrubbt. Anschließend wusch man unsere Kleidung. Klaus und ich wollten von unserem Abenteuer erzählen, doch unsere Mutter wollte nichts davon hören. Sie hatte sich gerade über Tante Hilde und Lore geärgert, die sich wie selbstverständlich an unseren Vorräten bedienten. Doch, wie gesagt, waren sie sich zu fein, uns beim Ziehen des Wagens zu helfen.

Am nächsten Morgen setzten wir unsere Reise fort. Meist führte unser Weg durch Waldgebiete und wir waren froh, mal wieder Äcker und Wiesen zu sehen. Auf einer derartigen Lichtung stand abseits ein ausgebrannter *Tiger*-Panzer. Klaus und ich wollten uns das Wrack genauer anschauen, darum baten wir um eine kleine Rast. Dem Panzer näherten wir uns von hinten und konnten hier und auch auf seiner linken Seite keinen Treffer feststellen. Als wir die Frontseite des Panzers erreichten, sahen wir, dass aus der Notausstiegöffnung der Oberkörper des Panzerfahrers herausragte. Er lag auf dem Bauch, war gekleidet mit einem schwarzen Kurzblaser und hatte dunkle Haare. Da wir über die gleiche Luke in den Panzer einsteigen wollten, packten wir beherzt den Toten an seinen Schultern, um ihn von dem

Notausstieg wegzuziehen. Wir glaubten, einen schweren Mann bewegen zu müssen, doch das, was wir in unseren Händen hielten, war leicht und hatte keinen Unterleib mehr. Unseren Schock hatten wir bald überwunden und bahnten uns den Weg in das Innere des Panzers. Auf dem Boden lagen geschmolzene oder ausgeglühte Gegenstände. Wir suchten die verglasten Panzerschlitze und säuberten diese. Bald erhellte das Tageslicht etwas den Innenraum. Im Nahbereich der Schlitze sahen wir auf dem Boden zwei Kreiskegel von knapp zwanzig Zentimeter Höhe. Beim Zerstören dieser Gebilde staubte es nur. Wir untersuchten den Panzer, fanden aber keinen Treffer. Wieder bei unserem Treck, erzählten wir beim Weiterfahren von dem Erlebten. Unsere Mutter sagte nur: „Die armen Kerle, zerfallen in Staub."

Es war wohl Nachmittag, als wir das Forsthaus in Heidersdorf erreichten. Von der Verwandtschaft war niemand anzutreffen. Ein älterer Mann erzählte, dass der Förster mit seiner Familie und weiteren Verwandten die Flucht mit dem Planwagen aufgegeben hätte und derzeit auf der gräflichen Domäne wohne. Er beschrieb uns den Weg. Unsere Füße taten weh und unser Handwagen wurde immer schwerer, nach zwei Stunden war auch diese Etappe geschafft. Überglücklich waren wir, einen Großteil unserer Verwandtschaft gesund auf der Domäne anzutreffen.

Am nächsten Tag hatte ich alle Anstrengungen des Fußmarsches vergessen und tobte mit Kindern im Hof und den Gebäuden des Anwesens herum. Zur Kinderschar gehörten Kinder der polnischen Landarbeiter. Auch sie waren zweisprachig aufgewachsen, sodass ich mich gut mit ihnen auf Deutsch oder Polnisch unterhalten konnte. Beim Umgang mit der erweiterten Verwandtschaft merkte ich, dass mir durch so viel Sprachenmischmasch in all den Jahren vieles an deutschem Wortschatz fehlte. So erzählte ich abends meiner Schwester Christa, dass ich mitgeholfen habe beim Bau des Vanillenbetts für Onkel August und seiner Elisabeth. Von ihr hörte ich zunächst nur ein lautes Lachen, dann kam die Verbesserung: Es heißt „Familienbett".

Sicherlich hatte es sich inzwischen herumgesprochen, dass wir Deutsche nicht in unsere Heimat zurückkehren dürfen.

Doch unsere Mutter verfolgte weiterhin den Plan, mit uns Kindern den Heimweg nach Namslau anzutreten. Sie glaubte fest daran, dass sie dort über den Verbleib unseres Vaters Näheres erfahren könnte. Tante Hilde mit ihren Kindern wollte sich unserem Treck wieder anschließen, doch da gab es ein klares Nein unserer Mutter.

Banger Weg zurück nach Namslau

Für diesen Weg hatte unsere Mutter Nahrungsvorräte angelegt und Erkundigungen über die Strecke eingeholt. Um den 10. Juni 1945 war alles so weit vorbereitet. Entsprechend der Warnung, dass in diesen Zeiten besonders Lebensmittel gestohlen werden, hatte unsere Mutter im großen Reisekorb die Nahrungsmittel ganz unten verstaut. Es folgten die Gegenstände, wie Kochgeschirre, Töpfe, Eimer und ein Nachtgeschirr für die Kleinen. Obendrauf lagen dann die Kleidungsstücke. Auf den Karren wurde neben den Reisekorb Bodos Kinderwagen geladen. Anschließend versteckten wir unsere Tagesrationen und die gefüllten Wasserflaschen. Mit einer Plane, die aus zwei zusammengeknöpften dreieckigen Einmannzelten der Wehrmacht bestand, deckten wir unser Gefährt ab. Nach ein paar Verhaltensregeln durften sich Bodo und Rudi auf den Wagen setzen. Uschi sollte dicht neben dem Wagen gehen. Unsere Mutter und ich hatten den Karren zu ziehen, Christa sollte ihn wieder schieben. Nach einer kurzen Verabschiedung von der Verwandtschaft verließen wir die Domäne.

Über Nebenstrecken sollte es zunächst bis zur Stadt Hirschberg und dann über die Autobahn bis nach Breslau gehen. Von Breslau würde eine Landstraße über Oels bis nach Namslau führen. Insgesamt wäre die Strecke etwa 300 bis 350 Kilometer lang. Uns Kindern wurde erzählt, dass es auf dem Weg kaum Berge gäbe und unser Handkarren auf der ebenen Autobahn fast allein rollen würde.

Bereits nach den ersten Kilometern unseres Weges schlossen sich andere Trupps an. Einige lösten sich alsbald, neue Gruppen kamen hinzu. Auch viele polnische Familien, die in Deutschland Zwangsarbeit leisten mussten, zogen mit ihren Familien gen Osten. Zum Übernachten suchten wir verlassene Gasthäuser oder Schulen auf, um dort auf dem Fußboden zu schlafen. Hier kam es zu den ersten Bekanntschaften mit Flöhen, Läusen und Wanzen. Ab und zu besuchte uns größeres Getier, wie Mäuse und Ratten. Doch bei uns gab es nichts zu holen, unsere Nahrungsmittel waren in den Töpfen gut verpackt. Um diese auch vor diebischen Personen zu schützen, schlief nachts unsere Mutter oder ich auf unserem Karren. Zunächst aber blieben Übergriffe aus. Gefahr drohte von sowjetischen Militärfahrzeugen. Man hatte uns gewarnt, sie würden alles überfahren, was nicht schnell genug von der Straße kommt. Sobald wir Motorengeräusche hörten, brachten wir uns und den Wagen von der Straße.

Nach fünf Tagen erreichten wir Hirschberg und damit die Autobahn. Wir hatten gehört, Autobahnen verlaufen in fast höhengleicher Ebene und würden je Richtung zwei Fahrspuren aufweisen. Somit freuten wir uns, dass nun das Ziehen unseres Karrens leichter gehen werde. Aber wir lernten eine andere Autobahn kennen. Oft gab es nur eine Spur, die teils durch Bombenabwurf tiefe Löcher aufwies. Auch fehlten die Brücken oder waren von der abrückenden Wehrmacht gesprengt worden. Bei derartigen Hindernissen hatten wir uns und den beladenen Wagen in akrobatischen Aktionen über die Hürden zu balancieren. Diese unwegsamen Stellen raubten uns Zeit und viel Kraft. Auch hörten wir nun vermehrt von Diebstählen und Schlägereien um Lebensmittel. Insbesondere nachts wurden die Handkarren geplündert. Je weiter wir unserer Heimat näherkamen, umso mehr raubten polnische junge Männer die deutschen Trecks aus. Sie versteckten sich gern hinter Brückenpfeilern und sprangen hervor, sobald Deutsche sich den Brücken näherten. Mit gezogener Pistole forderten sie Gold, Silber oder besondere Wertsachen. Bekamen sie nichts, vergewaltigten sie junge Frauen und Mädchen oder erschlugen deutsche Kriegsversehrte mit Knüppeln. Viele frische Grabhügel entlang der Autobahn zeugten von deren Untaten.

Polnische Gruppen, die der Heimat zustrebten, machten bei derartigen Überfällen mit lautem Geschrei und bösen Flüchen auf sich aufmerksam. Sie blieben von den Banditen unbehelligt und konnten ihren Weg fortsetzen. Um Gleiches zu tun, lehrte ich unsere Mutter und Christa entsprechende polnische Wörter, die anderen Geschwister sollten bei derartigen Überfällen lieber ihren Mund halten. Sobald sich uns jemand näherte, begann ich auf Polnisch zu schimpfen. Ein Polenjunge aus einer Kolonne hatte mein Auftreten wohl seit Längerem verfolgt, kam zu mir und sagte auf Polnisch: „Hör auf zu schreien, trage lieber diese Armbinde." Durch die Binde in den polnischen Nationalfarben weiß/rot waren wir fortan als Polen erkennbar und blieben von den Banden unbehelligt.

Gegen Abend zogen wir es vor, die Autobahn zu verlassen, um in Dörfern Übernachtungsquartiere zu finden. Auf diesen Wegen zeigten sich uns die Spuren erbitterter Kämpfe. Viele offene Schützengräben zogen sich durch die Landschaft, in denen tote, verstümmelte deutsche Soldaten lagen. Allerorts standen ausgebrannte Panzer, umgekippte Kanonen und zerschossenes Kriegsmaterial. Auch Dörfer waren teilweise abgebrannt.

Wieder auf der Autobahn fand eine zertrümmerte deutsche Artilleriestellung mein Interesse. Ein Junge begleitete mich dorthin. Die Stellung war zur Tarnung unter Laubbäumen eingerichtet worden. Der feindliche Beschuss hatte Bäume entlaubt, zersplittert oder gefällt. Ihre Wurzelstöcke zeigten gen Himmel. Das Areal glich einer Kraterlandschaft. Geschützteile, Räder und Langrohre ragten teilweise aus dem Boden oder lagen zerstreut umher. An manchen Baumstammresten hingen Teile von Uniformen, in denen noch Gliedmaßen steckten. Erschrocken war ich, als der Junge, der mich begleitete, gegen einen Stahlhelm trat. Aus dem Helm kullerte der verweste Kopf eines Soldaten. Auch in den nahen Gräben fanden wir nur zerfetzte Körper deutscher Soldaten. Der Verwesungsgeruch lag über dem ganzen Areal. Hunde scharrten in der aufgewühlten Erde. Man kann annehmen, hier hatte eine „Stalinorgel" ihr Ziel gefunden.

Unsere Nahrungsreserven waren aufgebraucht und so zwang uns der Hunger, die Autobahn zu verlassen. Über Landstraßen erreichten wir weiter entfernte Dörfer, wo wir in aufgegebenen Höfen neben einem Nachtquartier auch die benötigten Lebensmittel fanden. Meine Kenntnisse über das bäuerliche Leben ließen mich nach versteckten Kellern suchen, wo Gläser oder Büchsen mit eingekochtem Fleisch, Gemüse und Obst aufbewahrt wurden. Frisches, meist wild gewachsenes Gemüse holten wir aus den Gärten. Auch hingen an den Obstbäumen reichlich Kirschen und frühe Äpfel.

Unsere Mutter war sehr darauf bedacht, dass wir beim Einfahren in ein verlassenes Gehöft nicht auffielen. Den Karren schoben wir sofort in die Scheune und richteten auch meist hier unser Nachtlager ein. Zum Umhertollen waren alle viel zu müde. In manchen Verstecken blieben wir einen oder zwei Tage länger, um Kräfte für die Weiterfahrt aufzubauen oder das Ende eines Dauerregens abzuwarten. Vor jeder Weiterfahrt wurde Wasser abgekocht und in Feldflaschen gefüllt. Das Trinken aus Bächen oder Teichen hatte unsere Mutter strengstens verboten.

Müde und abgespannt erreichten wir nach 25 Tagen die Stadt Breslau. Zu sehen gab es zerschossene oder ausgebrannte Häuser, kaputte Straßenbahnen. Oft versperrten Panzersperren, zerstörte Geschütze oder ausgebrannte Panzer unseren Weg. Nur wenige geräumte Pfade von maximal 3 Metern Breite durchzogen die Stadt. Würden sich nicht die kleinen Trecks durch die engen Gassen zwängen, könnte man glauben, die Stadt wäre menschenleer. Den Innenstadtbezirk konnten wir unbehelligt passieren und erreichten am östlichen Stadtrand eine riesige Schrebergartenanlage. Mitten in der Anlage fanden wir eine unzerstörte Laube, in der wir unser Nachtquartier einrichten konnten. Im Fußboden, mit einem Teppich abgedeckt, entdeckten wir eine Bodenklappe. Sie machte den Zugang frei zu einem Kriechkeller. Eingelagert waren hier Weckgläser mit Fleisch, Gemüse und Obst. Ähnliche Vorräte fanden wir in den benachbarten Lauben.

Unsere totale Erschöpfung und der gefundene Vorrat an Lebensmitteln bewogen unsere Mutter, in diesem Quartier für einige Tage zu bleiben. Wohl nach zehn Tagen waren wir bereit, die letzten 60 Kilometer unserer Reise nach Namslau anzutreten. Unser Weg führte über Dorf- oder einfache Wegverbindungen. Wir durchquerten Dörfer, wo an Bäumen Seile hingen. Darunter lagen skelettierte Leichen meist in Frauenkleidung. Offensichtlich gab es hier Selbstmorde oder Rache wurde von zwangsarbeitenden Polen an den deutschen Bauersleuten ausgeübt. Immer öfter trafen wir auf polnische Familien, welche die von Deutschen verlassenen Höfe bewohnten. Vorsorglich zeigte ich besonders deutlich meine polnische Armbinde. Wir schätzten das Passieren dieser bewohnten Dörfer als ebenso gefährlich ein wie zuvor das Begehen der Autobahn. Um nicht von den Polen angesprochen zu werden, suchten wir für die Nacht lieber Waldränder auf.

Der Kampf ums Überleben in besetzter Heimatstadt

Am Nachmittag des fünften Tages nach unserem Start in Breslau erreichten wir unser Zielort, die Stadt Namslau. Die rund 350 Kilometer lange Strecke von Heidersdorf bis nach Namslau hatten wir in 40 Tagen bewältigt. Ermüdet an unserer Wohnung in der Brieger Straße 21 angekommen, mussten wir enttäuscht feststellen, dass im ganzen Haus Polen wohnten. Auf der Straße sprach uns eine ältere deutsche Frau an und berichtete, dass im Krankenhaus mehrere deutsche Familien zu finden seien. Sie würde uns raten, dort erst einmal die Nacht zu verbringen. Die Sowjets hatten das Krankenhaus als Lazarett genutzt, dieses aber inzwischen geräumt. Unsere Mutter folgte dem Rat der Alten und so fanden wir im zweiten Obergeschoss der Klinik ein geräumiges Zimmer.

Am nächsten Tag erkundete ich die nahe Umgebung. Von der Nutzung des Hauses als Lazarett war ein riesiger Berg aus Holzwolle übriggeblieben. Dieser reichte von den Fenstern des zweiten Stockwerks bis weit in die Hofmitte. In der Holzwolle zu finden waren gebrauchte Verbandmaterialien und abgetrennte

Gliedmaßen der verwundeten Soldaten. Über allem hatte sich der Gestank der Verwesung ausgebreitet. Unzählige Ratten belagerten den Berg der Holzwolle.

Es kam zum Treffen mit weiteren deutschen Hausbewohnern. Sie erzählten, dass von den ursprünglich 8.000 Namslauern nur wenige zum Zeitpunkt der Eroberung in der Stadt geblieben seien. Durch die Rückkehrer hätte sich die Zahl der Deutschen auf rund 120 Personen erhöht. Zudem bewohnten ungefähr die gleiche Anzahl Polen und zirka 40 Russen die Stadt. Russen würde man in der Stadt kaum begegnen. Bei den Kämpfen um die Stadt seien nur wenige Häuser zerstört worden. Die leer stehenden Wohnungen, Läden und Häuser wären wohl geplündert, aber notwendige Dinge und auch Lebensmittel ließen sich darin finden. Das Herumstöbern in den Häusern wurde erleichtert durch Türöffnungen in den Brandmauern. Für den Luftschutz hatte man in den Kellern und Dachböden Durchbrüche zu den benachbarten Häusern angelegt. Während die Wasserversorgung funktionierte, gab es elektrischen Strom nur stundenweise.

Gleich schlossen sich Christa und ich den im Haus wohnenden deutschen Kindern an, um sukzessiv leere Häuser und Keller nach Essbarem zu durchstöbern. Aus den Kellern holten wir Unmengen an Eingewecktem, Flaschen mit Obstsäften, Töpfe mit Honig oder Sirup, Töpfe mit Sauerkraut oder Gurken. Reiche Ernten an Gemüse, Kartoffeln, Beeren und Obst fanden wir in den verlassenen Gärten der Wohnhäuser oder Gärtnereien. Für unser Treiben interessierten sich die Polen nicht, sie hatten Lebensmittelkarten und polnisches Geld, den Złoty, um stressfrei ihre Waren einkaufen zu können.

Bereits am zweiten Tag in Namslau begleitete ich unsere Mutter in das nahe katholische Nonnenkloster. Dort fragte sie nach, ob Feldpost für sie eingegangen war, die eventuell das Schicksal unseres vermissten Vaters aufklären konnte. Tatsächlich gab es einen Brief. Auf das Schlimmste gefasst, las unsere Mutter dann die Nachricht des Vaters selbst. Er schrieb aus englischer Gefangenschaft, dass es ihm den Umständen nach gut gehe und er nicht verwundet sei. Sein Patent „Kapitän zur See" und die hierfür erlernte englische Sprache brächten ihm gewisse Annehmlichkeiten. Die Vorahnung unserer Mutter, in Namslau mehr über unseren vermissten Vater zu erfahren, hatte sich also erfüllt.

Nach der Beschaffung von Lebensmitteln ging es darum, Dinge des alltäglichen Bedarfs zu organisieren. Es fehlten insbesondere ein Küchenherd, Geschirr und eine große Zinkwanne für das Wäschewaschen und Baden. Ein Kohlenherd war bald gefunden, aber es war schwer, diesen nach oben zu transportieren. Da zum Anschluss des Herdes kein Schornstein zur Verfügung stand, wurde eine Scheibe aus dem Oberlicht des Fensters zerschlagen und das Ofenrohr hierdurch nach draußen geführt. Von der gesuchten Wanne fand ich gleich zwei Exemplare in der benachbarten Schule. Dieses Mal kostete das Abholen der Wannen weniger Kraft, dafür mehr emotionale Überwindung. Die Schule hatte für längere Zeit den sowjetischen Soldaten als Unterkunft gedient. Im Treppenhaus standen die Wannen im dritten und vierten Stockwerk. Sie dienten den Soldaten als Toiletten. In der Kacke brodelte es kräftig, die aufsteigenden Faulgase hatten sich im ganzen Haus ausgebreitet. Zur Hilfe holte

Abbildung 18: Links die Rückfront des Krankenhauses und rechts die Schule

ich unsere Mutter. Sie kippte kurz entschlossen den Inhalt der Wannen aus, der sich dann weit über die Treppenstufen ergoss. Die Wannen wurden auf den Hof der Klinik gebracht und ordentlich mit Wasser, Bürste und Seife geschrubbt.

Noch in der gleichen Woche klopfte ein zerlumpter und halb verhungerter junger Mann an unsere Tür. Er stellte sich als Josef vor, er sei der zweitälteste Sohn der Sonneks. Unsere Adresse hätte er von den Nonnen des Klosters erhalten. Sein schulterlanges Haar und sein langer Bart hatten es unserer Mutter schwer gemacht, ihn zu erkennen. Er war der Erste, der sich in einer der neu erworbenen Wannen baden durfte. In der Zeit, in der seine Kleidung gewaschen und getrocknet wurde, musste er ins Bett. Er entfernte seinen Bart, aber seine langen Haare durfte unsere Mutter nur stutzen. Fortan wohnte er bei uns. Er erzählte von seinen Kriegserlebnissen und der bisher ergebnislosen Suche nach seiner Familie. Um seine Kleidung zu erneuern, nahmen wir Josef mit in die aufgegebenen Läden und Wohnungen. Bald war er neu eingekleidet.

Hunger, Krankheit und Tod

Die Suche nach Lebensmitteln in den Kellern und Wohnungen der verlassenen Häuser wurde immer aussichtsloser. Auch die Gärten waren inzwischen abgeerntet. Bei den Streifzügen durch die Stadt hatte ich mich deutschen Jungs unterschiedlichen Alters angeschlossen. Bei einem wohl letzten Gang durch die Kellergewölbe trafen wir auf einen hilflosen zirka sechzigjährigen Mann. Er erzählte, dass er vor zwei Tagen auf der Suche nach Nahrung über ein Kellerfenster eingestiegen sei. Nun aber wäre er zu schwach, um die Höhe bis zum Fenster zu überwinden. Mit großer Mühe gelang es uns, ihn so weit zu heben, dass eine andere Gruppe ihn durch das offene Kellerfenster nach außen ziehen konnte. Da der alte Mann kaum stehen konnte, setzten wir ihn auf den Bürgersteig mit dem Rücken gegen die Hauswand.

Schnell lief ein Junge ins Kloster, um bei den Nonnen Hilfe zu erbitten. Noch bevor eine Schwester ihn erreichte, kippte sein Oberkörper nach vorn. Er war verstorben.

Auch zu uns kam der Tod. Wohl der Mangelernährung geschuldet, schlief unser Bruder Bodo im Alter von 14 Monaten ein und wachte nicht mehr auf. Ein deutscher Tischler zimmerte für ihn einen Sarg, trug den Leichnam zum Friedhof Brieger Straße und wir gaben unserem Bodo das letzte Geleit. Der Tischler zelebrierte eine kurze Grabrede und bald nach dem Ablassen des Sarges war die Grube verschlossen. Ein aus Ästen gebundenes Kreuz wurde aufgestellt und nach dem Niederlegen gepflückter Wildblumen endete unsere kleine Trauerfeier. Für unseren Bruder Bodo aber war der Kreis seines Lebens geschlossen. Zwischen seiner Geburtsstätte und seinem Grab lagen nur etwa 45 Meter.

Wie der alte Mann und unser Bruder Bodo verhungerten aus der deutschen Bevölkerung fast alle älteren Menschen sowie die Säuglinge und Kleinkinder. Getrieben vom Hunger und den massenhaften Todesfällen unter den Deutschen, wählten einige den Freitod oder wanderten gen Westen. Der Rückgang der Deutschen sowie die stete Zuwanderung von Polen wandelten die Bevölkerungsstruktur in Namslau. Die Polen meinten nun, sie müssten die Stadt beherrschen. Es mehrten sich Übergriffe, Vergewaltigungen und Tötungsdelikte begangen von Polen an Deutschen. Eine deutsche Familie suchte seit Tagen ihre fünfzehnjährige Tochter. Wir Jungs fanden sie tot und versteckt hinter großen Reklametafeln. Sie war nackt und ihr Mund vollgestopft mit Bettfedern. Bettfedern überdeckten den ganzen Tatort.

Bald hörte man von einer sich schnell ausbreitenden Krankheit: Typhus. In zahlreichen deutschen Familien waren Todesfälle zu beklagen. Bald erkrankten daran auch Uschi, Rudi und unsere Mutter. Als unsere Mutter den Höhepunkt der Erkrankung durchlebte, gab sie der Christa und mir Anweisungen, wie wir uns im Falle ihres Todes verhalten sollten. Auf jeden Fall sollten wir Richtung Westen gehen, um dort unseren Vater zu treffen. Nun voller Sorge, lief Christa ins Kloster und bat die Nonnen um

Hilfe. Unbeachtet unseres evangelischen Glaubens kümmerten sie sich um uns und brachten Nahrung und verschiedene Tees. Während Rudi und Uschi auf dem Weg der Besserung waren, erkrankten Christa, Josef und zuletzt auch ich. Wie unsere Mutter bekam ich hohes Fieber und war dem Tode sehr nahe. Ohne die aufopfernde Pflege der heiligen Schwestern und das von ihnen mitgebrachte Essen hätten unsere Mutter und ich die Krankheit nicht überlebt. Unser Bruder Rudi erkrankte wohl als Erster, hatte aber kaum Fieber und so tollte er voller Freude in den Betten der anderen herum.

Außen auf unsere Eingangstür hatten die Nonnen mit Kreide das Wort „Typhus" in Polnisch und Russisch geschrieben, damit blieben wir von polnischen Plünderern und sowjetischen Vergewaltigern verschont. Kaum aber waren die Worte gelöscht, stand ein sowjetischer Soldat im Zimmer. Offensichtlich hatte er an Josefs schulterlangen Haaren Gefallen gefunden und wollte mit der „jungen Frau" ins Bett. Als der Russe seinen Irrtum erkannte, war er so schnell wie er gekommen war, aus dem Zimmer verschwunden. Dieser Vorfall reichte Josef, um sich von seiner langen Haarpracht eiligst zu trennen.

Unser Haus auf der Stadtmauer

Wir wohnten noch immer in dem einen Raum im Krankenhaus. Kaum eine Woche nach dem Auftritt des Soldaten in unserem Zimmer durchdrangen Hilfeschreie einer Frau die Nachtruhe des Hauses. Josef wollte aus seinem Bett aufstehen, um der Frau zu helfen, doch unsere Mutter hielt ihn zurück. Schnell war die Geschichte erzählt, wo in der Waschküche des Heims von Bad Schwarzbach ein sowjetischer Offizier den hilfeleistenden Ehemann einfach erschoss. Kaum waren wir eingeschlafen, da hörten wir erneut die Hilfeschreie der Frau. Am nächsten Morgen beklagte sich die junge Lehrerin bei unserer Mutter, dass ihr keiner zur Hilfe gekommen sei. Sie berichtete über ihre Vergewaltigungen durch zwei Russen und habe nun Angst vor einer

Schwangerschaft. Sie habe erfahren, dass unsere Mutter eine examinierte Krankenschwester sei, und wollte nun wissen, was sie noch zur Verhütung unternehmen könnte. Sie gab an, dass sie sich bereits im Intimbereich umgehend und über eine längere Zeit mit Seifenwasser gewaschen hätte. Unsere Mutter tröstete sie und gab ihr zu verstehen, dass alles Weitere in Gottes Hand läge. Waschungen könnten hierbei nicht helfen.

Die Vorfälle, der Soldat in unserem Zimmer und die vergewaltigte Frau reichten unserer Mutter aus, mich auf die Suche nach einer neuen Bleibe für die Familie zu schicken. Ich fand ein kleines Haus, welches zwischen einer aufsteigenden und einer abfallenden Stadtmauer lag. Erreichbar war das neue Quartier nur über eine schmale Gasse. Wie in der Abbildung gezeigt, schloss sich nach der Fassade des Gefängnisses das fensterlose Mauerwerk des Wohnhauses an. Unterbrochen wurde die Wand durch eine Stahltür. Rund vier Meter hohe Stadtmauern fassten im weiteren Verlauf die Gasse ein, die nach knapp zweihundert Metern an der Bahnhofstraße endete. Die Stahltür gewährte Zutritt zu einem kleinen Innenhof. Dem Eingang gegenüber befanden sich angebaut an die hohe Stadtmauer ein Hühnerstall und ein Holzschuppen, in dem noch Brennholz eingelagert war. Links an der Hofseite stand das Wohnhaus. Im Erdgeschoss befanden sich fensterlose Kellerräume, die zur Aufbewahrung von Eingewecktem und von Kohlen dienten. Unter der schmalen Treppe, die nach oben zur Wohnung führte, lag die Toilette. Im Obergeschoss gab es eine Wohnküche und dahinter ein Schlafzimmer. Nur auf der Rückseite des Hauses befanden sich Fenster, die rund 5,0 m über dem Gelände des Güterbahnhofs lagen. Außer der Eisentür, über die man von der Gasse aus das Haus erreichen konnte, gab es keine weiteren Zugänge auf das Grundstück. Die eher versteckte Lage des Wohnhauses verschonte es von Plünderungen. Unsere Mutter war von dem Häuschen und dem kompletten Hausstand begeistert. Josef half uns beim Umzug, wollte aber nicht länger bei uns bleiben. Er schloss sich jungen Leuten an, die nach Westen gingen.

Das Gebäude kann nicht mehr gezeigt werden, es wurde in späterer Zeit abgetragen. Jedoch lassen sich seine Umrisse an der Giebelseite des Gefängnisses nachvollziehen, wie folgende Abbildung zeigt.

Abbildung 19: Im Wehrturm hinter dem Gefängnis führte eine Stahltür zu unserem „Wohnhaus".

Abbildung 20: Das inzwischen abgetragene Wohnhaus stand auf der Stadtmauer.

Vom Nahrungssucher zum Händler

In der Stadt erhöhten sich durch den ständigen Zuzug polnischer Familien die Ausschreitungen gegen Deutsche. Vor Sorge um Leib und Leben vermieden es unsere Mutter und die Schwestern, auf die Straße zu gehen. Da die Keller in den unbewohnten Häusern leergeräumt waren und das Stehlen von Nahrungsmittel immer schwieriger wurde, musste eine neue Strategie her. Wir Jungs erkannten, dass immer mehr Bauern der Umgebung den Wochenmarkt besuchten. Wegen meiner Sprachkenntnisse schickten mich die Jungs zu den polnischen Bauern, um nachzufragen, welche Dinge sie speziell benötigten. Eigentlich brauchten sie alles.

Angespornt durch die neue Aufgabe schwärmten wir aus und suchten nach verwendbaren Gegenständen. Meine Kenntnisse über die Abläufe auf einem Bauernhof ließen mich Wichtiges von Unwichtigem unterscheiden. Ich suchte Materialien, die jeder Schuster, Tischler, Schmied, Sattler und Maler dringend benötigt. Immer gefragt waren Glasscheiben, Hufnägel, Hufeisen, Schlösser aller Art und Seile. Natürlich hatte ich auch Töpfe, Kannen und Geschirr anzubieten. Der große Keller im Haus und die Schuppen wurden umgewidmet zu Warenlagern. Nach einiger Zeit hatte ich ein derart großes Sortiment, dass es den Warenbestand eines Krämerladens im Ort weit übertraf.

In der Frühe, noch bevor die Bauern ihre mitgebrachten Waren feilboten, erkundigte ich mich bei ihnen, welche Waren sie auf dem Hof benötigten. Verstand ich den einen oder anderen polnischen Begriff nicht, fragte ich nach, was sie damit machen wollten. Weit vor Ende des Marktes erschien ich mit meinem Handkarren, vollbeladen mit den erwünschten Artikeln. Da ich kein Geld für meine Waren forderte, sondern diese gegen ihre Nahrungsmittel tauschte, verliefen die Geschäfte mit den Bauern meist reibungslos. Die Jungs unserer Gruppe taten Gleiches. Ergaben sich Schwierigkeiten, unterstützte ich sie beim Dolmetschen.

Mit den meisten Bauern baute sich ein Vertrauensverhältnis auf, doch es gab polnische Händler, die uns bös gesinnt waren.

Fluchten oder schimpften sie über uns, sannen wir nach Rache. Ein Lebensmittelladen, aus dessen Schrankwänden die Schubladen herausgezogen und der Inhalt auf dem Fußboden verstreut war, gab uns Gelegenheit dazu. Mit einem Besen kehrten wir die vermischten Lebensmittel, wie weiße und schwarze Pfefferkörner, Salz, Zucker, Haferpflocken, Gries, Mehl, Hülsenfrüchte und Weiteres zu einem großen Haufen zusammen. Wir Jungs setzten uns um den Haufen und begannen die Dinge zu sortieren und in gefundenen Tüten zu verpacken. Die Bohnen, Erbsen und Linsen teilten wir unter uns auf. Zu Hause wurden sie gewässert und mit Kartoffeln zur Suppe verkocht. Die anderen Dinge, wie die echten Kaffeebohnen und die Pfefferkörner hielten wir für ungenießbar, wollten sie aber den unverschämten Polen verkaufen. Mit kaltem Wasser gesäubert, getrocknet und verpackt boten wir die Dinge zu einem für uns guten Preis diesem Personenkreis an. Nach dem Verkauf dieser Waren ließen wir vorsichtshalber den nächsten Marktbesuch ausfallen oder kleideten uns entsprechend anders.

Neben den Geschäften mit den Bauern erkannten wir, dass sich auf dem Markt auch Blumen, Handarbeiten und ansprechende Damenkleidung gut verkaufen ließen. Fortan suchte ich in den Vorgärten und Gärtnereien nach Blumen, Blumentöpfen, Tapeten, bunten Bändern sowie nach Stickgarn und bunter Wolle. Zu Hause pflanzten unsere Mutter und die Schwestern die ausgegrabenen Blumen in Tontöpfe. Diese wurden mit Manschetten aus gefalteten Tapeten sowie mit bunten Bändern oder Garn verziert. Als Verkaufstalent entpuppte sich unsere Schwester Christa. Zunächst half ich ihr mit meinen Sprachkenntnissen, aber bald hatte sie für den Verkauf die notwendigen polnischen Sätze gelernt.

Ein weiterer Verkaufsschlager waren Einkaufstaschen. Für deren Hüllen und Henkel benutzte unsere Mutter neuwertige Sandsäcke, die ich in einer Lagerhalle fand. Den Innenteil der Taschen kleidete sie mit bunten Stoffresten aus. Letztlich wurden die Außenseiten der Taschen mit Garn oder Wolle mit Motiven bunt bestickt. Auf einem Hausboden entdeckte ich aus privaten

Beständen Fallschirme, Gurte und Garne. Teile daraus, die sich nicht für das Nähen von Blusen eigneten, wurden zu Taschen mit höheren Verkaufswert verarbeitet. Auch meine Suche nach einer Nähmaschine und entsprechendem Nähgarn hatte Erfolg. Bald glich unsere Küche einer Schneiderei. Aber nicht jede deutsche Familie hatte Kinder, die alt genug und fähig waren, genügend Nahrung herbeizuschaffen. Bei diesen Deutschen wuchsen Hunger und Verzweiflung, bis letztlich ihr Tod die Erlösung brachte. Doch die Mitglieder des polnischen Magistrats wollten feiern. Ungeachtet der Tatsache, dass der sowjetische Kommandant das „Fest der Polen" verboten hatte, setzte sich der polnische Magistrat über das sowjetische Verbot hinweg und lud weiter zu der Feier ein. Angeblich soll der russische Offizier seine Ablehnung damit begründet haben, dass die polnische Stadtverwaltung das Aushungern der Deutschen gebilligt und Gräueltaten von Polen an den Deutschen eher fördere als verhindert habe. Am Abend der angedachten Veranstaltung aber hörte man Schüsse in der Stadt. Am nächsten Tag sprach sich herum, dass mindestens fünf hohe Würdenträger der Stadtverwaltung erschossen worden seien. Man soll sowjetische Soldaten zu den Häusern der Magistratsmitglieder geschickt haben, die verdeckt auf jeden Mann zu schießen hatten, der festlich gekleidet das Haus verlassen wollte. Nach dieser Strafaktion ebbten die Übergriffe auf die deutsche Bevölkerung ab, sie minderte aber nicht den Versorgungsnotstand der Deutschen in der Stadt.

Die große Melkaktion

Eine lukrative Arbeit zeichnete sich ab, als ein langer Güterzug mit brüllenden Kühen in den Güterbahnhof einfuhr und vor unserem Haus anhielt. Die Entfernung vom Zug zum Haus betrug rund zehn Meter und die Fenster unserer Wohnküche lagen knapp fünf Meter über dem Gelände.

Die sowjetische Begleitmannschaft des Viehtransportes nach Russland suchte insbesondere Mädchen und Frauen für das Misten, Füttern und Melken der Kühe. Sie bot gutes Essen und die gemolkene Milch durfte behalten werden. Gemeldet aber hatten sich nur wenige ältere Frauen. Die Soldaten gaben zu verstehen, dass sie in Namslau für die Versorgung der zirka 400 Kühe nur eine Woche Zeit hätten. Ich sah in der Milchversorgung meine Chance und holte weit über zehn Jungs herbei. Wer glaubte, melken zu können, bildete die eine Gruppe, den anderen Jungs wurden das Misten und die Herstellung des Strohlagers für die Kühe übertragen. Wir waren uns einig, dass die gemolkene Milch nach Leistung auf alle Jungs aufgeteilt wird. In den Waggons waren Stroh und Futter sowie Melkfett, Schemel und Melkeimer vorhanden. Als ich mich mit dem Schemel an eine Kuh setzte, ihr Euter säuberte und mit dem Melken begann, stellten uns die Russen für die Arbeit ein. Doch vorab unterrichteten wir unsere Familien über den baldigen Milchfluss, organisierten Milchträger und Eimer. Unsere Mutter säuberte Wannen, Behältnisse und schaffte Seile herbei, um die vollen Milcheimer von der Ebene der Gleise nach oben zum Küchenfenster ziehen zu können. Schwester Christa wurde geschickt, um die Milcheiner bei mir abzuholen und an die Stadtmauer zu bringen. Ich war eifrig beim Melken und so füllte sich in der Küche Wanne um Wanne mit Milch. Während ich abends voller Müdigkeit einschlief, wurde fleißig gebuttert und Käse angesetzt. Auch an den nächsten Tagen ging unser Melken weiter. Meine Hände, Arme und der Rücken schmerzten, aber aufhören wollte ich nicht. Auch wollte ich auf die üppigen Mahlzeiten nicht verzichten, die uns die Soldaten boten. Einige der älteren Frauen merkten bald, dass der angenommene Job schwerer als gedacht war. Sie gaben das Melken nach und nach auf. Am dritten Tag nahm uns die Zugbegleitung zum Mittagessen mit in die sowjetische Kommandantur. Diese war untergebracht in der Brieger Straße im Haus des Lebensmittelladens, zu dem mich einst unsere Waschfrau geschickt hatte, „Hau-mich-blau" zu holen.

Auf dem Vorplatz des Hauses standen neben zwei Gulaschkanonen Tische, Bänke und Stühle. Hier also wurde gekocht und gegessen. Unser Mittagessen bestand aus einer dicken

Graupensuppe mit reichlich Fleisch. Der Koch hatte noch Kaffee und Kuchen für uns vorbereitet, doch unsere Bäuche waren voll. Bevor es wieder zum Melken ging, packte er uns den Kuchen zum Mitnehmen ein. Die Melkaktion, das Ausmisten der Waggons und die Versorgung der Kühe dauerten letztlich zwei Wochen. In dieser Zeit war das Mittagessen in der Kommandantur zur Gepflogenheit geworden. Fortan begleitete Schwester Uschi mich zu den Mahlzeiten und ließ sich anschließend unsere größte Kanne mit Essen füllen. Der Koch war über das dürre und schwächliche Aussehen der Uschi derart entsetzt, dass er uns neben der gefüllten Kanne noch Brot und Fleisch mitgab. Als Uschi dann zu Hause von den Russen und deren aufgelockerter Stimmung schwärmte, entschloss sich auch Christa, zu den Mahlzeiten zu kommen. Gesättigt und mit gefüllter Vierliterkanne und Taschen kehrten wir drei zurück zum Melken.

Wohl von der Kinderschar beeindruckt, die sich zur Mittagszeit in der Kommandantur einfand, zeigte sich der Kommandeur. Er sprach gebrochen Deutsch, verstand auch etwas Polnisch, und so konnte ich die meisten seiner Fragen verstehen und beantworten. Auch gab es Soldaten, mit denen ich mich auf Polnisch verständigen konnte. Die Verwertung des Nahrungsüberflusses sorgte für ausreichend Essen für unsere Familie noch in nächster Zeit. Auch der Milchfluss endete nicht, ebbte aber etwas ab. Als der Chef der Begleitmannschaft die Jungs und mich fragte, ob wir nicht Lust hätten, sie bei der Weiterfahrt zu begleiten, schrillten die Alarmglocken auch bei unserer Mutter. Zu groß war unsere Angst, verschleppt zu werden. Am nächsten Tag blieben wir dem Zug fern. Vom sicheren Küchenfenster aus verabschiedete ich mich von den Soldaten.

Nicht aufgegeben hatten meine Schwestern und ich, in der Mittagszeit den Koch in der Kommandantur zu besuchen. Nach weiteren Tagen fragte mich der Kommandeur, ob unsere Mutter in der Küche helfen könnte. Der zweite Koch hatte nach langer Zeit Heimaturlaub erhalten und nun benötigte der erste Koch dringend Hilfe. Umringt von uns Kindern traute sich unsere Mutter zu einem Gespräch mit dem Kommandeur. Er trug vor, dass bereits mehrere deutsche Frauen in der Küche eingesetzt werden für das Putzen von Gemüse, das Schälen der Kartoffeln und anderen „niedrigen" Arbeiten. Inzwischen hätte er die jahrelange Soldatenkost über und suchte eine Frau, die seine Lieblingsspeisen kochen könnte. Unter den anderen Frauen wäre keine, die seine Essenswünsche erfüllen könnte. Unsere Mutter fragte nach ihrer Sicherheit und dem Verdienst. Der Kommandeur erklärte unserer Mutter, dass sie von Übergriffen sicher sei. Geld für ihre Arbeit könnte er nicht bezahlen, dafür könnten sie und ihre Kinder weiterhin täglich hier essen. Zudem könnte sie nach Schichtende übriggebliebene Nahrungsmittel mitnehmen, wie Brot, Fleisch- und Schinkenreste. Unsere Mutter stimmte zu und es wurde vereinbart, dass sie an vier Tagen der Woche von 8.00 bis 15.00 Uhr zur Arbeit kommt. Unsere große Hungerszeit war damit vorerst beendet. Durch die Mithilfe der deutschen Frauen bei der Küchenarbeit konnte der Kommandant einige seiner Männer in den Urlaub zu ihren Familien schicken.

Unsere gute Ernährungslage änderte sich im Oktober 1945. Zunächst verriet der sowjetische Koch, dass die Kommandantur bald aufgelöst wird. Eifrig wurden Brote für die abrückenden Soldaten und die deutschen Helferinnen gebacken. Zusätzlich sammelte unsere Mutter nach den Mahlzeiten die Brotreste, trocknete sie zu Hause und verpackte sie in Leinenbeutel. Diese hängte sie an Haken unter der Schlafzimmerdecke, um sie so vor den Nagern zu schützen.

Einen Tag vor Auflösung der Kommandantur bedankte sich der leitende Offizier bei den Frauen und wies den Koch an, die Vorratsräume zu leeren. Mit unserem Kinderwagen holten wir Lebensmittel, die der Koch in Beutel oder Säcke gefüllt hatte und nun verteilte. Es gab Graupen, Mehl, Gries und Hülsenfrüchte aller Art. Obwohl uns die angesammelten Lebensmittelvorräte vorerst vor dem Hungertod bewahren würden, suchte unsere Mutter bezahlte Arbeit bei den Polen. Meist scheiterten ihre Anfragen aber wegen ihrer fehlenden polnischen Sprachkenntnisse.

Suche nach bezahlter Arbeit

Nun versuchte ich Arbeit zu finden. Ein Händler auf dem Bahnhof bot mir an, für ihn Zeitungen, Zigaretten und Limonaden an Reisende zu verkaufen. Meine holprigen polnischen Sprachkenntnisse fielen hierbei kaum auf, da ich immer die gleichen Sätze auszurufen hatte. Zudem gab es genügend gleichaltrige polnische Kinder mit ähnlich schwacher Ausdrucksweise. Wie ich, wuchsen sie ohne Schule, aber zweisprachig auf deutschen Gütern auf, wo ihre Eltern Zwangsarbeiten verrichten mussten. Meine Einkünfte auf dem Bahnhof waren eher mies und so ging ich weiter der Beschaffung von Dingen nach.

Mitte August schickte unsere Mutter Christa und mich los, für den kommenden Winter nach warmer Kleidung, Schuhe und dickeren Stoffen zu suchen. Doch, wie bereits ausgeführt, wurde es immer schwieriger, etwas zu finden. Diese Knappheit führte dazu, dass polnische Hausfrauen ihre Wäsche von der Leine holen wollten, wir diese aber längst abgeräumt hatten. Was von diesen Sachen nicht passte, machte unsere Mutter passend und veränderte damit auch deren Aussehen. Auch ernteten wir in fremden Gärten. Mohrrüben wurden im Keller in Sand gesteckt und Weiteres in Gläser eingekocht. Für die Teezubereitung sammelten wir Kamille, Pfefferminze und Hagebutten. Wir Jungs stiegen wieder in die Keller verlassener Häuser und bargen noch vorhandene Kohlen, Briketts und Brennholz. Gefährlicher, aber mit Spaß verbunden war das Stehlen von Kohle aus den bewachten Güterzügen oder von Pferdegespannen. Insbesondere dann, wenn Fuhrleute mit den Gespannen innerhalb der Stadt die Brennstoffe an Polen verteilten.

Vor der Auflösung der sowjetischen Kommandantur bewachten deren Soldaten die Felder vor der Stadt, um Diebstähle der Feldfrüchte zu verhindern. Auch war es uns Deutschen bei Strafe verboten, die Felder aufzusuchen. Doch die Angst, Hunger zu erleiden, war stärker und so gingen wir trotz des Verbots auf die Äcker, um zu ernten. Alles sollte wie ein Familienausflug aussehen, so wurde Rudi im großen Kinderwagen mitgenommen.

Zeigte sich ein interessantes Feld, so schlichen Christa und ich hinein, während unsere Mutter mit dem Kinderwagen weiterfuhr. Mit der Schere schnitten wir Getreideähren ab oder buddelten Kartoffeln und Rüben aus. Waren die mitgeführten Säcke voll, gaben wir unserer Mutter Zeichen zur Rückkehr. Schnell wurde die Matratze im Kinderwagen angehoben, die vollen Säcke eingeladen und mit einem weißen Laken überzogen. Rudi durfte dann seinen Platz im Wagen wieder einnehmen. Blieb unsere Aktion von Dritten ungestört, erfolgte umgehend der zweite Ernteeinsatz.

Von meinen Ängsten bei unseren Ernteeinsätzen erzählte ich in der Kommandantur den Soldaten. Doch diese lachten nur, denn sie waren es, die die Streifen auf den Feldern durchführten, und sie mussten „zufällig" gerade dann andere Wege gehen, um uns ja nicht zu stören.

Um Zucker für das Einwecken, Salz und Rapsöl für das Kochen wie auch weitere Dinge zu beschaffen, musste Geld verdient werden. Für den Bäcker, um dort Brot zu kaufen, reichte das Geld nie. Nun sah man uns wieder öfter auf dem Markt, wo wir Dinge aus unseren Lagerbeständen verkauften. Froh waren wir über die Einnahme eines 100-Złoty-Scheins. Mit diesem Schein in der erhobenen Hand gingen die Geschwister und ich von Obststand zu Obststand und kosteten das von den Bauern feilgebotene Obst. Waren wir satt, wanderte der Schein wieder in Christas Tasche. Dieser spezielle „Einkauf" war möglich, weil die Polen das Obst vor dem Einkauf kosten ließen. Złoty-Scheine dienten auch dazu, beim Bäcker auf ungewohnte Art Brot oder Brötchen einzukaufen. Während einer von unserer Gruppe im Laden einkaufte, warteten meist zwei oder drei Jungs vor dem Laden. Lagen Brot oder Brötchen auf dem Tresen, packte unser „Einkäufer" die Ware, ohne zu bezahlen, und lief aus dem Laden. Draußen vor dem Laden übernahm der schnellste von uns die Backwaren und rannte los zur verabredeten Stelle. Die anderen liefen in unterschiedlichen Richtungen davon. Wurden wir von mehreren Polen verfolgt, suchten wir bei unserer Flucht Häuser auf, die über Durchgänge in den Kellern und Böden mit den Nachbarhäusern verbunden waren. Durch unsere gute Ortskenntnis fing man uns nie.

Ein besonderer „Einkauf" ereignet sich bei einem anderen Bäcker. Seine Bäckerei befand sich in einem Eckhaus. Der Laden konnte von der Straße aus betreten werden, seine Backstube lag weit im hinteren Gebäudeteil. Ein recht verwilderter Weg führte von der Straße aus an seiner Backstube vorbei. Durch Zufall sahen wir in einem der vergitterten Backstubenfenster einen prallgefüllten weißen Kopfkissenbezug. Dieser war oben mit einem Bindfaden zusammengebunden und hing in der Fensterlaibung. Eine Spitze des Bezugs zeigte nach unten, wobei daraus Rapsöl in einen großen Glasballon tropfte. Der Glasbehälter war bereits weit mit Öl gefüllt. Der älteste Junge unter uns wusste sofort, was zu tun ist. Er schickte uns los, Kannen oder Flaschen und dünne Schläuche zu holen.

Wir hatten erkannt, dass die Bäckersfrau den Laden führte und der Bäcker meist allein in seiner Backstube arbeitete. Wir warteten ab, bis die Bäckersfrau den Laden verließ. Dann ging unser schnellster Läufer in den Laden, um Brot zu kaufen. Um den vermeintlichen Kunden zu bedienen, musste der Bäcker seine Backstube verlassen, den langen Weg durchs Haus nehmen, um in den Laden zu kommen. Kaum hatte er das Brot auf den Tresen gelegt, lief unser Freund mit dem Brot davon. Neben dem „Einkauf" hatte unser Läufer die Aufgabe, den Bäcker zu reizen und den Humpelnden zu spielen. Auf jeden Fall sollte er für lange Zeit den Bäcker beschäftigen. Wir anderen steckten die vorbereiteten Schläuche in den Glasbehälter und saugten das Öl in unsere Flaschen ab. Nachdem jeder sein Öl nach Hause gebracht hatte, suchten wir unser Versteck auf. Unser Schnellläufer war längst an der verabredeten Stelle. Er erzählte, dass er mit dem eher molligen Bäcker viel Spaß hatte. Oft ließ er den Bäcker näherkommen, dann aber legte er einen Spurt ein und war wieder weg. Der Bäcker war bald so ermüdet, dass er sich auf die Treppe eines Hauseingangs setzte und erst einmal ausruhen musste. Nachdem unser Läufer seine Kanne Rapsöl bekommen hatte und auch das Brot geteilt worden war, gingen wir auf Schleichwegen nach Hause. Wieder einmal zogen wir andere Kleidung an und mieden für Tage die Innenstadt. Ein Unrechtsbewusstsein kannten wir nicht, hatten uns die Polen doch alles genommen. Erwischte ein Pole mich beim „Organisieren" und wollte mich hauen, stellte ich traurig die Frage: „Du willst doch wohl keinen Polenjungen schlagen!" Meist ließ er schnell von mir ab.

Keine bezahlte Arbeit, aber ein neues Betätigungsfeld tat sich für uns Jungs auf. Wir sahen bei weitgeöffneter Tür in der evangelischen Kirche auf dem Boden Tauben in Pferdeäpfeln picken. Die Rote Armee hatte Bänke und sonstige Ausstattungsgegenstände aus dem Kirchenschiff geräumt und die Kirche als Pferdestall genutzt. Wir beobachteten, dass die Tauben über eine geöffnete Klappe in der Turmdecke in die Kirche kamen und im Bereich der Orgel ihre Brutplätze anflogen. Zunächst suchten wir nach fast flüggen Täubchen, die dann zu Hause zubereitet wurden. Das Warten auf den Taubennachwuchs dauerte uns zu lange, deshalb bauten wir Fallen und wollten die älteren Tauben mit Futterspuren in die Fallen locken. Den fehlenden Hafer holten wir uns aus den Futtersäcken abgestellter Pferde. Leider ließen sich die wilden Tauben nicht fangen. Wir Jungs bastelten uns Zwillen und suchten nach geeigneten Geschossen. Das Schießen mit Steinen war sehr ungenau, nur selten trafen wir eine Taube. Durch Zufall durchstöberten wir die verlassene kirchliche Druckerei. Hier fanden wir die aus Blei gegossenen Lettern, für unsere Zwillen die richtige Munition. Um ordentlich viele Tauben in die Kirche zu locken, starteten wir eine zweitägige Futteraktion. Hiernach schlossen wir gleichzeitig die Klappe in der Turmspitze und die Kirchentür. Im Kirchenschiff hatten wir wohl mehr als dreißig Tauben gefangen. Während die Tauben am Boden den ausgestreuten Hafer futterten, schlichen wir auf die Emporen und schossen drauf los. Am Ende der Aktion konnten wir zwölf tote oder verwundete Tauben zählen. Wie auf dem Bauernhof von meinen Großeltern vorgeführt, rissen wir ihnen mit einem Ruck den Kopf ab und ließen sie ausbluten. Aus meinen erlegten Tauben kochte unsere

Mutter eine kräftige Nudelsuppe und gebraten bereicherten sie das Mittagessen. Nach einer mehrtägigen Wartezeit wiederholten wir das Anfüttern und das Schießen der Tauben. Doch unsere Fangquote war derart niedrig, dass unser Interesse bald der Kirchenorgel galt: Wir bauten Pfeifen aus und gingen damit pfeifend durch die Straßen der Stadt.

Die verlassene Schmiede

Bezahlte Arbeit fanden wir immer noch nicht, dafür aber eine neue Einnahmequelle. Wir Burschen kannten fast alle Ecken der Stadt, doch – bis jetzt verborgen – sahen wir vom Flachdach der Druckerei in eine breitere Gasse. Dieses Sträßchen wurde einerseits durch die Stadtmauer und andererseits durch zweistöckige Wohnhäuser begrenzt. Die deutsche Wehrmacht hatte aus den Häusern die Möbelstücke aus den Fenstern werfen lassen und so die enge Straße unpassierbar gemacht. Innerhalb dieser Gasse gab es eine Aufweitung der Straße, sodass mittendrin das Gebäude einer Schmiede Platz gefunden hatte. Die Zufahrtstraße zur Schmiede versperrten hochgestapelte Möbel. Wir erreichten das versteckte Gebäude über den Durchgang eines Geschäftshauses.

Hier in der Schmiede gab es alles, um die Wünsche der Bauern zu erfüllen. Neben den begehrten Werkzeugen fanden wir massenweise Hufeisen, Nägel, Stab- und Flacheisen, Karbidlampen und zwei Fässer gefüllt mit Karbid. Mit dem Verkauf dieser Waren war unsere Verpflegung für längere Zeit gesichert. Wir tauschten sie auf dem Markt gegen Speck, Hühner, Eier, Kohlköpfe und Kartoffeln. Zu Hause ging es darum, die eingetauschten Lebensmittel für den Winter haltbar zu machen. Mit Beginn des Herbstes vermehrten sich auch die Ratten und Mäuse im Haus. Jede Mause- und Rattenfalle, die ich in der Stadt fand, wurde im Schuppen, Keller, Wohnung und Boden aufgestellt. Unsere Fangquoten senkte alsbald den Bestand der Nager.

Einsetzender Regen und Kälte reduzierten unsere Umsätze auf dem Markt rapide. Das wenige gesparte Geld musste nun stärker rationiert werden. Trotz des eisernen Sparzwangs bekam ich zum neunten Geburtstag eine frische Semmel. Eine Hälfte davon verteilte ich unter meinen drei Geschwistern.

Weihnachten 1945

Die dunkle Jahreszeit sorgte vermehrt für Stromausfälle. Für Notfälle hatten wir Karbidlampen, doch der Karbidgeruch in der Stube war eher unangenehm. Es galt nun in verlassenen Geschäften, Wohnungen und Kellern speziell nach Kerzen oder Kerzenmaterial zu suchen. Doch einen Leerstand gab es kaum noch, die zugewanderten Polen hatten inzwischen fast alle leer stehenden Häuser besetzt. Ich hatte Glück und fand in einer Dachkammer eine Schneiderbüste. Sie war alt, unansehnlich, ihr Korpus aber aus wachsgetränkten Leinen geformt. Zu Hause wurde die Büste entstaubt, in Stücke geschnitten und in einem Topf auf dem Herd erhitzt. Nach dem Trennen von Gewebe und Wachs gossen wir Kerzen. Hierzu hatten unsere Mutter und die Schwestern Pappbehälter gebastelt, Dochte hergestellt und diese an den Behälterböden befestigt. Mit fortschreitender Erfahrung trauten wir uns, dünnere Kerzen für den Weihnachtsbaum zu gießen. Aus einem Labor hatte ich kleine Glassägen und Reagenzgläser in unterschiedlichen Dicken und Größen mitgenommen. Nun wollten wir probieren, ob diese Gläser sich mit heißem Wachs füllen ließen. Die Versuche gelangen. Um den Docht beim Befüllen in der Mitte zu halten, mussten wir die Böden der Gläser absägen und den Faden an einem Stück Pappe befestigen. Auch wenn bei den Arbeitsgängen manches Röhrchen platzte, hatten wir genügend Kerzen, um damit auch einen großen Weihnachtsbaum schmücken zu können.

Das Weihnachtfest rückte immer näher, doch was wir nicht hatten, war ein passender Baum. Es gab wohl in einem Vorgarten einer Villa unweit unseres Hauses zwei Edeltannen, aber das Haus bewohnten Polen. Beide Bäume waren zirka vier Meter hoch. Eine Tanne war gut gewachsen und die andere eher krumm und kahl. Aber für Christa und mich waren beide Bäume unerreichbar. Am späten Nachmittag des 23. Dezember – noch immer ohne Baum – mussten wir es wagen, mit der Säge in der Hand eine der beiden Tannen zu holen. Oh, welch ein Schreck, der Hausbesitzer hatte die schönere Tanne bereits gefällt, auf Höhe von rd. 2,20°m geschnitten, den Holzständer an das Stammende angepasst und alles ordentlich verkeilt. Nun begann der Pole den unteren Stammabschnitt, der beim Kürzen des Weihnachtsbaumes übriggeblieben war, zu entästen. Er schnitt das Stammende auf Scheitlänge, um diese im Ofen zu verheizen. Aus nächster Nähe beobachteten wir, wie er eine Schubkarre holte, die Holzabschnitte auf die Karre lud und diese hinter das Haus fuhr. Ein Blick meiner Schwester reichte mir, um zu verstehen, was zu tun war. Wir rannten zu dem vorbereiteten Weihnachtsbaum. Christa packte den Stamm, ich die Spitze und schon waren wir mit dem Baum in der engen verwinkelten Gasse verschwunden. Vorab stellten wir die Tanne in unseren Keller, um anschließend gemächlich auf der Straße zur Villa zu schlendern. Während der Pole tobend in die angrenzenden Straßen nach seinem Weihnachtsbaum schaute, schrie seine Frau um Hilfe. Letztlich wollten wir nicht auffallen und bummelten ziellos weiter umher. Erst als es in den Straßen ruhiger wurde, gingen wir über Umwege nach Hause. Reichlich mit bunten Kugeln und Lametta geschmückt sah unsere schöne Tanne noch prachtvoller aus. Stolz waren wir auch auf unsere selbstgegossenen Kerzen. Da heute, am Heiligen Abend, Christa ihren elften Geburtstag hatte, bekam sie zu Weihnachten ein größeres Geschenk. Unsere Mutter hatte ihr nachts aus Stoffresten ein neues Winterkleid genäht. Für uns übrigen Geschwister gab es selbstgebackene Plätzchen.

Nach dem Abendessen durften wir am Weihnachtsbaum die selbst gezogenen Kerzen anzünden. Leider brannten diese nur für wenige Minuten, dann bogen sie sich und mussten gelöscht werden. In den folgenden Tagen wurde es draußen kälter und unser Essen eintöniger. Das karge Essen, die Enge in der Wohnküche und die vorherrschende Dunkelheit führten vermehrt zu Streitereien unter uns Geschwistern. Alle hofften auf einen baldigen Frühling, doch diese Zeit fühlte sich immer länger an. Als die ersten Sonnenstrahlen den Schnee etwas abtauen ließen, schwärmten wir älteren Geschwister aus, um draußen nach Schneeglöckchen, Krokussen, Traubenhyazinthen zu suchen. Was blühte, wurde ausgegraben, in Tontöpfe oder andere Behälter gepflanzt und mit frischem Moos aufgehübscht. Wieder die Töpfe verziert mit Manschetten aus Tapetenresten und bunten Bändern, ging Christa zum Verkauf der Blumen auf dem Markt. Mit dem Geld konnten wieder Milch, Butter und Speck gekauft werden.

Anstellung als Ziegenhirt

Bald traf ich die Jungs unserer Gruppe. Der Älteste hatte bei einem Bauern im Umland Arbeit als Knecht gefunden. Ein anderer Junge versorgte Ziegen und hütete diese auf den Wiesen entlang des Flüsschens namens Weide. Eines Abends erzählte mir ein Junge von einer eleganten Polin, die einen Hirten für ihre Ziegen sucht. Wenn ich Lust dazu hätte, würde er mich der Polin vorstellen. Sie würde an der Promenade in einem dreigeschossigen Wohnblock wohnen. Das Gebäude wäre sehr lang und hätte drei Hauseingänge. Vom mittleren Zugang aus läge ihre Wohnung im Erdgeschoss links. Ich wollte nicht lange warten und ging der Beschreibung nach. Als ich dort ankam, strömte mir aus dem Keller ein übler Stallgeruch entgegen. Auf der Kellertreppe lag der Stallmist so hoch, dass die ursprünglichen Stufen nicht mehr zu erkennen waren. Das Gespräch mit der eleganten Polin dauerte nicht lange. Sie war sehr überrascht, dass ich als deutscher Junge die Unterhaltung auf Polnisch führen konnte. Um mir die anstehenden Arbeiten zu zeigen, stiegen wir über die mit Mist belegte Treppe in den Keller. Hier in einem größeren Raum untergebracht waren eine Ziege, zwei Lämmer, wohl zehn Hühner und einige Enten. Die Hühner konnten über eine Leiter und ein geöffnetes Kellerfenster auf den Hof bis in eine größere Voliere aufsteigen. Die Enten wären von mir in einem Korb in die Voliere zu bringen. Die Tröge hätte ich täglich zu säubern und mit frischem Wasser aufzufüllen. Das Futter des Federviehs hätte ich aus diesem Fass zu entnehmen. Anschließend wären die Ziegen auf die Wiesen entlang dem Flüsschen Weide zu bringen und bis zum Abend dort zu hüten. Danach hätte ich alle Tiere wieder sicher im Keller unterzubringen, die Kellerfenster und die Stalltür zu schließen. Den Schlüssel und die gelegten Eier hätte ich in ihrer Wohnung abzugeben. Einmal in der Woche müsste ich den Stall misten und den Dung in den Garten bringen. Der Mist auf der Kellertreppe müsste liegen bleiben, damit die Ziegen auf der so entstandenen Rampe sicher auf- und absteigen könnten. Als Arbeitslohn durfte ich bei der Frau essen, bekam fünf Złotys Taschengeld pro Tag (Preis eines Brötchens) und erhielt Lebensmittel für die Familie. Sonntags hätte ich frei. Ich stimmte allem zu und wurde prompt eingestellt.

Bald bereitete mir das Ziegenhüten und das Zusammentreffen mit den anderen Jungs wieder großen Spaß. Herrlich war das Hüten bei Sonnenschein. Bei Regenwetter krochen wir in alte Blechfässer und beobachteten die Ziegen aus der Ferne. Ältere deutsche Jungs bauten auf der Wiese größere Zelte aus Wehrmachtsbeständen auf. Diese Zelte mussten wir, die Jüngeren der Gruppe, verlassen, wenn polnische ältere Mädchen und junge Frauen zu Besuch kamen. Wir hatten dann Wache vor dem Zelt zu halten und das Kommen von Fremden sofort zu melden. Ein älterer deutscher Junge, der geistige Schwächen hatte, wurde vom Treiben im Zelt ausgeschlossen. Er erzählte uns draußen aber sehr anschaulich, warum die Frauen und Mädchen zu den Jungs kämen und Mitbringsel bei sich hätten. Zur Unterstützung seines Vortrags zeigte er sein Glied im erregten Zustand. Er berichtete darüber, dass man ihm im Krankenhaus seinen Hodensack abgeschnitten hätte. Er wäre damit zeugungsunfähig.

Im weiteren Verlauf entwickelten sich die Zicklein prächtig, besonders aufpassen musste ich auf jenes, welches sich als Bock entwickelte. Dieser Bursche wollte nicht bei der Herde bleiben und lief mir ständig weg. Eines Abends wollte ich die Ziegen nach Hause bringen, jedoch der Bock ließ sich nicht einfangen. Nach langer Jagd erwischte ich ihn im Uferbereich des Baches. Er bockte und zappelte umher, sodass ich den Kerl voller Wut packte und ihn im hohen Bogen in den Bach warf. Ich schaute zu, wie er im fließenden Wasser in Richtung des Stalls davon paddelte.

Mit schlechtem Gewissen und mit nur zwei Ziegen ging ich zum Haus meiner Arbeitgeberin. Was wird sie wohl sagen, wenn ich ohne den Ziegenbock zurückkomme? Am Hauseingang wartete sie bereits auf mich und schimpfte laut. Doch an ihrer Stimmlage erkannte ich, dass sie innerlich Spaß empfand. Als ich die beiden Ziegen in den Keller brachte, stand der Bock, schön gewaschen, bereits im Stall. Am gemeinsamen Abendessen erzählte die Polin ihrem Gatten die Geschichte des heutigen Tages. Er lachte nur und sprach, dieses sei halt ein richtiger Junge. In der nachfolgenden Zeit betrachtete mich das polnische Ehepaar mehr und mehr als Sohn. Ich erfuhr, dass die Frau ein Kino führt und ihr Gatte ein höheres Amt in der Stadtverwaltung bekleidet. Sie hätten eine zirka 20-jährige Tochter, die in Breslau studiert. Eines Tages überraschte die Polin mich, indem sie mit mir ein Geschäft aufsuchte und mich dort neu einkleidete. Anschließend nahm sie mich mit in ihr Kino, wo ein Film über die Gräueltaten der Deutschen an den Polen gezeigt wurde. Nach der Vorstellung fragte sie mich gespannt, welche Eindrücke ich aus dem Film gewonnen hätte. Ich erzählte ihr, dass der polnische Knecht und die polnischen Mägde auf dem Hof meiner Großeltern wie Deutsche im Haushalt lebten und dass sie meine Freunde waren. Andere Erlebnisse mit Polen hatte ich auf dem Fußmarsch von Lauban nach Namslau. Diese Vorkommnisse würden mich noch heute stark bedrücken. Hier hätten Polen deutsche Frauen vergewaltigt, ältere Kinder und Männer gequält, ausgeraubt, aufgehängt oder erschlagen. Als ich dann noch sagte, ich könnte keinen Unterschied erkennen zwischen den Untaten der Deutschen und der Polen, beendete sie unser Gespräch abrupt. Am Abend packte sie meine neue Kleidung fein säuberlich ein und ich durfte diese nach Hause mitnehmen. Über den Film sprach man in meinem Beisein nie wieder.

Mit steigenden Temperaturen machten wir Jungs das Ziegenhüten zur Nebensache. Wir seilten die Ziegen an Pfosten an und begannen in der Weide Fische zu fangen. Diese, über dem offenen Feuer gegrillt, ergänzten unsere Speisen. Auch lockte das Baden im Bachlauf. Selbst die Polen aus den nahen Häusern benutzten den Bach als Badeanstalt. Alle – ob Mann oder Frau, jung oder alt – gingen nackt ins Wasser.

Während meiner Arbeitszeit fanden meine Schwestern Spaß am Verkauf von Gegenständen aus meinen Warenvorräten aus Keller und Schuppen. Bald hatte auch unsere Mutter Arbeit in einer Gärtnerei gefunden. Damit war unsere Ernährung wieder einmal sicherer geworden.

Aufkommende Eskalationen

Nachdem der Ziegenbock abgegeben bzw. geschlachtet worden war, bekam ich zusätzlich zum Sonntag am Mittwoch frei. Diese Zeit nutzte ich, um mit deutschen und polnischen Jungs zu spielen. Unser Treffpunkt war ein ausgebranntes zweigeschossiges Wohnhaus. Auf dem Kellerfußboden lagen zerbrochene Dachziegel, Ziegelsteine und verkohlte Holzteile. Das Feuer hatte das Dachgebälk, die Deckenbalken und das Holz der Mittelwände fast vollständig vernichtet. Neben den äußeren Umfassungswänden ragten mittig im Keller zwei gemauerte Schornsteine gen Himmel. Wir räumten gemeinsam den Kellerfußboden frei und bauten uns Buden aus Brettern und Ziegelsteinen. Hiernach wuchs die Idee, die Schlote umzustürzen und aus den Backsteinen Panzer zu bauen. Mit den Panzern wollten wir Krieg spielen, Deutsche gegen Polen. Gemeinsam arbeiteten wir daran, die Schornsteine umzuwerfen. Wir dachten an einen Dominoeffekt und wollten mit dem einen Schlot den anderen zum Einsturz bringen. Durch die jeweiligen Reinigungsöffnungen der Schornsteine schlugen wir mit Eisenstangen aus der gegenüberliegenden

Schornsteinwange Steine heraus. Nach getaner Arbeit standen die Schornsteine nur noch auf zwei Seitenwänden. Wir legten deren Fallrichtung fest und begannen bei einem Schornstein in Höhe der Reinigungsöffnung mit einem langen, dicken Stahlseil das Mauerwerk an der Fallseite zu sägen. Damit wir das Seil auf Höhe halten konnten, bauten wir eine Holzkonstruktion um den Schornstein. Die Gefährlichkeit unseres Handelns war uns bewusst, deshalb suchten wir beim Sägen in den Kellerecken Schutz. Wohl nach einer Stunde bewegte sich der Schornstein, kippt zunächst langsam, dann aber mit Wucht auf den zweiten Schonstein. Es bildete sich eine riesige Rußwolke, die das weitere Geschehen einhüllte. Lediglich das Fallen von Ziegeln hörte man. Bis wir den Erfolg unserer Durchführung betrachten konnten, dauerte es eine Weile: Auch wenn das Mauerwerk der Schornsteine nicht vollständig in einzelne Backsteine zerfiel, gab es genügend Material, um im entsprechenden Abstand daraus die geplanten zwei Panzer zu bauen.

Wir begannen einen Mauerring mit einem Innendurchmesser von 1,20 m und einer Breite von rund 40 cm anzulegen. Beim Mauern achteten wir darauf, dass die verrußten Flächen der Steine nach außen zeigten. Auf der dem „Feind" abgekehrten Seite legten wir im Mauerwerk einen schmalen Eingang an. Beim Erreichen der Mauerwerkshöhe von 0,80 m deckten wir die Eingangsöffnung mit Brettern ab und begannen mit dem Bau der Kuppel. Hierzu legten wir die Ziegelsteine radial und versetzten diese je Schicht um zirka 5 cm nach innen. Beim Erreichen der Gesamthöhe von etwa 1,40 m beendeten wir den Kuppelbau und schlossen die verbliebene Öffnung mit einem Blech ab. Ein langes Ofenrohr, welches wir vorn in das Mauerwerk einsetzten, vollendete unseren Panzer.

Beim Stürzen der Schornsteine und dem Panzerbau waren die deutschen und polnischen Jungs gute Kumpels, doch mit dem Besetzen der Panzer kamen Hass und Feindschaft auf. Für uns Deutsche hatten die polnischen Jungs zu verlieren. Sie aber meinten, sie wären die Herren im Land und wir hätten ihnen zu gehorchen. Unsere mühsam aufgebauten Panzer wurden zerstört und ein Miteinander mit den polnischen Jungs gab es nie wieder. In folgender Zeit muss sich der Hass eines polnischen Jungen derart gesteigert haben, dass er uns Deutsche sogar alle töten wollte.

Mit seiner Familie lebte der rachsüchtige Junge im Wohnhaus, welches begrenzt wurde durch die Bahnhofstraße und unsere Gasse. Da ich in seiner Nähe wohnte, sollte ich sein erstes Opfer werden. Sicherlich hatte er mich beobachtet, als ich vom Ziegenhüten zurückkam und die schmale Gasse zu unserem Heim passierte. Eines Abends nach getaner Arbeit schritt ich frohgemut durch die Gasse, als ich etwas Heißes im Unterschenkel spürte, gefolgt vom Knall eines Pistolenschusses. Ich schaute nach oben und sah auf der Stadtmauer im Bereich des Schuppens den polnischen Jungen aus unserer Spielgruppe. Er hielt eine Pistole in der Hand und freute sich über seine Tat. Offensichtlich hatte er auf meinen Kopf gezielt und glaubte, ich würde gleich tot umfallen. Doch diesen Gefallen tat ich ihm nicht. Vor Sorge, er könnte noch einmal schießen, lief ich so schnell ich konnte nach Hause.

Das Blut spritzte nun kräftig zwischen dem rechten Fuß und dem knöchelhohen Schuh heraus. Meine Mutter erkannte sofort die Situation und band wortlos mein Bein unterhalb des Knies mit einem Geschirrtuch ab. Meine kurze Hose und die Schuhe wurden mir ausgezogen und meine Beine mit warmem Wasser gewaschen. Für die anstehende Operation hatte ich mich bäuchlings auf den Küchentisch zu legen. Meine Beine wurden mit Tüchern fest an die Tischbeine gebunden. Zudem sollte Christa das verwundete Bein während der weiteren Behandlung festhalten. Die Uschi und der Rudi durften sich auf meinen Rücken setzen und empfanden viel Spaß bei der Erfüllung ihrer Aufgabe.

Mir wurde ein Holzlöffel gereicht, auf dessen Stiel sollte ich bei der anstehenden Operation beißen. Als ich auf dem Tisch lag, verfiel ich in eine gewisse Starre, die mich weder Schmerzen noch das Fixieren meines Beins spüren ließen. Mit einer Pinzette holte unsere Mutter die Kugel aus dem Bein und schnitt danach mit einer Rasierklinge die Ränder der Wunde glatt. Richtige Schmerzen verspürte ich erst, als unsere Mutter mit der Spitze eines glühenden Feuerhakens die Wunde ausbrannte. Schreien konnte ich nicht, aber fest auf das Holz beißen. Da weder eine Nadel noch passendes Garn zum Nähen der Wunde zur Verfügung standen, wurde das Bein fest mit einer Binde gewickelt. Danach hatte ich für eine Woche Bettruhe zu halten. Anstatt eines Schmerzmittels gab die Mutter mir Tee zu trinken. Der Schuss hinterließ unterhalb der rechten Wade eine zirka 8 cm lange und 1,5 cm breite Narbe. Bei dieser Attacke auf mein Leben hatte ich Glück im Unglück. Zunächst verhinderte mein aufrechter und schneller Gang, dass die Kugel meinen anvisierten Kopf verfehlte. Dann bremste die lange Lederschlaufe an meinen knöchelhohen Schuh die Energie der Kugel, sodass sie nur oberflächig in mein Bein eindringen konnte. Auch hielt die Nähe vom Ort des Überfalls zu unserer Wohnung den Blutverlust klein. Und letztlich der wichtigste Grund lag darin, dass unsere Mutter als Krankenschwester sofort wusste, was zu tun war.

Gleich am nächsten Tag wurde Christa zu meiner Arbeitgeberin geschickt, um ihr über meine Verwundung zu berichten. Wahrscheinlich gelang die Verständigung zwischen den beiden nicht, sodass sie der Christa folgte und mich am Krankenbett besuchte. Ich erzählte ihr vom Mordversuch des Polenjungen. Sie war entsetzt über diese Tat und versprach, sich der Angelegenheit anzunehmen. Der Heilungsprozess meiner Wunde dauerte wohl knapp drei Wochen. In dieser Zeit besuchte mich meine Arbeitgeberin regelmäßig und brachte Lebensmittel und Süßigkeiten mit. Sie erzählte mir, dass der Vater des Jungen als Polizist bei der Stadt angestellt sei. Der Junge hätte die Dienstwaffe seines Vaters benutzt, um auf mich zu schießen. Auf Anlass ihres Mannes sei der Polizist verwarnt worden und sein Sohn dürfte sich mir nicht mehr nähern.

Schmiede in Flammen

Als ich mein Ziegenhüten wieder aufnahm, war die Neugier bei den Jungs über mein Wegbleiben groß. Alle waren an meiner Geschichte interessiert. Die Jungs hingegen wussten nichts Neues zu berichten, außer dass einige mit dem Tabakrauchen begonnen hätten. Da ich, wie die anderen Jungs, kein Geld für Tabak ausgeben wollte, trockneten wir Erdbeerblätter und wickelten diese in Zeitungspapier ein. Das Paffen dieser „Zigarren" schmeckte derart abscheulich, dass ich beschloss, nie wieder eine Zigarette oder Zigarre zu rauchen.

Als ich im Haushalt der polnischen Familie meine Arbeiten wieder aufnahm, merkte ich einen Wandel. Immer öfter wurde ich eingekleidet und durfte das Ehepaar zu Veranstaltungen begleiten. Ich hörte zu, wie sie mich als ihr Kind vorstellten. Insbesondere diese Ausflüge schränkten meine Freizeit ein, mich mit den deutschen Spielgefährten sonntags zu treffen. Unser Treffpunkt blieb die versteckt gelegene Schmiede.

Wie bereits ausgeführt, stand das Gebäude auf einer sogenannten Straßeninsel. Die Zufahrten zum Haus waren durch Möbel mehrere Meter hoch aufgefüllt. Der Grundriss des Hauses war eher klein, dafür das Haus aber extrem hoch. Die Werkstatt des Schmiedemeisters umfasste das ganze Untergeschoss. Ein großes Tor nahm die gesamte Ostseite der Werkstatt ein. An der westlichen Hauswand standen die Esse und der Blasebalg. Hier gab es eine Tür, die in ein kleines Treppenhaus führte. Die Seitenwände der Werkstatt bestanden aus einem zirka 1,50 Meter hohen Mauerwerkssockel, auf dem mehrere hohe und breite Fenster angeordnet waren und den Innenraum erhellten. In den Fenstern fehlten auffallend viele der kleinen Glasscheiben. Innerhalb des Treppenhauses gab es eine Tür auf die Straße und eine schmale Treppe, die bis in das oberste Dachgeschoss führte.

Die Außenwände des ersten Obergeschosses bauten auf dem Grundriss der Werkstatt auf. Bereits danach setzte ein sehr steiles Dach an, welches das zweite und dritte Obergeschoss und einen Bodenraum in der Dachspitze überdeckte. Nach der jeweiligen Ausstattung der Wohnungen konnte man davon ausgehen, dass das erste Obergeschoss vom Schmiedemeister und seiner Familie bewohnt worden war. Die Wohnung im zweiten Obergeschoss war sicherlich dem Altgesellen mit seiner Familie zugedacht und im dritten Obergeschoss befanden sich kleine Kammern für die Lehrlinge.

Auf dem Markt verkauften wir aus der Werkstatt Werkzeuge und Materialien an die Bauern. Übrig in der Schmiede blieben noch genügend Hufeisen, Flachstähle und Kohle, um daraus einiges zu schmieden. Auch standen Gerätschaften herum, mit denen wir Eisen schneiden und löten konnten. Auch die beiden Fässer mit Karbid waren noch gut gefüllt. Mehr Spaß als das Werkeln machte uns Jungs das Hufeisenwerfen nach Westernart. Um den Spaß zu steigern, kam ein Junge auf die Idee, das Spiel mit glühenden Hufeisen auszuprobieren. Die Schwierigkeit bestand darin, die heißen Eisen mit der Schmiedezange zu halten und dann gezielt zu werfen. Und so kam es, wie es kommen musste, dass ein glühendes Hufeisen in einem riesigen Haufen benutzter Putzlappen landete. Bald entwickelte sich daraus ein neuer Spaß und ein glühendes Eisen nach dem anderen flog in den Putzlappenhaufen. Bald stieg aus dem Haufen Qualm auf und die ersten Flämmchen zeigten sich. Vorsichtshalber hatten wir zum Löschen mehrere Eimer mit Wasser bereitgestellt. Wir löschten diese Flämmchen und wandten uns anderen Dingen zu. Plötzlich schoss eine riesige Stichflamme aus dem Lappenhaufen empor. Wieder wollten wir löschen, doch die Eimer waren leer und bevor wir neues Wasser holen konnten, brannte der Haufen bereits lichterloh. Der Qualm wurde dichter und füllte bald den ganzen Raum. Wir rannten nach draußen und sahen, wie dicker Rauch aus dem Schornstein und durch die scheibenlosen Fenster aufstieg. Bevor uns jemand sah, flüchteten wir auf das Flachdach der leer stehenden Kirchendruckerei. Wir legten uns an die Dachkante und beobachteten die aufsteigenden Flammen. Nach knapp einer Stunde näherten sich sechs Feuerwehrleute, die eine Feuerwehrspritze anno 1900 zogen. Da die Zufahrtstraße zum Brandherd durch die gestapelten Möbel versperrt war, wählten sie die Anfahrt über die Kirchstraße. Hiernach legten sie den Schlauch durch den Hauseingang neben der Druckerei. Immer mehr Leute kamen hinzu und beschäftigten sich an der Pumpe, um eine zweite Schlauchleitung anzuschließen. Es dauerte lange, bis die Leitungen sich mit Wasser füllten und das Spritzen durch die fast scheibenlosen Fenster begann.

Um nicht erwischt zu werden, wollten wir gerade unseren Platz auf dem Dach verlassen, als wir zwei laute Explosionen aus der Schmiede hörten. Uns war klar, jetzt hatte das Löschwasser die geöffneten Karbidfässer erreicht. Aufgeschreckt durch die Knallerei zogen sich die Feuerwehrmänner vom Brandherd zurück. Für uns war höchste Eile geboten, vom Dach zu verschwinden. Wir flüchteten über weitere Flachdächer bis zu einem unbewohnten Haus, wo wir absteigen konnten. Für einige Tage blieben wir der abgebrannten Schmiede fern. Als wir dort wieder vorbeischauten, waren Polen dabei, die Möbel aus dem gesamten Straßenzug zu entfernen. Wir Jungs bedauerten den Brand sehr, hatte er uns doch das letzte Spielparadies genommen.

Traum oder Wirklichkeit? Mein zweites Ich

Mitte September 1946 munkelte man, dass die Deutschen ausgesiedelt werden, die die Annahme der polnischen Staatsangehörigkeit verweigern. Dieses Gerücht wurde realer, als meine polnischen Gönner mich fragten, ob ich bei ihnen auf Dauer wohnen möchte. Unsere Mutter war über dieses Ansinnen entsetzt; denn würde das polnische Ehepaar auf seinem Wunsch, mich zu adoptieren, bestehen, hätte sie keine Handhabe, dagegen vorzugehen. In dieser ungewissen Zeit hatte ich ein Erlebnis oder Traum.

Ich sah mich real in einer anderen Zeitepoche. Ganz zentral in mein Bewusstsein rückte der Ort Plauen – von dem ich allerdings vorher nie gehört hatte. Ähnlich wie in einem Lichtkegel sah ich aus einer höheren Warte auf mich, mein Ebenbild, nieder. Alles war so deutlich, dass ich das Bild heute noch in mir trage. Es war ein warmer Tag im September, der sich zu Ende neigte. Mein zweites Ich lag auf einer Pferdedecke auf dem Fußboden eines Laubenganges. Ich dürfte zirka 25 Jahre alt gewesen sein, trug ein helles Leinenhemd, eine braune Kniebundhose und hatte weder Strümpfe noch Schuhe an. Neben mir ruhte ein Kollege, der wie ich ein Fuhrmannsknecht eines fahrenden Kaufmannes war. Aus der Höhe konnte ich die Stellung der Gebäude, den Innenhof und weitere Einzelheiten erkennen. Alles gehörte zu einem Gasthof, wo die Kaufleute mit ihren Knechten übernachteten. Von dem Laubengang aus, wo mein Kollege und mein zweites Ich sich zum Schlafen hingelegt hatten, gab es Türen zu den Übernachtungsquartieren der Kaufleute. Diese Kammern waren klein und ähnlich spärlich ausgestattet wie eine Klosterzelle. Um die Zellentür unseres Patrons zu überwachen, hatten wir unsere Nachtlager links und rechts der Tür eingerichtet. Durch die weit geöffneten Fenster des nahen Gasthofes konnte ich im Schankraum schemenhaft Personen wahrnehmen. Ihr lautes Gelächter und Gegröle sowie die Gesänge betrunkener Gäste drangen nach draußen und überdeckten die Stille des Abends. Unter dem Laubengang und den Quartieren der Kaufleute lag der Pferdestall. Aus seinen weit geöffneten Türen drang der warme Stallduft und man konnte eine gewisse Unruhe unter den Pferden spüren. Gegenüber dem langgestreckten Pferdestall befand sich ein gleich langes Gebäude, welches in einzelne Schuppen unterteilt war. Diese Boxen waren so gestaltet, dass jeweils ein Planwagen hineingeschoben und nach dem Abbau der Deichsel das Tor geschlossen werden konnte.

Als ich später über mein Erscheinungsbild erzählte, wurde alles als Einbildung abgetan. Auch meine Beteuerungen halfen nichts, dass ich wirklich vorher nie etwas über die Stadt Plauen im Vogtland gehört hatte. Aber alles war so realistisch, dass ich Stimmen, Düfte, Aussehen der Gebäude heute noch beschreiben und die baulichen Anlagen nachzeichnen kann.

Später, schon im Berufsleben, lernte ich meinen Freund Peter kennen, der mich in seine Geburtsstadt Plauen mitnahm, um in der Stadt diesen Gasthof zu finden. Doch der Krieg hatte die Stadt völlig zerstört, weder der Gasthof noch Häuser aus jener Zeit konnten wir finden. Auch das dortige Museum konnte uns nicht helfen. So bleibt es weiterhin nur eine Erinnerung.

Aussiedlung aus Namslau

In Namslau wurden die Gerüchte über die bevorstehende Vertreibung der Deutschen begleitet durch neu aufflammenden Hass der Polen gegen die Deutschen. Wie andere deutsche Frauen der Gärtnerei entließ man auch unsere Mutter. Trotz emsiger Suche fand sie keine neue Anstellung, überall stieß sie auf Ablehnung. Entsprechend dramatisch reduzierten sich unsere Nahrungsvorräte. Ich sprach mit meinen Arbeitgebern über unseren Notstand. Sofort verdoppelten sie ihre Gaben. Unsere Mutter merkte bald, dass die polnische Familie weniger Arbeitgeber, sondern eher meine zukünftigen Pflegeeltern sein wollten. Da ihre einzige Tochter selten nach Hause kam, würde ich ihnen zukünftig als Wirbelwind in der Familie fehlen.

Inzwischen hatte sich der Monat Oktober eingestellt. Eines Morgens hörten wir ein Poltern gegen unsere stählende Hoftür. Die Mutter öffnete und ein Pole befahl in herrischer Stimme, dass wir uns zur Ausreise um 11.00 Uhr auf dem Rathausplatz zu versammeln hätten. Für die Abreise zu packen hatten wir wenig, waren unsere Essensvorräte doch weitestgehend aufgebraucht. Noch tragbare Kleidung wurde schichtweise übereinander angezogen. Der Weg zum Rathausplatz war kurz. Auf dem Platz standen rund 80 Personen, meist Frauen mit ihren Kindern. Wie bereits erwähnt, waren deutsche Kleinkinder und Personen über sechzig verhungert oder durch Krankheit verstorben. Obwohl die aufgeforderten Personen wie wir pünktlich am Treffpunkt standen, wurde der Marsch zum Bahnhof über eine Stunde verzögert. Hiernach hatten wir uns unter Buhrufen der herumstehenden Polen in Viererreihen aufzustellen. Unser Weg führte durch fast alle Straßen und Gassen der Stadt, wo einige Polen unseren Zug mit faulem Obst und Gemüseresten bewarfen. Sie grölten auf Polnisch: „Was ihr Niemiecki uns angetan habt, das tun wir euch heute an." Je länger wir unterwegs waren, umso mehr ebbte das Interesse der Polen an uns ab. Einen völlig anderen Charakter nahm unser Marsch an, als viele polnische Kinder uns begleiteten. Es zeigte sich, dass die geschlossenen Kinderfreundschaften stärker waren als der Hass weniger älterer Polen. Wohl auf Anweisung des Magistrats wurde der geplante Zug durch weitere Straßen und Gassen gestoppt und es ging nun direkt zum Bahnhof. Auf einem Gleis südöstlich der Brücke zur Brieger Straße standen sechs geschlossene Viehwaggons.

Hier wartete bereits meine polnische Arbeitgeberin auf unser Ankommen. Sie hatte eine Dolmetscherin mitgebracht, die unsere Mutter davon überzeugen sollte, dass es mir als Adoptivkind bei ihr gutgehen würde. In dem zerbombten Deutschland gebe es weder genügend Nahrung noch Unterkünfte. Zudem würden drei Kinder unserer Mutter noch verbleiben, für die sie zu sorgen hätte. Als alle Überredungskünste der Dolmetscherin erfolglos blieben, nahm meine gewollte Pflegemutter mich unter Tränen in die Arme und drückte mich kräftig an sich. Unserer Mutter übergab sie einen Brief und nahm ihr das Versprechen ab, dass ich mich alsbald bei der polnischen Familie melden werde. Inzwischen wurden die Tore an vier Waggons geöffnet und wir zum Einsteigen aufgefordert. Eilig übergab die Polin für die Reise unserer Mutter einen großen Korb voller Lebensmittel. Mit dem Schließen unseres Waggons sah man die Erleichterung unserer Mutter an, dass die gewollte Pflegemutter mich nicht unter Zwang zurückgehalten hatte.

Unsere Fahrt gen Westen dauerte wohl drei Tage. Bei jedem Halt stiegen Deutsche in die beiden leeren Wagen ein. Letztlich wurden an unseren Zug weitere Waggons mit Aussiedlern angehängt. Die Türen der Waggons blieben verschlossen und ließen sich von innen nicht öffnen. Aus dem vorhandenen Stroh bauten wir unsere Nachtlager. Es gab wohl Wasser, aber keine weitere Versorgung mit Nahrungsmitteln. Für die Notdurft standen Eimer zur Verfügung. Erst im Nahbereich des Oderstromes öffneten die polnischen Bewacher die Türen und verließen den Zug.

Im Bewusstsein, dass wir Deutschland erreicht hatten, fingen die Frauen an zu singen. Immer lauter wurde der Gesang, insbesondere stimmte man schlesische Lieder an.

Die Fahrt dauerte noch eine Zeit, bis der Zug Berlin erreichte. Am späten Abend konnten wir in der Nähe eines großen Barackenlagers aussteigen, um danach müde in die zugeteilten Feldbetten zu fallen. Am nächsten Morgen, nach dem Waschen, wurden wir in einen riesigen Speisesaal geführt und offiziell begrüßt. Erst jetzt gab es Essensrationen, die wir an der Ausgabestelle abholen durften. Die zugeteilte Menge war derart eng bemessen, dass wir unseren Hunger nicht ansatzweise stillen konnten. Unter Hinweis auf die pünktliche Einhaltung der Essensausgabezeiten erhielt jeder ein Kochgeschirr und ein Essbesteck aus Wehrmachtsbeständen. Für mich und die anderen Jungen stand nun die Erkundung des Lagers im Vordergrund.

Ein großer freier Platz teilte die Schlafbaracken von den Baracken der Verwaltung, der Küche und des Speiseraums ab. Das gesamte Lager war eingezäunt und von Wasser umgeben. Man konnte annehmen, unser Lager lag auf einer Insel. Die Lagerbesichtigung machte mich und die anderen Jungs so hungrig, dass wir die Kochgeschirre holten und uns weit vor der Essenszeit in die Schlange der vor der Ausgabestelle wartenden Kinder stellten. Sobald die Essenausgabe öffnete – meist gab es Suppe –, wurde schnell gegessen. Wie von anderen Kindern abgeschaut, wurden die Speisereste mit den Fingern aus dem Kochgeschirr gefischt und danach das Geschirr mit dem Taschentuch geputzt. Sofort stellten wir uns wieder in die Reihe der Essenholer. In den ersten Tagen, als unsere Gesichter den Frauen der Essensausgabe noch unbekannt waren, funktionierte es mit einem oder sogar einem zweiten Nachschlag. Trotzdem war ich ständig hungrig. Die Tagesration für Kinder bestand aus zwei dünnen Scheiben eines klebrigen Kommissbrotes, das häufig mit grünem Schimmel durchzogen war. Als Brotbelag gab es einen Esslöffel Marmelade und etwa einen Teelöffel Margarine. Froh waren wir, als nach zirka zehn Tagen ein Lagerwechsel anstand.

4 SUCHE NACH NEUER BLEIBE

Einquartierung in Sieversdorf

Unter ständiger Überwachung gab es eine Eisenbahnfahrt in ein Dorf nordöstlich von Berlin, dessen Namen ich vergessen habe. Die Einweisung erfolgte in eine Schule, die unmittelbar an der Durchgangsstraße lag. In zwei Klassenräumen waren Stockbetten derart eng aufgebaut, dass Gänge fehlten, die Schlafstellen überhaupt zu erreichen. Ich zählte wohl zehn Bettgestelle, also zwanzig Schlafstellen, die sich fünfundzwanzig Personen teilen mussten. Weiter im Raum standen ein kleiner Tisch und zwei Stühle, sodass die eingewiesenen Personen nur Platz auf ihren Betten fanden. Der kommende Winter meldete sich an. Trotz Kälte zogen wir Kinder es vor, das Dorf zu erkunden, statt in der stickigen Luft und Enge des Klassenraums zu bleiben. In Erinnerung an diesen Ort ist mir ein von Kühen ausgetretener Trampelpfad geblieben. Gegenüber der Schule setzte an der Dorfstraße ein steiler Weg an, der zu einem landwirtschaftlichen Betrieb führte. Morgens kamen die Kühe wie im Gänsemarsch auf einem schmalen unbefestigten Weg den Hang hinunter und abends gingen sie den gleichen Pfad nach oben. Die immer gleichen Schritte der Kühe hatten aus dem ehemaligen Trampelpfad eine lange Treppe mit Stufen geformt.

Nach knapp einer Woche teilte man uns mit, dass wir mit der Eisenbahn weiter in nordwestlicher Richtung nach Sieversdorf fahren. Dort könnte jede Familie eine Wohnung beziehen. Im Ort zugewiesen wurde uns im Haus des Schlachtermeisters ein Zimmer. Das Schlachterehepaar bewohnte die Räume im Erdgeschoss. Abgetrennt von deren Wohnung gab es einen kleinen Schlachterladen mit einem winzigen Schaufenster. Das Ehepaar empfing uns auf sehr nette Art und zeigte uns im Dachgeschoss einen großen Raum, den die Dachschrägen seitlich begrenzten. An der Giebelseite befanden sich zwei sehr kleine Fenster. Das einfallende Licht konnte das dunkle Zimmer kaum erhellen. Mitbenutzen durfte unsere Mutter die Küche der Hauswirtin. Ein Toilettenhäuschen, gleichfalls für die gemeinsame Nutzung, stand außerhalb des Wohnhauses im Nahbereich des Gartens. Den Hofbereich konnte man von der Straße gut einsehen. Das Wohnhaus begrenzte rechts die Hoffläche, wobei der Giebel zur Straße zeigte. Auf der anderen Hofseite lag das Schlachthaus. Zwischen dem Schlachthaus und der Straße befanden sich Stallungen für die zu schlachtenden Tiere. Vor Kopf des Hofes, also parallel zur Straße, stand das Stallgebäude für die hauseigenen Tiere. Auch an einen Schuppen zur Holzlagerung und eine Gartenlaube kann ich mich erinnern.

Anders als in Liegnitz, unserem ersten Fluchtort, waren hier unsere Hausbesitzer stets freundlich und hilfsbereit. Sie unterstützten uns mit Bettzeug, Handtüchern und weiteren Haushaltsgegenständen. Die Gemeindeverwaltung hingegen behandelte uns äußerst unfreundlich. Bei der Anmeldung teilte man uns im schroffen Ton mit, dass es hier nichts umsonst gäbe. Sie würden bedauern, uns Geld, Lebensmittelkarten und Gutscheine für den Einkauf geben zu müssen. Unser Brennholz für den Winter aber hätten wir selbst zu schlagen. Bereits am nächsten Tag sollten unsere Mutter und ich an einem Treffpunkt um 7.30 Uhr erscheinen. Aus dem Gehabe der Bediensteten ließ sich ableiten, dass sie offensichtlich keine Ahnung hatten, welchen Überlebenskampf wir nach Kriegsende bereits geführt hatten.

Am angeordneten Treffpunkt eingefunden hatten sich Frauen mit ihren älteren Kindern. Zwei Lastkraftwagen, auf deren Ladeflächen Bänke montiert waren, holten uns von der Sammelstelle ab. Unsere Fahrt endete vor einer Waldfläche, auf der nur noch schwarze Stämme ohne Äste in den Morgenhimmel ragten. Der Waldboden war überdeckt von kreuz und quer liegenden zersplitterten Hölzern. Leicht daran zu erkennen war, dass hier schwere Kampfhandlungen stattgefunden hatten. Bevor man uns in den „Wald" schickte, mahnte man uns zur Vorsicht. Überall könnten noch Munition, Blindgänger oder Minen liegen. Die Gemeinde aber entsandte uns in unverantwortlicher

Weise in dieses Waldstück und stellte zudem die Forderung, Fund-
stellen von Kriegsmaterial zu markieren und sofort zu melden.
Zunächst hatten wir den Waldboden frei zu räumen. Danach
verteilte man Äxte und Sägen, mit denen wir das Holz auf einen
Meter abzulängen und zu stapeln hatten. Bald sahen wir alle
schwarz wie Schornsteinfeger aus. Immer wieder wiesen unsere
Aufpasser darauf hin, dass wir beim Arbeiten auf Granatsplitter
im Holz achten sollten. Diese Metallteile würden Äxte und Sägen
stumpf machen. Sie, die Aufpasser, hätten keine Lust, die Werkzeuge ständig zu schärfen. Am späten Abend – durstig, hungrig
und ermattet – brachten uns die Lastkraftwagen nach Hause.
Dieser Arbeitseinsatz dauerte fast drei Wochen. Erst als starker Schneefall und Frost einsetzten, hatte unsere Quälerei ein
Ende. Von der Gemeindeverwaltung fühlten wir uns betrogen,
als diese uns für die schwere und lange Arbeit nur zwei Raummeter Knüppelholz lieferte.

Für mich stand nun das Sägen und Hacken des schwarzen
Holzes an. Doch manchmal traf ich mich mit zwei Jungen, die
ich aus Namslau kannte. Beim Erkunden des Dorfes fielen uns
besonders die vielen Hundegespanne auf. Hunde waren vor kleine Wagen gespannt, transportierten Personen und auch Lasten.
Bei Schneefall zogen sie Schlitten und waren aus dem Dorfleben
kaum wegzudenken. Etwas außerhalb der Dorfmitte interessierte uns ein kleines Haus, in dem fast täglich deutsche Frauen mit
sowjetischen Soldaten feierten. Über dieses Treiben rümpften
viele Dorfbewohner die Nase. Unsere Mutter hingegen meinte,
den Frauen sollte man danken; denn sie würden so die Anzahl
vergewaltigter Frauen im Ort reduzieren.

Meine Schlachterlehre

Wie beschrieben, erhielten wir im Zusammenhang mit der Ver-
misstenanzeige unseres Vaters geringe Bargeldzahlungen. Froh
war ich, die Haushaltskasse durch Arbeit im Schlachthaus auf-
bessern zu können. Für diese Arbeit hatte unser Hauswirt und

Schlachtermeister das Einverständnis unserer Mutter eingeholt. Weder sie noch ich hatten Bedenken, da ich auf Opas Hof
in Waldungen beim Schlachten von Tieren stets zugeschaut und
auch mitgeholfen hatte.

Hier im Schlachthaus wurden wöchentlich ein Schwein und
zusätzlich im Abstand von zwei oder drei Wochen ein Rind geschlachtet. Der Schlachtbetrieb fand in zwei Räumen statt. Im
ersten Raum tötete der Meister die Tiere und im zweiten Raum
zerlegte und verarbeitete er sie. Ich hatte vor jeder Schlachtung
die Kessel mit Wasser zu füllen und anzuheizen und danach mit
dem heißen Wasser die Arbeitsbänke, Tische, Tröge sowie alle
Gerätschaften zu säubern. Nebenbei erzählte mir der Meister,
was beim Einkauf des Schlachtviehs zu beachten sei. Wichtig sei
das Wiegen vor der Schlachtung unter Aufsicht eines amtlichen
Kontrolleurs. Über dieses Gewicht, abzüglich von Schlachtver-
lusten, ließe sich das Gewicht der verkaufbaren Fleischmenge
errechnen, meinte der Meister. Dieses Schlachtgewicht wäre
auch Abrechnungsbasis für die Bezahlung beim Bauern.

Das Schwein, mit einem Seil am Hinterfuß gebunden, wurde in den Schlachtraum gebracht und an einem Eisenring im
Boden fixiert. Mit einem bolzenartigen Hammer schlug der
Meister gegen die Stirn des Schweines, welches sofort betäubt
umfiel. Ich hatte eine Schüssel zu halten und nach dem Abste-
chen des Tieres damit das Blut aufzufangen und mit der ge-
säuberten Hand ständig zu rühren. Mit Hilfe eines Flaschen-
zugs, der mit einer Laufkatze verbunden wurde, die auf einem
Stahlträger unter der Decke bewegt werden konnte, wurde das
tote Tier in einen Holzbottich mit heißem Wasser eingetaucht.
Dieses Brühen ermöglichte es, die Schweineborsten leichter ab-
schaben und die Hornklauen einfacher abziehen zu können. Anschließend brachte der Meister das Tier in die richtige Position,
um die Bauchdecke aufzuschneiden. Kaum war der Schnitt voll-
endet, quollen Därme und Innereien aus dem Bauch und glit-
ten in den darunter gestellten Trog. Noch während der Meister
den Bauchraum vollständig ausräumte, erschien der Tierarzt
zur Trichinenschau. Er begutachtete das Schwein und gab es

für die weitere Verarbeitung frei. Nach dieser Aktion wurde die Schnapsflasche herumgereicht.

Während der Meister das Schwein an der Laufkatze hängend über den Stahlträger in den zweiten Schlachtraum brachte, hatte ich den ersten Raum von den Hinterlassenschaften des Schlachtvorgangs zu säubern. Anschließend war mir aufgetragen, mit der Hand den Kot aus den Därmen zu streichen, diese ordentlich zu waschen und über einem Holzdorn zu wenden. Nach wiederholtem Waschen mit warmem Wasser war dann die Reinigung der Därme beendet. Es folgte das Entleeren und Säubern des Mageninhalts. Letztlich hatte ich die Borsten und Klauen aus dem Brühwasser zu fischen und diese auf einem Sack zum Trocknen auszubreiten. Erst nach der abschließenden Säuberung des ersten Schlachtraums durfte ich nach einer gründlichen Eigenwäsche den zweiten Schlachtraum betreten und eine weiße Schürze anziehen. Inzwischen hatte der Meister mit der Fleischverarbeitung und Wurstherstellung begonnen. Ich bekam die Aufgabe, an den bereits abgeschälten Knochen noch anhaftende Fleisch- und Knorpelreste mit einem Messer abzutrennen. Für diese Arbeit wurde mir ein abgeteilter Arbeitsplatz zugewiesen.

Nach dem Schälen und Aufschneiden der Knochen hatte ich das Knochenmark aus den Hohlknochen zu entnehmen und in einer Molle für die Wurstherstellung zu sammeln. Dann brachte der Meister mir den Schweinekopf. Es galt, den Kopf von restlichen Haaren zu säubern und dann die Zunge, die Augen und das Gehirn zu entnehmen. So vorbereitet wurde der Schweinekopf gekocht. Nach dem Abtrennen der Ohren waren diese direkt verkaufsfertig. Anschließend durfte ich vom Kopf die Schwarten und das Fleisch abtragen und für die Sülze vorbereiten. Doch vor der Wurstherstellung gab es das zweite Frühstück. Die Frau des Meisters brachte Kaffee und Brot und wir aßen dazu eine warme Schweinebacke. Zum Nachspülen erlaubte sich der Meister einen kräftigen Schluck aus der Schnapsflasche.

Die Zutaten für die unterschiedlichen Wurstsorten, wie Fleisch, Speck und Innereien, waren bereits für die weitere Bearbeitung ausgesucht. Die Mischung der Zutaten richtete sich nach dem zu erzielenden Verkaufspreis. Aus den Geldbörsen seiner Kunden leitete der Meister auch die Menge der jeweils herzustellenden Wurstsorte ab. Kaum hatten wir den Schweinemagen, Dick- und Dünndarm mit den Beimischungen gefüllt und zum Kochen in den Kessel gelegt, hörte man vor dem Schlachthaus Leute, die mit ihren Kannen klapperten. Sie wollten Wurstbrühe holen.

Während der Meister aus den kleinen Fleischstücken, die beim Zerlegen des Schweins anfielen, noch Schweinemett herstellte, holte seine Frau das vorproportionierte Fleisch in ihren kleinen Laden. Auch hier warteten bereits Kunden auf die Ladenöffnung. Doch die Kunden mussten sich gedulden, bis die Würste aus dem Kessel entnommen und mit kaltem Wasser gekühlt worden waren. Wer nicht die notwendigen Fleischmarken und das Geld für den Einkauf hatte, bekam keine Waren im Laden. Hingegen wurde die Wurstbrühe kostenfrei an die Wartenden ausgegeben. Waren Würste beim Kochen geplatzt, fischte der Meister deren Inhalt aus dem Kessel.

Wieder standen Aufräum- und Säuberungsarbeiten an, die wir beide durchführten. Hiernach setzten wir uns an einen Tisch, wo wir mit Brot den aus dem Kessel gefischten Inhalt der aufgeplatzten Würste aßen. Für das gelungene Werk bekam ich Schnaps in mein Glas eingeschenkt. Der Meister meinte, ich könnte einen Schluck schon vertragen. Seine Zufriedenheit über meine Arbeit zeigte er, indem er seine Frau bat, als Dank unserer Mutter ein größeres Paket voller Fleisch- und Wurstwaren zu übergeben.

Bald stand das Schlachten einer Kuh an. Auch hier setzte der Meister auf meine Hilfe. Die Arbeitsgänge bei der Schlachtung und Fleischverarbeitung des Rindes ähnelten sehr dem Schlachten eines Schweins. Unterschiede bestanden darin, dass das Rind mit einem Bolzenschussgerät getötet und seine Haut abgezogen wurde. Ferner entfielen die Wurstherstellung und das Abschälen der Knochen von Fleischresten, weil die Knochen als Beinscheiben oder Suppenknochen verkauft werden konnten. Zum Verkauf kam auch das Euter der Kuh als Kotelett-Ersatzprodukt.

Dieses in Scheiben geschnitten, mit Ei und Semmelbrösel paniert und in der Pfanne mit Fett kurz gebraten, glich geschmacklich einem Schweinekotelett. Sehr gefragt war bei Hundehaltern der Pansen. Für den Hund nachgefragt, gab es Leute, die den Pansen kochten und selbst aßen. Anders als beim Schwein gab es beim Rind einen Überschuss an Blut. Dieses Blut, gemischt mit Fleisch- und Knorpelresten, angereichert mit gekochten Mohrrüben, Kartoffeln, Pferdebohnen oder Graupen und entsprechend zerkleinert und gewürzt, ergab ein Produkt, welches für wenig Geld und ohne Fleischmarken verkauft werden konnte.

Vor der vollständigen Reinigung des gesamten Schlachthauses war noch die Rinderhaut zum Verkauf an den Abdecker vorzubereiten. Ich hatte die Haut mit der Fellseite nach unten auf dem Fußboden auszubreiten, auf der Innenseite noch verbliebene Talgreste abzuschaben und letztlich mit viel Salz zu bestreuen. Danach faltete ich sie zu einem eher kleinen rechteckigen Paket zusammen. Der Abdecker, der die Kuhhaut, Hörner, Klauen und Schweineborsten kaufte, war gleichzeitig der heimliche Schnapslieferant des Meisters.

Mit dem beginnenden Winter reduzierten sich die übrigen Arbeiten auf dem Hof. Damit fand der Meister nach den Schlachtungen viel Zeit, mir Geschichten zu erzählen. Er sprach über den verlorenen Krieg und seinen Gesellen, der im Krieg geblieben war. Auch davon, dass er mich gern zum Schlachter ausbilden möchte. Besonders ereiferte er sich über die Teilung Deutschlands und über die dummen unfähigen Dorfbewohner, die heute die herrschende Klasse bilden. Doch bald nahte Weihnachten 1946 und im Schlachthaus gab es wieder mehr Arbeit.

Dieses Mal standen eine Kuh und ein Schwein zum Schlachten an. Zufrieden mit meiner Arbeit im Schlachthaus, brachte uns die Hauswirtin zum Weihnachtsfest neben einem besonders großen Paket mit Fleisch und Wurstwaren eine Kiste voller Kerzen, Lametta und Geschenke. Den Weihnachtsbaum hatte ich längst im Wald besorgt. Der Baum war schnell geschmückt und zusätzlich mit Keksen behangen. Am nächsten Morgen, oh Schreck, lief eine Unzahl von Mäusen über die Äste unserer

Tanne. Vom Gebäck am Baum war nichts mehr zu sehen. Traurig über den Verlust unserer Kekse suchten wir nach Mausefallen im Haus und stellten diese in allen Winkeln unserer Stube auf. Auch wenn es kaum Weihnachtsgeschenke zum Auspacken gab, hatten wir unsere Freude daran, die toten Mäuse zu zählen und neue Fallen aufzustellen. Über die Feiertage wurde uns bewusst, welchen Hunger wir oft unter den Polen hatten erleiden müssen.

Flucht aus der Ostzone

Unsere Mutter schrieb einen Brief an ihren Onkel in Düsseldorf, seine Antwort erreichte uns kurz nach Weihnachten. Er berichtete, dass unser Vater wahrscheinlich im Sommer 1947 aus der Gefangenschaft in die britische Zone entlassen werde. Ferner gab er uns die Information, dass Mutters Bruder, Willi Wengel, in Berlin lebe und uns bald besuchen komme. Ausführlich im Brief dargestellt wurden die Gräueltaten auf dem Anwesen der Wengels in Ostpreußen, wie über Tage Mutters Schwestern vergewaltigt wurden, ihr Vater erschlagen wurde und ihre Mutter verstorben ist.

Im Februar 1947 besuchte uns der angekündigte Berliner Onkel. Offensichtlich gab es Wichtiges zwischen ihm und unserer Mutter zu besprechen. Um ein Mithören auszuschließen, schickte man uns Kinder zum Spielen auf den Hof. Anfang März kam Onkel Willi zum zweiten Mal zu uns. Unsere Mutter packte einen Rucksack und erzählte uns Kindern, dass wir morgen sehr früh aufstehen müssten. Mit Onkel Willi würden wir nach Schwerin fahren und dort eine Tante besuchen. Da es kalt war, hatten wir am nächsten Tag warme Sachen und feste Schuhe anzuziehen. Mitgenommen für die Bahnfahrt hatten wir nur leichtes Gepäck und etwas zum Essen. Bald genossen wir im warmen Zug gemütlich unsere Fahrt. Kurz vor der Stadt Schwerin erzählte unsere Mutter der Christa und mir als den älteren Kindern den wahren Grund dieser Reise.

Onkel Willi hatte berichtet, dass die Entlassung unseres Vaters aus der britischen Gefangenschaft nur in die britische Zone möglich ist. Um die Vorbereitungen zu seiner Entlassung nicht zu stören, seien wir heute auf der Flucht in den Westen. Alles, was wir jetzt tun, müsse geheim bleiben. Um an die Zonengrenze zu gelangen, nähmen wir diesen Zug nach Schwerin. Jedoch würden wir auf einem Bahnhof vor der Stadt in einen anderen Zug umsteigen. Fahrkarten für den neuen Zug könnten wir nicht lösen, sonst könnten wir als Grenzgänger auffallen. Sollte ein Schaffner im Zug nach den Fahrscheinen fragen, würde Onkel Willi das Gespräch führen. Wir sollten den Onkel bei seinen Ausführungen nicht unterbrechen, also den Mund halten. Er würde dem Schaffner erklären, dass wir nach Schwerin wollten, aber den Zug leider zu früh verlassen hätten. Nun aber müssten wir feststellen, dass wir für die Weiterfahrt nach Schwerin bedauerlicherweise in einen falschen Zug eingestiegen seien.

Glücklicherweise stieg kein Schaffner in unser Abteil und so konnten wir unsere vorbereitete Ausrede vergessen. Im Nahbereich des Grenzüberganges von Boitzenburg/Elbe hieß uns Onkel Willi an einem Haltepunkt der Bahn aussteigen. Er meinte, dieser Weg zur Grenze sei wohl einige Kilometer länger, aber sicherer. Würden wir mit dem Zug weiterfahren, könnten Grenzbeamte uns am nächsten Bahnhof als Grenzgänger festnehmen und bestrafen. Diesen Grenzübertritt hatte der Onkel für uns gewählt, weil hier eine solide Brücke über den Elbestrom führt, der die Grenze bildet. Andernorts gäbe es Wege über gesprengte Brücken, die für Kinder und ältere Personen kaum passierbar wären. Trotzdem sei unser Weg nicht gefahrlos. Um Kontakt mit den Grenzern zu vermeiden, müssten wir uns von Ortschaften fernhalten. Auch würde unser Grenzübergang streng von jungen sowjetischen Soldaten bewacht. Je nach deren Laune könnten sie uns passieren oder einsperren lassen. Sollten wir Sowjets begegnen, müssten wir Ruhe bewahren und nicht weglaufen. Um ihr Wohlwollen zu gewinnen, hätte der Onkel zwei Flaschen Wodka und West-Zigaretten bei sich.

Bis jetzt verlief alles reibungslos, trotzdem stieg unsere Angst. Zunächst ging es vom Bahnhof in nordwestliche Richtung über offenes Gelände. Die Anspannung legte sich, als wir den angepeilten Wald erreichten. Wir durchquerten den Forst in westlicher Richtung und erreichten nach mehreren Kilometern Fußmarsch den gegenüberliegenden Waldrand. Hier gab es eine längere Rast. Wir Kinder sollten schlafen, da wir erst in der Abenddämmerung weitergehen würden. Vor dem Aufbruch erzählte uns Onkel Willi, dass beim Gang zur Grenze alles äußerst ruhig ablaufen muss. Wir hätten unbedingt auf seine Zeichen zu achten und dicht hinter ihm zu gehen. Auch wollte er von uns weder Rufe noch Heulerei hören. Es werde vorkommen, dass uns Äste von Büschen oder Schilfrohr um die Ohren schlagen werden. Auch würden wir durch nasse Wiesen oder flaches Wasser gehen. Ohne zu murren, hätten wir nasse Schuhe und kalte Füße hinzunehmen.

Es dämmerte, als wir den Weg zur Grenze aufnahmen. Der Mond schien sehr hell, doch durchziehende Wolken nahmen uns teilweise die Sicht. Onkel Willi führte zwei Taschenlampen aus Militärbeständen bei sich und übergab eine davon unserer Mutter. Mit den Lampen konnten der Weg etwas ausgeleuchtet oder farbige Signale gegeben werden. Bereits müde erreichten wir die nassen Wiesen und das hohe Schilf. Unserem Rudi behagten seine nassen Füße nicht. Er wollte von mir getragen werden. Doch in Erinnerung an unseren Weg durch das Isergebirge, wo ich ihn jeden Berg hochtragen musste, lehnte ich ab. Als Fünfjähriger war er für mich inzwischen alt und kräftig genug, selbst zu laufen. Doch seine Meckereien wollten nicht enden, so schleppten abwechselnd unsere Mutter und der Onkel ihn. Hinter uns hörten wir plötzlich Schritte und sahen Schatten, die auf uns zukamen. Schnell gingen wir seitlich in das Schilf und versteckten uns. Doch es näherte sich eine Gruppe Grenzläufer, die sich zunächst uns anschlossen. Offensichtlich waren wir ihnen zu langsam, sodass sie sich bald von uns trennten.

Weit nach Mitternacht erreichten wir die Elbebrücke. Sie war unbewacht und von uns schnell passiert. Alle waren müde und abgespannt, wir wollten nur noch schlafen. Onkel Willi meinte, wir hätten nur noch dreihundert Meter zu gehen, dann könnten wir uns ausruhen. Im Dorf lehnte ein Flügel eines alten Scheunentors gegen eine Mauer. Dahinter hatte man Stroh auf dem Boden ausgebreitet. Mit dem Stroh bauten wir uns Schlafkuhlen und schliefen sofort ein.

Am nächsten Morgen weckten uns Kinder. Sie erzählten, dass derartige Lagerstätten von britischen Soldaten für Grenzgänger angelegt worden seien. Die Briten würden täglich diese Orte mit Lastkraftwagen anfahren, die Grenzgänger aufnehmen und sie zu einem Sammellager bringen.

Aufenthalt in Lübeck

Tatsächlich dauerte es nicht lange, bis ein Lastkraftwagen mit Plane bei uns anhielt und eine deutsche Krankenschwester ausstieg. Sie forderte uns auf, das Fahrzeug zu besteigen. Auf der Ladefläche waren Bänke montiert, auf denen bereits einige Personen saßen. Nach einer zirka zweistündigen Fahrt erreichten wir ein Lager, dessen Baracken aus halbrunden Wellblechplatten bestanden. Es folgte eine kurze Anmeldephase. Nach dem Frühstück wurden wir einem Arzt vorgestellt. Dieser befand, dass wir mangel- und unterernährt seien und insbesondere unsere Mutter dringend eine Erholungsphase benötigen würde. Am nächsten Morgen, kurz nachdem sich Onkel Willi verabschiedet hatte, galt es, wieder einen Laster mit Plane zu besteigen. Nach einer mehrstündigen Fahrt erreichten wir in der Stadt Lübeck die Pestalozzi-Schule.

Ohne Ansprache brachte man uns in einen großen Kellerraum mit spärlicher Ausleuchtung. An den Wänden standen lange Holzbänke, ansonsten war der Raum leer. Wir erhielten die Order, uns vollständig zu entkleiden und die Kleidung auf nummerierte Bügel zu hängen. Zur Aufbewahrung der Unterwäsche bekam jede Familie einen Leinenbeutel. Die Schuhe mussten paarweise mit den Schnürsenkeln zusammengebunden werden. Die Nummern der Bügel und Wäschesäcke hatten wir uns zu merken. Während die Kleidung und Schuhe abgeholt wurden, öffnete sich eine Tür zum nächsten Kellerraum. Dieser war noch spärlicher beleuchtet als der Raum zuvor. An der Kellerdecke hingen Rohrleitungen, an denen Duschköpfe angebracht waren. Mir bereitete der Raum ein tiefes Unbehagen, hatte ich doch in dem polnischen Film einen ähnlichen Keller gesehen, der von Deutschen dazu benutzt wurde, Personen darin zu vergiften.

Im Waschraum standen wohl zwanzig Frauen mit ihren Kindern und warteten eng gedrängt auf das Duschwasser. Auf den Bänken lagen Bürsten und Seife. Bis der Dampf des warmen Wassers den ganzen Raum füllte, gab es für mich Zeit, einige Frauen genauer anzuschauen. Eine von ihnen war am ganzen Körper derart behaart, dass man sie leicht mit einer Äffin hätte vergleichen können. Was mich damals anregte, ihr mit der Hand kräftig auf den nackten Po zu schlagen, weiß ich heute nicht mehr. Jedenfalls fragten einige Frauen nach meinem Alter und forderten, dass ich fortan mit den Männern duschen sollte. Die aufgebrachte Stimmung der Frauen legte sich, als sie sich wieder ihrer Körperpflege zuwandten.

Das Wasser stellte man nach zirka fünfzehn Minuten ab und es öffnete sich eine Tür zu einem weiteren Kellerraum. Hinter einem langen Tisch standen Helferinnen des Hauses, die Handtücher und Kämme austeilten. Dann übergab man uns die noch heißen Kleider und Schuhe. Zerschlissene Kleidung und Schuhe hatte man gegen gebrauchte Sachen gewechselt. Hinter einem Vorhang mussten wir uns von einer Krankenschwester auf Kopf- und Filzläuse untersuchen lassen. Stellte man einen Läusebefall fest, bekamen die Frauen und Mädchen eine Kurzhaarfrisur und die Jungs eine Glatze geschnitten.

Jetzt, frisch geduscht und neu angezogen, durften wir in den Speisesaal gehen. Wir erhofften uns eine Mahlzeit, doch stattdessen gab es eine längere Einweisung in die Hausordnung. Uns wurde erzählt, dass die Schule eher ein Krankenhaus sei. Im Haus dürften wir Kinder nicht herumtollen. Uns blieb, in den

Zimmern zu bleiben oder auf dem Schulhof in gesitteter Weise zu spielen. Nach diesem Vortrag erhielt jede Familie Sanitärartikel, Nähzeug und eine Mappe mit Schreibpapier, Umschläge und einen Bleistift. Es folgte nach Aufruf der Familiennamen die Raum- und Bettverteilung. Für unsere Mutter gab es ein Einzelbett und für uns vier Kinder zwei doppelstöckige Feldbetten. Unsere Betten waren u-förmig angeordnet, sodass für uns fünf Personen ein Freiraum von 2,00 m Breite und 1,00 m Tiefe zur Verfügung stand. Ähnliche Bettanordnungen schlossen sich rechts und links an. Mit Wolldecken, die als Sichtschutz zwischen den Bettgestellen benachbarter Familien aufgehängt werden sollten, könnte jede Familie ihre Intimsphäre selbst schaffen. Nach meiner Zählung wurden einundzwanzig Personen in das Klassenzimmer eingewiesen. Setzt man die Bodenfläche des Zimmers von rund sechzig Quadratmeter in Relation zu den Bewohnern des Raums, so stand pro Person einschließlich ihres Bettes eine Fläche von weniger als 3 Quadratmetern zur Verfügung. Wohl jeder hoffte, dieses Quartier bald verlassen zu dürfen.

Um das Wohnen tagsüber in den Klassenzimmern erträglich zu gestalten, schickte man alle Kinder bei fast jedem Wetter auf den Schulhof. Aber dieser Hof bestand nur aus einer abgeräumten Fläche, die das Spielen sehr einschränkte. Die einzige Betätigung für uns Jungen bestand darin, die Mauern eines alten Schuppens abzutragen. Die gelösten Ziegelsteine stellten wir hochkant und in einer Reihe mit geringem Abstand auf. Erhielt der erste Ziegel, wie bei aufgestellten Dominosteinen, einen kleinen Stups, löste er eine Kettenreaktion aus und ließ alle Ziegel umfallen. Da immer mehr Kinder an diesem Spiel Gefallen fanden, wuchs der Bedarf an Steinen. Letztlich war der kleine Schuppen völlig abgetragen. Für mich aber fand dieses schöne Spiel ein jähes Ende. Ich wollte bei einer Weiche das Umfallen der Ziegel aufhalten und quetschte mir dabei den Daumen. Unserer Mutter erzählte ich von diesem Vorfall nichts, doch sie merkte bald, dass mein Daumen immer dicker wurde und sich Eiter unter dem Nagel zeigte. Der im Haus aufgesuchte

Arzt zögerte nicht lange, betäubte mich mit Äther und nahm den entzündeten Nagel ab. Das Spielen mit den Ziegelsteinen hatte ich aufzugeben.

Glücklicherweise fand sich eine zugeklappte Wandtafel hinter unseren Betten. Mit Hilfe der Bettnachbarn wurden die Betten kurzfristig von der Wand abgerückt und die Tafel nach beiden Seiten aufgeklappt. Unsere Mutter kaufte mir farbige Kreide, sodass ich an der Tafel malen konnte. Mein Lieblingsmotiv war eine bergige Landschaft mit einer Burg, zu der Ritter auf Pferden unterwegs waren. Längst war mein Daumen geheilt, doch ich stand noch immer an der großen Tafel und malte. Als wieder einmal die Kreide aufgebraucht war, meinte unsere Mutter, ich sollte, anstatt im Klassenzimmer zu hocken, lieber wieder an die frische Luft gehen. Andere Kinder nahmen mich mit zum Bummeln in die Innenstadt.

Hier gab es viel zu bestaunen, beliebt wurden die Besuche eines großen Kaufhauses. Ein derartig vielseitiges Angebot hatte ich nur im Kaufhaus von Breslau gesehen. Spaß machte uns das Fahren auf den Rolltreppen. Doch als die Verkäuferinnen merkten, dass wir kein Geld zum Einkaufen hatten, verwiesen sie uns immer öfter des Hauses. Dieses Verbot kümmerte uns wenig und aus Bockigkeit begannen wir, kleine Tierfiguren in unsere Taschen zu stecken. Diese bestanden aus Presspappe und waren beidseitig mit buntem Glanzpapier beklebt. Die Figuren ähnelten denen, die Tante Anna mir in Breslau für meinen Zirkus gekauft hatte. Meine Neuanschaffungen blieben unserer Mutter nicht verborgen und sie war deshalb über mein Vergehen wenig erfreut. Sie nahm mir das Versprechen ab, nie wieder zu stehlen. Um unsere Stadtbesuche einzuschränken, verpflichtete man uns ältere Kinder zum Schulunterricht. Den Unterricht hielten die Mütter. Es galt das ABC zu lernen und einfache Wörter auf die Wandtafel zu schreiben. Zum Spielen und Bummeln blieb uns Kindern dennoch genügend Zeit.

Wochen vergingen, in denen Familien aus dem Klassenraum auszogen. Der Bettenabbau vergrößerte das Platzangebot für die Verbliebenen im Raum. Ein Brief unseres Vaters überraschte uns.

Er teilte mit, dass er vor wenigen Tagen aus britischer Gefangenschaft entlassen worden sei und in Bartolfelde am Südharz vorübergehend bei seinem Bruder Wilhelm wohnen würde. Sobald er einiges geregelt hätte, würde er uns besuchen kommen. Nach knapp einer Woche stellte unsere Mutter uns Kindern einen fremden Mann als Vater vor. Seine Erscheinung passte so gar nicht in das Bild, welches ich in meinem Gedächtnis trug. Im Spätsommer 1943 hatte unser Vater uns als ein fescher Marineoffizier in prunkvoller Uniform und stolzer Haltung verlassen. Nun stand eine hagere Gestalt mit blassem Gesicht vor uns, deren übergroßer Anzug die ausgezehrte Figur noch betonte. Wäre ich unserem Vater an anderer Stelle begegnet, hätte ich ihn sicherlich nicht erkannt. Nun begannen die Bemühungen unserer Eltern, die Familie wieder zu vereinen.

Während unsere Mutter um die Entlassung aus der Klinik bat, ging unser Vater in Bartolfelde auf Wohnungssuche. Doch beide Bemühungen brachten nicht die erwünschten schnellen Ergebnisse. Die Entlassung aus der Klinik war wohl genehmigt, aber es dauerte wohl mehr als vierzehn Tage, bis man uns anstatt nach Bartolfelde in ein weiteres Lager schickte. In diesem Lager hätten wir für die Einbürgerung in die Westzone eine Aufenthaltsgenehmigung und weitere Dokumente zu beantragen. Ausgestattet mit etwas Proviant, Taschengeld und den Fahrkarten zum neuen Lager schickte man uns zum Bahnhof. Nach weniger als eine Stunde Bahnfahrt erreichten wir den Zielbahnhof. Von hier aus mussten wir einige Kilometer zum Lager laufen.

In einer Baracke wies man uns Betten zu. Nach mehr als zehn Tagen bat man unsere Mutter, in das Lagerbüro zu kommen. Wir glaubten, die Reise nach Bartolfelde zum Vater antreten zu dürfen. Ungläubig aber musste unsere Mutter dort erfahren, dass wir die beantragten Dokumente erst im Durchgangslager Friedland bei Göttingen erhalten würden. Noch draußen vor der Baracke hörten wir unsere Mutter lautstark schimpfen und fluchen. Nach der Aussiedlung aus Schlesien sind wir inzwischen ein Jahr von Lager zu Lager unterwegs und wollten nun endlich eine neue Bleibe finden. Auch die Ämter im Westen hätten damit genügend Zeit gehabt, uns die notwendigen Dokumente und Bescheinigungen auszustellen. Eine Fahrt in das Lager Friedland käme für uns nicht mehr infrage. Das Auftreten unserer Mutter verfehlte seine Wirkung nicht. Bereits nach wenigen Tagen erhielten wir die erwünschten Dokumente, eine Bescheinigung für die freie Bahnfahrt nach Osterhagen – die Bahnstation von Bartolfelde – und etwas Geld zum Kauf von Nahrungsmitteln.

Einbürgerung in Bartolfelde

Ähnliche Schwierigkeiten wie unserer Mutter bei der Beschaffung der Dokumente bereitete man unserem Vater bei der Wohnungssuche. Notgedrungen nahm uns Onkel Wilhelm in seiner sehr engen Wohnung in Bartolfelde am Harz auf. Den Onkel, Tante Marie sowie die Kinder Almut und Werner hatten wir ja bereits in Heidersdorf kennengelernt, als sie uns im Forsthaus nach unserer Flucht aus Namslau und bis zur Weiterfahrt mit dem Planwagen Unterkunft und Verpflegung gewährten. Jetzt in Bartolfelde hörten wir nach etwa zwei Wochen von einer Wohnung bei einem Großbauern. Sein Hof sollte auf dem Eckgrundstück liegen, welches von der Herrenstraße und der Bockelnhagener Straße umschlossen wird. Unsere Vorfreude trübte sich sehr bald, als wir unter Polizeischutz in zwei Kammern über dem Schweinestall des Hofs eingewiesen wurden. Die Räume waren unmöbliert und in keiner Weise für das Wohnen einer sechsköpfigen Familie eingerichtet. Als unser Vater sich darüber monierte, kam vom Bauern nur der Spruch: „Im Schweinestall wären wir doch passend untergebracht." Da wir weder Möbel, Geschirr noch Wäsche besaßen, mussten wir in unserer Kleidung auf Strohsäcken schlafen, durften zu den Mahlzeiten aber zu Tante Marie ins Vorwerk gehen. Während unser Vater und der Onkel Betten, Tische und Bänke aus Brettern zimmerten, besuchte unsere Mutter die Geschäfte der

Umgebung, um mit den erhaltenen Bezugsscheinen Wäsche und Haushaltsgegenstände einzukaufen. Was wir brauchten, gab es nicht oder man wollte es uns nicht verkaufen. Letztlich gingen wir im Dorf von Hof zu Hof, um nach fehlenden Dingen zu betteln. Meist aber wurden wir beschimpft: „Was wollt ihr polnischen Ratten hier überhaupt, geht doch dorthin, wo ihr hergekommen seid." Oft hetzte man gar Hunde auf uns.

Um den Mangel an Lebensmittel zu überbrücken, gab es Pellkartoffeln mit Magermilch, wobei wir die gekochten Kartoffeln vorher aus den Trögen der Schweine holten. Auch gab es Suppen, die unsere Mutter aus gesammelten Brennnesseln oder Sauerampfer zubereitete. Selbst die bereits beschriebene Spuckersuppe aus Hafer kehrte zurück auf den Esstisch. Die Hetzerei des Großbauern und seiner Familie nahm unerträgliche Züge gegen uns an, sodass wir nach kürzester Zeit dort auszogen und beim Kleinbauern Erich Schneppe eine neue Bleibe fanden. Sein Wohnhaus, im Winkel 7, war mit Flüchtlingen überbelegt. Unsere Familie konnte eine Wohnstube rechts im Erdgeschoss und links im Obergeschoss eine Schlafstube mit separater Kammer beziehen. Zudem durfte unsere Mutter die Küche der Familie Schneppe mitbenutzen. Ein Toilettenhäuschen aus Brettern stand für die Benutzung aller Hausbewohner seitlich neben der Scheune.

Die Familie Schneppe, der Landwirt, seine Frau und sein Sohn, wohnte im Erdgeschoss im hinteren Bereich des Hauses. Neben dem Hauseingang links in einem Zimmer waren zwei Damen aus Berlin untergebracht. Im Obergeschoss standen den fünf Personen der Familie Wenzel drei kleine Räume zur Verfügung. Obwohl durch die vielen Flüchtlinge sehr bedrängt, traten uns die Wirtsleute freundlich und sehr aufgeschlossen entgegen. Später hörten wir, dass Herr und Frau Schneppe selbst Hohn und Spott von den Einheimischen erleiden mussten. Insbesondere während der Kriegszeit hatte die Dorfgemeinschaft sie missachtet. Herr Schneppe war von Geburt an gehbehindert und Frau Schneppe kam als kriegsgefangene Russin auf den Hof. Erst nach Kriegsende durften sie heiraten und bekamen ihren Sohn.

Abbildung 21: Das Wohnhaus der Familie Schneppe nach der Modernisierung. Die Größenordnung entspricht noch der damaligen.

Auch im Zusammenleben der Hausbewohner obsiegte die Freundlichkeit. Als Herr Schneppe unsere Armut erkannte, durften wir uns an seinen Kartoffeln und dem Brennholz bedienen. Im Gegenzug versprachen unsere Eltern, ihm beim kommenden Ernteeinsatz zu helfen. Ferner stellte Herr Schneppe den Hausbewohnern hinter seinem Garten ein Stück Land zur Verfügung, auf welchem sie im nächsten Jahr Gemüse und Kartoffeln anpflanzen und ernten konnten. Während auf unserer Fläche das Gemüse reifte, blühte herrlicher Mohn auf der Parzelle der Berlinerinnen. Diese Blumenpracht hat unseren Bruder Rudi derart beeindruckt, dass er ein Großteil davon pflückte und unserer Mutter zum Geschenk machte. Die beiden Damen aus Berlin machten einen riesigen Wirbel um die Mohnblumen, den die anderen Hausbewohner nicht verstanden. Nur unsere Mutter konnte als ehemalige Krankenschwester deren Schmerz erkennen. Da half als Schadenersatz nicht der Ankauf von Mohn im Lebensmittelladen. Erst die Übergabe der Tabakmarken unserer Eltern brachte wieder Ruhe ins Haus.

Eine erste Art Normalität

Langsam besserten sich unsere Lebensverhältnisse. Unser Vater fand bei der britischen Besatzungsmacht eine Anstellung als Dolmetscher. Insbesondere seine englischen Sprachkenntnisse, die er während seiner Kriegsgefangenschaft in Großbritannien erweitern konnte, halfen ihm, als Mittler aufzutreten. Bei der Demontage der Schickert-Werke in Bad Lauterberg hatte er Befehle der Briten an die deutschen Arbeiter weiterzugeben. In der Kriegszeit stellte das Werk, welches aus mehreren Fabrikationshallen bestand, noch hochkonzentriertes Wasserstoffperoxid her. Nun aber sollten die Laboreinrichtungen für den Wiederaufbau in Großbritannien sorgfältig abgebaut, in Kisten geordnet verpackt, beschriftet und verschickt werden. Unser Vater erkannte bald, dass unter den Arbeitern ein Wettstreit entflammt war. Dieser bestand darin, möglichst viele Teile mit fehlerhafter Beschriftung oder sogar zerstört in Kisten zu verpacken und anderen Hallen zuzuordnen. Die Arbeiter waren sich sicher, dass kein Genie der Welt die demontierten Anlagen in England wieder würde aufbauen können.

In seiner Freizeit fertigte unser Vater einen Handwagen, um im Wald für den Winter Brennholz zu sammeln und nach Hause holen zu können. Er hatte ihn so konstruiert, dass er mit wenigen Handgriffen zu einem Langholzwagen umgebaut werden konnte. Unsere Waldfahrten fanden an den Samstagen nachmittags statt. Genügend Holz fanden wir erst im Nahbereich des Wiesenbecker Teichs, nach einer Wegstrecke von rund vier Kilometern. An den anderen Wochentagen hatte ich das Holz zu hacken und zu stapeln.

Den Handwagen nutzte man auch, um hinter der nahen Zonengrenze in einer Bockelnhagener Mühle säckeweise Mehl und Grieß einzukaufen. Den Zeitpunkt dieser Fahrten sowie die Menge der mitzubringenden Zigaretten und Schnapsflaschen besprach unsere Mutter vorher mit dem Müller. Christa und ich begleiteten sie bei diesen Grenzübertritten. Doch Begegnungen mit den Grenzschützern blieben aus. Unser Verdacht war sicherlich begründet, dass der Müller und die Grenzer eng zusammenarbeiten.

Um unseren Speiseplan reichhaltiger zu gestalten, sammelten wir Kinder entlang der Zonengrenze Himbeeren, Brombeeren und Pilze. Überstiegen die Früchte des Waldes den Eigenbedarf, verkauften wir den Rest an die Anwohner unserer Straße. Wenige Tage später am Ortsrand wartete ein Aufkäufer auf unsere Rückkehr vom Beerenpflücken. Er bot uns einen annehmbaren Preis für die Beeren. Doch am dritten Tag reduzierte er seinen Einkaufspreis stark. Da wir stets die gleichen schönen Beeren brachten, wollten wir diesen Preisverfall nicht hinnehmen. Uns kam die Idee, die Preisminderung durch Quellwasser auszugleichen. Nun waren wir Beerenpflücker mit dem vom Aufkäufer vorgegebenen Kilopreis wieder zufrieden.

Geringe Unterstützung bei der Beschaffung von Nahrungsmitteln leistete auch die evangelische Kirche. Insbesondere an Flüchtlinge und Aussiedler verteilte sie nach dem Gottesdienst Milchpulver und manchmal auch Salzheringe. Selbst ein Care-Paket aus Amerika erreichte unsere Familie.

Meine wirkliche Einschulung

Wenige Wochen vor den zweiwöchigen Herbstferien sollte für Christa, Uschi und mich der regelmäßige Schulbesuch beginnen. Doch nach einem Gespräch unserer Mutter mit dem Rektor verschob dieser unsere Einschulung. Sie hatte vorgetragen, dass unser Bauer und Hauswirt uns gegenüber Großmut gezeigt hätte und wir alle verpflichtet seien, ihm bei der anstehenden Ernte zu helfen. Auch brauchten wir Zeit, auf anderen Stoppelfeldern für uns Getreideähren zu sammeln. Es war bereits kalt und nass, als die Kartoffelernte begann. Inzwischen waren auch die Herbstferien vorbei, als wir Ende Oktober1947 mit gewaschener Kleidung, aber barfuß im Flur der Schule standen. Hier empfang uns der Rektor und wies uns in die Klassenräume ein. Uschi und mich schickte er in die Klasse A, wo der Rektor selbst die Kinder der Schuljahre 1 bis 4 unterrichtete. Unsere Christa, die schon Schulkenntnisse besaß, durfte in die Klasse B. Hier saßen die Kinder der Schuljahre 5 bis 8.

Zögernd betraten Uschi und ich wenige Tage vor meinem elften Geburtstag den Klassenraum. Überall standen Schulbänke, an denen jeweils zwei Schüler saßen. Für jeden der vier Jahrgänge gab es eine Bankreihe, die von vorn bis zur rückwärtigen Wand reichte. Die Durchgänge zwischen Bankreihen und Jahrgängen waren sehr eng bemessen. Während die anderen Schüler ihre Sitzplätze aufsuchten, warteten meine Schwester und ich am Lehrerpult auf den Rektor. Kaum waren seine Schritte vor der Klassentür zu hören, wurde es still im Raum und alle Schüler standen neben ihren Bänken. Bei dem Eintreten des Rektors begrüßten sie ihn mit einem lauten „Guten Morgen, Herr Lehrer!" Während die Schüler sich setzen durften, hatten wir zu erzählen, woher wir kommen und welche Schulen wir bisher besucht hatten. Überrascht waren alle, dass dieses heute unser erster Schultag sei. Unserem Alter entsprechend, bekamen wir einen Platz in der vordersten Reihe des jeweiligen Schuljahres zugewiesen.

Der Unterricht dauerte viereinhalb Stunden, dazwischen gab es zwei Pausen. Innerhalb dieser Stunden unterrichtete der Lehrer im Takt von zirka 15 Minuten jeweils die Kinder eines Schuljahres. Die anderen Schüler hatten gestellte Aufgaben zu bearbeiten. Der Unterricht fand an allen Werktagen statt. Bald merkte ich, dass ich bei der Lösung der Rechenaufgaben keine Probleme hatte, hingegen fiel mir das Schreiben und Lesen von Texten sehr schwer. Doch nicht nur ich hatte wegen des geringen Wortschatzes Schwierigkeiten, dem Unterricht zu folgen. Auch andere Flüchtlingskinder verstanden den Unterrichtsstoff nur teilweise. Wir Flüchtlinge und Aussiedler waren deutsche Staatsangehörige, kamen aber aus den unterschiedlichsten Ländern des Großdeutschen Reichs. Unter uns gab es Schüler aus dem Baltikum, der Ukraine, Polen, Ungarn, Ostpreußen, Nieder- und Oberschlesien sowie aus Böhmen und Mähren. Entsprechend ausgeprägt waren unsere Dialekte. Um für den Unterricht eine

Basis aufzubauen, fragte der Lehrer nach Begriffen des täglichen Lebens oder nach Namen von Tieren auf einem Bauernhof. So meldete sich ein Junge, der „ne Bull" kannte. Der Lehrer
fragte nach und bekam die Antwort: „de Bull is en Viech". Doch
kaum ein Mitschüler verstand den Jungen. Für mich aber war
der „Bulle" natürlich eine richtige Antwort und ich dachte, so
schwer sollte es doch eigentlich nicht sein, „Bull" und „Bulle"
zusammenzubringen. Unsere Mutter hat uns Kindern neben
Deutsch auch den ostpreußischen Dialekt beigebracht. Als ich
lange Zeit bei den Großeltern in Oberschlesien verbrachte, lernte
ich die oberschlesische und die polnische Sprache, zudem verstand ich etwas Russisch. Eigentlich hätten mir meine Sprachkenntnisse für das weitere Leben gereicht, doch unser Vater, der
ehemalige Marineoffizier, sah dies völlig anders. Beim Lehrer
der Oberstufe bekam ich wöchentlich an zwei Tagen Nachhilfeunterricht in Deutsch.

Angekommen in Sicherheit, aber doch fremd

Im Dorf und auch in der Schule bestand eine strikte Trennung
zwischen den Einheimischen und den Flüchtlingen. Da wir zah-
lenmäßig unterlegen waren, wollten die einheimischen Schüler
den Ton auf dem Schulhof angeben. Von deren Gehabe ließen
wir Flüchtlingskinder uns nicht beeindrucken und so kam es,
wie es kommen musste, zu einer handfesten Prügelei. Was in
der ersten Pause auf dem Schulhof zwischen zwei Schülern begann, verlagerte sich bald auf die Straßen des Dorfes. Inzwischen
beteiligten sich fast alle Schüler an der Auseinandersetzung.
Längst reichte das Schlagen mit den Fäusten oder das Treten
mit den Füßen nicht mehr aus, es wurde mit Steinen geworfen
und mit Holzknüppel geprügelt. Nach mehr als zwei Stunden
der Auseinandersetzung erschien der Rektor im Kampfgebiet
und beendete den Klassenkampf zwischen den Einheimischen
und den Flüchtlingen. Zurück in der Schule fragte der Rektor uns nach Verletzungen, doch keiner meldete sich. Auf eine

Strafpredigt verzichtete der Rektor, dafür benannte er jeweils vier Schüler aus den verfeindeten Gruppen, darunter auch mich. Für alle Schüler fiel an diesem Tag der Unterricht aus, nur wir, die Ausgesuchten, hatten zur Ableistung einer Strafarbeit um 14 Uhr im Klassenzimmer A zu erscheinen. Auf dem Heimweg begann für mich das Nachdenken über die Art der angekündigten Bestrafung.

Nachmittags im Klassenraum herrschte unter den acht, die zur Bestrafung angetreten waren, eine bedrückende Stille. Die Spannung lockerte sich, als der Rektor die Strafarbeit erläuterte. Wir hatten angeliefertes Brennholz zur Beheizung der Schule vom Hof auf den Boden des Schulgebäudes zu bringen und dort sauber zu stapeln. Für diese Aufgabe sollten vier Arbeitsgruppen gebildet werden. Hierzu hatte ein Schüler seinen Partner aus der verfeindeten Gruppe zu wählen. Unter dem Druck des Lehrers verlief diese Wahl fast reibungslos. Am Giebel der Schule lagen rund sechs Raummeter ofenfertiges Brennholz, die auf den Boden mussten. Das erste Team hatte das Holz in Körbe einzulegen und die zweite Gruppe die vollen Körbe mit dem Flaschenzug zur geöffneten Tür des Bodenraums hochzuziehen. Oben im Boden warteten das dritte und das vierte Team. Die einen hatten die Körbe vom Flaschenzug abzunehmen und zur vierten Gruppe zu bringen, die das Holz stapelte. In Zeitabständen wurden unter uns die Aufgaben gewechselt. Da alle fleißig anpackten, war die Arbeit bald getan. Nun sollten wir dem Lehrer in den Klassenraum folgen. Noch immer dachte ich an eine Hauptstrafe, die nun verkündet werden sollte. Doch zu meiner Überraschung gab es Kaffee und Kuchen. Letztlich endete die Strafarbeit für uns und den Lehrer sehr lustig, wohl kein Schüler dachte noch an die Wirren des heutigen Vormittags. Für mich war diese Bestrafung die weiseste, die dem Rektor überhaupt hätte einfallen können. Die Abneigung der einheimischen Bevölkerung gegen die Fremden aber blieb.

Bruder Wilfried wird geboren

Nach und nach verließen Flüchtlingsfamilien das Dorf. Auch unser Vater wohnte bald in Lüchow und kam nur über das Wochenende nach Hause. Erneut flammte die offene Hetze gegen uns auf. Insbesondere die älteren Einheimischen bekämpften aufkommende Freundschaften zwischen einheimischen Jugendlichen und den Kindern der Habenichtse. So musste der Sohn einer ansässigen Familie seinen Flirt mit unserer Schwester Christa beenden, weil unsere Familie zu den Hungerleidern zählte. Eher ungläubig nahmen die Einheimischen zur Kenntnis, dass unser Vater eine Anstellung als Finanzbeamter beim Finanzamt Lüchow-Dannenberg angetreten hat und alsbald seinen Dienst im Herzberger Finanzamt versehen würde.

In dieser hasserfüllten Zeit sprach unsere Mutter immer öfter davon, dass sich Nachwuchs ankündige. Mutters Gesundheitszustand war nicht der beste, so war uns Kindern schnell bewusst, dass wir fortan alle Hausarbeiten zu übernehmen hatten. Meine Aufgabe bestand darin, ohne die Hilfe des Vaters mit unserem Handwagen aus dem Wald Brennholz zu holen und dieses zu hacken.

Vaters Anstellung brachte Geld in die Haushaltskasse, doch trotz vorhandener Bezugsscheine gab es für uns weiterhin nichts zu kaufen. Unsere Mutter suchte dringend nach Umstandskleidung, meist aber vergeblich. Kaufen konnten nur Leute, die Speck, Butter, Eier oder Wertsachen wie Gold oder Silber in die Läden mitbrachten. Notgedrungen erwarb unsere Mutter eine getragene Hose aus Militärbeständen und färbte sie braun ein. Bald war die Hose durch das tägliche Tragen verschlissen. Letztlich und wegen des wachsenden Bauchumfangs konnte der offene Hosenschlitz nur noch mit einem Bindfaden zusammengehalten werden. Selbst wir Kinder verstanden, dass unsere Mutter in dieser Kluft nicht vor die Haustür gehen wollte.

Im Dorf hörte man von einer Währungsreform, keiner aber wusste Näheres. Am Sonntag, den 20. Juni 1948 vormittags begann der ersehnte Umtausch der Reichsmark in die neue „Deutsche

Mark". Da unsere Eltern die Umtauschprämie von 40 RM pro Person nicht aufbringen konnten, liehen sie sich das fehlende Geld bei Onkel Wilhelm. Zu spät erfuhren unsere Eltern, dass sie die DM auch ohne die Einzahlung von RM erhalten hätten. Doch für unseren Vater galt die Absprache mit seinem Bruder, den bei ihm aufgenommenen Kredit in DM zurückzuzahlen.

Jetzt waren die Läden voller Waren. Für unsere Mutter eröffnete das neue Geld die Möglichkeit, nach Bedarf Kleidung und Schuhe einzukaufen. Als Erstes bekam sie das ersehnte Umstandskleid und die Erstausstattung für das erwartete Baby. Am 6. Juli 1948 wurde unser Bruder Wilfried Hans-Heinrich im Krankenhaus von Bad Lauterberg geboren und bald darauf in der evangelischen Kirche zu Bartolfelde getauft.

Wir Kinder durften die Währungsreform auf eine andere Weise erleben. Erstaunt waren wir, als man am Freitag, 18. Juni auf dem Anger des Dorfes Verkaufsstände, Schießbuden und ein Karussell aufbaute. Spontan verteilte Onkel Wilhelm an seine Kinder und auch an uns größere Geldbeträge. Er meinte, damit wären wir ausgestattet, alle Angebote der Schausteller wahrzunehmen. Doch am Sonntag war für uns Habenichtse der Spaß auf dem Rummelplatz vorbei; die Schausteller verlangten jetzt eine Bezahlung in DM.

Freibad, Feldwache und Hausierer

Im Sommer waren wir Kinder zeitlich sehr eingespannt durch Schule, Hausaufgaben und sonstige Arbeiten, verbrachten aber jede freie Stunde im Freibad des Nachbardorfes Barbis. Im Bad entwickelte ich mich zu einer Wasserratte, die wohl über lange Strecken tauchen, aber kaum an der Wasseroberfläche schwimmen konnte. Mir war auch nicht bange, vom Fünf-Meter-Turm ins Wasser zu springen.

Abbildung 22: Wir Kinder im Freibad von Barbis, 1948

Das Foto zeigt von rechts nach links die Ursel Wenzel, meine Geschwister Christa, Rudi, Uschi und mich – alle in Sonntagstracht.

Eine weitere Erinnerung an Bartolfelde ist mir geblieben.
Um die anstehende Ernte vor Dieben zu schützen, verlangten
die Bauern des Dorfes, dass auch die Männer der Flüchtlingsfamilien Feldwachen zu übernehmen hätten. Doch keiner dieser Männer hatte vergessen, dass ihre Frauen und Kinder beim
Betteln von den gleichen Bauern mit Hunden vom Hof gehetzt
wurden. Folglich nahmen sie bei ihrer Feldwache Säcke mit und
ernteten vor allem Kartoffeln auf den fremden Äckern. Waren
die Säcke voll, versteckten sie diese unter dem gerodeten Kartoffelkraut. Sobald die Dunkelheit einsetzte, gaben sie mit ihren Taschenlampen Signale an die wartenden Frauen. Gefahrlos konnten sie jetzt mit Kinderwagen oder Handkarren zu den
Feldern fahren und die bereits gerodeten Kartoffeln abholen.
Während dessen gingen die wachhabenden Männer auf andere
Felder und hielten dort die Wache.

Das Weihnachtsfest nahte und unsere Mutter begann Geschenke einzukaufen. Rudi hatte den Einkauf geheim zu halten, doch es quoll förmlich aus ihm heraus: „Ich darf ja nichts

verraten, aber der Latschenmann war da." In jener Zeit machten Händler Hausbesuche, um Wäsche, Schuhe, Kochtöpfe, Essbestecke und Bücher zu verkaufen. Während Hausfrauen auf deren Waren warteten, soll es Witwen gegeben haben, die erwartungsvoll dem Besuch der Männer entgegenfieberten. Neben den angebotenen Waren brachten die Händler bei ihren Hausbesuchen auch den neuesten Dorfklatsch und Information zum Zeitgeschehen mit. Wohl aus jener Zeit stammt die Sammlung von „Zitaten aus Gesuchen an das Wirtschaftsamt".

Hier einige Zitate:
- Ich bitte um Zuweisung von mehr Kohlen, denn ich werde den Schnupfen samt meiner Frau nicht mehr los.
- Ich habe Rheumatismus und ein Kind von 4 Jahren, was auf die Feuchtigkeit der Wohnung zurückzuführen ist.
- In dieser Wohnung kann ich nicht bleiben, da ich hier dauernd der Sittlichkeit ausgesetzt bin. Ich habe eine Tochter und vier Söhne. Wir alle sind so beschränkt, dass wir nur zwei Betten ausfüllen können. Ich schlafe mit der Tochter in einem Bett und die Jungen in dem anderen, was schon gegen das Zuchthaus ist.
- Ich bin schon seit Monaten verheiratet und habe noch keine Familienwohnung. Meine Frau lebt schon in anderen Umständen.
- Ich muss Sie bitten, mich innerhalb von acht Tagen zu befriedigen, sonst muss ich mich an die Öffentlichkeit wenden.
- Mein Mann braucht für seine Tätigkeit als Musiker eine neue Hose. In der alten kann er keine Musik mehr machen.
- Ich habe bereits vor zwei Jahren einen Antrag zur Schwangerschaft gestellt. Mit der Zustellung wollen Sie bitte noch warten, bis ich mit dem kommenden Kind im Klaren bin.
- Für meine Tante benötige ich eine neue Hose. Dieselbe ist schon siebzig Jahre alt und hat ein steifes Bein.
- Mein Mann ist mit dem Kleiderschrank und den Nerven zusammengebrochen, hierauf stelle ich den Antrag auf ein gebrauchtes Bett mit Inhalt.

- In der Kammer schläft meine Tochter, über ihr die Gasuhr. Dieselbe kommt nächste Woche nieder. Ich frage nun, wohin mit ihr?
- Mein Mann muss notwendig eine neue Hose haben, in der alten habe ich schon mehrmals das Gesäß geflickt, dasselbe hält er mir jeden Abend vor.
- Frau B lässt dauernd ihr Wasser mit großem Getöse laufen. Ich bitte doch einen Mann zur Abhilfe zu schicken.
- Der Beamte, der meine Kohlen abgelehnt hat, soll im Winter mal mit mir schlafen, damit er sieht, was für ein kaltes Loch ich habe.
- Ich bin 69 Jahre alt, meine Frau 67, habe 9 Kinder erzeugt und wir tun auch heute noch unsere Pflicht, aber bei Schnee und Kälte ist es ohne Schuhe nicht mehr möglich.
- Mein Mann macht kein Geschäft mehr und wenn er mal eins macht, dann sind es immer nur ein paar Tropfen.
- Wer baut denn hier so klein? – Ist für den Trafo. – Den kenn ich nicht, muss wohl ein Flüchtling sein.
- Auf einer Toilettenwand soll gestanden haben: „Es gibt nichts Schöneres auf dieser Welt, als dass ein Mädchen stille hält" unterschrieben mit Busse. Ein Leser schrieb zurück: „Lieber Busse, ein bisschen wackeln muss sie; denn in diesen schlechten Zeiten muss ein jeder mitarbeiten."

Neuer Alltag Mittelschule

Veränderungen im Haus und in unserer Familie stellten sich zum Jahreswechsel 1948/49 ein. Im Haus gab es einen Mieterwechsel und für uns selbst bahnten sich Erleichterungen beim Umgang mit der einheimischen Bevölkerung an. Es hatte sich im Dorf herumgesprochen, dass unser Vater nun in Herzberg am Harz als Beamter beim Finanzamt tätig war. Er hatte damit die Möglichkeit, Einsicht zu nehmen in die Vermögensverhältnisse der Einheimischen. Ab sofort hofierte man unsere Mutter beim Einkaufen. Die Schleimereien nahmen zu, als bekannt wurde, dass unser Vater ein Baugrundstück in Herzberg gepachtet hatte und dieses bald bebauen wollte. Aber auch unsere Schwester Christa und ich sorgten im Dorf für Gesprächsstoff. Grund dafür waren Christas Besuch der höheren Handelsschule in Northeim und für mich gab es den Schulwechsel zur Mittelschule in Bad Lauterberg ab Ostern 1949.

Von der Volksschule bekam ich keine Zeugnisse ausgestellt, erhielt aber eine Empfehlung zur Teilnahme an der Aufnahmeprüfung zum Besuch der „Städt. Mittelschule für Jungen und Mädchen/Bad Lauterberg im Harz". Diese Prüfung dauerte mehrere Tage. Überglücklich nahm ich zur Kenntnis, dass ich die Prüfung bestanden hatte. Erst später hörte ich, dass an der Aufnahmeprüfung zirka 150 Schüler teilnahmen und ich in Mathe die zweitbeste Arbeit geschrieben hatte. Meine Stimmung trübte sich, als ich erfuhr, dass ausgerechnet ein Mädchen im Rechnen besser war als ich. Die Mittelschule besuchen durften sechzig neue Schülerinnen und Schüler, die auf eine Mädchen- und eine Jungenklasse verteilt wurden.

Unter den Einheimischen im Dorf hingegen herrschte nach dem Bekanntwerden der Prüfungsergebnisse große Verwirrung. Von den zehn Schülern aus Bartolfelde, die zur Prüfung angetreten waren, hatten nur einer von sieben einheimischen Kindern und alle drei Flüchtlingskinder bestanden.

Die Begeisterung, auf die Mittelschule gehen zu dürfen, relativierte sich durch den werktäglichen zehn Kilometer langen Fußmarsch von Bartolfelde über den Butterberg nach Bad Lauterberg und zurück. In Anerkennung dieses weiten Weges schulte man uns „Nachbardörfler" in die Mädchenklasse 5b ein. Diese Klasse brachte nicht nur den Vorteil, dass der Unterricht eine Stunde später als bei der Jungenklasse begann, sondern auch fand ein Nachmittagsunterricht seltener statt. Bei einem Leerstundenblock reizte das häusliche Mittagessen meist, den Schulweg zweimal zu gehen. Einen Teil des Weges über den Butterberg begleiteten uns vier Schüler aus der Nachbargemeinde Osterhagen. Diese Gruppe setzte sich zusammen aus drei Bauernsöhnen und einem Mädchen.

Der Einheimische aus Bartolfelde war Horst, zu den Flücht-lingen zählten Werner, Willi und ich. Der tägliche gemeinsame Schulweg ließ bald unsere Herkunft zur Nebensache werden. Nicht nur Regen, Sturm, Schnee und Frost begleiteten uns, son-dern auch Sonnenschein. Wir hatten Spaß und Freude an den begangenen Narreteien, wobei besonders Werner immer zu Spä-ßen aufgelegt war. Bald verband uns eine tiefere Freundschaft, da sich auch unsere Lebenswege sehr ähnelten. Seine Familie stammte wie ich aus Preußen. Sein Vater war wie unser Vater zunächst Berufssoldat und wurde nach seinen Pflichtjahren als Polizeibeamter ausgebildet. Seine Mutter war leider kränk-lich, sodass er, sein älterer Bruder und seine jüngere Schwester in die Hausarbeiten sehr eingebunden waren. Meine Schular-beiten erledigte ich meist bei Werners Familie. Sie hatte eine größere Wohnung und bei Fragen konnten wir Werners Vater, den Polizisten, in seiner Dienststelle aufsuchen. Diese lag ge-genüber seiner Wohnung auf der anderen Straßenseite. In der Schule wandelte sich Werners Vorname aufgrund seiner Figur bald zum Rufnamen „Moppel".

Beim Unterricht musste ich sehr bei der Sache sein, denn ich merkte bald, dass ich in fast allen Fächern einen riesigen Nachholbedarf hatte. Eines Tages tadelte mich ein Lehrer. Ich aber verstand darin ein Lob und freute mich darüber, bis Mop-pel mir den Sinn des Wortes „tadeln" erklärte. Große Schwie-rigkeiten bereiteten mir weiterhin das Lesen von Texten sowie das Schreiben von Diktaten und Aufsätzen. Zur Übung muss-te ich zu Hause Zeitungsberichte laut vorlesen und Artikel aus der Zeitung abschreiben. Trotzdem blieb es nicht aus, dass Va-ter oder Mutter für mich die häuslichen Aufsätze schrieb. Den Text hatte ich danach in meinen Worten umzusetzen. Ein jä-hes Ende fand diese Hilfestellung der Eltern mit dem ersten Klassenaufsatz. Bei der Rückgabe der zensierten Arbeiten las der Lehrer die Namen der Schüler und deren Benotungen vor. Letztlich stand das Vorlesen der Schüler an, deren Aufsätze mit „gut" benotet wurden. Doch mein Name fehlte noch. Fast glaubte ich, dass mein Aufsatz etwas Besonderes sein müsste.

Der Lehrer rief mich ans Pult, wo ich laut und deutlich meinen Klassenaufsatz vorlesen sollte. In der Klasse herrschte inzwischen Stille, jeder wollte meinem Vortrag folgen. Doch aus der Mimik meiner Mitschüler konnte ich erkennen, dass wohl keiner von ihnen den Inhalt meines Aufsatzes so richtig verstand. Der Lehrer bat mich, alles noch einmal vorzulesen und hierbei den Sinn der einzelnen Wörter zu erklären. Für mich aber waren es alles geläufige Begriffe, die möglicherweise der ostpreußischen, oberschlesischen, polnischen oder russischen Sprache entstammten. Die Ausdrücke aus den verschiedenen Sprachen wechselten mit Eigenkompositionen. Auch meine Grammatik folgte eher dem polnischen Satzbau als dem deutschen. Somit blieb mein Aufsatz unbenotet.

Da ich weiterhin große Probleme beim Vorlesen unbekannter Texte hatte, schickte man mich zum Schularzt. In der vorgelegten Druckschrift las ich „er pfiff in die Tasche" anstatt „er griff in die Tasche". Diese und weitere Auffälligkeiten veranlassten den Schularzt, bei mir eine ausgeprägte Legasthenie festzustellen. Wieder gab es Nachhilfeunterricht zur Verbesserung meiner Rechtschreib- und Leseschwäche.

Im Laufe der Jahre habe ich dann aber zumindest doch noch ganz passables Hochdeutsch gelernt. Krankhaft kann es also wohl nicht gewesen sein, sondern war wohl mehr meinem Lebenslauf bis dahin geschuldet.

Neue Lösungsart in der Geometrie

Schwächen in der Mathematik kannte ich nicht, insbesondere Schüler, die gut in Deutsch waren, suchten meine Hilfe. Mir reichte, eine gestellte Rechenaufgabe anzuschauen, um das Ergebnis zu erkennen. In Vorbereitung einer Klassenarbeit, wo Aufgaben im Bereich der Geometrie zu lösen waren, fand ich zu Hause einen viel schnelleren Lösungsweg als jenen, der vom Lehrer vorgegeben worden war. Wenige Kreisschläge und Parallelverschiebungen führten bereits zum Ergebnis.

Am nächsten Morgen, direkt vor der Klassenarbeit, wollte ich dem Mathelehrer den neuen Lösungsweg erklären. Doch dieser winkte ab, ich würde damit nur meine Mitschüler verwirren. Mir gestattete er, die Aufgaben der Klassenarbeit nach eigener Art zu lösen. Gerade hatte der Lehrer die zehn Aufgaben der Mathearbeit an die Tafel geschrieben, da meldete ich, alle Aufgaben gelöst zu haben. Eher ungläubig über meine Aussage „Ich bin fertig" rief er mich ans Pult und verglich seine Ergebnisse mit den meinen. Die ersten fünf Aufgaben waren richtig, die weiteren fünf musste er selbst noch rechnen. Um keine Unruhe unter den Mitschülern aufkommen zu lassen, schickte er mich in die Stadt, um für ihn Zigarren einzukaufen. Vorsichtshalber sollte ich eine halbe Stunde vor Ende der Mathearbeit zurück sein, um gegebenenfalls Fehler in meiner Klassenarbeit korrigieren zu können. Jedoch als ich vom Einkaufen zurückkam, übergab der Lehrer mir freudig die Klassenarbeit. Alle Aufgaben waren richtig gelöst und die Klassenarbeit mit einer Eins benotet.

Der Mathelehrer war von meinem Lösungsweg derart angetan, dass er einen Bericht darüber an die Schulaufsichtsbehörde schreiben wollte. Hierzu formulierte er neue Aufgaben, die ich schrittweise zu lösen, zu beschreiben und mit Skizzen zu ergänzen hatte. Was aus dieser Angelegenheit geworden ist, habe ich leider wegen meines Schulwechsels nicht mehr erfahren. Auch habe ich inzwischen die Aufgabenstellung und meinen Lösungsweg vergessen.

Mobbing in der Schule

Mobbing – eigentlich ein Wort der Moderne – praktizierte in jener Zeit insbesondere der Typ „älteres Fräulein Lehrerin" an unwillkommenen Schülern. Eine solche Stellung war damals noch an das Lehrerinnen-Zölibat gebunden und ihre Trägerin oft an den Ort und die Schule dienstverpflichtet. Nach meinen Beobachtungen kannte solche Spezies weder die Heimat der Flüchtlingskinder noch deren Erlebnisse bei Flucht oder Vertreibung.

Auch war sie an diesen Themen schlichtweg nicht interessiert. Ihre männlichen Kollegen waren weltoffener, bei ihren Kriegseinsätzen hatten diese das wahre Leben kennengelernt.

Besonders beflissen, Flüchtlingskindern zu schaden, war meine Englischlehrerin. Sie wollte nicht zur Kenntnis nehmen, dass die englischen Wörter „the" oder „she" weich, die oberschlesischen Konsonanten hingegen besonders hart ausgesprochen werden. Die Bemühungen der Flüchtlingskinder, der Aussprache der Lehrerin zu folgen, erwiderte sie mit Spott und Hohn. Für uns kam bald die Einsicht, dass sie schlechte Schüler brauchte, um die „eingeborenen" Bauernsöhne aus Osterhagen besser benoten zu können. Diese brachten großzügige Geschenke in Form von Butter, Eiern, Fleisch- und Wurstwaren. Wir Flüchtlingskinder hingegen hatten nichts zu verschenken. Eine besonders miese Masche des Fräuleins fiel uns beim Vergleich der angestrichenen Fehler in den Diktaten auf. Während in den Diktaten der Flüchtlingskinder förmlich nach Fehlern gesucht wurde, blieben gleiche Fehler auf den Blättern der Bauernsöhne unbeachtet. Entsprechend schlecht fiel dann die Benotung unserer Arbeiten aus. Erbost über diese ungerechte Behandlung sammelte Moppel fortan Diktate von uns Flüchtlingen und den Bauernsöhnen ein, die von der Englischlehrerin besonders unterschiedlich benotet wurden. Weitere Diktate von uns, welche ungerecht bewertet waren, falteten wir zu Schiffchen und setzten diese auf das fließende Wasser des Mühlenbachs. Wir hatten Freude daran, wenn die schwimmenden Blätter nicht mehr zu sehen waren.

Normalerweise hätten wir der Lehrerin alle Diktate und deren Berichtigungen vorlegen müssen. Doch wir Flüchtlingskinder widersetzten uns diesem Gebot und hofften, deshalb von der Englischlehrerin zum Rektor geschickt zu werden. In diesem Fall wollten wir dem Rektor die vom Moppel eingesammelten Diktate vorlegen und über das Fehlverhalten der Englischlehrerin berichten. Doch zu dieser erhofften Aktion kam es nicht. Offensichtlich hatten die Bauernsöhne zu Hause unsere Absicht verraten und deren Eltern Kontakt zur Lehrerin aufgenommen.

Fortan nahm sich das ältere Fräulein Lehrerin in seinen Äußerungen und Handlungen gegenüber Flüchtlingen etwas zurück. Die gute Frau hatte bei ihren Verfehlungen nicht bedacht, dass Flüchtlingskinder nicht die naiven Schüler von einst sind, sondern bereits ein bewegtes Leben hinter sich hatten.

Neben glücklichen Tagen in der Schule gab es auch traurige Zeiten. Zum einen verstarb ein Mitschüler und Freund von mir. Bei meinem Besuch im Krankenhaus sprach er über seine Blinddarmoperation und freute sich auf seine morgige Entlassung. Doch der nächste Tag wurde sein Todestag. Wenige Zeit später erkrankte unser Schulfreund und Weggefährte Horst an der Kinderlähmung. Entsetzt nahmen wir diese Nachricht auf. Hatten wir doch in ihm für längere Zeit einen Mitschüler verloren, der für jeden Spaß zu haben war. Es dauerte Wochen, bis wir ihn am Krankenbett besuchen durften. Und wiederum vergingen Wochen, bis er sich für die Schule und die Hausarbeiten interessierte. So oft als möglich lernten wir mit ihm den anstehenden Unterrichtsstoff. Überglücklich waren wir darüber, als er nach Monaten wieder gehen und sich unserer Gruppe beim Spielen in Dorf anschließen konnte. Langsam wandelte sich seine gedrückte Stimmung, sodass wir mit ihm auch wieder neue Streiche aushecken konnten. Trotz seines emsigen Trainings dauerte es weitere Monate, bis er uns wieder auf den Schulweg begleiten konnte.

Wechsel in die Jungenklasse

Ostern 1951 kamen wir auswärtigen Schüler in eine reine Jungenklasse. Da hier nur Lehrer unterrichteten, machte mir der Unterricht bald wieder Freude. Sie duldeten keine Hassreden gegen Flüchtlinge und waren offen auch für private Anliegen. Besonders mochte ich unseren Klassenlehrer, der die Fächer Sport und Englisch unterrichtete. Drei Begebenheiten, an die ich mich erinnere, sind eng mit diesem Lehrer verbunden.

Es war Sommer und der Klassenlehrer bereitete das jährliche Sportfest der Schule vor. Im Sportunterricht hatten wir gymnastische Figuren eingeübt, die nun mit allen Klassen in Form einer Generalprobe auf dem Schulhof vorgeführt werden sollten. Die sportlichen Übungen waren auf den Takt des Liedes abgestimmt: „Freut euch des Lebens, weil noch das Lämpchen glüht; pflücket die Rose, eh sie verblüht!" Hinter dem Zaun des Schulhofs warteten viele Kurgäste, um unserer Treiben zu beobachten. Die Übungen begannen und wir sangen: „Freut Euch des Lebens, Großmutter wird mit der Sense rasiert, leider vergebens, sie war nicht eingeschmiert." Zunächst glaubte unser Klassenlehrer, wir wollten ihn foppen. Als er dann zum dritten Mal die Übungen wegen des falschen Textes abgebrochen hatte, bat er vertraute Schüler nach vorn. Sie sollten ihm das Lied vorsingen. Doch auch diese Schüler sangen – nun aber mit Unterstützung der Zaungäste – laut und kräftig die falsche Fassung. Die Vorführung auf dem Schulhof brach er ab und alle Schüler hatten in die Aula zu gehen. Hier übte der Musiklehrer mit uns den richtigen Text. Über das fröhliche Turnen auf dem Schulhof berichteten am nächsten Tag das Bad Lauterberger Tageblatt und die Kurzeitung. Dieses Jahr wurde das alljährliche Sportfest zu einem Zuschauermagnet, jeder wollte uns singen hören.

Die anderen beiden eher persönlichen Erlebnisse mit dem Klassenlehrer haben sich beim Schwimmunterricht im Wiesenbecker Teich zugetragen. Wie erwähnt, konnte ich weit und lange tauchen, aber nicht an der Wasseroberfläche schwimmen. Folglich wurde ich als Nichtschwimmer eingestuft und durfte den Bereich der Nichtschwimmer nicht verlassen. Dieses Gebiet war durch Holzpfosten und Querhölzern vom Wasser des Wiesenbecker Teichs abgetrennt. Rechts daneben gab es einen kleinen Bootshafen mit offenem Zugang zum See. Danach schloss sich winklig ein Holzsteg an, der zirka zwei Meter über den Wasserspiegel lag und vom Ufer in Richtung Seemitte zeigte. Am hinteren Ende des Steges rechts führte eine Leiter in das Becken der Schwimmer.

An jenem Tag konnte der Freischwimmerschein erworben werden. Unser Lehrer und weitere Schüler standen auf dem Steg und verfolgten vom linken Stegegeländer aus die Schwimmversuche der Schwimmscheinbewerber. Sie hatten vom Becken der Nichtschwimmer in gerader Linie zirka fünfundzwanzig Meter bis zum Steg zu schwimmen. Über die Leiter des Schwimmbeckens konnten sie zum Steg aufsteigen. Als Letzter meldete ich mich zur Prüfung an. Für meinen Tauchgang hatte ich mir eine Route ausgesucht, die eher im flachen Wasser verlief, dafür aber mehr als fünfunddreißig Meter lang war. Um die Tauchzeit zu verkürzen, stieg ich auf einen Pfosten des Nichtschwimmerbereichs und sprang mit einem ordentlichen Kopfsprung ins Wasser. Bald hatte ich alle Boote in dem kleinen Hafen unterquert und tauchte nun winklig ab, um unterhalb des Stegs zur Leiter zu kommen. Ich stieg die Leiter hoch, näherte mich von hinten dem Lehrer und den Mitschülern, die am linken Stegegeländer standen. Sie schauten ins Wasser und wollten mir offensichtlich beim Schwimmen zuschauen, doch sie sahen mich nicht. Bald breitete sich eine gewisse Unruhe unter ihnen aus und so schaute ich, nichts ahnend, um was es geht, mit ihnen ins Wasser. Erst als ein Mitschüler mich bemerkte, verspürte ich deren Erleichterung. Sie hatten gedacht, ich sei untergegangen und ertrunken. Für mich gab es zunächst eine Standpauke des Lehrers und danach den ersehnten Freischwimmerausweis. Er bemängelte, dass ich ihm von meinen Tauchkünsten nichts erzählt hatte.

Noch im Jahr 1952 konnten gute Schwimmer den Grundschein der DLRG ablegen. Bei dieser Rettungsschwimmerausbildung stand dann die Eigensicherung bei der Übung „Errettung eines Ertrinkenden" im Vordergrund. Hierzu waren beide unter Wasser und es galt eine Umklammerung des Ertrinkenden abzuwehren. Danach waren Griffe zum Abtransport des Ertrinkenden auszuführen. Als letztes Mittel, die Gegenwehr des Ertrinkenden zu unterbinden, waren kräftige Schläge in seine Körperseite erlaubt. Für diese Übung hatten sich zwei Schüler zusammenzutun und die Aufgaben hiernach zu wechseln. Der Lehrer wählte mich als seinen Partner, weil er aus anderen sportlichen Übungen meine körperlichen Kräfte kannte. Wir beide waren bereits eine Weile unter Wasser und immer noch umklammerte der Lehrer meinen Körper. Einerseits hatte ich noch genügend Luft und andererseits traute ich mich nicht dem Lehrer kräftig in die Rippen zu schlagen. Doch bald merkte ich, dass seine Gegenwehr nachließ und ich ihn mit Leichtigkeit an die Wasseroberfläche bringen konnte. Ich setzte die Griffe für seinen Abtransport an und brachte ihn sicher zum wartenden Boot. Hier gestand er, dass er unter Wasser deutlich weniger Luft hatte als ich und somit dem Ertrinken noch nie so nahe war wie bei dieser Übung. Ich erhielt die begehrte Bescheinigung mit den Worten: „Diese Urkunde hast du dir redlich verdient."

Obstpflücken auf dem Schulweg

Die Schuljahre wechselten und unsere Streiche wurden heftiger. Entlang unseres Schulweges säumten Obstbäume die Landstraße zwischen Bad Lauterberg und Osterhagen. Waren wir in vergangener Zeit damit beschäftigt, viel Obst von diesen Bäumen zu essen oder nach Hause zu bringen, bestand nun unsere Hauptbeschäftigung darin, den Aufseher zu ärgern. Es war Brauch, baumweise das Obst weit vor der Ernte öffentlich zu versteigern. Zum Schutz gegen Diebstahl hatte man einen Aufseher eingestellt, der ein altes Motorrad zur Überwachung der rund fünf Kilometer langen Strecke benutzte.

Ungeachtet seiner Überwachungstätigkeit saßen wir weiter in den Obstbäumen und ließen uns das Obst schmecken. Wohl niemand wusste es besser als wir Schüler, welches Obst auf welchem Baum reif war. Hatten wir unser Quantum gegessen, stiegen wir vom Baum und machten hierbei einen riesigen Krach, es galt den Aufseher zu foppen. Wohlbedacht suchten wir uns hierzu Stellen aus, wo Felder parallel zur Straße entweder mit Getreide oder Kartoffeln bestellt waren. Kurz bevor uns der Aufseher mit seinem Motorrad erreichte, liefen wir seitlich von der Straße in das Feld. Wir hatten längst erkannt, dass er uns hier mit seinem Krad nicht folgen konnte. Entweder stoppten Getreidehalme oder Kartoffelkraut seine Fahrt. Beides wickelte sich beim Hineinfahren in das Feld um die Räder des Krades oder die angelegten Furchen im Acker ließen ein Weiterkommen nicht zu. Uns nachzulaufen, dazu war er zu unsportlich.

Um uns dennoch zu erwischen, änderte der Aufseher seine Taktik. Er versteckte sich und sein Motorrad hinter Büschen und glaubte uns erreichen zu können, wenn wir noch auf den Bäumen saßen. Doch sein Motorrad spielte hierbei nicht mit, es dauerte meist eine Weile, bis der Motor ansprang. Bei diesem Katz- und Mausspiel kam Christian, ein Weggefährte aus Osterhagen, auf die Idee, das bisherige Obstpflücken durch eine kleine Sprengung unter dem Stamm des Baumes zu beschleunigen. Sein Steckenpferd war die Chemie und so besorgte er sich Schwarzpulver. Zu Hause bastelte er Lunten aus getränktem Löschpapier und brachte kleine Blumentöpfe aus Ton mit. Um sein Vorhaben vorzubereiten, trafen wir uns eine halbe Stunde früher und nutzten die Zeit, um dicke Wurzeln unter den ausgewählten Bäumen zu untergraben. In diese Hohlräume stellte Christian jeweils einen Blumentopft mit Sprengstoff und wickelte alles wasserdicht ein. Unsere Grabung verschlossen wir mit Boden. Nach dem Schulunterricht legten wir auf dem Rückweg die Töpfe schnell frei, Christian konnte nun die Lunte an den Sprengstoff legen. Er drehte hierzu den Topfboden nach oben und führte die Lunte durch das kleine Loch nach außen. Nachdem unter den ausgesuchten Bäumen die Sprengkörper richtig unter den Wurzeln platziert und mit Boden abgedeckt waren, zündete er die Lunten. Es knallte ordentlich, doch das erwünschte Ergebnis blieb aus. Weder die Bäume noch das Obst hatten sich bewegt.

Offensichtlich war der Aufseher unserer Verfolgung überdrüssig und beobachtete uns mit einem Fernglas. Mit seinen Notizen sprach er beim Rektor vor und wollte uns im Klassenraum an der Kleidung identifizieren. Um den Aufseher aber von uns abzulenken, meldete der Rektor die bevorstehende Aktion unserem Klassenlehrer. Hiernach führte der Rektor den Aufseher der Obstbäume in das zweite Obergeschoss der Schule, wo er die Schüler seiner Klassen vorstellte. Das Treppenhaus und damit unser Fluchtweg aus dem ersten Obergeschoss war damit frei und wir, die Gesuchten, bekamen schulfrei und konnten nach Hause gehen. Man riet uns, heute und in den nächsten Tagen den weiteren Weg über den Ort Barbis zu gehen. Auch sollten wir uns vorübergehend anders kleiden; denn der Aufseher würde sicher den Eingang der Schule überwachen. Wir taten wie empfohlen. Erstaunlicherweise haben wir nach dem Ereignis unseren Aufpasser nicht mehr gesehen.

Aber auch wenn es im Winter auf unserem Schulweg kein Obst zu pflücken gab, hatten wir unseren Spaß mit Schneeballschlachten und dem Rutschen auf den Schulranzen. Gelegenheit zum Rutschen bot eine kleine Felsformation am Butterberg. Die Bücher und Hefte wurden unter die Windjacke gepackt und so konnten wir kniend auf der langen Lederlasche des Ranzens den Steilhang runterrutschen. Frost und Schnee waren auch geeignet, sich in der ersten Unterrichtsstunde vor einer Klassenarbeit zu drücken. Kurz bevor wir das Schulgelände erreichten, steckten wir die Hände in den Schnee. Im Klassenraum bedauerten wir es dann sehr, dass wir mit unseren kalten Fingern die Arbeit nicht mitschreiben konnten. Um in der nächsten Stunde die Arbeit nachholen zu können, schickte der Lehrer uns in eine andere Klasse. Hier hatten wir nun Zeit, uns auf das Nachschreiben der Klassenarbeit vorzubereiten. Oft steckten uns Mitschüler, welche in der ersten Stunde die Arbeit geschrieben hatten, in der Pause die Aufgaben und Ergebnisse zu.

Eher Unbehagen auf unserem Schulweg brachten uns Sturm, Hagel und Blitz. Oft völlig durchnässt fanden wir auf dem Heimweg aber Unterschlupf beim Schrankenwärter. Sein Häuschen war recht warm und der Bahnbeamte freute sich auf unsere Besuche. Dauerte es mit dem Trocknen unserer Kleidung etwas länger, durften wir bei ihm die Schularbeiten machen. Meist aber erzählte er uns Geschichten aus seinem Leben und wir berichteten über unsere Erlebnisse in der Schule. So schilderten wir ihm, wie großartig wir den Film „Von Korn zu Brot" fanden, der in der Schule gezeigt wurde. Spaß machte uns insbesondere der Rückwärtslauf des Films. Beginnend mit der letzten Szene, wo der Junge das Brot aus seinem Mund nahm und es seiner Mutter übergab. Diese kratzte die Butter von der Stulle. Zum Schluss zeigte der Film, wie das gebackene Brot zu Mehl gemahlen und am Ende wieder als Korn auf dem Felde stand.

Unseren Schulweg sind wir bei jedem Wetter gegangen. Mit dem Umzug unserer Familie nach Herzberg endete im Dezember 1952 nach knapp vier Jahren mein Weg über den Butterberg. Bis Ostern 1953 wurde ich Fahrschüler der Deutschen Bundesbahn. Hiernach wechselte ich in die neunte Klasse der „6-stufigen gehobenen Abteilung der Gemeinschaftsschule Herzberg (Harz)".

Das Leben neben der Schule

Erster bezahlter Job als Filmvorführer

In Bartolfelde ereigneten sich neben dem Schulbesuch in Bad Lauterberg auch Begebenheiten im privaten Umfeld, die sich aufzuschreiben lohnten. Freie Zeiten, obwohl selten, nutzten mein Freund Moppel und ich, um aus alten Fahrradteilen gebrauchsfähige Drahtesel zu basteln. Doch meist war deren Bereifung derart schlecht, dass wir die Räder für unseren Schulweg nicht nutzen konnten. Unsere Schrauberei an den Fahrrädern wurde im Lauf des Jahres 1950 aufgewertet, als unsere Väter leichte Krafträder für den Dienstgebrauch erhielten. Diese alten Räder hatten wir zu warten und ständig zu reparieren. Selbstverständlich lernten wir auch das Fahren darauf. Das Krad der Polizei durften wir weniger benutzen, für Spritztouren stand uns an den Wochenenden eher das sehr reparaturanfällige Krad Geier 98 ccm meines Vaters zur Verfügung.

Wir wollten unabhängig von den Maschinen unserer Väter werden und suchten bald nach einem eigenen Krad. Bei einem Bauern fanden wir eine teilzerlegte Adler 98 aus dem Jahr 1940. Geld hatten wir keines, so verpflichteten wir uns, bei seiner Ernte zu helfen. Die Enttäuschung war groß, als wir beim Zusammenbau feststellen mussten, dass wichtige Teile am Motorrad fehlten. Jetzt brauchten wir Geld, um die benötigten Ersatzteile zu beschaffen. Da kam uns die Suche eines Kinobetreibers gerade recht, der Jungs mit Fahrrädern zum Transport von Filmrollen beschäftigen wollte. Seine Geschäftsidee bestand darin, in den Dörfern Bartolfelde, Osterhagen und Tettenborn Spielfilme zu zeigen. Im jeweiligen Ort mietete er einen Saal, wo er an den Spieltagen Vorführmaschinen aufstellte. Mit nur einem Spielfilm organisierte er am gleichen Abend in drei Gasthöfen eine Filmvorführung. Die Vorführung begann mit der Werbung und der „Fox Tönenden Wochenschau". Hiernach in die Vorführmaschine eingelegt wurde die erste Rolle des Hauptfilms. Jetzt hatten die angeworbenen Jungs die Rolle der Wochenschau umzuspulen und diese mit dem Fahrrad zum Gasthof des nächsten Dorfes zu bringen. Dort startete nun der Filmabend. Pro Spielfilm waren in der Regel vier Rollen abzuspielen und zu transportieren. Da Moppel und ich auf unser Krad hinwiesen, bekamen wir den Job.

Noch vor Beginn unseres Kurierdienstes hatten wir unter Anleitung des Veranstalters Bretterwände zu basteln. Diese sollten in den Sälen zwischen der Vorführmaschine und dem Zuschauerbereich aufgestellt werden. Es folgten Einweisungen in die Funktionen der Vorführmaschine, über das Aufstellen der Leinwand und der Lautsprecherboxen. Auch zeigte uns der Veranstalter das richtige Wechseln und Umspulen der Filmrollen und sprach über die leichte Entflammbarkeit des Filmmaterials. Es gab Verhaltensregeln bei einem Feuerausbruch und über die Freihaltung von Fluchtwegen bei der Aufstellung der Saalbestuhlung.

Anders als vom Betreiber erwartet, war der Andrang auf die Kinoveranstaltungen enorm groß. Folglich gab es bald Filmvorführungen am Freitag um 20.00 Uhr und 22.30 Uhr. Am Samstag zeigte man einen Kinderfilm um 14.00 Uhr, um 17.00 Uhr und 20.00 Uhr lief der Hauptfilm und um 22.30 Uhr konnte man einen Krimi- oder Wildwestfilm sehen. Für den Sonntag wiederholte sich das Programm von Samstag, jedoch ohne die Nachtvorstellung. Die Häufung der Veranstaltung zwang den Unternehmer, weitere Kurierfahrer einzustellen. Moppel und ich übernahmen mehr und mehr die eigentlichen Filmvorführungen in Bartolfelde, sodass der Veranstalter sich häufiger um die anderen Spielorte kümmern konnte. Mit dieser Verantwortung wuchsen auch unsere Geldeinnahmen.

Nach einigen Veranstaltungen beschwerten sich die Zuschauer über das enorme Brummen der Vorführmaschine. Auch waren inzwischen erhöhte Vorgaben zum Feuerschutz zu beachten. Folglich erweiterten wir die Bretterwand und bauten mit neuem Holz eine Einhausung für die Maschine, deren Innenflächen mit Blech verkleidet wurden. Die Einhausung hatte eine quadratische Grundfläche von zirka acht Quadratmeter. Im Innenraum gab es neben der Maschine noch einen Arbeitsplatz zum Umspulen der Filmrollen. An der rückwärtigen Wand waren die Eingangstür und in der Decke eine Lüftungsöffnung angeordnet. An der Frontseite, neben der Aussparung für den Lichtstrahl der Vorführmaschine, konnte man über Gucklöcher die Handlung des Films verfolgen. Am Ende einer Filmrolle deuteten Zeichen auf den baldigen Rollenwechsel hin. Die Maschine war dann anzuhalten, die Rolle zu entnehmen und die nächste einzulegen. In diesen Zwangspausen, die jeweils zirka drei Minuten dauerten, wurden den Zuschauern Kekse, Süßigkeiten und Eis zum Kauf angeboten.

Unser Aufenthalt in der Kabine machte es möglich, Filme zu schauen, die für uns Jugendliche nicht zugelassen waren. Hierzu gehörte der damals in Deutschland ganz neue schwedische Film „Sie tanzte nur einen Sommer" aus dem Jahr 1951. Als jugendgefährdend eingestuft hatte man die Szene, in der die Bauerntochter Kerstin (Ulla Jacobsson) im See badete und ihre nackte Brust zu sehen war. Gerade als sie nackt aus dem Wasser aussteigen wollte, versperrte ein vorbeifahrender Zug den Blick auf den See. Zu diesem Film erzählte man die Anekdote, dass ein junger Bursche den Film wohl zehn Mal angesehen hätte, stets in der Hoffnung, dass der vorbeifahrende Zug sich einmal verspäten würde. Dann wäre für ihn der Blick auf die nackte Frau frei. Doch dieser Zug hatte nie Verspätung. Die x-fache Wiederholung bekannter Filme konnte so weit führen, dass ich zum Beispiel bei den Filmen „Schwarzwaldmädel" und „Grün ist die Heide" die Sprachrollen hätte selbst übernehmen können. Neben der Unzahl von Filmen, die wir kostenlos ansahen, brachte unsere Tätigkeit auch das notwendige Geld für die anstehende Reparatur unseres eigenen Motorrades.

Motorradabenteuer

Unser eigenes Krad war fahrbereit, als Moppel und ich erfuhren, dass unsere Väter für den Dienstgebrauch fabrikneue Motorräder erhalten sollten. Für Moppels Vater gab es eine DKW RT125. Unser Vater durfte sich im Werk Hannover eine neue NSU Fox 125 abholen. Die Räder sollten in das Eigentum der Beamten übergehen. Da Girokonten zu jener Zeit noch unbekannt waren, hatten die Väter für das Krad ein Sparbuch anzulegen. In dieses Buch trug die Behörde als Minusbetrag den Kaufpreis des Motorrads ein und überwies darauf die Nutzungsentschädigung für die dienstlich gefahrenen Kilometer. Auch alle weiteren Ausgaben für Versicherung, das Tanken, die Pflege und Reparaturen des Krads konnten über das Sparbuch abgerechnet werden. War das Konto ausgeglichen, gehörte das Motorrad dem Beamten. Ein schneller Kontoausgleich war zu erzielen, wenn die Pflege und Reparaturen am Krad in Eigenleistung erbracht wurden. Der Tag stand an, an dem unser Vater seine neue NSU Fox in Hannover abholen durfte. Wieder zu Hause angekommen, berichtete er, dass er das Motorrad zur Vermeidung eines Unfalls durch die Innenstadt von Hannover geschoben hätte. Auf die Maschine hat er sich erst gesetzt, als der Straßenverkehr am Stadtrand abnahm. Noch trug das Krad das rote Nummernschild. Ich erhielt vom Vater den Auftrag, das rote Schild gegen das Kennzeichen mit der schwarzen Schrift auszutauschen und das abmontierte Schild in einem vorbereiteten Päckchen an das

Werk zurückzusenden. Zudem bat er mich, das Motorrad zu putzen, damit er es am nächsten Tag den Kollegen des Finanzamtes vorführen konnte.

Doch bevor ich mit den Arbeiten am Krad begann, wollte ich meinem Freund Klaus das neue Motorrad zeigen. Zur Minderung der möglichen Geschwindigkeit verschloss ich teilweise die Luftklappe. Am Dorfanger, bei meinem Freund angekommen, sah ich, dass der Auspuff glühte und sich danach dunkelblau färbte. Damit mein Freund und alle Anwesenden das schöne Motorrad bewundern konnten, bockte ich die Maschine auf. Ich zeigte, dass der Motor über das Treten eines Fußhebels angelassen und die Gänge über ein weiteres Pedal geschaltet werden können. Damit entfiel zum Anlassen des Motors das bisherige Treten der Pedale, ähnlich wie bei einem Fahrrad. Auch das Schalten der Gänge am Lenkrad war mit der Fußschaltung überholt.

Doch wie so oft, lagen auch hier Freud und Leid nebeneinander. Ich stand links neben der aufgebockten Maschine, die linke Hand am Hebel der Handbremse, die rechte Hand am Gas. Um den Motor zu starten, trat ich das Fußpedal. Mir war entgangen, dass ein Gang eingelegt war. Wohl durch eine unbedachte Bewegung berührte das Hinterrad den Boden und das Krad sprang mit einem Satz nach vorn. Mir gelang es, das Krad festzuhalten und die Handbremse zu ziehen, doch die Maschine fiel um und legte sich auf mich. Das Krad drehte sich auf der Fußraste und dem roten Nummernschild, bis ich es endlich schaffte, den Motor zu stoppen. Die Folgen waren eine verbogene Fußraste, Abrieb am Gummi der Raste, ein Kratzer auf dem Schutzblech des Vorderrades und der Bruch des roten Nummernschildes. Zudem war mein Hemd verschmutzt und am Rücken zerrissen. Hier konnte nur Onkel Wilhelm helfen, der ganz in der Nähe des Dorfangers wohnte. Als studierter Förster hatte er keine Anstellung in seinem Beruf gefunden und arbeitete als Nachtwächter in Bad Lauterberg. Ich brachte das Motorrad zu ihm und er verstand sogleich meine Sorgen. Während Tante Marie das Hemd wusch, trockenbügelte und es mit der Nähmaschine flickte, begann der Onkel mit den Reparaturarbeiten am Krad.

Das zerbrochene rote Schild montierte ich ab, verpackte es und versandte es mit der Post. Die Fußraste war mit einem Hammerschlag schnell gerichtet und das beschädigte Gummi so gedreht, dass die abgeschabte Stelle nach unten zeigte. Die Schramme am vorderen Kotflügel wurde mit Öl bestrichen. Aufgewirbelter Staub machte den Kratzer unsichtbar. Nach knapp einer Stunde durfte ich wieder frohgemut mit sauberem Hemd, repariertem Motorrad und mit neuem Nummernschild nach Hause fahren.

Wohl vierzehn Tage später kam unser Vater nach einer Dienstfahrt nach Hause und schimpfte über die Pfuscharbeit an seinem Motorrad. Er hatte das Motorrad an einem Bordstein angelehnt, wodurch die Fußraste abbrach, und das Krad umfiel. Beim Aufheben der Maschine zeigte sich ein Kratzer am vorderen Schutzblech. In einem Brief schilderte unser Vater dem NSU-Werk diesen Vorfall. Per Express sandte man ihm eine neue Raste mit Gummis und einen Farbstift zur Ausbesserung des Kratzers. Nach meiner Reparatur war das Krad wie neu. Erst Jahre später erzählte ich meinem Vater von meinem Unfall am Dorfanger. Zurück kam nur ein verschmitztes Lächeln.

Die Pflege und Reparaturen der neuen Maschinen hatten uns die Väter übertragen. So kam es im Sommer 1951 zu einer längeren Probefahrt. Nur mit der Badehose bekleidet fuhren Moppel und ich mit den neuen Rädern in Richtung Bad Sachsa. In Tettenborn stoppten uns zwei Zöllner und fragten nach den Papieren. Wir erklärten ihnen, dass wir keine Papiere hätten. Beides wären Behördenmaschinen, die wir gerade repariert hätten und auf Probefahrt wären. Auf die Frage nach unseren Führerscheinen antworteten wir, diese würden wir demnächst machen. Für die Zöllner war alles derart konfus, dass sie uns zur Polizeistation nach Bad Sachsa bringen wollten. Doch Moppel hielt dieses für völlig unnötig und erwähnte, sein Vater wäre der Polizist von Osterhagen, Bartolfelde und Barbis und die DKW würde seine Maschine sein. Wie von uns angeraten, riefen die völlig ungläubigen Zöllner die Polizeiwache in Bartolfelde an. Nach einem kurzen Gespräch mit Moppels Vater ließen uns die Zöllner unter kräftigem Kopfschütteln die Heimfahrt fortsetzen.

Zu Hause angekommen, kamen die Fragen: „Warum fahrt ihr so weit weg?" und vor allem: „Warum lasst ihr euch erwischen?"

Ein weiteres Mal kam es zu einer Begebenheit, die eher unglücklich ausging. Moppel und ich waren mit den Maschinen unserer Väter unterwegs. Von Scharzfeld kommend fuhren wir die langgestreckte und übersichtliche Dorfstraße von Barbis in Richtung Bartolfelde. Ich hatte gerade einen Opel Blitz Kastenwagen überholt, der auf der rechten Fahrbahn parkte. Plötzlich hörte ich hinter mir ein lautes Scheppern. Da ich Moppel nicht sah, drehte ich und fuhr zurück. Seine Maschine lag hinter dem Kastenwagen und Moppel fand ich auf dem Bauch liegend auf der Ladefläche des Autos. Außer kleineren Hautabschürfungen war ihm nichts passiert. Er erzählte, ein Mitschüler aus Barbis winkte ihm vom Gehweg aus zu. Sein Blick dorthin hatte ihn von der Straße abgelenkt und er somit das stehende Fahrzeug übersehen. Durch sein starkes Bremsen des Motorrads konnte er das Auffahren auf das Auto verhindern, doch ließ es ihn im hohen Bogen durch die weit geöffneten Türen des Kastenwagens fliegen.

Der Autofahrer war bei einem Kunden, als er den lauten Bums hörte. Er kam angelaufen und beschränkte seine Unfallhilfe auf die Suche nach Schäden an seinem Auto. Der Opel Blitz gehörte einem Tabakhändler, der nur an den Innenseiten seines Wagens Regale für die Tabakwaren eingebaut hatte. Damit entstand zwischen den Regalen ein breiter Gang, der Moppel beim Flug in den Kastenwagen von körperlichen Schäden bewahrte. Der Autofahrer fand keine Schäden am Fahrzeug, dafür beklagte er drei angestoßene Zigarrenkästen. Trotz des geringen Schadens bestand der Händler auf eine Unfallaufnahme durch die Polizei. In dem nahen Postamt telefonierte er mit der zuständigen Polizeidienststelle.

Nach knapp einer Stunde nahte aus der Richtung von Bartolfelde ein Polizist auf dem Fahrrad. Die Anstrengung über den Berg hatte dem Mann die Puste genommen. Zudem war seine Uniform vom Schweiß durchnässt. Ohne uns anzusehen, schaute der Polizist nach dem Motorrad und fragte den Händler nach seinem Schaden. Wegen der geringen Schadenshöhe fragte der Polizist, ob er den Schaden gleich bezahlen könnte. Er würde den Vater dieses Bengels gut kennen und sich bei ihm das Geld zurückholen. Nach der Schadensregulierung setzte der Tabakhändler seine Fahrt fort. Selbstverständlich war der herbeigerufene Polizist Moppels Vater. Es begann das reinigende Donnerwetter und für seine Heimfahrt nahm er mein Krad. Wir hatten sein Fahrrad und seine vorerst fahruntaugliche Maschine nach Hause zu schieben. Umgehend beseitigten wir alle Unfallspuren am Polizeikrad. Trotzdem gab es für uns beide ein striktes Fahrverbot. Kaum war eine Woche vergangen, saßen wir am Wochenende wieder auf den Diensträdern. Wir hatten wohl unsere fahrbereite alte Adler 98, doch das Fahren und Vorzeigen der neuen Maschinen war für uns aufregender.

Konfirmandenunterricht

Doch nun zeitlich zurück zu meiner geistlichen Entwicklung: Nach Ostern 1949 begann für meine Freunde Moppel, Horst und Klaus sowie für mich der Konfirmationsunterricht. Ich hatte mir das Lernen leicht gemacht. Anstatt lange Liedertexte oder Psalmen zu büffeln, zog ich es vor, mir von zu Hause aus auf dem kurzen Weg zum Schulhaus Bibelsprüche einzuprägen. Sobald der Pastor dort mit dem Abfragen der Texte begann, meldete ich mich und sagte den gerade erlernten Spruch auf. Von weiteren lästigen Fragen blieb ich in dieser Unterrichtsstunde unbehelligt. Die zwei Jahre der Vorbereitung für die Konfirmation waren wenig aufregend, lediglich zwei Vorfälle sind es wert, darüber zu schreiben.

Freund Horst hatte wegen seiner Kinderlähmung an dem Vorkonfirmationsunterricht nicht teilnehmen können. Zur Erfüllung seines Wunsches, die Konfirmation mit seinen Freunden feiern zu dürfen, musste er versäumten Unterrichtsstoff nachholen. Folglich besuchte er den Unterricht der Vorkonfirmanden und eine Stunde später den der Konfirmanden. Durch diese

Doppelbelastung hatte er versäumt, eine aufgetragene Arbeit dem Pastor abzugeben, und bekam dafür eine Strafarbeit auferlegt. Diese wollte er während des Unterrichts der Vorkonfirmanden schreiben und dann im Konfirmandenunterricht abgeben. Doch die begonnene Strafarbeit konfiszierte der Pastor. Da Horst neben mir auf der Schulbank unmittelbar hinter dem Lehrerpult saß, erzählte er mir von der begonnenen Strafarbeit. Wir beide waren sehr gespannt, wie die Angelegenheit vom Pastor geahndet würde.

Da Horst und ich eher klein gewachsen waren, war das Schulmöbel in der B-Klasse – eine Kombination aus Tisch und Bank – für uns beide viel zu groß. Beim Sitzen ragten unsere Köpfe geringfügig über die Tischplatte. Zudem konnte man unterhalb der Tischplatte eine weitere Platte bis an den Oberkörper herausziehen, die das Schreiben erleichtern sollte. Wollten wir aufstehen, musste die untere Platte zurückgeschoben werden.

Kaum hatte der Pastor den Klassenraum betreten, holte er wichtigtuend sein Notizheft hervor, in welchem er Schüler vermerkte, die eine Strafarbeit auferlegt bekamen. Nun forderte er Horst auf, seine Arbeit vorzulegen. Erstaunt über die Heuchelei des Pastors wechselte mein breites Grinsen zu einem eher unterdrückten Lächeln. Dem Pastor gefiel mein Frohsinn nicht und er schlug mir mit seinem Notizheft auf den Kopf. Nun ließ sich mein eingedämmtes Lachen nicht mehr steuern und bald erfüllte es den ganzen Klassenraum. Erbost über mein Verhalten legte der Pastor sein Notizheft weg, nahm seinen Großen Katechismus und schlug mir diesen auf den Kopf. Inzwischen hatten alle Mitschüler Freude am Treiben des Pastors und lachten mit. Den eigentlichen Grund des Vorgangs, die fehlende Strafarbeit von Horst, kannten sie nicht. Hierüber wurde der Pastor noch wütender, er legte das Buch auf das Lehrerpult zurück und holte mit seiner Faust zu einem Schlag gegen mich aus. Doch ich war schneller, duckte mich und zog die untere Holzplatte über meinen Kopf. Seine Faust landete auf dem harten Holz. Während die Mitschüler sich mit lautem Lachen überboten, nahm der Pastor seine Bücher und verließ wortlos den Klassenraum.

Im Dorf stellte der Pastor den Vorfall völlig anders dar. Die Schüler und besonders ich wären an seinem Wutausbruch schuldig. Wir widersprachen der Darstellung des Pastors und sannen nach Rache. Großartig fanden wir die Idee, Maikäfer zu sammeln und diese in der Kirche vor dem sonntäglichen Gottesdienst auszusetzen. In diesem Jahr gab es eine Käferschwemme, die uns half, die mitgenommenen Schuhkartons schnell zu füllen. Am nächsten Sonntag, weit vor dem Gottesdienst, schlichen wir in die Kirche, öffneten die Deckel der Kartons und stellten unsere Maikäfersammlungen unter die Kirchenbänke. Als wir zwei Stunden später die Kirche zum Gottesdienst erneut betraten, summte und brummte es im ganzen Kirchenschiff. Verwundert waren wir darüber, dass der Pastor die Maikäfer in seiner Predigt überhaupt nicht erwähnte. Besonders geräuschvoll wurde es nach dem Gottesdienst, als die Kirchgänger sich von den Bänken erhoben. Fast bei jedem Schritt zum Ausgang hörte man das Knacken eines Käfers. Der Küster hatte die Kirche bald gereinigt, jedoch im nächsten Gottesdienst flogen noch immer Käfer umher. In Dorf hatte sich längst die wahre Geschichte über die Strafarbeit von Horst herumgesprochen. Erstaunt waren wir darüber, dass der Herr Pastor bald die Pfarrstelle in Bartolfelde/Osterhagen aufgab und ein neuer Pastor dieses Amt übernahm.

Die zweite Episode im Rahmen unserer Konfirmation entwickelte sich beim traditionellen Ausschmücken der Kirche. Zunächst waren Girlanden aus Fichtenreiser zu flechten und in der Kirche und um die Kirchentür aufzuhängen. Der Revierförster führte uns Konfirmanden in eine Fichtenschonung, wo wir unter seiner Anleitung die Fichtenreiser schneiden durften. Zum Flechten der Girlanden ging es in die Kirche. Der Küster brachte dicke und lange Taue, um welche die Mädchen die Reiser zu binden hatten. Für uns Jungs schaffte er lange Stehleitern herbei, mit deren Hilfe wir die fertigen Girlanden von der einen Empore über die Firstpfetten zur anderen Empore spannen sollten. Während alle Mädchen an den Girlanden arbeiteten, nahmen wir Jungs die übrigen Taue und legten diese über die Firstpfette der Dachkonstruktion. Die Tauenden zogen wir seitlich bis zu den gegenüberliegenden Emporen und spielten Tarzan. Das Spiel dauerte eine Weile, bis einen Mitschüler der Übermut packte. Er wollte von der Galerie auf die Kanzel pendeln. Sein Sprung war zu kurz und so landete er unterhalb der Kanzel auf dem Podest vor dem Altar. Man hörte ein lautes Knacken und die morschen Bretter des Podests senkten sich. Den Teppich vor dem Altar rollten wir ein, schafften Backsteine und Holz herbei und richteten die tragende Konstruktion. Letztlich überdeckte der wieder verlegte Teppich die restlichen Spuren des beschädigten Absatzes vor dem Altar.

Nach diesem Vorfall gaben wir Jungs das Tarzanspielen auf und wandten uns der Orgel zu. Doch schneller als gedacht stand der Küster vor uns und verjagte uns von seinem heiligen Ort. Die Flechtarbeiten an den Girlanden waren weitestgehend abgeschlossen, da waren auch die Mädchen nicht mehr zu halten und wollten mitspielen. Doch die Spielart veränderte sich, sobald ein Mädchen einem Jungen zugetan war. Gemeinsam suchte das Paar ein Versteck, wo die Mädchen ihre Reize zeigten, gern angefasst und geküsst werden wollten. Ich war der Favorit von Inge. Meinem Freund Moppel gefiel mein Flirten mit dem Mädchen nicht. Wenige Tage später offenbarte er, dass er für mich mehr als nur Freundschaft empfindet. Immer öfter musste ich mir sein Philosophieren über gleichgeschlechtliche Paare anhören. Diese Unterhaltungen blieben Moppels Schwester nicht verborgen, so gestand sie mir eines Tages ihre Liebe. Ich aber wollte von Flirts nichts wissen. Für mich hatten das Motorradfahren und das Lernen weiterhin Vorrang. Unser Herumtollen in der Kirche und der Schaden am Podest blieben nicht unbemerkt, doch es gab keine Strafe. Auch wurden wir ausnahmslos am 4. März 1951 konfirmiert. Im Bild davon zu sehen sind meine Schwestern Uschi und Christa, Mutter und Vater, vor ihnen steht Bruder Wilfried, dann folgen ich und Bruder Rudi.

Abbildung 23: Unsere Familie nach meiner Konfirmation

Der Traum vom eigenen Familienheim

Als unser Vater über ein staatliches Förderprogramm für den Bau von Wohnraum für Flüchtlinge und Vertriebene las, war bald der Entschluss gefasst, in Herzberg am Harz ein Wohnhaus zu bauen. Auch stellte dort die evangelische Kirchengemeinde für diesen Personenkreis Pachtgrundstücke zur Verfügung. Das Baugebiet „Eichholz", ein abgeholztes Waldgebiet, war für einhundert Eigenheime parzelliert. Um die Aufnahme von Hypotheken möglichst klein zu halten, verlangte die Kirchengemeinde von den zukünftigen Bauherren, Eigenleistungen beim Hausbau zu erbringen. Es galt zunächst das Grundstück urbar zu machen, den Garten anzulegen, Ausschachtungsarbeiten für den Keller zu erbringen und später im Haus die Malerarbeiten durchzuführen.

Unser Vater und ein Kollege aus dem Finanzamt pachteten nebenliegende Parzellen, um diese mit Doppelhaushälften zu bebauen. Der Pachtvertrag wurde unterschrieben, auch gab es bereits eine Baugenossenschaft, die das Haus für uns erstellen wollte. Um keine Zeit zu verlieren, begannen im Mai 1950 der Nachbar mit seinen Helfern und unsere Familie mit den geforderten Eigenleistungen. Auf den Parzellen standen zunächst das Roden des Buschwerks, die Beseitigung verbliebener Baumstümpfe und das Abtragen des spärlich vorhandenen Mutterbodens an. Nach diesen Vorarbeiten zeigten sich ein sehr unebenes Gelände und ein Boden, der dem steinigen Flussbett eines Gebirgsbachs glich. Um hier einen Garten anlegen zu können, waren weitere umfangreiche Arbeiten erforderlich. Ab sofort wurden alle Samstage für die Arbeitseinsätze auf dem Grundstück reserviert und zusätzlich setzten unser Vater und sein Bruder Wilhelm für diese Arbeiten ihren Jahresurlaub ein. Die Entfernung von Bartolfelde zum Siedlungsgebiet in Herzberg erschwerte zusätzlich die Arbeitseinsätze. Während unsere Mutter und der Onkel die fünfzehn Kilometer lange Strecke hin und zurück mit den Fahrrädern bewältigen mussten, hatte ich nach dem Schulunterricht in Bad Lauterberg entweder mit der Bahn oder per Anhalter nachzukommen. Abends, auf der Heimfahrt nach Bartolfelde, nahm mich der Vater auf dem Gepäckträger seines Krads mit.

Um brauchbaren Boden für die Anlage des Gartens zu gewinnen, schachteten wir die Baugrube und den späteren Hofbereich bis zirka 2,00 m tief aus und siebten den gesamten Aushub. Während die Steine zur Auffüllung der Hoffläche genutzt wurden, diente das gesiebte bodenähnliche Material zur Hebung und Egalisierung der Gartenfläche. An den Tagen, wo die ganze Familie bei den Ausschachtungsarbeiten mitwirkte, fand unser jüngster Bruder Wilfried seine Lieblingsbeschäftigung im Schubkarrefahren. Nicht er führte die Karre – seinen Platz fand er oben auf dem geladenen Boden. Nach viel Zeit, Kraft und Schweiß war der Großteil der geforderten Eigenleistungen erbracht. Nun warteten wir auf den Baubeginn unseres Hauses.

Mit Unverständnis nahm unsere Familie die Nachricht auf, dass unser zukünftiger Nachbar vom Bauvorhaben zurückgetreten sei. Noch ahnten wir nicht, dass unter den Einheimischen bereits ein heftiges Gerangel um das frei gewordene Nachbargrundstück eingesetzt hatte. Zudem gab es Leute, die sich insgeheim bei der Stadtverwaltung Herzberg für eine Neuvergabe beider Doppelhaus-Parzellen einsetzten. Somit rückte auch unser baureifes Grundstück in den Fokus der Begierde. Beängstigend für unseren Vater zeigten Bedienstete der Stadtverwaltung offen Interesse an unserem Grundstück und sprachen sogar über eine Wegnahme der Parzelle. Die Sache wurde noch ernster, als die Stadtverwaltung unserem Vater eine Ablösungssumme anbot, die weit unter dem tatsächlichen Aufwand zur Herstellung der Bebaubarkeit des Grundstücks lag. Mit der Aussage unseres Vaters, die Parzelle nicht aufgeben zu wollen, verstärkten sich deutlich die politischen Machenschaften gegen Flüchtlinge und Vertriebene. Lautstark und immer öfter hörte man in der Stadt Beschimpfungen gegen unsere Familie. Für diese Leute waren wir Ratten und Schmarotzer, die besser in ihrer Heimat geblieben wären. Zudem gab es in der Verwaltung Bedienstete, die auf ihr Mitspracherecht bei der Grundstücksvergabe pochten. Sie erklärten unserem Vater, dass er den Pachtvertrag zu Unrecht erworben habe. Ihm fehle insbesondere die Zustimmung der Stadtverwaltung. Diese Hetzer in der Verwaltung hatten offensichtlich übersehen, dass der Erbbauvertrag zur Parzelle 7/83 vom 6. Juli 1950 unter Beteiligung der Verwaltung zugunsten unserer Eltern abgeschlossen worden ist, nachzulesen in den Urkundenrollen des Jahres 1950, No. 294 und No. 505.

Trotz dieser Verträge waren führende Mitglieder der Stadtverwaltung weiter bemüht, unseren Eltern das Grundstück streitig zu machen. In seiner Not wandte sich unser Vater an seinen Arbeitgeber, die niedersächsische Finanzverwaltung. Er schilderte den Tatbestand und verwies darauf, dass die bereitgestellten Bundes- und Landesmittel gebunden seien an die Beschaffung von Wohnraum für Heimatlose und Verfolgte. In Herzberg am Harz sei das Siedlungsgebiet Eichholz entsprechend gefördert worden, doch von den knapp 100 Bauplätzen seien bereits rund 90 an einheimische Bürger vergeben und günstige Baugelder an sie verteilt worden. Nun aber wollte die

Stadtverwaltung uns – wahre Heimatvertriebene – das baureife Grundstück entreißen. Die Eingabe unseres Vaters führte dazu, dass die Landesbehörde einen sofortigen Bewilligungsstopp der Fördermittel verfügte und der Stadt untersagte, weitere Grundstücke zu vergeben. Für unsere Familie begann eine zermürbende Wartezeit.

Während hochrangige Politiker über die erfolgreiche Integration der Heimatlosen redeten, sah das alltägliche Zusammenleben von Einheimischen und Flüchtlingen sowie Heimatvertriebenen völlig anders aus. Bereits über Jahre hatten wir Beschimpfungen und Intrigen der einheimischen Bevölkerung zu erdulden und nun wollte man uns Erreichtes wieder entreißen. Die Ablehnung der „Fremden" führte zur Bildung der Landsmannschaften und aus diesen heraus wohl später zur Gründung der rechtsgerichteten politischen Partei „Block der Heimatvertriebenen und Entrechteten", BHE.

Beginn unserer Bienenzucht

Der offene Ausgang in der Grundstückssache machte unseren Vater krank. Zum Stressabbau riet ihm der Arzt zur Imkerei. In der Werkstatt eines Tischlers in Bartolfelde baute er Bienenkästen und einen kleinen Kasten zum Einfangen eines Bienenschwarms. Oft erzählte unser Vater darüber, dass er sich als Junge bereits für die Bienenzucht interessiert und sich Wissen hierzu angeeignet hatte. Eigentlich wollte er die fertigen Bienenstöcke auf dem Grundstück in Herzberg aufstellen, doch nun lagerten sie unbenutzt im Schlafzimmer der Eltern. Über den Bau von Bienenkästen sprach ich mit Freunden im Dorf. Eines Tages trug man mir zu, dass ein Bienenschwarm im Schulgarten an einem Obstbaum hängen würde. Ich zögerte nicht lange, nahm den kleinen Kasten zum Einfangen der Bienen, etwas Wasser zum Bespritzen des Schwarms sowie einen Gänseflügel zum Abstreichen der Bienen von dem Ast. Ich stellte mich auf einen alten Stuhl, der im Garten stand, hielt den offenen Kasten unter den

Schwarm und strich mit dem Gänseflügel die Bienen vorsichtig hinein. Den Kasten verschloss ich mit dem Deckel und platzierte ihn auf dem Stuhl. Über einen Schlitz im Kasten konnten die restlichen Bienen einfliegen. Noch am Abend holte unser Vater das Bienenvolk nach Hause und setzte es um in einen fertigen Bienenkasten. Dieser Bienenstock fand seinen Platz im geöffneten Fenster des Schlafzimmers. Natürlich zeigte der Schlitz für das Ein- und Ausfliegen der Bienen nach draußen, aber manche Biene verirrte sich auch ins Schlafzimmer.

Am nächsten Tag konnte ich nicht zur Schule gehen. Ich sah aus wie der Glöckner von Notre-Dame. Beim Einfangen der Bienen war ich so in Aktion, dass ich die vielen Bienenstiche in das Gesicht und in die Hände nicht bemerkt hatte. Doch überzogen nun Beulen das Gesicht, die mir einen schiefen Mund und ein zugeschwollenes Auge bereiteten. In diesem Fall schrieb unser Vater gern die Entschuldigung für die Schule. Da die Beulen nur langsam abschwollen, gab es für andere genügend Gelegenheit, über mein Aussehen zu spotten. Damit ich bei einem neuen Bienenfang weniger gestochen werde, kaufte unser Vater Handschuhe und eine Imkerhaube. Bereits wenige Tage später hatte ich unser zweites Bienenvolk im Kasten. Auch dieser Bienenstock fand seinen Platz neben dem anderen im Schlafzimmer. Damit war eines von zwei Fenstern vollends mit Bienenstöcken zugestellt.

Fehde zwischen den Dörfern

Im Herbst 1951 waren unsere Arbeiten auf dem Grundstück in Herzberg weitestgehend abgeschlossen, auch der Brennholzvorrat reichte noch für den kommenden Winter. Für mich blieb somit Zeit, an den Kriegsspielen teilzunehmen, welche jährlich zwischen den Jugendlichen der benachbarten Dörfer, Osterhagen und Barbis stattfanden. Die Termine für die eintägige Rauferei waren mit den älteren Jungs der Ortschaften bereits abgesprochen. Nicht teilnehmen wollte ich an der Schlägerei mit den Jungs aus dem Nachbardorf Osterhagen. Der Erhalt meiner Freundschaft mit den Mitschülern und Weggenossen dieses Ortes war mir wichtiger. Nicht versäumen aber wollte ich den Kampf gegen die Jungs aus Barbis. Das Treffen mit ihnen war an den Westersteinen vereinbart worden.

Mit Knüppeln, Ketten, Pfeil und Bogen bewaffnet zogen wir am verabredeten Tag und Stunde zum Kampfgebiet. Vorrangig galt es mit lautem Gebrüll und Geschick die Jungs der Gegenseite gefangen zu nehmen. Dieses Mal war die Auseinandersetzung kurz, denn bald neigte sich dichter Nebel auf Wald und Wiesen. Trotz des eingeschränkten Kampfgeschehens waren alle Teilnehmer erschöpft und froh darüber, das Trompetensignal zu hören, welches das Ende der Kampfhandlungen anzeigte. Nun trafen sich die Anführer der Kriegsparteien, um nach der Anzahl der Gefangenen den Sieger des diesjährigen Kampfes zu bestimmen. Nachdem der Austausch „Mann gegen Mann" abgeschlossen war, begann ein Palaver über die Bedingungen des Freilassens der restlichen Gefangenen. Verhandelt wurde über Sachleistungen. Hierzu gehörten das Aushändigen gewaschener Kartoffelsäcke, Schwanzfedern von Puten sowie Hühnereier und Speck. Aus den Säcken bastelten wir Indianerkostüme und aus den Federn den passenden Kopfschmuck dazu. Mit den Eiern und dem Speck bereitete man ein Omelett zu, welches sich die Kriegsräte der Dörfer beim gemeinsamen Rauchen der Friedenspfeife schmecken ließen.

Die Beschaffung der Dinge konnte leicht erledigt werden. Die Puten liefen auf den Bauernhöfen und teilweise auf den Straßen unbewacht umher und ließen sich einfangen. Maximal zwei Federn durften ihnen gezogen werden. Die Säcke waren nach der Kartoffelernte gewaschen und hingen zum Trocknen derzeit über den Zäunen der Gehöfte. Eier waren in den Hühnerställen zu finden und Speck in den Speisekammern der Bauern. Dieses Mal gewann Bartolfelde.

Entscheidung in der Grundstückssache

Nach einer längeren Phase der Ungewissheit kam Hoffnung bei unserem Vater auf, als sich im Frühjahr 1952 die Gemeinnützige Kreiswohnungsbaugesellschaft mbH meldete. Sie teilte mit, dass sie von der Landesbehörde beauftragt worden sei, sechs Doppelhaushälften im Siedlungsgebiet Eichholz für schwer kriegsbeschädigte und/oder heimatlose Bedienstete zu bauen. In dieses Bauprogramm wäre auch unsere Familie aufgenommen worden und selbstverständlich dürften wir das gepachtete Grundstück behalten. Als zukünftiger Nachbar stellte sich ein Arbeitskollege des Vaters aus dem Finanzamt Herzberg vor. Wie wir, benötigt er als Heimatvertriebener dringend Wohnraum für seine Ehefrau, vier Kinder und die Oma. Unsere neuen Belange regelte der Vertrag No. 301 der Urkundenrolle für 1952.

Der Baubeginn für das Wohnhaus sollte zur Jahresmitte 1952 stattfinden. Nun war unsere Familie nicht mehr zu halten, auf dem Grundstück tätig zu werden. Während unsere Mutter das Gartengelände säuberte, zäumten Vater und ich das Grundstück ein. Auch bauten wir mit Unterstützung von Onkel Wilhelm auf einer Grundfläche von 6 mal 4 Metern einen Stall. Den Beton für die Fundamentgräben mischten wir aus dem gesiebten Aushubmaterial und dem Bindemittel Zement. Während die Außenwände mit den großen Hohlblocksteinen schnell gemauert waren, fehlte das Geld für die Herstellung der Deckenbalken und der Dachsparren. Onkel Wilhelm schlug vor, das notwendige Bauholz auf dem Gebiet der Ostzone zu fällen und die Stämme mit Pferden in die Westzone zu ziehen. Bei seinen Spaziergängen entlang der nahen Zonengrenze hätte er nie ostzonale Grenzstreifen angetroffen. Der Plan wurde angenommen, Schnaps und Zigaretten an die Grenze mitgenommen. Das Fällen und Ausästen der Fichten gingen den Männern schnell von der Hand, doch der Bauer streikte. Sein Mut hatte ihn verlassen, mit seinen Pferden die Grenze zu passieren und die Stämme an Ketten in den Westen zu ziehen. Folglich schnitten Onkel und Vater die Stämme vor Ort auf Decken- oder Sparrenlänge und zogen sie mit Menschenkraft über die Grenze. Das Aufladen des Holzes auf den mitgebrachten Wagen des Bauern war unter Anleitung des Onkels – dem Förster – eine Leichtigkeit. Bald hatte das ortsansässige Sägewerk das Bauholz und die Latten für die Dacheindeckung geschnitten und zur Baustelle angeliefert. Alte Dachziegel konnten nach der Dachsanierung am Herzberger Schloss günstig erworben werden. Umgehend nach Fertigstellung des Stalls zimmerten der Vater und ich das Bienenhaus als seitlichen Anbau an den Stall aus Holz.

Einzug in unser neues Heim

Beglückt waren wir, als endlich die Baufirma anrückte, um unser Haus zu bauen. Es dauerte nicht lange, bis wir mit dem zwischengelagerten Aushub die Arbeitsräume des fertig gestellten Kellergeschosses verfüllen konnten. Nach der Einebnung der Hoffläche bauten der Vater und ich entlang der Grenze zum Nachbarn einen Schuppen. Er reichte zwischen der Kellertreppe bis zum gemauerten Stall. Währenddessen bestellte unsere Mutter den Garten, wobei überwiegend Kartoffeln und Gemüse angebaut wurden.

Endlich waren die Bauarbeiten am Wohnhaus so weit fertig, dass wir weitere Eigenleistung erbringen konnten. Die Genossenschaft hatte neben den Lackierarbeiten der Fenster, Türen und der Holztreppe nur das Weißen der Wände und Zimmerdecken zu erbringen. Weiterführende Arbeiten, wie das Tapezieren der Wände, mussten wir übernehmen. Absprachegemäß sollte das Haus zum 1. Dezember 1952 bezugsfertig sein. Kurz vor dem geplanten Einzug ließ sich unser Vater vom Bauunternehmen die Fertigstellung des Hauses bestätigen.

Am Samstag, den 29. November 1952 früh morgens wurde unser Handwagen gepackt; zuerst wurden die beiden Bienenstöcke geladen. Bald fanden auch die in Bartolfelde angeschafften Dinge ihren Platz auf dem Karren. Es war kalt und als der Treck sich nach Herzberg in Bewegung setzte, sah man nur glückliche

Gesichter. Unmut aber kam bei mir auf, als unser Bruder Rudi auf dem Wagen sitzen wollte. Da der volle Wagen von unserem Vater und mir zu ziehen war, lehnte ich Rudis Wunsch konsequent ab. Rudi war inzwischen zehn Jahre alt. Das Mitfahren erlaubte ich nur, wenn es bergab ging. Allein unser kleiner Bruder Wilfried durfte im Kinderwagen sitzen, den die Christa schob. Unsere Mutter fuhr mit dem Fahrrad und half, bergauf den Wagen zu schieben. Der gepackte Wagen offenbarte erneut unsere Armut.

Abbildung 24: Unser neues Heim als rechte Doppelhaushälfte, 1957

Angekommen im neuen Heim stellten wir fest, dass alle Türen im Gebäude und teilweise die Fußbodenbeläge in den Wohnräumen fehlten. Die Bodenverleger beklagten, dass sie wegen der herrschenden Kälte im Haus kein Linoleum auslegen konnten. Mit Wolldecken verhängten wir die Haustür und die Korridortür und stellten im Wohnzimmer einen Ölofen auf. Inzwischen hatten wir Kinder die uns zugeteilten Zimmer aufgesucht. Uns älteren Geschwistern machte die Enge der 44 qm großen Erdgeschosswohnung bewusst, dass diese nicht die Wohnverhältnisse bieten konnte, die wir von der 90-qm-Wohnung in Namslau gewohnt waren. Auch nicht vergessen konnten wir die Schwierigkeiten unserer Eltern, die ihnen von Fremden auf dem Weg zu diesem Eigenheim bereitet worden waren. Die Wohnfläche teilte sich auf in: 4,3 qm Flur, 13,6 qm Wohnzimmer, 10,4 qm Elternschlafzimmer, 7,4 qm Kinderzimmer, 5,1 qm Küche und 3,2 qm WC. Während Rudi und ich in das Kinderzimmer einziehen durften, stand Christa und Uschi eine kleine Dachkammer im Obergeschoss von 5,4 qm zur Verfügung. Die Anschrift unseres Hauses lautete Schlossblick Nr. 57. Plangerecht lieferte man zum Einzug die wenigen zugekauften Möbel aus.

Weiter in das Obergeschoss einziehen sollten die Großeltern Daniel und Marie Giesler, ihre Tochter Ottilie Jansen mit ihren vier Kindern und Schwiegervater Jansen. Ihre Flucht mit dem Planwagen endete auf einem Bauernhof im Bayerischen Wald nahe der Stadt Furth im Wald. Der Bauer dort war offensichtlich mehr an den mitgeführten Pferden als an der Familie interessiert. Besorgt musste der Großvater Giesler mit ansehen, wie seine Pferde für das Holzrücken im Wald eingesetzt wurden. Als diese an der schweren und ungewohnten Arbeit verstarben, sollen Feindseligkeiten des Bauern gegen unsere Verwandtschaft aufgekommen sein. Mit der Aufnahme seiner Eltern und der Familie seiner Schwester Ottilie in unser Haus wollte unser Vater beginnenden Schikanen ein Ende bereiten.

Wohl erst nach einer Woche und mit dem Einbau der Türen und Fußböden machte der Ofen langsam die Wohnung warm. Das Weihnachtsfest nahte und ich hielt im nahen Wald Umschau nach einem Weihnachtsbaum. Er konnte stubenhoch sein und seine Zweige weit ausstrecken, denn unsere Wohnstube war nur mit einem großen Esstisch, acht Stühlen und einer niedrigen Kommode möbliert. Christa half mir, die erwählte Tanne im Wald zu fällen, im Wohnzimmer aufzustellen und zu schmücken. Trotz unserer Bemühungen, dem Weihnachtsbaum den Glanz der alten Heimat zu verleihen, fielen sein Schmuck sowie das Festtagsessen und die Weihnachtgeschenke eher mager aus. Etwas später kauften die Eltern mit dem restlichen Baugeld eine Couch, zwei Sessel und einen Couchtisch.

Im März 1953 nach dem Einzug der Großeltern und Tante Ottilies Familie in das Obergeschoss wurde es richtig eng und lebhaft im Haus. Die Wohnfläche des Hauses von insgesamt 85,0 qm teilten sich nun 15 Personen. Um die Möbel der Großeltern in dem Raum unterzubringen, in welchem Rudi und ich bisher schliefen, musste mein Bett abgebaut werden. Die Großeltern brachten einen kleinen Kleiderschrank, ein breites Bett, einen Tisch und zwei Stühle mit. Für mich gab es die Wahl, entweder mit Rudi in einem Bett zu schlafen oder mir auf dem Spitzboden des Hauses ein Nachtlager vorzubereiten. Ich entschied mich für das „luftige Schlafzimmer". Dieses begrenzt durch die Dachsparren, die Lattung und die lose aufgelegten Dachziegel bot genügend Schlitze, durch die ich die Sterne und den Mond sehen und den Geräuschen der Nacht folgen konnte. Lediglich bei starkem Frost, wenn Schnee die Bettdecke bedeckte und mein Atem zu Eis erstarrte, zog ich es vor, meinen Schlafplatz im Keller auf den Einkellerungskartoffeln einzurichten.

Führerschein Klasse vier

Im Frühjahr 1953, nachdem ich die Schule von Bad Lauterberg verlassen hatte, besuchte mich mein Freund Moppel aus Bartolfelde. Er berichtete, dass auch seine Familie aus dem Ort wegziehen würde. Sein Vater, der Polizist, hatte sich auf eigenen Wunsch versetzen lassen. Moppel versprach, unsere Freundschaft zu erhalten, und übergab mir zur Erinnerung die Adler 98, in die wir gemeinsam Zeit und Geld investiert hatten. Mit dieser Maschine war für mich der Moment gekommen, geordnete Verhältnisse zu schaffen.

Das Krad brachte ich auf den neusten Stand, stattete es mit einem Sozius aus und ordentlich geputzt fuhr ich am 7. März 1953 zur Kreisverwaltung in Osterode am Harz. Hier wollte ich den Führerschein ablegen und das Motorrad für den Straßenverkehr anmelden. Die Führerscheinprüfung der Klasse vier hatte ich nach vier richtig beantworteten Fragen bestanden.

Der Prüfer befragte mich nach dem Abstand der Barken zum Bahnübergang, zu den Vorfahrtsregeln nach Beschilderung, zur Vorfahrtsregel „rechts vor links" und letztlich hatte ich den Sinn einer Verkehrsampel zu erklären. Sie hing zu jener Zeit mittig über der Straßenkreuzung und zeigte nur die Farben grün und rot an. Es folgten die technische Abnahme des Motorrads und das Anbringen des amtlichen Nummernschildes. Auf eine Fahrprüfung verzichtete der Prüfer, als ich ihm über den Zusammenbau des Krads und meine vielen Probefahrten erzählte. Es erfolgte der Hinweis des Beamten, dass das Motorrad beim Finanzamt noch anzumelden sei. Als ich erwähnte, dass mein Vater Finanzbeamter in Herzberg sei, war auch dieser Punkt schnell abgehakt. Übrig blieb seine Frage nach einer Kfz-Versicherung. Der Beamte bot mir an, die Versicherung bei ihm abzuschließen, was ich auch tat. Der ganze Akt bei der Zulassungsstelle dauerte weit weniger als eine Stunde und kostete 14 DM in Wertmarken.

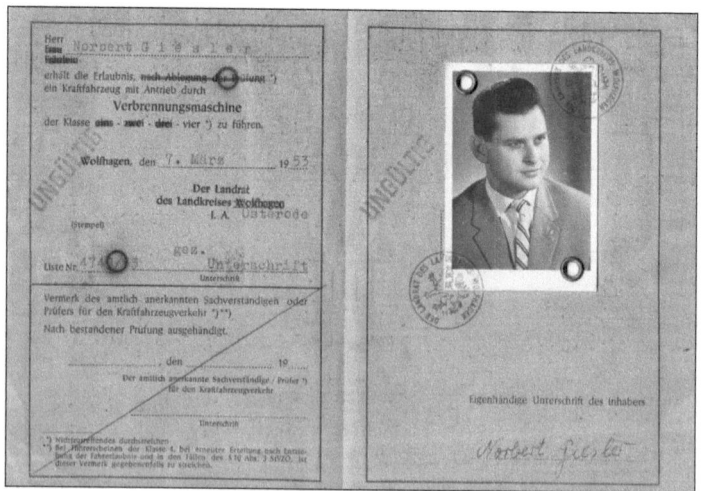

Abbildung 25: Mein Führerschein der Klasse vier

Meine Zeit in der Realschule Herzberg

Wie erwähnt, wechselte ich zu Beginn des neuen Schuljahrs 1953 von der Mittelschule zu Bad Lauterberg in die „Gehobene Abteilung der Gemeinschaftsschule zu Herzberg". Hier kam ich in eine reine Jungenklasse. Dieser Übergang verlief eher holprig, denn wieder hatte ich bei einem Fräulein Englischunterricht. Während mein Englischlehrer in Bad Lauterberg meine Leistungen mit „befriedigend" bis „ausreichend" beurteilt hatte, fand sie meine Sprache unmöglich. Von mir unsauber ausgesprochene englische Vokabeln konterte sie mit unfeinen und verletzenden Bemerkungen. Insbesondere einheimische Mitschüler eiferten ihr nach und überboten sich mit rüden Sprüchen gegen mich. Weitere Mitschüler störten sich weniger an meiner Aussprache, sondern eher daran, dass ich wieder einer von den Flüchtlingen und Habenichtsen sei.

Einige dieser Hetzer lauerten mir auf und wollten mich verprügeln. So entschloss ich mich, das Boxen zu erlernen, und besuchte den Unterricht eines Sportstudenten, der in der Turnhalle Boxen und Judo anbot. Im Ring hatte ich einige Kämpfe gut überstanden, bis mich ein heftiger Schlag auf die Nase traf und ich zu Boden ging. Es gab einen Bruch meines Nasenbeins, der mich von der Boxer- in die Judoabteilung wechseln ließ. Meine sportlichen Aktivitäten blieben den Kontrahenten nicht verborgen. Es reduzierte sich die Anzahl der Hetzer und ich gewann neue Freunde unter den Mitschülern und im Ort. Doch auch hetzten Unverbesserliche weiter.

Musik hörte ich gern, hingegen interessierte mich das Lernen von Noten überhaupt nicht. Der Musikunterricht fand in der Aula statt, an dem jeweils zwei Jungen- und zwei Mädchenklassen teilnahmen. Mit stets gleicher Förmlichkeit betrat der Musiklehrer den Saal, rief nach mir und schickte mich nach draußen. Offensichtlich war mein Gekrächze derart schlimm, dass er auf meine Anwesenheit gern verzichtete. Um die Doppelstunde nicht allein auf dem Schulhof verbringen zu müssen, hatte ich im Schulgebäude unter der Treppe einen Ball versteckt.

Auf dem Schulhof mit dem Ball in der Hand reichte es, mehrmals laut „Tor, Tor, Tor" zu rufen. Anderen Mitschülern war dadurch eingefallen, dass sie sich im Stimmbruch befinden. Bald reichte die Anzahl der Jungs, um für das Fußballspiel auf dem Schulhof zwei kleine Mannschaften aufstellen zu können.

Klassenfahrt nach Dassel

Im Juni 1953 stand eine Klassenfahrt nach Dassel an. Es sollte eine Fahrradtour von knapp 100 km Länge werden. Als Ziel nannte man ein Jugendheim außerhalb der Kleinstadt. Natürlich wollte ich diese Fahrt nicht mit dem Fahrrad, sondern mit meinem Krad ausführen. Zum vereinbarten Treffpunkt fuhr ich spät hin, um den befürchteten Wechsel der Räder aus Zeitmangel zu unterlaufen. Doch unser Klassenlehrer war über mein Erscheinen auf dem Krad eher erfreut als ungehalten und bat mich, mit meiner Adler 98 die Nachhut zu bilden. Er konnte mit seiner NSU Max voranfahren und für die Radfahrer den besten Weg erkunden. Das anfängliche Lästern der Mitschüler verstummte, als der eine oder andere eine Fahrradpanne erlitt. Fix konnte ich für ihn Flickzeug besorgen und beim Reifenflicken helfen. Auch ließ sich die entstandene Distanz zur weiterfahrenden Gruppe schnell überwinden. Er auf dem Fahrrad und mit einer Hand am Sozius meines Krads holten wir bald die Gruppe ein. Ganz besonders böse traf es einen Mitschüler, der auf freier Strecke auf einen größeren Stein fuhr und mit dem Rad stürzte. Das Vorderrad war verbogen, der Fahrradmantel gerissen und der geplatzte Schlauch nicht mehr zu flicken. Während die Mitschüler pausierten, fuhren wir mit dem Krad – der Pechvogel mit dem beschädigten Rad auf dem Sozius – nach Moringen zu einer Fahrradwerkstatt. Hier verstand man unsere Not und reparierte das Rad in Windeseile, sodass wir alsbald zum Lagerplatz unserer Mitschüler zurückkehrten.

Nach Stunden auf unseren Rädern trafen wir voller Erwartung im anvisierten Jugendheim ein. Dieses bestand aus mehreren

Holzbaracken, die in eine hügelige Landschaft eingebettet waren. Im Nahbereich schloss sich das Gelände eines Pferdegestüts an. Außer Wiesen, Äckern und einem kleinen Wäldchen gab es hier nichts zu erkunden. Zum Städtchen Dassel waren es knapp vier Kilometer zu gehen. Die Benutzung des Fahrrads schloss sich aus, da die Straße von Dassel zum Heim für das Radeln zu steil war. Ähnlich mies, wie sich das Jugendheim und seine Anlagen darstellten, war das dortige Essen. Die Köchin konnte offensichtlich nur Nudeln oder Grieß mit Milchpulver und Wasser zubereiten. Blieb nach den Mahlzeiten dieses Gemenge übrig, gab sie Vanillepulver dazu. Neu aufgekocht reichte sie den Brei als Abendmahlzeit. Ihr letzter Versuch, die Pampe an die Schüler zu bringen, bestand darin, ihr durch das Einrühren von Kakaopulver ein anderes Aussehen zu geben. Zudem waren die Rationen zum Frühstück und Abendessen derart eng bemessen, dass der Hunger unser stetiger Begleiter wurde. Wer Geld hatte, kaufte sich in Dassel Schokolade, Kekse, Obst oder sonstige Esswaren. Wer zum Laufen in die Stadt zu faul war, konnte bei mir eine Mitfahrt auf dem Krad erwerben.

Eines Abends kam der Leiter des benachbarten Gestüts zu uns und fragte, ob Mitschüler ihm morgen bei der Heuernte helfen möchten. Neben einem guten Essen versprach er ein kleines Taschengeld. Zwei Mitschüler und ich nahmen das Angebot freudig an. Wir waren Flüchtlinge und kannten die anstehenden Arbeiten aus unserer Heimat. Dem Vorarbeiter gefiel unsere umsichtige Feldarbeit, sodass wir neben dem Abendessen auf dem Hof einen üppigen Geldbetrag und zum Mitnehmen noch Wurst und Brot bekamen. Eigentlich waren wir satt, trotzdem stellten wir einen Tisch vor unsere Baracke und bereiteten alles für ein fingiertes Abendessen vor. Geduldig warteten wir auf die Rückkehr der Mitschüler, die eine Fahrradtour unternommen hatten. Einer von uns holte aus der Küche eine große Kanne Tee und dann wurden auf dem Tisch das verdiente Bauernbrot und die Würste ausgebreitet. Die Kommentare der Ankommenden zeigten eher Neid als Anklang für unsere Feldarbeit. Unsere Antwort hieß: Ohne Fleiß kein Preis!

Fast am Ende unsere Schulfreizeit in Dassel, am 17. Juni 1953, hörten wir im Radio vom Streik der Bauarbeiter in der Ost-Berliner Stalinallee, der sich danach in der ganzen DDR ausbreitete. Insbesondere der Einsatz sowjetischer Truppen und Panzer zur Niederschlagung der Proteste bereitete uns Flüchtlingen große Sorgen. Im Gegensatz zu den Einheimischen waren uns Kriegshandlungen und deren Folgen sehr vertraut. Wir wollten diese Zeiten nicht noch einmal erleben.

Abbildung 26: Unser fingiertes Abendessen nach der Feldarbeit in Dassel

Umzug in den Schulneubau

Nach den Herbstferien stand der Umzug in den Schulneubau in der Heidestraße an. Inzwischen lagen Ablehnung und Zustimmung zu meiner Person dicht nebeneinander. Geholfen haben mir meine Kenntnisse in der Mathematik. Für unseren Klassen- und Mathelehrer wurde ich bald zur Messlatte seines Unterrichts. Er hatte erkannt, dass mich Hausarbeiten nur interessierten, wenn ihre Lösungen einen gewissen Anspruch erfüllten. Aufgaben im Mathebuch, die ich im Kopf rechnen konnte, lohnten sich für mich nicht aufzuschreiben. So kam es dazu, dass der Lehrer zunächst nach meinen Hausaufgaben fragte. Konnte ich diese nicht vorweisen, wollte er die Lösungen der Hausaufgaben der anderen Schüler sehen. Antwortete ich hingegen: „Ja, ich habe die Aufgaben gelöst", begann er damit, den Unterrichtsstoff der letzten Stunde zu wiederholen. Ihm war es wichtig, dass alle Schüler auch schwerere Aufgaben lösen konnten.

Nicht nur meine Mathekenntnisse, sondern auch die Kradtouren mit meinem Freund Moppel auf den Dienstmaschinen unserer Väter erzeugten Neid unter einigen Mitschülern. Dieser verstärkte sich, als unser Klassenlehrer von unseren Rundfahrten hörte und mir anbot, seine NSU Max zu pflegen und kleinere Reparaturen auszuführen. Für getane Arbeit durfte ich seine Maschine innerhalb der Stadt fahren.

Moppels Besuche reduzierten sich. Er hatte es wohl aufgegeben, um meine Liebe zu werben. Wenige Jahre später hörte ich bei einem Klassentreffen der Bad Lauterberger Schule, dass Moppels homosexuelle Neigung ihn zum Trinker werden ließ und er an dieser Sucht verstarb. Mit ihm verlor ich einen treuen Freund. Neue Freunde, auch außerhalb der Schule, lernte ich in Herzberg bei meinen sportlichen Aktivitäten kennen. Auch reduzierten sich die banalen Attacken einheimischer Mitschüler gegen uns Flüchtlinge und Aussiedler. Nur ein Schüler, genannt „Bimbo", konnte seinen Hass gegen mich nicht bändigen. Er meinte, etwas Besonderes zu sein, weil seine Tante als Volksschullehrerin unterrichtete. Wahrscheinlich hoffte er, seinen eher kleinen Wuchs mit verbalen Beschimpfungen wettmachen zu können. Auch dürfte es ihn gewurmt haben, dass ich die vier Kilometer zum Schwimmbad nach Lonau mit eigenem Krad fuhr und den einen oder anderen Mitschüler auf dem Sozius mitnahm. Da die Straße vom Schwimmbad bis nach Herzberg stets bergab verlief, durften auf der Heimfahrt bei langsamer Fahrt zusätzlich zwei Mitschüler auf den Fußrasten meines Motorrades stehen. Mein Kontrahent hingegen musste beide Strecken zu Fuß gehen.

Da Bimbo, drei weitere Mitschüler und ich den gleichen Schulweg hatten, kam es an einem regnerischen Tag zwischen uns beiden zu einer handgreiflichen Auseinandersetzung. Er fing an, mich zu schubsen und mit einem seiner Füße Schlamm aus einer Pfütze gegen mich zu schleudern. Aus Angst, er würde meine einzige Kleidung für den Schulbesuch besudeln, forderte ich ihn auf, diese Unart zu unterlassen. Aufgrund seines Hochmutes überhörte er diese Warnung und lachte mich nur aus. Einem weiteren Versuch, mich mit Dreck zu treffen, konnte ich gerade noch ausweichen. Spontan packte ich Bimbo und stellte ihn mit beiden Füßen in die Pfütze. Die Sache sah ich damit als erledigt an. Er aber wurde noch wütender und führte seine Schlammangriffe gegen mich fort. Als einige nasse Erdbrocken mich trafen und meine Schulkleidung beschmutzten, verpasste ich ihm eine kräftige Ohrfeige. Er ging in die Knie und seine Nase blutete etwas.

Zu Hause erzählte er seiner Mutter, ich hätte ihn grundlos verprügelt. Da er mit seiner Mutter direkt am städtischen Krankenhaus wohnte, brachte sie ihn zur Untersuchung in die Klinik. Auch ich erzählte zu Hause über diesen Vorfall. Unser Vater setzte sich mit Bimbos Mutter in Verbindung und übernahm die Krankenhausrechnung. Mir gefiel die Begleichung der Rechnung nicht, war Bimbo doch selbst schuld an der Ohrfeige. Während die Klassenkameraden Christoph und die Brüder Paul und Peter mich weiterhin auf dem Schulweg begleiteten, wählte Bimbo vorübergehend einen anderen Weg.

Wenige Tage später erzählte mir unser Klassenlehrer, dass Bimbos Tante, die Lehrerin an der Volksschule in der Junkernstraße, bei unserem Rektor voller Eifer meine Entlassung aus der Realschule fordern würde. Sie behauptete, während ihres Unterrichts hätte ich einen größeren Stein durch das offene Fenster des Klassenraums geworfen. Dieser Stein hätte ihren Kopf nur knapp verfehlt. Als sie aus dem Fenster schaute, hätte sie mich auf der Kirchgasse weglaufen sehen. Ihren Schülern zeigte sie zum Beweis einen Stein, den sie gerade vom Boden des Klassenraumes aufgehoben hätte.

Zur Klärung der Angelegenheit lud der Rektor mich und meine vier Wegbegleiter in sein Büro. Ich berichtete über die fast täglichen Beschimpfungen von Bimbo, die ich als Flüchtlingskind zu erdulden hätte. Meine drei anderen Weggenossen erzählten über die Schlammattacke von Bimbo und die Ohrfeige, die ich ihm gab. Ein Steinwurf, wie die Lehrerin ihn beschrieb, wurde von ihnen vollkommen ausgeschlossen. Sie würden täglich mit mir den gleichen Schulweg gehen und hierbei wäre es nie zu einem Steinwurf gekommen. Dem Rektor berichteten sie ferner über meine sportlichen Leistungen. Ich könnte beim Kugelstoßen wohl Weiten erzielen, die nicht mehr auf dem Wertungsbogen für Jugendliche vermerkt seien, wäre aber außerstande, einen leichten Schlagball weiter als 36 m zu werfen. Mit dieser Wurfweite könnte ich von der Kirchgasse aus gerade den Sockelbereich des Gebäudes erreichen, aber keinen Stein durch das offene Klassenfenster im dritten Stockwerk werfen. Etwas später nach der Befragung der Mitschüler wurde ich nochmals zum Rektor bestellt. Seine Fragen beantwortete ich wahrheitsgemäß und erklärte ihm, dass ich Bimbos Tante überhaupt nicht kenne. Weder wüsste ich, in welchem Klassenraum, noch, zu welcher Stunde sie unterrichten würde. Der Rektor beendete seine Befragung mit der Ermahnung, nächstes Mal nicht mehr so kräftig zuzuschlagen.

Bimbo hingegen erzählte dem Rektor seine Lügengeschichte und glaubte an meine Bestrafung. Doch der Rektor verwarnte ihn. Sollte er seine Hetzerei gegen Heimatlose und Verfolgte nicht aufgeben, müsste er bestraft werden. Als ich zu Hause über diese erfundene Anschuldigung berichtete, setzte sich unser Vater mit dem Rektor in Verbindung. Er gab dort zu verstehen, sollte diese Hatz gegen mich nicht enden, würde er eine polizeiliche Untersuchung des „Steinwurfs" veranlassen. Als Bimbos Tante davon erfuhr, räumte sie beim Rektor ein, dass ihre Geschichte frei erfunden sei. Sie wollte mir nur einen Denkzettel verpassen. Letztlich hörte man, dass die Lehrerin disziplinarisch bestraft worden sei.

Nicht verhindern ließ sich, dass unsere Englischlehrerin, die mit Bimbos Tante gut befreundet war, plötzlich meine Leistungen äußerst negativ bewertete. In einer Zeugniskonferenz soll sie sogar erwähnt haben, mit einer Fünf in Englisch, der damals schlechtesten Note, meine Versetzung in die Abschlussklasse verhindern zu wollen. Mein Klassenlehrer soll geantwortet haben, dann gebe ich ihm eine Eins in Mathe und seine Versetzung ist gesichert. Ein solcher interner Machtkampf zwischen den beiden Lehrkräften soll auch über die Benotung anderer Schüler geführt worden sein.

Klassenfahrt nach Hamburg

Nach den Sommerferien 1954 kündigte der Klassenlehrer eine Fahrt mit uns nach Hamburg an. Sie sollte sieben Tage dauern. Vier Tage davon waren für den Aufenthalt in der Jugendherberge „Stintfang" vorgesehen, danach sollte umgezogen werden in ein Jugendfreizeitlager in Langenfelde. Als Programmpunkte standen eine Hafenrundfahrt sowie Besuche der Park- und Gartenanlage *Planten un Blomen* und der Operette „Der Vogelhändler" von Carl Zeller an. Ebenfalls sollte es Stippvisiten zur Reeperbahn bei Nacht und des Fischmarktes geben. Auch lag eine Einladung der Esso-Raffinerie vor. Für die Hin- und Rückfahrt sowie die weiteren Unternehmungen in Hamburg stand uns ein Reisebus zur Verfügung.

An einem Freitagmittag reisten wir in Hamburg an und der Einzug in die Jugendherberge gestaltete sich anders als gedacht. Man sagte uns dort, wir seien zu früh. Unsere Zimmer wären noch nicht hergerichtet und wir hätten bis 18.00 Uhr zu warten. Folglich zog der Lehrer den Besuch von Planten un Blomen vor. Uns sollte damit Gelegenheit geboten werden, unsere Füße nach der langen Anfahrt zu vertreten. Im Park, just in dem Augenblick, wo der Lehrer uns Uhrzeit und Ort der Abfahrt zur Jugendherberge bekannt gab, hatte ich Augenkontakt zu einer jungen Frau. Wie durch unsere Blicke gefesselt, gingen wir aufeinander zu. Stundenlang spazierten wir durch die Anlagen, redeten viel und vergaßen die Zeit und das Umfeld. Es dunkelte bereits, weder Mitschüler noch andere Besucher waren im Park zu sehen. Hektik kam bei mir nicht auf, kannte ich doch das Ziel unserer Klassenfahrt. In Begleitung meiner neuen Bekanntschaft Fräulein Addi erreichten wir die Jugendherberge Stintfang, die oberhalb der Landungsbrücken lag.

Kaum hatte ich den Aufenthaltsraum der Herberge betreten, bedrängten meine Mitschüler mich und stellten Fragen um Fragen. Auf jeden Fall hatten sie bereits eine Bestrafung für mich erdacht. Zur Auswahl standen das Schuhputzen für alle Mitschüler oder Küchendienst für die Zeit des Aufenthaltes in Stintfang. Da mir das Essen in der Küche näher lag als die erniedrigende Arbeit des Schuhputzens, wählte ich den Küchendienst. Zudem wurde mir erschwerend die Aufgabe übertragen, täglich drei unwillige Mitschüler für den Kücheneinsatz zu gewinnen. Doch anstatt der Strafe war mir das Glück erneut hold.

Abbildung 27: Fräulein Addi aus Hamburg

Abbildung 28: Ich, im Anzug meines Vaters

In die Jugendherberge stürmten Japanerinnen, die unserer Altersgruppe entsprachen. Mitschüler wollten mit den Mädchen anbandeln, doch dieses gestaltete sich eher schwierig. Durch den Küchendienst, in den auch vier Japanerinnen eingebunden waren, vollzog sich eine Kontaktaufnahme zu ihnen wesentlich einfacher. Bald setzte unter den Mitschülern ein Wettstreit ein, wer am nächsten Küchendienst teilnehmen darf. Damit ich bevorzugt den einen oder anderen Mitschüler als Küchenhelfer auswählte, wurde mir für diesen Dienst Obst oder Nachtisch angeboten. Diese Zuwendungen interessierten mich nicht. Ich schickte immer vier Mitschüler in die Küche und befreite mich so vom Küchendienst. Die gewonnene Zeit nutzte ich, um mich mit meiner Flamme Addi vor der Jugendherberge zu treffen.

Ich glaube, wir hatten uns beide ernsthaft ineinander verliebt. Ihr gelang es, auch am Samstagvormittag bei unserer

Hafenrundfahrt bei mir zu sein. Während wir auf dem Boot ein stilles Plätzchen zum Kuscheln fanden, beeindruckten die Mitschüler die Größe des Hafens, der Werften und der Schiffe sowie deren Be- und Entladung. Da am Abend der Operettenbesuch anstand, hatten sich einige Mitschüler bereits piekfein für dieses Ereignis angezogen. Doch auf der Hafenrundfahrt zeigte sich, dass die festliche Kleidung hier völlig unpassend war. Durch das Schaukeln der Barkasse auf dem bewegten Elbwasser erreichte uns mancher Wasserspritzer, der die Anzüge feucht werden ließ. Bei einigen Mitschüler drehte sich der Magen, sodass das baldige Ende der Hafenrundfahrt ersehnt wurde. Noch bevor das Boot am Kai anlegte, sprang der Mitschüler Hermann von Bord. Doch sein Sprung war zu kurz und so landete er im öligen Hafenwasser. Zum Glück bewahrten ihn die eingerammten Holzpfähle vor der Kaimauer, die sogenannten Dückdalben, von einem schlimmeren Unheil mit unserem Boot. Sein guter Anzug aber war hin. Unsere Bemühungen, ihn neu einzukleiden, gestalteten sich schwieriger als erwartet. Für die Reise hatte jeder nur das Notwendigste an Kleidung mitgenommen und das Sonntagsgewand benötigte man selbst. Zu jener Zeit besaß ich nur eine Lederhose, die ich entweder mit Hemd oder Pullover trug. Für die Reise lieh mir mein Vater seinen besten Anzug. Während die Mitschüler – aus welchem Grund auch immer – keine Kleidung ausleihen wollten, bot ich Hermann meine Kluft an. Schnell ging es zur Jugendherberge, wo der Kleidertausch erfolgte.

Abends stand nun der Besuch des Operettenhauses an, welches sich auf der Reeperbahn im Nahbereich der Davidwache befand. Für den Operettenbesuch trugen die Damen meist lange Roben und die Herren dunkle Anzüge. Aus Sorge, dass Hermann wegen seiner Tracht bereits beim Einlass zurückgewiesen werden könnte, bildeten wir eine feste Gruppe und stellten ihn in die Mitte. In der großen Pause erwachte Hermanns Schelm. Er wollte sich nicht mehr hinter uns verstecken und stolzierte in meiner Lederhose durch die Gänge des großen Hauses. Alle Blicke waren nun auf ihn gerichtet. Über „unerhört" bis

„witzig" reichten die Bemerkungen der Besucher. Hermann genoss die Aufmerksamkeit und wollte meine Lederhose auch in den nächsten Tagen nicht mehr ausziehen. Am Sonntag ganz in der Frühe besuchten wir den Fischmarkt. Wie wir, drängte sich eine Vielzahl von Besuchern durch die engen Gänge. Neben den Früchten der Meere wurden auch Waren aus fremden Ländern angeboten. Was wir eigentlich suchten, waren Toiletten. Hiernach reizte es uns, die angebotenen Speisen zu kosten. Gestärkt ging es zur Besichtigung der Hauptkirche St. Michaelis und des Bismarckturms, wo das nachstehende Foto entstand.

Abbildung 29: Mitschüler und Klassenlehrer auf der Treppe des Bismarckturms in Hamburg

Der Nachmittag war frei für eigene Unternehmungen. Schnell eilte ich zu einem Telefon, um mich mit meiner Flamme Addi zu verabreden. Bei diesem Treffen versprachen wir uns, in Kontakt zu bleiben und uns regelmäßig zu schreiben. Für den Montag stand eine Stadtrundfahrt mit der Besichtigung des Hamburger Rathauses an. Danach war eine Schifffahrt zu einer Gastwirtschaft am Wedeler Elbufer geplant, wo ankommende und abfahrende Überseeschiffe entsprechend der Schiffsbeflaggung mit dem Abspielen ihrer Nationalhymne begrüßt wurden. Da eine weitere Schiffsfahrt einigen Mitschülern eher Unbehagen bereiten würde, brachte uns der Bus direkt in das Gartenlokal am Elbufer. Addi hatte auch diese Einladung angenommen und so konnten wir uns auch hier in den Armen halten.

Am Abend ging es auf die Reeperbahn, um das dortige Nachtleben zu studieren. Weniger an den Vergnügungslokalen interessiert, suchten wir für unseren Mitschüler Theo nach frei zugänglichen Spielautomaten. Er hatte in der Gastwirtschaft seiner Mutter an derartigen Automaten trainiert und konnte mit seinen Augen den kreisenden Elementen in den Geräten folgen. Er wusste, wann die entsprechenden Stopptasten zu drücken waren, um das Geld fließen zu lassen. Jetzt in Hamburg räumte er an verschiedenen Standorten wohl zwanzig Automaten durch seine eingeübte Technik leer. Von weiteren Automaten verjagten uns boxerähnliche Gestalten. Theo aber hatte bereits genügend Geld gewonnen, um uns auf der Reeperbahn einiges zum Essen und Trinken zu kaufen.

Am Dienstag stand der Auszug aus der Jugendherberge an. Wir hatten unsere Sachen in unseren Reisebus zu bringen, die Betten abzuziehen und die Zimmer zu säubern. Hiernach stand der Empfang in der Hauptverwaltung der Esso AG auf dem Programm. Es folgten Kurzreferate über die Erdölgewinnung, den Transport des Öls per Schiff nach Hamburg und die Aufarbeitung des Rohstoffs in der Raffinerie. Lediglich durch ein schmackhaftes Mittagessen unterbrochen, wurde weiter über die einzelnen Verarbeitungsschritte des Rohöls informiert. Ein betriebseigener Bus brachte uns zur Esso-Raffinerie, wo uns die einzelnen Schritte der Treibstoff- und Bitumengewinnung nähergebracht wurden.

Ermüdet von den vielen Vorträgen und der Werksbesichtigung, brachte uns am Abend unser Bus in ein auswärtiges Jugendlager. Dieses bestand vorwiegend aus Holzbaracken, die einen tristen und ungemütlichen Eindruck vermittelten. Der Komplex lag abseits einer Wohnbebauung. Freudig überrascht waren wir, als uns hier die Japanerinnen aus der Jugendherberge empfingen. Verständigen konnten wir uns in Deutsch oder Englisch. Am nächsten Morgen erkundeten wir die nähere Umgebung. Das Jugendlager war weiträumig angelegt und es gab eine strikte Trennung zwischen den Schlafbaracken der Mädchen und der Jungen. Im Abstand von wenigen hundert Metern befand sich eine Jugendstrafanstalt. Eine Kontaktaufnahme am Zaun mit den Jungs der Anstalt wurde uns per Lautsprecher untersagt. Deshalb waren wir erstaunt darüber, dass unser Klassenlehrer mit dem Direktor der Anstalt ein Fußballspiel zwischen Sträflingen und Schülern vereinbart hatte. Für das Spiel, welches am Nachmittag auf dem Sportplatz der Anstalt stattfinden sollte, suchte man fußballbegeisterte Mitschüler. Vor dem Spiel durften nur unser Lehrer und die elf Fußballer unserer Klasse das Anstaltsgelände betreten. Unsere Mannschaft erhielt von der Anstalt Trikots und Fußballschuhe.

Neben dem Spielfeld gab es Tribünen, auf denen ausgewählte Zuschauer der Anstalt das Spiel verfolgten. Wir und einige Bewohner des Jugendheimes hingegen durften vom Zaun aus dem Wettkampf ansehen. Wie die meisten derartigen Spiele endete auch dieses Treffen unentschieden. Gewonnen aber, so meine ich, haben beide Seiten. Die Gefangenen genossen eine Abwechslung vom alltäglichen Trott verbunden mit der Sehnsucht nach Freiheit und für uns gab es die Einsicht, nie als Gefangener in einer Haftanstalt landen zu wollen.

Bald verabredeten auch wir mit den Japanerinnen, dass wir sie bei Dunkelheit aufsuchen würden. Um bei unserem Ausflug nicht erwischt zu werden, stiegen wir durch das Fenster unseres Schlafraums nach draußen. Bekleidet in Schlafanzügen schlichen wir vorbei an den übrigen Baracken unserem Ziel entgegen. Wir erreichten das Barackenfenster der Japanerinnen und unterhielten uns am offenen Fenster. Doch nach wenigen Minuten erfasste uns der Lichtkegel eines Strahlers. Weitere Lichtkegel richtete man auf uns und bald waren wir von mehreren Wachleuten der Strafanstalt eingekesselt. Sie glaubten, wir seien ausgebrochene Schützlinge ihrer Anstalt.

Als wir den Wärtern glaubhaft erklärten, dass wir zu einer Schülergruppe gehörten, die in der Herberge einquartiert sei, wurde unser Lehrer herbeigeholt, um uns zu identifizieren. Ein Treffen mit den Japanerinnen am nächsten Tag blieb uns verwehrt. Bevor wir am Freitag die Heimreise antraten, stand der Besucht des Segelschulschiffs Pamir auf dem Plan. Ein Offizier der Marine bot uns eine ausgedehnte Schiffsbesichtigung. Sein Anliegen bestand darin, uns für die Ausbildung als Kadett zu gewinnen. Im September 1957 berichteten Medien dann allerdings über den Untergang der Pamir und den Verlust der gesamten Mannschaft.

Meine letzten Schultage

Nach unserer Hamburg-Fahrt verging die Zeit bis zur Schulentlassung im März 1955 wie im Flug. Für die anstehenden Abschlussarbeiten wurde in einigen Bereichen der Unterrichtsstoff des letzten Jahres wiederholt. Die Klassenarbeiten folgten und es gab Zeit, über die Zukunftspläne der einzelnen Schüler zu sprechen. Für mich stand fest, ich wollte Architekt werden. Zur Erfüllung der für das Studium gestellten Voraussetzungen hatte ich als Realschüler ein längeres Praktikum im Bauhandwerk oder eine abgeschlossene Berufsausbildung nachzuweisen. Ich entschied mich für eine Maurerlehre. Als unsere Englischlehrerin von meiner Ausbildung zum Maurer hörte, erwiderte sie hämisch, mehr wäre bei mir eh nicht drin. Das gleiche Berufsziel verfolgte unser Mitschüler Georg. Mein Freund Christian wollte Papieringenieur werden.

Am Tag der Schulentlassung, mein Abschlusszeugnis hatte ich gerade erhalten und nach Durchsicht der Benotung in meine Schultasche gesteckt, erschien die Englischlehrerin und fragte mich, welche Note ich wohl von ihr erwarten würde. In jener Zeit wurde nach dem Schlüssel 1 = sehr gut bis 5 = mangelhaft benotet.

In meinem Abschlusszeugnis hätte gemessen an meinen schriftlichen Arbeiten eine 3 minus und in Anbetracht meines oberschlesischen Akzentes im Mündlichen ein „ausreichend" stehen müssen. Doch erhalten habe ich die Gesamtnote „mangelhaft". Da sich für mich in dieser Zensur die Boshaftigkeit der Englischlehrerin bestätigte, erwiderte ich auf ihre Frage: „Mir wäre in Englisch auch eine Sieben als Zensur völlig egal." Wie vom Blitz getroffen rannte sie fort, um nach wenigen Minuten zurückzukehren. Jetzt verlangte sie, dass ich ihr mein Zeugnis aushändige. Doch welche Absicht sie auch hegte, etwas Gutes wäre es bestimmt nicht. Mit breitem Grinsen wandte ich mich von ihr ab.

In diesem Augenblick des Abschieds von den Mitschülern und der Schule sprudelten die Erinnerungen an unsere Klassenfahrt nach Hamburg. Meine Bekanntschaft Addi vermisste ich inzwischen sehr. Wie versprochen, schrieben wir uns zunächst regelmäßig, doch Entfernung und Zeit brachte uns zurück in die Realität. Von ihr habe ich dann nie wieder etwas gehört.

Meine Jugendzeit außerhalb der Schule

Nach dem Umzug in das eigene Haus beanspruchten der Schulbesuch und mein Sport nur eine geringe Zeit des Tages. Um den Nahrungsbedarf unserer Familie weiter gewährleisten zu können, wurde der 800 Quadratmeter große Garten ausschließlich zum Gemüse- und Obstanbau genutzt. Auf dem Hof wimmelte es von Hühnern, Enten, Gänsen und Tauben. Sie deckten mit den Schweinen im Stall unseren Fleischbedarf. Zur Beschaffung von Kartoffeln und Getreide pachteten unsere Eltern vier Morgen Ackerland von einem Bauern. Für die Feldbearbeitung stellte der Landwirt uns Pferde und Gerätschaften zur Verfügung. Als Gegenleistung für die Pacht und seine Unterstützung halfen wir bei seinen Ernten.

Da unser Vater und die Schwester Christa voll berufstätig waren und die entbehrungsreichen Jahre unserer Mutter gesundheitlich zu schaffen machten, war meine Hilfe überall sehr gefragt. Neben meinen zu erbringenden Stall- und Feldarbeiten oblag es mir, beim Wäschewaschen unserer Mutter zu helfen. Insbesondere fehlte ihr die Kraft, heiße Kochwäsche aus dem Waschkessel in die Waschmaschine zu heben. Diese bestand aus einem runden Holzbottich, der auf drei Stahlbeinen stand. Den Bottich verschloss man während des Waschvorgangs mit einem Holzdeckel. Da die Maschine keinen Motorantrieb besaß, musste ein an deren Achse horizontal befestigter Holzschwengel hin und her bewegt werden. Selbst mich kostete es Kraft, nach dem Waschvorgang aus dem Bottich die nasse Wäsche zu nehmen und ihr über eine Walzenpresse das Wasser zu entziehen. Hilfe benötigte unsere Mutter auch beim Aufhängen und der Befestigung großer Wäscheteile an den im Garten gespannten Leinen.

Den großen Kupferkessel in der Waschküche benutzten wir auch zum Anrichten des Badewassers für die Hausbewohner, bei der Hausschlachtung zum Kochen von Fleisch und Würsten sowie zum Einkochen von mit Obst und Gemüse gefüllten Weckgläsern.

Abbildung 30: Der selbst erbaute Stall
und der kleine Hof mit den Tieren

Aber auch die jüngeren Geschwister Uschi und Rudi hatten zu helfen. Sie mussten täglich frisches Gras für die Tiere herbeischaffen. Dies geschah in der Regel mit viel Unmut. Der Lohn für unsere Arbeit zeigte sich in den reichhaltigeren Speisen. Das Geld reichte nur zum Einkaufen der wichtigsten Dinge, meist ließen wir beim Lebensmittelladen anschreiben. Bezahlt wurde am Monatsende. Meine häuslichen Arbeiten, das Schwimmen im Sommer, der Box- und Judounterricht im Winter und das gute Essen ließen mich mit achtzehn Jahren zu einem Kraftprotz werden. Bei einer Körpergröße von 1,70 m brachte ich über fünfundachtzig Kilo auf die Waage. Besonders gefragt waren meine Kräfte in der Erntezeit, wenn vor unserem Haus ein Ackerwagen zum Entladen von Getreide- oder Kartoffelsäcken stand. Hierbei wog ein voller Getreidesack rund 65 kg und ein Kartoffelsack rund 55 kg. Unser Vater konnte mir beim Entladen nicht helfen, der Krieg und die englische Gefangenschaft hatten ihn zu einem kranken Mann gemacht. Während sich das Abtragen der Kartoffelsäcke in den Keller eher einfach gestaltete, häuften sich die Probleme beim Hochtragen der Getreidesäcke in den Spitzboden. Hier wurde das Getreide zum Trocknen ausgelegt. Der Weg zur Bodenluke führte über das Treppenhaus und eine ausziehbare Bodentreppe. Während ich mit schwerer Last oben auf der wackligen Bodentreppe stand, versuchte unsere Mutter, unterstützt von Uschi und Rudi, den vollen Getreidesack von meinem Rücken auf den Fußboden des Dachraums zu ziehen.

Ausflüge der ganzen Familie, insbesondere im Herbst, nutzten wir, um in den nahen Wäldern nach Beeren, Pilzen oder Bucheckern zu suchen. Zum leichteren Aufsammeln der Bucheckern legten wir Bettlaken um den Baumstamm. Anschließend kletterte ich in das Astwerk der Buchen und sprang so lange mit meinem Gewicht auf deren Ästen umher, bis es Eckern auf die ausgebreiteten Laken regnete. Die gesammelten Kerne tauschten wir im Forstamt gegen Gutscheine für Margarine ein.

Unser Haus, ein Familientreffpunkt

Die Aufnahme der Großeltern Giesler sowie des Opa Jansen und Tante Ottilies Familie in unserem Haus ließ es zum Treffpunkt für die Verwandtschaft werden. Deren Besuche und die beengten Wohnverhältnisse trugen dazu bei, dass wir Kinder für die Gäste unsere Betten räumen und auf Luftmatratzen auf dem Spitzboden schlafen mussten. Richtig voll im Haus wurde es im Dezember 1956 zum achtzigsten Geburtstag unseres Großvaters Daniel. Zur Feier durften sogar seine Kinder, also unsere Tanten und Onkel, aus der Ostzone anreisen – keine Selbstverständlichkeit zu der Zeit. Nicht dabei sein konnten aus gesundheitlichen Gründen Tante Anna und Onkel Wilhelm, der Revierförster. Onkel Karl, der Forstmeister, und unsere Oma Marie, geb. Plachta, waren bereits verstorben. Nach dieser Geburtstagsfeier zog sich unser Opa mehr und mehr in sein Kämmerchen zurück und starb am 31.7.1957.

Auf dem nachstehenden Foto der Geburtstagsfeier sind in der unteren Reihe von links nach rechts zu sehen: unser Vater, der Opa, Onkel August und, auf dessen Bein sitzend, unsere Mutter. Die obere Reihe beginnt mit dem Onkel Franz Kenner, Onkel Heinrich, unter dem Adventskranz stehe ich. Es folgen die Tanten Ottilie Jansen, Elisabeth, Ehefrau von Onkel August, und Marie Rübner, geb. Giesler.

Durch das Ableben unserer Großeltern und des Opa Jansen sowie die Heirat und den Auszug unserer Schwester Christa aus dem Haus lösten sich langsam die beengten Wohnverhältnisse auf. Das Zimmer der Großeltern teilten sich meine Brüder Rudi und Wilfried. Wilfried hatte bisher sein Kinderbett im elterlichen Schlafzimmer stehen. Mein Quartier im Spitzboden des Hauses wollte ich nicht aufgeben. Ich brauchte die frische Luft und die Sicht zum Himmelsgewölbe. Meine Hoffnung auf Veränderung bestand im Studium des Bauwesens in Kassel.

*Abbildung 31: Opa Gieslers 80. Geburtstag mit seiner
ganzen Nachkommenschaft*

Jobs während der Schulzeit

Die ständige Geldknappheit unserer Eltern erlaubte es nicht,
an uns Kinder ein Taschengeld zu zahlen. Wer Geld für private
Dinge ausgeben wollte, musste es sich vorher verdienen. Schü-
lerarbeiten fanden sich in den Sommer- und Herbstferien. Förs-
tereien boten Pflanzarbeiten zur Aufforstung von Kahlflächen
im Harz an. Die britischen Besatzer hatten fast den gesamten
Fichtenbestand fällen und das Holz nach Großbritannien ab-
transportieren lassen. Durch die Vermittlung einer Mitschü-
lerin, deren Vater die Försterei Königshof im Siebertal leitete,
fanden Mitschüler und ich in den Sommerferien 1953 für vier
Wochen Arbeit und Unterkunft im Landschulheim am Tiefen-
beek in Sieber. Im Quartier standen für uns Stockbetten zur
Verfügung. Man beköstigte uns dort und wusch unsere Wäsche.

Neben diesen Sachleistungen versprach man uns Geld, welches an unserer Leistung bemessen würde.

Die werktägliche Arbeitszeit begann um 7.00 Uhr. Ein VW-Bus brachte uns an den zu bepflanzenden Berghang. Ausgestattet mit einer Spitzhacke und einem Rucksack mit Setzlingen hatten wir uns im Abstand der vorgesehenen Pflanzreihen aufzustellen. In den steinigen Boden war mit der Hacke ein Pflanzloch zu schlagen, danach aus dem Rucksack – ohne diesen abzusetzen – eine Pflanze zu greifen und deren Wurzelwerk in das Loch zu halten. Der Aushub des Loches war mit dem Fuß an die Wurzel zu bringen und danach der Boden vorsichtig festzutreten. Nach wenigen Stunden funktionierten wir wie Pflanzmaschinen.

Gegen 14.00 Uhr war die Rückfahrt in das Heim angesagt. Meist stand das warme Mittagessen bereits auf den Tischen, sodass wir uns nur wenig Zeit zum Waschen gönnten. Der Rest des Tages stand uns zur freien Verfügung. Besonders reizte uns der nahe Bachlauf. Während ich froh war, im klaren Wasser einen Fisch zu sehen, hatte ein anderer Junge die Gabe, Forellen mit bloßen Händen zu fangen. Unsere Pflanzaktion endete mit viel Lob des Försters und der Auszahlung unseres Lohns. Für die vier Wochen Pflanzarbeit in den oft sehr steilen Berghängen bekam jeder etwa 50 DM. Für mich war dieser Betrag eine riesige Summe.

In den Herbstferien stellte der Förster unsere Gruppe erneut ein. Jetzt hatten wir die gepflanzten Setzlinge mit der Sichel von Gras und Wildkräutern freizuschneiden und anschließend deren Spitzen mit einer stinkenden grauen Emulsion gegen Wildverbiss zu bestreichen. Da das Landschulheim von einer anderen Schulklasse belegt war, holte man uns mit dem VW-Bus von Herzberg ab und brachte uns an die Arbeitsstelle. Für diesen Einsatz, der mit acht Stunden täglich angesetzt war, verdoppelte man den Lohn gegenüber der Bezahlung für die Pflanzarbeiten.

Auch im folgenden Jahr suchte die Försterei wieder Schüler für das Pflanzen von Fichten. Doch dieses Mal gab es weder den Komfort des Schülerheims noch stand der VW-Bus für die Hin- und Rückfahrt von Herzberg zur Pflanzstelle im Siebertal zur Verfügung. Uns wurde empfohlen, die Fahrräder zu benutzen. Ich hätte die Strecken mit meinem Motorrad fahren können, doch mir bedeutete die Kameradschaft mehr als meine Bequemlichkeit. Zudem ging die 22 Kilometer lange Hinfahrt nur bergauf, folglich konnten wir nach getaner Arbeit die Heimfahrt bergab genießen.

Um Schüler für diese Aufgabe zu interessieren, zahlte man neben dem höheren Stundenlohn ein Wegegeld. Letztlich übernahmen außer mir nur weitere sieben Schüler diesen Job. Der Förster hatte bald erkannt, dass wir acht die vorgesehenen Baumpflanzungen in der Ferienzeit nicht erbringen konnten, folglich bot er uns das Arbeiten im Akkord an. Den Stücklohn verhandelten wir vor jedem neuen Einsatzort mit dem Forstgehilfen, der unsere Arbeit überwachte. Berücksichtigung fanden, wie steinig der Boden im Steilhang war und welcher Zeitaufwand erforderlich war, um größere Felsformationen zu umgehen. Während der Pflanzarbeit zählte jeder seine gesetzten Pflanzlinge und am Tagesende verglich man diese mit den Zählungen des Aufsehers. Er markierte unsaubere Pflanzungen, die wir nachzuarbeiten hatten. In den zwei Jahren meiner Forstarbeit werde ich wohl rund 10.000 Fichten gesetzt haben.

Bedeutend höher bezahlte man das Schälen von Fichtenstämmen. Als ein auswärtiges Sägewerk Leute zum Entrinden suchte, meldete ich mich. Die Stämme lagerten an einer Sammelstelle im Siebertal, jedoch im Nahbereich von Herzberg. Die Absicht, mein Motorrad für die Fahrten zur Arbeitsstelle zu benutzen, gab ich schnell auf. Fast jeder Arbeiter wollte mit seinen vom Baumharz verklebten Händen das Krad fahren. So zog ich es vor, mit dem Fahrrad zu fahren. Das Arbeiten mit dem Schäleisen war körperlich sehr anstrengend und brachte Blasen an den verharzten Händen. Höher jedoch war die Gefahr einzuschätzen, einen Unfall zu erleiden, insbesondere dann, wenn Stämme von Hand zum weiteren Schälen manuell gedreht oder zur Lagerstelle des behandelten Holzes gebracht werden mussten. Doch der Lohn, den man wöchentlich zahlte, ließ alle meine Schmerzen vergessen.

Nach wie vor wurde ich hellwach, wenn ein Zirkus sich in der Stadt anmeldete oder Schausteller ihre Stände auf der Festwiese aufbauten. Ich erinnerte mich an Namslau, wo es bei Zirkusleuten und Schaustellern immer kleines Geld zu verdienen gab. Fragte ich nach Arbeit, so musste meine Begeisterung für diese Berufswelt an meinem Gesicht absehbar gewesen sein, denn ohne Zögern wurde ich eingestellt. Da mir die Arbeitsabläufe bekannt waren und ich kräftig zupacken konnte, gab es für mich neben den üblichen Freikarten auch eine ansehnliche Bezahlung in bar. Mein Interesse am Zirkusbetrieb und den Artisten führten dazu, dass ich von einem Direktor gefragt wurde, ob ich Lust hätte, als Arbeiter mitzureisen.

Nichts zu verdienen gab es bei meinem Job als Steuereintreiber. Hier reizte das Fahren mit Vaters Dienstmaschine. Als Vollstreckungsbeamter des Herzberger Finanzamtes hatte der Vater säumige Schuldner aufzusuchen und die Steuerschuld einzutreiben. Zu den Schuldnern gehörten meist Gastwirte, Laden- und Kioskbesitzer, die ihre größten Umsätze freitags und samstags tätigten. Um eine Pfändung abzuwehren, versprachen die Betroffenen, ihre Steuerschuld per Verrechnungsscheck am Sonntag zu zahlen. Da unser Vater erst am Montag seine Abrechnungen der Finanzkasse vorlegen musste, gewährte er ihnen Aufschub und schickte mich sonntags zu seinen Kunden, die Schecks zu holen. Mein Job brachte für alle Parteien Vorteile. Die einen brauchten keine Gebühren für die Pfändung zu bezahlen, mein Vater konnte am Montag den Fall als erledigt abschließen und ich durfte die Dienstmaschine fahren.

Da ich bei diesen Fahrten oft Vaters Motorradkluft trug, die aus einem langen grünen Gummimantel, der braunen Lederkappe, der eher großen Motorradbrille und den langen braunen Lederhandschuhen bestand, konnte ich bei diesen Fahrten als mein Vater wahrgenommen werden. Sah mich der Herzberger Polizist auf dem Krad, nahm er stramme Haltung an, schlug seine Hacken zusammen und legte seine Hand an den Tschako.

Es war Sommer und wieder sonntags hatte ich bei gläubigen Steuerzahlern die Verrechnungsschecks abzuholen. Für die anschließende Spritztour hatte ich Vaters Maschine für meine Bedürfnisse umgerüstet. Entfernt hatte ich die großen schwarzen Aktentaschen vom Gepäckträger rechts und links des Hinterrades und dafür den Sozius montiert. Auf der Heimfahrt vom letzten Kunden fuhr ich mit etwas erhöhtem Tempo in Herzberg auf der menschenleeren Hauptstraße in Richtung der Bundesstraße B243. Wie gewohnt, wollte ich kurz vor dem Stoppschild abbremsen, doch mein Bremsmanöver verlief anders als gedacht. Vor dem dortigen Hotel hatte man die breite Außentreppe mit Seifenwasser gereinigt und danach wohl den halbvollen Eimer über die halbe Fahrbahn entleert. Eher ungebremst schoss ich mit dem Krad am Stoppschild vorbei, dann über die Bundesstraße hinweg und konnte erst auf der anderen Straßenseite kurz vor dem Kiosk die Maschine abfangen. Beim Umschauen, ob jemand mich bei der rasanten Fahrt beobachtet hätte, fielen mir in der Ferne mehrere Motorradfahrer auf. Sie trugen Startnummern und nahmen offensichtlich an einem Rennen in Richtung Osterode teil. Kurz entschlossen wollte ich mich am Rennen beteiligen. Beschleunigte mein Krad, legte den Oberkörper flach auf den Tank und zog die Beine nach hinten hoch. In dieser Position raste ich auf der Bundesstraße in Richtung Osterode. Doch mitten auf der Fahrbahn im Einmündungsbereich der Lonauer Straße stand ein Polizist, der einen Richtungswechsel in die Lonauer Straße andeutete. Da ich die vorgegebene Rennstrecke nicht kannte, blieb ich auf der Bundesstraße und rauschte in einem eher geringen Abstand, aber mit vollem Tempo an dem Polizisten vorbei.

Wohl zwei Tage später stellte unser Vater sein Motorrad vor dem Finanzamt ab. Ein dem Vater unbekannter Polizist sah sich das Krad an und führte dazu aus, dass am Sonntagmorgen ein Straßenrennen von Motorradfreunden stattfand. Er hatte Dienst im Einmündungsbereich der Lonauer Straße, um den Teilnehmern die Richtung über den Ort Sieber und weiter in den Oberharz anzuzeigen. Gerade als er sich auf der Kreuzung postierte, raste ein Irrer auf einer NSU Fox an ihm vorbei. Er hatte die Nummernfolge des Kennzeichens notiert, doch weder diese noch die ganze Ausstattung des Motorrads würde dem Krad unseres Vaters entsprechen. Als unser Vater erwähnte, dass er froh sei, die Maschine über das Wochenende abstellen zu können, war der Polizist überzeugt, das falsche Krad gefunden zu haben.

Gerettet hatten mich die inzwischen verrosteten Schrauben, mit denen das Kennzeichen an das Motorrad angeschraubt war. Aus der vorderen Zahl hatte der Rost aus der „eins" eine „vier" und aus der hinteren Zahl aus der „drei" eine „acht" werden lassen. Auch hatte ich nach meiner Tour das Krad wieder für den Dienstgebrauch umgerüstet. Wenig später erinnerte sich mein Vater an meine sonntägige Fahrt und erteilte mir wieder einmal ein Fahrverbot für seine Maschine. Dieses ähnelte den Verboten vergangener Zeit und dauerte nur einen Tag.

5 MEINE BERUFSAUSBILDUNG, LEHRE UND STUDIUM

Meine Maurerlehre

Die Beschaffung meiner Lehrstelle gestaltete sich schwieriger als zunächst erwartet. Die meisten Lehrherren wollten keinen Lehrling ausbilden, der unmittelbar danach die Firma verlässt. Zudem störten sie sich daran, dass ich mit 18,5 Jahren das Regelalter eines Lehrlings von 14 Jahren längst überschritten hatte. Einstellung fand ich beim Maurermeister Karl Breme in Barbis, der Baumaßnahmen überwiegend im Bereich der Stadt Herzberg ausführte.

Mein erster Tag als Maurerlehrling begann auf einer Baustelle im Ort Pöhlde. Der Vorarbeiter empfing mich mit dem Spruch: „Ich bin dein Ausbilder, ich habe das Recht, dich zu schlagen, zu züchtigen und notfalls zu töten." Aus seinem Gehabe konnte ich ableiten, dass er mein Alter, meinen Realschulabschluss und meine Anfahrt mit dem Motorrad missbilligte. Sogleich, um seine Allmacht zu zeigen, schickte er mich mit meinem neuen weißen Maureranzug in einen engen Spalt zwischen Kelleraußenwand und anstehendem Erdreich. Hier hatte ich die Kellerwand mit einer Bitumen-Emulsion gegen Feuchtigkeit zu isolieren. Nach getaner Arbeit war mein weißer Anzug klebrig und schwarz. Zu Hause versuchte unsere Mutter, den Anzug zu waschen, doch diese Arbeit gelang ihr nicht. Zornig über das Vorgehen auf der Baustelle nahm mein Vater den unbrauchbar gewordenen Anzug und fuhr mit dem Motorrad zum Lehrherrn. Zurück brachte er einen neuen Maureranzug.

Am nächsten Tag auf der Baustelle mied man mich und schickte mich auf den Spitzboden des Neubaus, um dort das Giebelmauerwerk zu verputzen. An der aggressiven Stimmung des Vorarbeiters merkte ich, der Ort unter dem Dach war ausgesucht worden, um mir dort einen Denkzettel zu verpassen. Es dauerte nicht lange, da erschien der Handlanger, um mich zu verprügeln. Kaum holte er zum Schlag aus, hatte ich ihn mit einem Judogriff auf den Boden gestreckt. Ich versprach ihm, falls er oder ein anderer Bauarbeiter mich körperlich angehen würde, müsste vorher der Vorarbeiter für den Angreifer einen Krankenwagen bestellen. Noch vor Feierabend kam der Lehrmeister nach Pöhlde und wies mir eine andere Baustelle in Herzberg zu.

Ich sollte mich am Kastanienplatz melden, wo man gerade eine Baustelle einrichtete. Von sieben dreigeschossigen Wohnblöcken hatte die Firma drei zu erstellen, wobei die Gebäudelänge unterbrochen wurde durch zwei Treppenhäuser. Ein erfahrener Polier aus Ostpreußen führte die Mannschaft, die zirka zwanzig Personen umfasste. Fast die Hälfte davon waren Lehrlinge. Jetzt – unter geordneten Verhältnissen – machte die Arbeit richtig Spaß. Bald erlernte ich das Maurerhandwerk in all seiner damaligen Breite. Hierzu gehörten Maurer-, Schal-, Beton-, Putz- und Fliesenlegearbeiten sowie der Umgang mit den Baumaschinen. Letztlich durften wir Lehrlinge auch die Kraftfahrzeuge der Firma, Pkw wie Lkw, auf dem Baustellengelände fahren.

Auch meinen Lohn passte der Meister bald meinen Leistungen an. Ausgehend von der regulären Arbeitszeit von 48 Stunden pro Woche erhöhte er meinen Monatslohn von 50,- auf 65,- DM. Die anderen Lehrlinge bekamen im ersten Jahr rund 35 DM. In jener Zeit erhielt ein Maurergeselle einen Grundlohn von 200,- DM und ein Handlanger 170,- DM pro Monat. Überstunden wurden vergütet, weil in den Sommermonaten eine Arbeitszeit von wöchentlich 62 Stunden (5 x 11 + 7) vorgegeben waren. Ein Urlaubsanspruch von zirka 14 Tagen im Jahr stand uns wohl zu, doch verwehrte man diesen während der Bausaison. Im Dezember, am Ende der Bautätigkeiten konnte der Urlaub angetreten oder ausgezahlt werden.

Die Altgesellen machten sich einen Spaß daraus, die geistigen Fähigkeiten der neuen Lehrlinge zu prüfen. Hierzu gehörten die Aufträge „Die Gewichte der Wasserwaage aus der Baubude zu holen" oder beim Polier der benachbarten Baufirma den „Mauerwerkshobel auszuleihen". Da es keinen Mauerhobel gibt, packte man Steine in einen Sack, die der Stift meist ächzend zum Altgesellen zu bringen hatte.

Neben der praktischen Ausbildung auf der Baustelle besuchten wir wöchentlich an einem Tag die Berufsschule. Zusätzlich belegte ich den Lehrgang „Bauwesen" an der Leuchtturm-Fernschule Konstanz. Mir lag alles daran, mich für das geplante Studium vorzubereiten. Meine Umsicht bei der Arbeit und mein Alter verhalfen mir zum Privileg, von der Lehrlingsbaracke in die Mannschaftsbaracke der Gesellen umziehen zu dürfen. Von dem Vorarbeiter und dem Handlanger der Baustelle in Pöhlde hörte ich nichts mehr. Sie werden wohl die Firma verlassen haben.

Neben einem Lastenaufzug und den Mischmaschinen für Mörtel und Beton standen für das Bauvorhaben keine weiteren Baumaschinen zur Verfügung. Unser manueller Arbeitseinsatz schaffte es, die Rohbauarbeiten an den drei Wohnblocks bis zum Herbst weitestgehend abzuschließen. Doch nun störten Dauerregen und einsetzender Frost das weitere Baugeschehen. In den Baubuden wurde auf Wetterbesserung gewartet, dabei wurden Geschichten erzählt, Skat gespielt oder die hohe Kunst des Biertrinkens geübt. Während ich durch die Hilfe einiger Profis mein Skatspiel verfeinern konnte, fehlte mir die Erfahrung beim Trinken alkoholischer Getränke. Zu Hause gab es keinen Alkohol und mein erster Kneipenbesuch führte zu einem Desaster. Auf Bitten meiner Tante Ottilie sollte ich meinen Vetter Reiner aus einer Wirtschaft holen. Er war erst 15 Jahre alt, nahm aber regelmäßig sonntags an einem ausgedehnten Frühschoppen im Gasthof „Zum Schloß" in Herzberg teil. Mein erster Kneipengang begann mit einem zögerlichen Anklopfen an die Tür des Gastraums. Da niemand reagierte, wiederholte ich mein Klopfen kraftvoller. Wie von einem Chor gesungen, hörte ich von drinnen: „Herein, wenn es kein Schneider ist." Doch trotz meines starken Drückens gegen die Tür öffnete sich diese nicht. Wieder ertönte der Chor: „Die Tür ziehen und nicht drücken." Verlegen betrat ich den Schankraum und stammelte nur leise „Reiner, du sollst nach Hause kommen." Dieser Fehlschlag bewirkte mein Fernbleiben von Wirtshäusern.

Auf der Baustelle begann ich mit dem „einfachen" Biertrinken aus Flaschen. Hiernach stand das Erlernen des Biertrinkens aus Flaschen an, ohne dabei zu schlucken. Diese letzte Übung brachte ich bald zur Perfektion. Anders als teils überliefert, durfte während der Arbeitszeit kein Bier getrunken werden. Lediglich zu den Mahlzeiten war das Biertrinken zugelassen. Das wenige Bier, was ich auf der Baustelle trank, verdiente ich mir beim täglichen Einkaufen für die Mannschaft. Meinen gesamten Lohn sparte ich für das Studium.

Wie jedes Jahr entließ der Meister in der zweiten Dezemberwoche die Belegschaft. Einige der Bauarbeiter konnten den Entlassungstermin kaum erwarten, weil sie in den Wintermonaten meist einem Zweitberuf nachgingen. Sie arbeiteten beim Holzeinschlag im Forst, als Hausschlachter oder wollten Dinge im eigenen Haus erledigen. Ansonsten meldeten sie sich beim Arbeitsamt arbeitssuchend und erhielten für die Zeit Arbeitslosengeld. Im nächsten Jahr kurz vor den Osterfeiertagen besuchte der Meister seine Mitarbeiter und stellte sie nach den Feiertagen für die neue Bausaison ein.

Für uns zirka zehn Lehrlinge gab es im Dezember zunächst Urlaub. Danach hatten wir uns auf dem Betriebshof der Firma in Barbis einzufinden. In der großen Halle, die wohl zirka 30 m lang und 12 m breit war, lag haufenweise benutztes Bauholz. Ein Polier im Rentenalter führte die Aufsicht. Wir hatten die Nägel aus den Hölzern zu ziehen und die krummen Nägel zu richten. Anschließend waren Kanthölzer und Bretter von Beton- und Mörtelresten zu säubern und zur Wiederverwendung nach Längen und Dimensionen zu stapeln. Mit fortschreitender Arbeit leerte sich der Fußboden der Lagerhalle und hereingefahren wurden Baumaschinen und allerlei Gerätschaften. Ihre Betriebsfähigkeit war zu überprüfen, ggf. waren sie zu reparieren, dann zu säubern und anzustreichen.

Unser Eifer leerte erneut die große Halle, sodass der Aufseher uns mit einem Fahrunterricht belobigen wollte. Er fuhr einen VW-Bulli in die Halle und erklärte uns die Wirkungsweise der Maschine. Danach durften wir den Bulli in der Halle fahren.

Interessanter waren die Erklärungen zum Lkw der Firma Magirus. Auch hier war das Probefahren mit dem Fahrzeug angesagt. Nach einigen Fahrübungen hieß es, den Laster von der rechten in die linke Hallenseite zu fahren. Eine mittig in der Halle stehende Holzsäule, die das Hallendach trug, erschwerte dieses Manöver. Während den meisten Lehrlingen diese Fahrübung gelang, war einer von den Jungs unachtsam und streifte mit dem Fahrzeug die Mittelstütze. Unter lautem Krachen splitterte das Holz der Säule und das Dachgebälk ächzte. Es hatte sich im Bereich der Stütze wohl um zirka 10 cm gesenkt.

Unser Altpolier erkannte sogleich, was zur Schadensbehebung zu veranlassen war. Schnell wurde die Säule nach allen Seiten abgestützt, starke Holzlaschen beidseitig des unbeschädigten Bereiches der Pfosten angepasst, Löcher gebohrt und alles mit dicken Stahlbolzen verschraubt. Mittels Pressen unter den verdübelten Laschen konnte das Hallendach langsam in die ursprüngliche Lage gedrückt werden. In Form eines „stehenden Blattes" schnitt man das gesplitterte Holz des Pfostens heraus und passte neue Holzteile an. Jetzt galt es die seitlichen Stahllaschen zu verlängern, die aus dem Betonfundament der Säule herausragten. Mit der Verdübelung aller Bauteile war die Standfestigkeit der Säule wieder hergestellt. Anschließend erhielten die Stahllaschen einen neuen Farbanstrich. Noch aber war die Ausbesserung für jedermann sichtbar. Folglich musste das Holz mit Altöl bestrichen und mit Staub beworfen werden. Dieser Unfall gab uns Lehrlingen – unbeabsichtigt – ein Beispiel, dass man selbst in engster Bedrängnis die Ruhe bewahren und umsichtig handeln sollte. Von den Arbeiten an der Hallensäule hat unser Meister und Firmeninhaber wohl nie etwas erfahren. Seine Zufriedenheit mit den Arbeitsergebnissen auf dem Betriebshof drückte er dadurch aus, dass er uns bis zum offiziellen Arbeitsbeginn über eine Woche bezahlten Urlaub schenkte.

Nach Ostern 1956 standen an den Neubauten am Kastanienplatz die Fliesenlege-, Innen- und Außenputzarbeiten an. Für diese Aufgabe stellte der Meister unter gleichem Polier eine stark reduzierte Mannschaft zusammen. Ich blieb bei dieser

Gruppe. Insbesondere das Anbringen des Außenputzes machte mir besonderen Spaß. Mein regulärer Lohn hätte nun im zweiten Lehrjahr 80 DM pro Monat betragen. Doch der Meister erhöhte den Betrag auf 100 DM pro Monat und wollte 20 DM zulegen, wenn ich an Sonn- und Feiertagen im Kreisgebiet an den Neubauten der Firma die frisch betonierten Geschossdecken wässern würde. Das Wässern und bei starker Sonneneinstrahlung das Abdecken mit entsprechenden Matten ist erforderlich, um das Aushärten des Betons zu gewährleisten. Für diese Fahrten könnte ich mein Motorrad nutzen und das nötige Benzin auf dem Bauhof tanken. Diese Aufgabe mit dem zusätzlichen Geld übernahm ich gern.

Noch vor der endgültigen Fertigstellung der Wohnblocks erhielten der Polier, ein Altgeselle, ein Hilfsarbeiter und ich in Herzberg eine neue Baustelle zugewiesen. Für einen Rechtsanwalt war in der Hindenburgstraße eines von drei sehr alten Schäferhäusern in ein Büro- und Wohnhaus umzubauen.

Hier wurde als Neuheit eine Glasscheibe vorgestellt, die im Badezimmer die Sicht nach draußen gewährt, aber Blicke in den Raum verwehrt. Doch als unsere Mannschaft mit Arbeiten im Hinterhof beschäftigt war, konnten wir durch das – wohl falsch herum eingebaute – spezielle Glas die nackte Ehefrau des Anwalts, sich unbeobachtet wähnend, verfolgen. Geblieben ist die Feststellung, dass Neuheiten nicht immer gleich zum erwünschten Ziel führen.

Krötenwanderung auf andere Art

Während im Januar und Februar 1957 die Lehrlinge wieder in der großen Halle auf dem Betriebshof das Bauholz zu säubern und die Maschinen zu pflegen hatten, durfte ich im technischen Büro mitarbeiten. Mir übertrug man, Massenberechnungen für die anstehenden Bauabrechnungen zu erstellen. In diesem Jahr gab es für die Lehrlinge nach getaner Arbeit keine geschenkten Urlaubstage. Das frühlingshafte Wetter sorgte dafür, dass die

Lehrlinge auf beginnende Baustellen verteilt wurden. Fünf Lehrlinge, einen Altgesellen als Vorarbeiter, zwei Handlanger und mich schickte man nach Herzberg in den Pappelweg, um dort mit dem Bau einfacher Einfamilienhäuser zu beginnen. Während wir die Baubuden aufstellten, hob ein Erdbauunternehmen drei hintereinander liegende Baugruben aus. Als wir am Montag das Baufeld betraten, trauten wir unseren Augen nicht. Tausende von Erdkröten bedeckten die Böden der Gruben. Hilfesuchend wandten wir uns an den Meister. Schnell kam ein Baggerfahrer mit seinem Gefährt und legte flache und breite Rampen von den Grubensohlen bis zur Geländeoberkante an. Er hoffte, dass die Amphibien die angelegten Rampen nachts nutzen und weiter zu ihren Laichplätzen wandern würden. Da ein Arbeiten auf der Baustelle unmöglich war, teilte uns der Meister für zwei Tage anderen Baustellen zu. Selbst am fünften Tag mussten wir feststellen, dass nicht alle Kröten den Weg aus den Gruben gefunden hatten. Wir begannen die Amphibien in Eimern einzusammeln und aus der Grube zu tragen. Doch bei der Beseitigung der toten Tiere verließ uns bald die Lust an dieser Tätigkeit. Es kam die Idee auf, mit ihnen ein Wettschießen zu veranstalten. In jeder der drei Baugruben bauten wir aus einem Kantholz und einem winklig aufgelegten kurzem Brett eine Wippe. Auf das eine Ende des Brettes setzten wir einen Kadaver und auf das andere, welches nun hochstand, schlugen wir mit einem Vorschlaghammer kräftig zu. Ein Wertungsrichter positionierte sich außerhalb der drei Baugruben, schätzte die Höhe des jeweiligen Krötenflugs und verkündete danach den Sieger. Dieser Wettstreit dauerte wohl einige Stunden.

Bauholzmangel verursacht Bauschäden

Am nächsten Morgen konnten wir endlich mit den Ausschachtungsarbeiten der Streifenfundamente beginnen. Für diese Arbeiten teilte man die Mannschaft in zwei Gruppen auf, wobei jede eine Baugrube als Arbeitsplatz zugewiesen bekam. In den folgenden Wochen waren die Fundamente und die Außenwände der drei Keller hergestellt. Erschwerend war jedoch, dass manche Wand wegen des knappen Holzes zweimal betoniert werden musste. Da die Nachtfröste das Abbinden des Betons über Nacht verhinderten und wir das verbaute Schalholz zum Einschalen des neuen Wandabschnitts benötigten, mussten wir wohl oder übel die Kellerwände am nächsten Morgen ausschalen. Stürzte ein Wandabschnitt ein, galt es, den Beton zwischenzulagern und die Schalung neu aufzustellen. Der alte Beton mit einer geringen Zementzugabe neu gemischt konnte nun zwischen der Schalung eingebracht werden. Diese Arbeitsweise kostete die Firma neben dem Lohn der Lehrlinge lediglich einen halben Sack Zement. Stoppte die Arbeit bei einem Keller, setzten wir die Bauarbeiten an einem anderen Bau fort. Hierbei zeigte sich der Vorteil, zwei Mannschaften an drei Bauten gleichzeitig arbeiten zu lassen.

Der gleiche Holzmangel setzte sich fort beim Einschalen und Betonieren der Kellerdecken. Zu früh mussten Stützen unter frisch betonierten Kellerdecken entfernt werden, um mit diesem Holz die Kellerdecke des nächsten Hauses schalen zu können. Dieses Handeln hätte fast zum Einsturz einer Kellerdecke geführt. Wir mauerten im Erdgeschoss die oberen Schichten einer Außenwand, als ein Lehrling vom Gerüst auf die Kellerdecke sprang. Diese senkte sich um mehrere Zentimeter ab. Schnell wurde die ganze Mannschaft herbeigerufen, um die Decke zu sichern. Da der Beton noch nicht abgebunden war, konnten wir die Decke mit Wagenhebern und schraubbaren Stahlstützen auf ihre ursprüngliche Höhe bringen. Im Eiltempo vervollständigten wir im Keller die Mittelwand und zogen alle Zwischenwände ein. Kurz vor Feierabend erschien der Bauherr. Wir glaubten, er könnte von unserem Missgeschick erfahren haben, doch dieser zeigte sich hocherfreut über den Baufortschritt seines Hauses und bedankte sich mit einem Kasten Bier.

Bei dem Missgeschick mit der Kellerdecke blieb es nicht. An den drei Häusern hatten wir alle Wände des Keller- und des Erdgeschosses komplett fertiggestellt und warteten auf den

Zimmermann. Er sollte die Balken über die Erdgeschossdecke legen und den Dachstuhl aufstellen. Leider erschien dieser nicht zur vereinbarten Zeit. Um keinen Stillstand auf der Baustelle zu haben, ordnete der Meister an, die Giebelwände mit 24 cm breiten Hohlblocksteinen zu mauern. Bald ragten die Giebel frei und ohne jegliche Abstützung gen Himmel. Das neue Desaster zeigte sich, als wir eines Morgens die Baustelle betraten. Das Mauern bei sommerlichen Tagestemperaturen und der nachts einsetzende Frost hatten zwei Giebelwände stark außer Lot gebracht. Um das Abreißen und Neuerstellen der Wände zu vermeiden, stellten wir Bohlen senkrecht beidseitig der Wand und verbolzten diese. Mit langen Gerüststangen, die wir an die Bohlen stellten, richteten wir die Giebel wieder lotrecht aus. Zu dieser Arbeitsweise passte der Leitsatz unseres Meisters: „Jungs, haut drauf. Wenn das Dach kommt, wird auch euer Gemäuer ein Haus."

Bereits Mitte Mai waren die Rohbauten der drei Einfamilienhäuser fertiggestellt. Die Bauherren richteten gemeinsam ein zünftiges Richtfest aus. Trotz meines Vorsatzes, kein Bier zu trinken, setzte ich mich stark angeheitert auf mein Motorrad. Auf der Heimfahrt hielt ich mich an die weiße Fahrbahnmarkierung in der Straßenmitte und erreichte unser Grundstück zum Glück unbeschadet. Wie üblich, wollte ich vor der engen Stalltür vom Motorrad absteigen und dieses im engen Gang zwischen den Schweineboxen abstellen. Das Schieben der Maschine ist erforderlich, weil die Stalltür beidseitig nur drei Zentimeter breiter als der Lenker des Krads war. Doch dieses Mal wagte ich es mit dem Krad durch die enge Tür zu fahren. Auf dem Standplatz des Rades stellt ich den Motor ab, doch wegen der Enge des Gangs hatte ich beim Absteigen Probleme. Es dauerte einige Zeit, bis unser Vater meine Hilflosigkeit erkannte und mich vom Motorrad holte. Ich erneuerte mein Gelöbnis, das Motorrad niemals angetrunken zu benutzen.

Vom Lehrling zum Vorarbeiter

Nach dem Richtfest wurde der Bau drei weiterer Einfamilienhäuser am Pappelweg begonnen. Auf mich aber kam eine andere Aufgabe zu. In Altenau im Oberharz war für ein Erholungsheim der Volkswagen AG ein lichtes Waldgrundstück in eine Parklandschaft umzuwandeln. Diese Arbeiten ausführen sollte eine Mannschaft, die aus einem jüngeren Maurergesellen, einem älteren Handlanger, einem jüngeren Lehrling und mir bestand. Wir hatten Natursteinmauern zur Einfassung von Ruhebänken und zum Bau einer kleineren Teichanlage herzustellen. Die Bauleistungen sollten nach Stücklohn in einer eng bemessenen Bauzeit ausgeführt werden. Während der Geselle und der Handlanger ihre Motorräder für die täglichen Fahrten zur Baustelle nutzten, mietete unsere Firma für uns Lehrlinge in Altenau eine kleine Mansarde an.

Die Baustelle hatten wir gerade eingerichtet und die ersten Materiallieferungen empfangen, als unser Meister mit dem Beauftragten des Bauherrn erschien. Ich wurde herbeigerufen und dem Architekten als Vorarbeiter vorgestellt. Man besprach die anstehenden Arbeiten und übergab mir die Pläne. Die Bekanntgabe, ich sei der Vorarbeiter, hat mich derart überrascht, dass ich mich nicht traute, Fragen zu stellen.

Am nächsten Morgen um 6 Uhr wollten wir mit der Betonherstellung beginnen, doch unser Mischer sprang nicht an. Außer lauten Zündungsgeräuschen und viel Rauch war aus der Maschine nichts herauszuholen. Letztlich starteten wir mehrmals mit entsprechenden Zündpatronen. Ähnlich dem Knattern eines alten Traktors durchbrach dann der Motor der Mischmaschine mit einem lauten Taff, Taff, Taff die Stille des Morgens. Unser Spektakel hatte nicht nur die Heimleiterin aufgeweckt, sondern auch die Kurgäste ihres Hauses. Laut schimpfend und nur im Morgenmantel gekleidet kam die Heimleiterin angelaufen und fragte, ob wir nicht wüssten, wie früh es sei. Sie bestand auf das sofortige Abstellen des Mischers. Alle Erklärungsversuche über unsere Arbeitszeiten vom 6.00 bis 19.00 Uhr gingen ins Leere. Auch die uns vorgegebene Akkordarbeit interessierte sie nicht. Sie hätte ein Kurhaus zu leiten, wo Kranke und Erholungssuchende der Volkswagen AG Ruhe und Genesung suchten. Wohl nach einem Gespräch mit dem Architekten kam sie einige Zeit später zurück und empfahl uns, den Beton und Mörtel außerhalb der Ruhephasen zu mischen. Wir könnten dann in den Ruhezeiten leiser unsere Arbeiten verrichten. Als ich ihr erklärte, dass vorbereitete Betonmischungen nach kurzer Zeit hart werden und sich nicht mehr verarbeiten ließen, wurde sie ungehalten. Sie hörte aber zu, als ich eine andere Lösung aufzeigte. Wir könnten dann die Ruhezeiten einhalten, wenn die Bauarbeiten anstatt in Akkordlohn nach Stunden abgerechnet werden könnten. Hierzu wären jedoch Vertragsänderungen erforderlich, die vorab mit dem Architekten und unserem Meister auszuhandeln wären.

Kurze Zeit später bestätigte unser Meister telefonisch die angedachten Vertragsänderungen. Außer samstags hatten wir täglich vom 6.00 bis 19.00 Uhr zu arbeiten und die Ruhezeiten zwischen 6.00 und 8.00 Uhr und nachmittags zwischen 13.00 bis 15.30 Uhr einzuhalten. Die Maschinenarbeiten gaben wir auf, den bestellten Bagger für die Erdarbeiten sagten wir ab und führten diese Arbeiten sowie das Mischen des Betons und des Mörtls bedarfsgerecht per Hand aus. Mit diesen Neuerungen waren nicht nur die Heimleiterin, sondern auch unser Meister sehr zufrieden. Seinen Dank drückte er darin aus, dass ich ab sofort Gesellenlohn bekam, d.h. meinen Lohn erhöhte er bei 48 Wochenstunden auf 200,- DM pro Monat. Auch die Hausherrin zeigte sich dankbar, sie erlaubte uns, in der Heimküche an allen Mahlzeiten teilzunehmen.

Bald aber beklagte sich die Vermieterin im Ort, in deren Mansarde wir wohnten, über das Poltern, welches wir beim Aufstehen kurz nach 5.00 Uhr erzeugen würden. Auch hier zeigte unser Meister Einsicht und brachte uns ein geräumiges Zelt, das wir im Nahbereich des Kurheims aufbauen durften. Das Zelt war so groß, dass man bequem stehen und zwei Betten aufstellen konnte. Die Nähe zum Heim brachte uns Angebote, unsere Behausung stundenweise für Geld an Heimbewohner zu vermieten. Derartige Angebote lehnten wir ab.

Nach mehreren Tagen des Wandelns konnten wir uns endlich auf unsere Bauaufgabe konzentrieren. In dem sehr hügeligen und verwilderten Gelände rodeten wir Flächen, legten Wege an und fassten Ruhebänke mit Natursteinmauern ein. Als Glanzstück des neuen Parks bauten wir eine Teichanlage, deren Boden und Wände aus Stahlbeton mit einer Natursteinverblendung herzustellen waren. Von einem nahen Bach legten wir eine Zuleitung zum Teich. Bei einer Stauhöhe von zirka 1,10 m sollte der Teich rund 120 Kubikmeter Wasser fassen. Über einen Grundablass konnte der Teich entleert und die ablaufende Wassermenge über ein mechanisch zu betreibendes Sperrventil gedrosselt werden. Die Abflussleitung mit dem Innendurchmesser 15 cm hatten wir nach Plan etwa auf halber Strecke an die 120 m lange Hauptleitung mit dem Innendurchmesser 25 cm anzuschließen. Diese Hauptleitung führte das Abwasser des Heims über die Hauskläranlage bis zu einer tiefer liegenden Stelle des Bachlaufs.

Nach einer Arbeitszeit von zirka vier Monaten hatten wir ohne besondere Vorkommnisse die geplante Parkanlage fertiggestellt. Die Heimleiterin wie auch die Hausgäste sahen unsere Arbeiten als sehr gelungen an, deshalb wurde eine feierliche Einweihung vorbereitet. Neben der Heimleiterin und den vielen Hausgästen erschienen zur Feierlichkeit der Architekt des Auftraggebers und unser Meister. Es gab eine kurze Ansprache des Architekten, wo er sich und „sein" Werk in den Vordergrund stellte. Voller Stolz wollte er zum Abschluss seiner Rede den Anwesenden das Ablassen des aufgestauten Teichwassers vorführen. Wir wollten ihn warnen, das Ventil nicht zu weit zu öffnen, doch sein Hochgefühl ließ unseren Einwand nicht zu. Er öffnete das Ventil schnell und vollständig, sodass man ein lautes Wasserrauschen in der mit geringer Tiefe verlegten Abflussleitung hören konnte. Doch noch lauter hörte man aus dem Kellergeschoss des Kurheims die Hilfeschreie des Küchenpersonals.

Die Gesellschaft am Teich löste sich auf und alle rannten in das Kellergeschoss, das von der unteren Hangseite ebenerdig zugängig war. Mit Entsetzen konnte man sehen, dass die stinkige Brühe aus der Kläranlage alle Kellerräume überflutet hatte. Das Schmutzwasser stand in der Küche, den Neben- und Vorratsräumen sowie im Kohlenlager. Das Gezeter des Küchenpersonals war riesengroß. Von der feierlichen Einweihung der neuen Parkanlage wollte nun keiner mehr etwas wissen.

Man rätselte, wie es zu dieser Überschwemmung im Keller kommen konnte. Uns, die an dem Leitungssystem gearbeitet hatten, erschloss sich der Grund sehr schnell. Die Hauptleitung konnte das freigesetzte Teichwasser nicht unmittelbar zum Bach abführen. Wegen des geringen Gefälles in der Hauptleitung floss wohl die Hälfte des Teichinhalts in die Hauskläranlage und drückte aus der Kläranlage das Abwasser zurück in das Kellergeschoss. Alles wäre vermeidbar gewesen, hätte der Architekt vor dem Öffnen des Ventils uns angehört. Denn auch wir hatten vorher Wasser aus dem Teich abgelassen, aber so langsam, dass sich ein Rückstau in der Hauptleitung nicht bilden konnte.

Eigentlich war unsere Heimreise für den nächsten Tag vorgesehen. Nun aber bat der Architekt unseren Meister, dass wir bei den Aufräumarbeiten helfen möchten. Während das Abwasser langsam ablief, besorgte man für uns Schutzanzüge. Wir packten kräftig zu, räumten die Küche und alle Nebenräume und wuschen mit dem Küchenpersonal Wände, Böden und Gerätschaften. Nach zwei Tagen war die Küche wieder sauber und voll funktionsfähig. Das Waschen der Kartoffeln und Kohlen entfiel. Diese Vorräte wurden durch neue Lieferungen ersetzt. Wieder verschob sich unsere Abreise, weil die Hausherrin die Überflutung zum Anlass nahm, das ganze Kellergeschoss sanieren zu lassen. Wir besserten Fliesen- und Putzflächen aus und strichen alle Decken- und Wandflächen mit Farbe. Unser Meister fragte bereits spöttisch, ob wir nicht auf Dauer in das Heim einziehen wollten. Für mich aber wird diese Baustelle in steter Erinnerung bleiben. Wir hatten freies Essen, verdienten gutes Geld, konnten uns in den vorgegebenen Ruhepausen erholen und abends in achtbarer Kleidung am Kurgastleben des Ortes teilnehmen.

Arbeiten im Schloss Herzberg

Nach unserem Einsatz im Oberharz blieb unsere Mannschaft zusammen. Im Herzberger Schloss hatten wir umfangreiche Sanierungsarbeiten durchzuführen. Vorab besserten wir in der ehemaligen Schlossküche das Bruchsteinmauerwerk aus und verputzten danach die Wände. Bald aber verlagerte sich unsere Baustelle in das Dachgeschoss des Nordflügels. Im Dachraum, der sich als eine riesige Halle zeigte, hatten wir Zwischendecken aus Holz einzuziehen. In den neuen Etagen bauten wir kleinere Kammern aus Kanthölzern und Dachlatten, setzten verschließbare Türen ein und statteten die Kammern mit Regalen aus. Das Amtsgericht Herzberg wollte diese Räumlichkeiten zur Lagerung von Gerichtsakten nutzen. Für das Einordnen der zwischengelagerten Akten in die neuen Regale stellte man uns einen Justizangestellten zur Seite. Er hatte zu überwachen, dass jeder Ordner entsprechend dem Aktenplan abgelegt wird und uns der Zugriff auf den Inhalt der Dokumente verwehrt bleibt. Sobald das Einordnen der Akten in einer Kammer abgeschlossen war, hatte er diese mit einem Vorhängeschloss zu sichern. Doch mit diesem Justizangestellten hatte man den Bock zum Gärtner gemacht. Da wir in unseren Arbeitspausen keine Lust hatten, Akten zu studieren, las unser „Aufpasser" uns aus Akten mit rosa Umschlag vor. Sie füllten Prozesse über beklagte Sexualdelikte. Kannten wir weder die beschuldigten Personen im Prozess noch deren Namen, erteilte er uns Aufklärung über den Personenkreis, die verhandelten Delikte und die ergangenen Urteile.

Gesellenprüfung und Arbeitslosigkeit

Während dieses Arbeitseinsatzes im Schloss stand meine Gesellenprüfung an. Das Wohlwollen des Lehrmeisters erlaubte mir, diese Prüfung nach einer 2½-jährigen Lehrzeit abzulegen. Die mündliche Prüfung bestand ich mit der Note „gut". Für die praktische Prüfung hatte ich mich in Scharzfeld auf einer fremden Baustelle zu melden. Trotz des regnerischen Wetters fuhr ich voller Elan mit dem Krad zum dortigen Bauplatz. Beim Abbiegen von der Hauptstraße in die Zufahrtstraße war ich mit meiner Maschine offensichtlich zu schnell und stürzte. Die linke Körperseite schmerzte, zudem hatte ich starke Hautabschürfungen besonders am Knie, Ellenbogen und an beiden Händen. Auf der Baustelle berichtete ich dem Prüfer von meinem Missgeschick. Für ihn aber gab es nur die Wahl, zur Prüfung anzutreten oder diese bis Ostern 1958 zu verschieben. In Hinblick auf mein geplantes Studium wählte ich die Prüfung unter Schmerzen, die ich aber erfolgreich mit dem Gesellenbrief abschließen konnte.

Die Fortführung der Arbeiten auf dem Dachboden des Schlosses erlaubte uns, unabhängig vom Wetter und der zunehmenden Dunkelheit weiterhin im Stundenlohn täglich 12 Stunden und samstags 6 Stunden zu arbeiten. Eine Frostperiode hatte längst die Kollegen der Außenbaustellen zur Arbeitsniederlegung gezwungen, als wir Mitte Dezember 1957 unsere Arbeiten beendeten. Der Lehrling durfte seinen Jahresurlaub antreten und der Rest unserer Mannschaft bekam vom Meister die Entlassungspapiere. Auch ich – nun als Geselle – hatte mich beim Arbeitsamt als arbeitslos zu melden. Als Berechnungsgrundlage für das Arbeitslosengeld diente der Lohn der letzten sechs Wochen. Während die meisten Arbeitslosen in dieser Zeit maximal 48 Stunden in der Woche nachweisen konnten, waren es bei mir 66 Stunden. Am Tag der Auszahlung des Arbeitslosengeldes war selbst der auszahlende Beamte über dessen Höhe erstaunt. Folglich bemühten sich die Bediensteten des Amtes, mir sehr schnell eine Arbeitsstelle in Hannover anzubieten. Doch inzwischen hatte ich die einwöchige Aufnahmeprüfung zum Besuch der Staatsbauschule Kassel – Ingenieurschule für das Bauwesen erfolgreich bestanden und konnte eine Bescheinigung über meinen Studienbeginn am 4. März 1958 vorlegen. Das Amt war einsichtig und stellte mich frei von den verordneten wöchentlichen Vorstellungen eines Arbeitsuchenden. Ich bekam aber weiterhin das hohe Arbeitslosengeld.

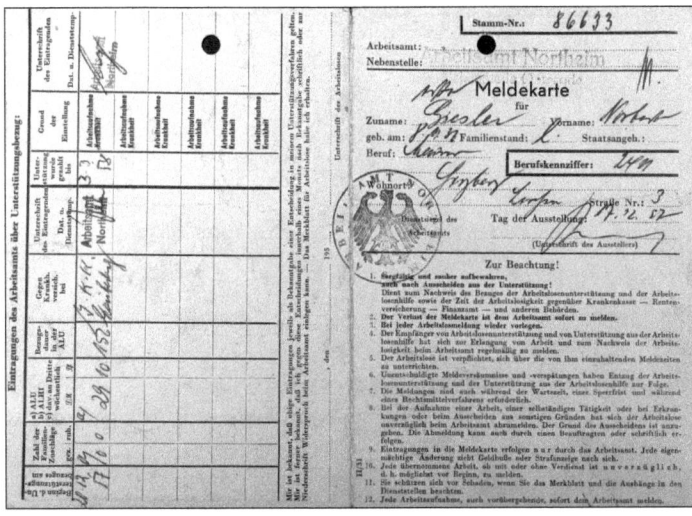

Abbildung 32: Ablichtung meiner Stempelkarte, 1957

Letzte Ordnungsmaßnahme des Vaters

Kurze Zeit, bevor ich zum Studium nach Kassel abreiste, führte mein Vater ein Exempel mit mir durch. Es sollte zur Schärfung meines Ordnungssinnes beitragen. Wie erwähnt, war unser Vater Berufssoldat, und so hatte er uns Kinder auch im preußischen Sinne erzogen. Das Halten von Ordnung war mir deshalb bisher nicht fremd. Die Vorgeschichte zum Exempel ist schnell erzählt.

Mein absoluter Sparwille grenzte fast an Geiz. Ich fand weder Interesse an Lokalbesuchen noch an Freundschaften mit jungen Damen. Meine Freizeit nutzte ich neben Sport im Wesentlichen zur Vorbereitung auf das Studium. Dieses einsiedlerische Leben bereitete meinen Eltern Sorge. Um den Bann zu durchbrechen, meldete unsere Schwester Christa mich bei einer Tanzschule an. Sie hatte den ersten Kurs absolviert und wollte diesen mit mir als Tanzpartner wiederholen. Da auch mein Freund Christoph tanzen lernen wollte, willigte ich ein. An einem Kennenlernen einer sogenannten festen Freundin war mir weiterhin nichts gelegen, doch fand ich bald Spaß am Tanzen. Nach dem Kurs besuchten Christoph und ich regelmäßig Tanzveranstaltungen in den Kurorten Lonau und Sieber. Insbesondere im Hotel Krone in Sieber trafen sich Kurgäste, die ihre Töchter ausführten und für sie geeignete Partner suchten. Für die Hinfahrt nach Sieber nutzten wir den Linienbus, für den Rückweg gab es keine Alternative, als die rund 12 km zu gehen. In Endlosschleife wurde hierbei das Lied gesungen: „Eisgekühlte Coca-Cola, Coca-Cola eisgekühlt ...“

Nach der nächtlichen Heimkehr zog ich mich im engen Flur aus und hängte meinen guten Anzug, Hemd und Krawatte an die Haken der dortigen Garderobe. Am folgenden Tag, einem Sonntag, verließ ich gegen Mittag mein Nachtquartier unter dem Spitzboden und suchte das Bad im Erdgeschoss auf. Beim Vorbeigehen an der Garderobe fiel mir auf, dass meine Sachen dort abgeräumt und dafür Mäntel von Gästen hingen. Ich glaubte, dass unsere Mutter – wie üblich – meine Ausgehkleidung gesäubert und in den Schrank gehängt hatte. Nach einiger Zeit, die Gäste waren längst gegangen, schickte mich unsere Mutter in den Keller, um Kartoffeln zu holen. Voller Entsetzen erkannte ich, dass mein dunkler Anzug, das weiße Hemd und die Krawatte auf den staubigen Kartoffeln lagen. Um die Verabredung zum Tanztee im Café Dornemann einhalten zu können, begann ich sofort mit der Säuberung meiner Ausgehkleidung. Was mir noch fehlte, waren meine guten Schuhe. Während auf meine Nachfrage alle schwiegen, führte mein jüngster Bruder Wilfried mich an das Küchenfenster und zeigte mit ausgestrecktem Finger auf eine große Pfütze mitten im Hof. Dort im Wasser lagen meine Schuhe. Der anhaltende Regen hatte die Schuhe vollständig aufgeweicht. Ein Besuch des Tanztees war damit ausgeschlossen. Ich wollte mich bei den Eltern über die Behandlung meiner Sachen beklagen, doch vom Vater kam nur der lapidare Satz: „Du weißt doch, die Flurgarderobe ist nur für Gäste da.“

Das Ende dieses Kapitels möchte ich dem Bruder Wilfried widmen. Er hatte gerade das Sprechen erlernt, da wurde die Zahl „sieben“ sein Lieblingswort. Uns älteren Geschwistern kam die

Idee, Erwachsene von Wilfrieds Rechenkünsten zu überzeugen. Wir stellten zunächst einfache Additions- und Subtraktionsaufgaben und gingen bald über in die Multiplikation und Division. Fragten wir den Wilfried nach dem Ergebnis, kam prompt die erwartete „sieben". Natürlich war die Antwort richtig und die Anwesenden staunten über das kluge Kind. In den späteren Jahren interessierte er sich für alles und scheute sich nicht, älteren Personen auch intime Fragen zu stellen. Bereits mit acht Jahren trug er den Titel „Bürgermeister vom Eichholz". Er kannte viele Bewohner der Siedlung persönlich und konnte über sie Auskunft erteilen.

Studium des Bauwesens in Kassel

Wir, die im zweiten Bildungsweg zum Studium zugelassen werden wollten, hatten zuvor eine einwöchige Aufnahmeprüfung zu bestehen. Frohgemut ging ich zwei Tage vor Studienbeginn mit kleinem Gepäck zum Bahnhof, um nach Kassel zu fahren. Beim Einsteigen in den Zug traf ich den Mitschüler Georg. Wir beschlossen, gemeinsam in Kassel auf Zimmersuche zu gehen. Adressen waren angezeigt an der Infotafel der Staatsbauschule, jedoch war die Auswahl der bereitstehenden Unterkünfte sehr gering. Eines jener Zimmer boten die Architekten Vater und Sohn Stöhr in der Beringstraße 9 an. Vom oberen Podest des Treppenhauses führte eine ausziehbare Bodentreppe in den Spitzboden des Hauses. Hier sah man im vorderen Bereich die Dacheindeckung, weiter hinten gab es eine Tür zu einer ausgebauten Kammer. In der Giebelseite des Raumes befand sich ein kleines Fenster in der Größe 1,00 x 0,75 m, welches die Kammer eher spärlich beleuchtete. Möbliert war die Stube mit einem Bett aus Stahlprofilen, einem größeren Zeichenbrett als Tisch, einer Wäschekommode mit Schubladen und zwei Stühlen. Von den Dachschrägen hatte sich teilweise die Tapete gelöst. Der Raum vermittelte den Eindruck, über längere Zeit unbewohnt gewesen zu sein.

Georg gefielen weder der Aufstieg über die ausziehbare Bodentreppe noch die Enge des Raumes – besonders störte ihn aber das Fehlen einer Toilette im Dachraum. Für mich aber stellte die Kammer eine wesentliche Verbesserung meiner Herzberger Wohnverhältnisse unter dem freien Dach dar. In der Stadt wurden für Studentenbuden 60 bis 120 DM pro Monat verlangt. Mich störte das Aufsuchen der Toilette im Obergeschoss des Hauses nicht. Als ich den Mietpreis von 25,- DM pro Monat hörte, mietete ich die Kammer sofort. Bald war auch ein Zimmer für Georg gefunden.

Im Einverständnis der Vermieter begann ich sofort mit der Renovierung der Kammer und besorgte Tapeten und Farbe. Nach einer Tagesarbeit sah meine Stube völlig anders aus. Auch die bunt zusammengewürfelten Möbelstücke hatten jetzt einen einheitlichen Farbanstrich.

Das Studium begann am Dienstag, den 4. März 1958. Zum Schulgebäude, welches an der Adolfstraße Ecke Wilhelmshöher Allee liegt, hatte ich einen Fußweg von maximal 10 Minuten. Man bot die Studiengänge Hochbau und Tiefbau an und lehrte in eher schulmäßigen Klassenverbänden. Entsprechend meinem Ziel, Architekt zu werden, wählte ich die Sparte Hochbau. Für die 32 Studierenden hatte man im Klassenraum Tische in vier Reihen nebeneinander und hintereinander aufgestellt. Zwei Schüler fanden Platz an einem Tisch. Unterricht gehalten wurde 7.45 bis 13.30 Uhr in Doppelstunden zu je 45 Minuten. Da Bücher knapp und Ankäufe für uns zu teuer waren, schrieben die Dozenten die wichtigsten Fakten ihrer Vorlesung an die Tafeln. Wir hatten die Aufzeichnungen abzuschreiben und zu Hause weitere Aufgaben zum Lehrstoff zu erarbeiten. Für den Mittagstisch sorgte an den Werktagen das Deutsche Rote Kreuz, dessen Küche in der Nähe der „Schule am Königstor" zu finden war. Ansonsten galt die Selbstversorgung.

Über das Wochenende fuhr ich nach Hause, um restliche Kleidung, Verpflegung und etwas Hausstand nach Kassel zu bringen. Erstaunt war ich bei meiner Rückkehr über das weitere Aufhübschen meiner Kammer in Kassel. Ein neuer Fußbodenbelag war ausgelegt und Gardinen zierten das kleine Fenster. Damit war die miese Kammer zur Wohlfühloase für mich geworden. Neben der Toilettenbenutzung im Haus standen im öffentlichen Bad in der Luisenstraße Dusch- und Wannenbäder zur Verfügung. Mein eher leises Auftreten belohnte die Wirtin an jedem Morgen mit einer Thermoskanne Kaffee und am Sonntag oftmals mit frischem Kuchen.

Das Studium nahm ich sehr ernst, denn ich wusste, mein Erspartes in Höhe von rund 3.200 DM würde für den Lebensunterhalt und die Lernmittel nicht lange ausreichen. Zudem hatte ich, da ich aus Niedersachsen kam, in Hessen anfangs noch Studiengebühren zu zahlen. Um das Geld zu strecken, nutzte ich in der ersten Zeit die Wochenenden, um mit dem Zug nach Herzberg zu fahren. Hier wusch die Mutter meine Wäsche und packte Lebensmittel für die nächste Woche ein. Bald aber brauchte ich die Zeit zur Vorbereitung der Klausuren. Meine Wäsche wusch ich nach dem Wannenbad in der Luisenstraße und trocknete sie auf Leinen im Raum vor meiner Stube. Die fehlenden Lebensmittel von zu Hause ließen mein Körpergewicht bald von 93 kg auf unter 80 kg bringen.

Erstes Treffen mit Renate

Zur Entspannung besuchten Georg und ich an einem Sonntag den Jugendball in der Stadthalle. Eher durch Zufall fiel mir beim Verlassen der Stadthalle ein Mädchen auf. Ihr rotes Haar und das weiße Kleid, welches mit roten Bändern durchwirkt war, weckten mein Interesse. Da wir den gleichen Heimweg hatten, überwand ich meine Schüchternheit und sprach sie an. Sie wohnte bei ihren Eltern in der Nähe der Ingenieurschule. Sonntags trafen wir uns zu Ausflügen innerhalb der Stadt, zu denen sie ihre Freundin Helga mitbrachte. Man kann sagen, auf den ersten Blick hatte ich mich in Renate verliebt. Unsere Treffen verheimlichte sie ihren Eltern. Ihren Vater, der sich auf dem Heimweg befand, zeigte sie mir nur aus der Ferne. Er war eher klein, schmächtig und trug einen abgetragenen grauen Mantel. Renate erzählte, ihr Vater sei freier Handelsvertreter und verkaufte Papierwaren für Büros, insbesondere Journale für die Buchhaltung. Seine Kunden in Kassel und im Landkreis besuchte er mit der Bahn. Ihre Mutter hingegen übernehme in Heimarbeit für Firmen die Buchführung.

Abbildung 33: Renate (rechts) und ihre Freundin Helga

Das erste Semester war bald geschafft. Die langen Ferien nutzte ich, um Geld zu verdienen. Die Firma Küster KG, ein Herzberger Bauunternehmen, stellte mich ein. Meinem Wunsch entsprechend, in kürzester Zeit viel Geld zu verdienen, teilte man mich den „Eisenbiegern“ zu. In der Herzberger Papierfabrik stellten diese im Akkord Bewehrungsstäbe für den Betonbau einer neuen Werkshalle her. Es war ein Knochenjob, aber der Lohn stimmte. Während dieses Arbeitseinsatzes stand Renates 17. Geburtstag an. Gern wollte ich sie am 16. August besuchen und fragte deshalb telefonisch an, ob ihr mein Kommen recht sei. Eine klare Antwort wurde mir nicht gegeben, so fuhr ich kurz entschlossen mit dem schweren Motorrad meines Schwagers Rudolf nach Kassel. Etwas spannungsvoll und mit einem Strauß roter Rosen in der Hand, wartete ich auf das Öffnen der Wohnungstür. Renate freute sich, ihrer Mutter war mein Besuch eher peinlich. Wohl nach einer Stunde setzte ich mich wieder auf das Krad und fuhr nach Herzberg zurück.

Das zweite Semester

Das Semester begann Mitte September 1958. Die Treffen mit Renate wurden seltener. An verabredeten Orten erschien sie sehr verspätet oder überhaupt nicht. Ihre faulen Ausreden wollte ich nicht länger anhören und so wandte ich mich stärker den Kommilitonen zu. Nach getaner Arbeit, so gegen 20.30 Uhr, kündigte auf der Straße immer ein lautes Pfeifen an, dass die Zeit gekommen sei, mit den Freunden einen Abendschoppen zu trinken. Wir besuchten die Kellerkneipe im Nahbereich der Ingenieurschule. Wie ich, hatten die meisten Studenten kein Geld für das Bier. Dieses wollten wir uns über Wetten mit Gästen verdienen. Einige wollten das Essen von Glas- oder Rasierklingen vorführen, andere wählten das Knobeln oder faule Tricksereien. Ich erzählte dem Wirt über mein Talent, „Bier zu trinken, ohne zu schlucken". Diese Fähigkeit hatte ich mir ja als Maurerlehrling erworben. Alsbald übernahm der Wirt für mich das Wetten und suchte hierzu Gäste aus, die schon mehrere Schoppen getrunken hatten. Als Wetteinsatz zapfte der Wirt zwanzig Gläser je 0,2 Liter und stellte das Bier auf zwei dafür vorgesehene Bretter. Während des Wetttrinkens durfte keiner der Kontrahenten die Toilette benutzen, in die Hosen pinkeln oder sich übergeben. Wer diese Auflagen verletzt, hatte die Wette verloren. Der Verlierer musste dem Sieger seine noch vollen Biergläser überlassen und alle zwanzig Biere bezahlen. Gewinner aber war immer der Wirt, ihm brachte die Wette einen schnellen Umsatz und viel Spaß im Lokal.

Bei diesen Wetten durch mein schnelles Trinken angeregt, wollten die Kontrahenten mithalten. Kaum aber hatten sie ihr drittes Bierglas geleert, mussten sie die Toilette aufsuchen. Für mich war die Wette damit gewonnen und meine Gefährten freuten sich, die restlichen Biere trinken zu dürfen. Das elfte und zwölfte Bier sponserte der Wirt und schrieb mir diese für den nächsten Abend gut. Spätestens gegen 22.00 Uhr stand der Heimweg an. Im Zuge der Verbreiterung der Wilhelmshöher Allee musste der Wirt leider seine Kneipe schließen.

Wie suchten ein neues Domizil für den Abend und fanden es in der „Kleinen Weide" in der Tischbeinstraße. Doch auch diese Wirtschaft mussten wir nach kurzer Zeit aufgeben, weil infolge einer Straßenanhebung um rund 3 m auf das bestehende Gebäude zwei Vollgeschosse aufgesetzt wurden. Während der Bauarbeiten reduzierten sich meine Kneipenbesuche sehr. Zu oft saß ich in meinem Kämmerchen und entwarf Ein- und Mehrfamilienhäuser oder zeichnete Detailpläne zur Herstellung von Fenstern und Türen. Als ich mich über die geringe Freizeit beklagte, empfahl mir ein älterer Kommilitone aus Osterode, das Studium des Hochbaus aufzugeben und in das Fach Tiefbau zu wechseln. Als Tiefbauer benötigt man lediglich einen Papierblock DIN A4, einen Bleistift und den Rechenschieber. Mit dieser Ausstattung könnte man notfalls die gestellten Aufgaben an der Theke bei einem Bier lösen. Im Tiefbau wäre die Anfertigung größerer Zeichnungen die Ausnahme.

Ich hatte Zweifel an einem Wechsel des Studienganges, doch diese verflogen bei einer Übungsstunde „Freihandzeichnen". Uns wurde die Aufgabe gestellt, die künstlerisch gestaltete Giebelfläche der Ingenieurschule nachzuzeichnen. Wir stellten unsere Stühle auf die Grünfläche vor der amerikanischen Kommandantur. Mit meiner realistischen Übertragung des Giebelbildes hatte ich die gestellte Aufgabe wohl erfüllt, doch im Vergleich mit der Skizze eines Kommilitonen war meine Arbeit eher mies. Auf seinem Zeichenblatt war der Giebel mit Bäumen, einer vorbeifahrenden Straßenbahn und einzelnen Fußgängern verziert. Diese Übungsstunde ließ mich erkennen, dass ich mit meiner zeichnerischen Fähigkeit im beruflichen Wettkampf das Nachsehen haben könnte. Obwohl dieses zweite Semester in der Fachrichtung Hochbau für mich sehr positiv endete, meldete ich mich für das nächste Semester bei den Tiefbauern an.

Semesterferien im Februar

Wieder war in der anstehenden kurzen Vorlesungspause eine gut bezahlte Arbeit zu finden. Meine Anfrage bei der Firma Küster hatte Erfolg. Trotz des eisigen Wetters wurden auf dem Gelände der Herzberger Papierfabrik Bauarbeiten ausgeführt. Mit meiner Zuteilung zum Sprengkommando ließ sich erneut in kürzester Zeit viel Geld verdienen.

Die Aufgabe bestand darin, für den Weiterbau einer Fabrikationshalle einen zirka sieben Meter hohen Berghang aus Felsgestein schichtweise abzutragen. Bereits freigeräumt war der Arbeitsbereich von Buschwerk und Boden. Somit zeigte sich der blanke Fels, in den abschnittsweise Sprenglöcher bis zu 2,00 m Tiefe zu bohren waren. Der Sprengmeister übernahm dann das Einsetzen der Sprengladungen und deren Verkabelung. Wir, seine Gehilfen, hatten die Sprenglöcher vorsichtig mit toniger Erde zu füllen. Diese Arbeit bedurfte einer besonderen Vorsicht, denn im Bohrloch galt es die Drähte zu den Dynamitstangen unversehrt zu belassen. Danach hatten wir den Bereich mit Stroh und dicken Stahlplatten abzudecken und nach der Sprengung wieder abzuräumen. Ein Bagger entfernte das gelockerte Felsgestein und bereitete den Arbeitsbereich für den neuen Bohreinsatz vor.

Zur Frühstückspause hatte sich in der Baubude herumgesprochen, dass ich ein Student sei und den gleichen Akkordlohn erhalten würde wie die anderen drei Helfer des Sprengmeisters. Offensichtlich gefiel diese Gleichbehandlung den Jungs nicht und so wollten sie mich von dieser Arbeit verjagen. Nach der Pause – wieder an der Arbeitsstelle – kam einer der Burschen auf mich zu, um mich zu verprügeln. Nach einem kurzen Schulterwurf von mir rutschte der Angreifer auf dem blanken Felsen rund drei Meter tief zum Böschungsfuß. Vorerst gab es Ruhe in der Mannschaft und ich konnte mit einem schweren Pressluftbohrer das Bohren im Fels fortsetzen. Nicht die schwere Arbeit machte mir zu schaffen, sondern der starke Frost ließ die Finger erstarren. Um den Bohrer in Bewegung zu halten, musste für die Zuführung der Druckluft ein Hebel an einem Griff des Geräts gehalten werden. Zum Aufwärmen der Hände gab es wohl Pausen, doch die gespeicherte Wärme brachte nur kurze Zeit Linderung. Um Abhilfe zu schaffen, besuchte ich die Betriebswerkstatt und ließ mir einen Eisenring herstellen. Dieser Ring, über den Griff gestreift, machte das ständige Niederdrücken des Hebels überflüssig. Aus Gründen der Arbeitssicherheit war diese Arretierung nicht erlaubt, jedoch erleichterte sie das Bohren der Löcher. Schlimmstenfalls hätte sich der Bohrer aber nur um die eigene Achse drehen können.

In der Mittagspause setzten sich meine Arbeitskollegen an einen Tisch weitab von mir. Sie wollten damit ausdrücken, dass sie mit meiner Zuteilung zum Sprengkommando unzufrieden sind. Am Ende der Pause rief der Bauleiter meinen Namen, ich dachte, nun werde ich einer anderen Gruppe zugeteilt. Doch er rief mir zu, ich möge meinen Gesellenbrief bei ihm abholen, den ich im Firmenbüro vor der Anstellung abzugeben hatte. Ich war noch nicht wieder an meinem Tisch, da kamen die drei Arbeitskollegen auf mich zu und entschuldigten sich. Sie meinten, wenn sie vorher gewusst hätten, dass ich ein Maurergeselle bin, wäre es zu dem unfreundlichen Akt gegen mich nicht gekommen.

Das frostige Wetter bereitete auch Schwierigkeiten bei der Herstellung der kurzen Stangen für das Verschließen der Bohrlöcher aus feuchtem Lehm. Da mein Freund Christoph als Papiermacher in der Papierfabrik gelernt hatte, kannte ich den Wandel vom gemahlenen Holz bis zum fertigen Papier. In der Aufbereitungsphase entstand eine Masse, die einem aufgeweichten Bierdeckel glich. Dieses Material fand ich in einem großen Bottich. Es war warm und nach kurzer Trocknung eignete es sich zur Herstellung der benötigten Stangen zum Verschließen der Bohrlöcher. Diese eher kleine Umstellung von Lehm auf Papier brachte uns eine merkliche Arbeitserleichterung und ein deutliches Plus in der Lohntüte. Gern hätte ich in der Kolonne weitergearbeitet, doch das neue Semester stand an.

Das dritte Semester, nun als Tiefbauer

Die Vorlesungen starteten Anfang März, dieses Mal mit anderen Dozenten und neuen Kommilitonen. Die Fächer Wasserbau und Städtischer Tiefbau lehrte ein Dozent, der zu Beginn der ersten Stunde darauf hinwies, dass er die derzeit 30 Studierenden bis zum Semesterende auf maximal zwölf reduzieren wird. Von diesem tiefen Einschnitt hatte mir der ältere Kommilitone nichts berichtet. Meine anfänglichen Sorgen, von diesem Dozenten „abgeschossen" zu werden, verflogen mit der Rückgabe geschriebener Klausuren. Ich hatte erkannt, dass seine kaum leserliche Handschrift meinem Gekrakel entsprach. Diese Schriftgleichheit erlaubte mir, in den Klausuren weniger Zeit auf die Lesbarkeit meiner Schrift zu verwenden und dafür die Zeitersparnis den gestellten Aufgaben zu widmen. In beiden Fächern wurden meine Arbeiten sehr oft mit „sehr gut" benotet.

Ich studierte emsig. Beflügelten mich die guten Resultate, so besuchte ich mit den neuen Kommilitonen Bars oder noblere Tanzlokale, wie „Charly-Bar", „Orchidee-Bar", „Königin-Bar", „Café Däche", „Hotel Atlantik" und „U-Boot", später „Elefant" genannt. Damit endete die Epoche, wo ich mit Freunden aus der Fachrichtung Hochbau zum Tanzen mit einen Kasten Bier zum Schlösschen „Park Schönfeld" zog. Man tanzte dort auf unebenen Steinplatten und die Musik kam aus einem größeren Lautsprecher, der im geöffneten Fenster des Obergeschosses des Hauses hing. Für die Gäste standen Tische und Stühle bereit. Eintrittsgeld wurde nicht erhoben, dafür hatte man die Getränkepreise entsprechend angepasst. Wir aber setzten uns auf die zirka 80 cm hohe Natursteinmauer, welche das Gartenlokal zum öffentlichen Park abgrenzte. Unsere mitgebrachten Bierkästen platzierten wir vor uns auf der öffentlichen Parkseite. Das von uns beschriebene Wechselspiel von der Mauer zur Tanzfläche gefiel auch den Damen, sodass sie sich zu uns gesellten und unser Bier genossen. Der Kellner tat uns bald leid, trotz voller Tanzfläche hatte er nur wenig zahlende Gäste.

Kommilitonen mit wohlhabenden Eltern brauchten sich dem mir aufgrund meiner Situation auferlegten Sparzwang nicht unterzuordnen. Waren sie blank, verkauften sie preisgünstig ihre Bücher und forderten daheim neues Geld für Neuanschaffungen. Jetzt standen auf den Quittungen der gleichen Werke alternative Buchbezeichnungen. Den begehrten „Wendehorst, vom Teubner Verlag, Stuttgart" gab es unter den Titeln: „Wendehorst 1, 2 usw.", „Bautechnische Zahlentafeln" oder „Wendehorst, berichtigter Nachdruck". Reichte diese Finanzierungsquelle nicht aus und fehlte ihnen das Geld für das tägliche Essen, fanden sie den Weg in meine Dachkammer. Geld konnte ich nicht verteilen, dafür gab es bei mir immer frisches Brot und Wurst aus Dosen. Der Wurstvorrat stammte aus eigener Hausschlachtung und war der Beitrag meiner Eltern zum Studium.

Mein knappes Geld hinderte mich nicht, mit Freunden die „Kleine Weide" nach der Wiedereröffnung zu besuchen. Das Haus bestand nun aus zwei Kellergeschossen, dem Lokal im Erdgeschoss und der Wohnung des Wirtes im Obergeschoss. Eingerichtet war der Gastraum im Stil der sechziger Jahre, d. h. als Bodenbelag waren PVC-Platten verlegt in den Farben Gelb und Hellblau. Die Tischbereiche trennten Bambusstäbe oder Geflechte. Im Allgemeinen zeigten sich die Räumlichkeiten eher kühl und ungemütlich. Man sagte, das Lokal hätte einen gewissen Charme, meinte aber eher die junge lebenslustige Bedienung. Sie wohnte mit dem Wirt im Obergeschoss des Hauses und so blieb die Frage offen, ob sie seine Freundin oder Ehefrau war. Abends, wenn wir unseren Dämmerschoppen im Lokal tranken, saß der Wirt meist schlafend auf einem Stuhl hinter der Theke. Hellwach hingegen war die Bedienung. Manchmal suchte sie sich einen Studenten aus, dem sie ihre neue Wohnung zeigte. Wortlos übernahm einer von uns die Theke, die anderen bedienten die Gäste. Für diesen Arbeitseinsatz belohnten wir uns mit selbstgezapftem Freibier.

Als das Semester sich dem Ende neigte, verschärften fast alle Dozenten ihre Gangart. Deren Tatendrang sorgte dafür, dass der eine oder andere Studierende überfordert das Studium abbrach. Wir in unserer Gruppe schränkten die Kneipenbesuche auf ein Minimum ein und besuchten dafür öfter die laufende Baustelle „Neubau der Ingenieurschulen für Elektrotechnik und Maschinenbau". Zu sehen waren hier interessante Details in der Bauausführung.

Semesterferien im Sommer

Auch das dritte Semester hatte ich geschafft und wieder stand das Geldverdienen in den Sommerferien 1959 an. Arbeit fand ich wieder beim Bauunternehmen Küster KG in Herzberg. In der Papierfabrik waren die neuen Werkshallen fertiggestellt. In einer älteren Halle gab es nach der Demontage von Maschinen eine neue Produktionskette aufzubauen. Einem Maurer, einem Gehilfen und mir oblag es, die baulichen Hinterlassenschaften aus der alten Produktionsphase abzuräumen und Vorbereitungen zu treffen für den Aufbau neuer Maschinen. Anstatt Akkordarbeit rechnete man die Leistung im Stundenlohn ab, für mich jedoch mit der Aussicht auf viele bezahlte Überstunden und Schmutzzulagen.

Vorab waren alte Papierrollen und loses Papier aus der Halle wegzuschaffen. Der Arbeitskollege, der als Betriebsmaurer schon mehrere Jahre hier arbeitete, erzählte, dass das lose Papier zwischen den stehenden Papierrollen meist zum Bau von „Liebesnestern" benutzt wurde. Hinter den stehenden Papierrollen, die bis zu zwei Meter hoch waren, trafen sich Frauen und Männer des Werks, die besonders eng zusammenarbeiten wollten. Nicht nur ledige Personen beanspruchten die Verstecke, es gab auch verheiratete Frauen und Männer, die gern das auf dem Fußboden liegende Papier gemeinsam durchwühlen wollten. Der Arbeitskollege nutzte die Gelegenheit, mich nach meinem Sexualleben zu befragen. Er wollte nicht glauben, dass ich mit fast 23 Jahren noch keine engere Beziehung zu einer Frau hatte. Ich erklärte ihm, dass für mich das Studium einer festen Freundin vorging. Zu oft mussten Mitstudenten das Studium abbrechen, weil ihre Partnerin ein Baby bekam. Fehlte den Kommilitonen das Geld für den Unterhalt der kleinen Familie, mussten sie ohne Gesellenbrief meist eine minderbezahlte Anstellung als Lkw-Fahrer oder einfacher Maschinist annehmen.

Für mich gingen die Semesterferien dieses Mal mit bedeutend weniger Geld in der Tasche zu Ende.

Die Semester 4 und 5

Wie vom Dozenten für Wasserbau und Tiefbau vorausgesagt, hatte er die Zahl der Mitstudenten von dreißig auf zwölf reduziert. Man hörte, dass ein Großteil der aus unserem Klassenverband abgeschossenen Studenten das Studium an der Uni Darmstadt fortsetzte. Damit soll die Gruppe der Wiederholer aus Kassel in Darmstadt größer gewesen sein als die derjenigen, die in Kassel weiter studierten.

Wieder einmal wurden Lehrstoff und Klausuren anspruchsvoller. Viel Zeit und Energie waren jetzt zur Bewältigung der gestellten Aufgaben erforderlich. Auch reduzierte das fehlende Geld die Kneipenbesuche fast vollständig. Wohl eine der letzten Besonderheiten fand statt beim Besuch der „Löwen-Klause" in der Germaniastraße. Hier gab es einen Zusammenhang mit der Fertigstellung der Ingenieurschule für Elektrotechnik und Maschinenbau. Für den Beitrag „Kunst am Bau" wurde vor dem Eingangsbereich der neuen Schule eine Skulptur auf einen Sockel gestellt. Wahrscheinlich brachte ein Windstoß die Plastik in die Schieflage. Um diese neu auszurichten, entfernte man das Kunstwerk, um die Verschraubungen oder den Sockel zu verstärken. Unseren Freundeskreis reizte der leere Sockel und wir meinten, ein standfesteres Ehrenmal aufbauen zu müssen. Wir versuchten es mit leeren Mülltonnen, aber uns fehlten entsprechende Steckelemente, um die Behälter auf dem vorhandenen Sockel platzieren zu können. Wir erinnerten uns an die fünf Barhocker der „Löwen-Klause" und überlegten, wie wir diese aus dem Lokal bringen. Wohl mit acht Kommilitonen betraten wir gegen 22.00 Uhr die Klause und besetzten umgehend frei gewordene Hocker. Bald hatten wir alle Hocker unter unserer Kontrolle und die Aktion konnte gestartet werden. Die drei Studenten, die im hinteren Bereich an einem Tisch Platz genommen hatten, standen auf, bezahlten ihre Zeche und verließen die Kneipe unter Mitnahme jeweils eines Hockers. Die Kommilitonen, die vorher auf den Hocker saßen, behielten zum Schein ihre sitzende Haltung bei. Nach dem Verstecken der Hocker kehrten zwei Freunde zurück in das Lokal, schauten gelangweilt umher und verließen mit den restlichen Hockern die Kneipe. Wir standen nun an der Bar und bezahlten unsere Zeche. Ein Gast aus dem hinteren Bereich des Lokals trat an die Bar heran und fragte nach den Barhockern. Der Wirt, völlig verdutzt, beschuldigte uns des Diebstahls, doch wir behaupteten, die ganze Zeit vor der Bar gestanden zu haben. Letztlich musste er uns gehen lassen.

Für uns fünf ging es zum Neubau, wo auf dem Sockel die neue Skulptur bereits aufgebaut war. Dieses Denkmal war für uns weit imposanter als die künstlerische Gestaltung der „Scultura Astratta". Wir riefen die Redaktion der Tageszeitung an und baten, einen Bericht über die neue Plastik zu verfassen. Zudem sollte die Zeitung die „Löwen-Klause" in der Germaniastraße als angesagten Studententreffpunkt anpreisen. Dieser Hinweis war gedacht als Entschädigung des Wirtes für die entwendeten Hocker. In der Presse konnte man am nächsten Morgen unsere Skulptur sehen und über die Herkunft der Hocker lesen.

Während das Studium seinen geregelten Verlauf nahm, drückten mich die Sorgen um das schrumpfende Geld. Die Kasse war fast leer, eine finanzielle Unterstützung der Familie war nicht zu erwarten. Um meinen Lebensunterhalt bis zum Examen zu sichern, verpflichtete ich mich, beim Hessischen Straßenbauamt in Kassel nach dem Examen als Beamter in seine Dienste zu treten. Das Amt zahlte mir dafür einen Geldbetrag in Höhe von rund 120 DM monatlich.

Semesterferien im Sommer

Eine Ferienarbeit war 1960 in Kassel schnell gefunden. Bauunternehmungen besuchten die Ingenieurschule und boten den Studenten der höheren Semester Büroarbeiten an. Ich entschied mich für das Erd- und Straßenbauunternehmen in der Raabestraße. Dort hatte ich nach örtlichen Aufmaßen Querprofile einer Autobahnbaustelle auf Millimeterpapier zu zeichnen, um daraus den Auf- und Abtrag der bewegten Bodenmassen zu ermitteln. Als Maßstab war 1:100 vorgegeben. Somit entsprach ein Quadratzentimeter auf dem Papier einem Quadratmeter in der Realität. Die abverlangte Abrechnungsmethode war einfach, aber sehr ungenau. Bei meiner ersten Massenermittlung, die ich sehr penibel durchführte, errechnete ich Bodenbewegungen in der Größenordnung von rund 4,2 Millionen Kubikmeter. Mein Chef meinte dazu, die von mir ausgezählten Kubikmeter würden wohl den auf der Baustelle erbrachten Erdarbeiten entsprechen, doch die Menge hätte kein Potenzial für Kürzungen. Gewohnheitsgemäß würde der Auftraggeber bei der Massenprüfung Kürzungen vornehmen. Um keinen Schaden zu erleiden, müssten die Massenangaben der Firma um den möglichen Kürzungsbetrag erhöht werden. So hatte ich die Querprofile neu zu zeichnen und hierbei die Straßenachse um rund 2 m in den Berghang zu verschieben. Jetzt mit knapp 6,0 Millionen Kubikmeter bewegter Erde war der Chef zufrieden. Würde der Auftraggeber nun Massen streichen, bliebe trotzdem für das Unternehmen ein Plus übrig. Nach dieser Lehrstunde über Bodenabrechnungen wurde mir bewusst, warum der Seniorchef von dem Gauß-Elling-Verfahren zur exakten Flächenberechnung nichts wissen wollte. Die neuere Berechnungsart erfolgt über Polygone und Koordinaten und benötigt real auf der Baustelle gemessene Höhen und Breiten. Manipulierungen der Massen sind mit diesem Verfahren eher auszuschließen und damit entfallen willkürliche Massenreduzierungen durch den Auftraggeber. Der Ferienjob brachte mir rund 300 DM pro Monat ein und lag damit über dem Lohn eines Maurers.

Sechstes Semester und Examen

Neben Vorlesungen war das Semester geprägt von Einladungen zu Abschlussbällen. Damen, die vornehmlich an der Musikakademie, Kunsthochschule, Knipping- und Schwestern-Schule lernten, suchten Tanzpartner für ihre Abschlussfeiern. Auch ich war nun am Kennenlernen einer Partnerin für das Leben interessiert. Bei einer dieser Veranstaltungen lernte ich eine nette Frau kennen, die mich nach wenigen Treffen ihren Eltern vorstellen wollte. Sie zeigte mir das Haus, wo sie wohnt, und lud mich für den nächsten Sonntag zum Kaffeetrinken ein. Rechtzeitig und mit einem Blumenstrauß in der Hand begab ich mich zu ihr. Doch weder Straße noch Hausnummer hatte ich mir notiert und so fand ich trotz intensiver Suche das Haus ihrer Eltern nicht. Nach zirka zwei Stunden beendete ich die Suche und kehrte nach Hause zurück. Meine Vermieterin sah mich mit dem Blumenstrauß und fragte nach meinem Vorhaben. Ich übergab ihr die Blumen und die Geschichte war schnell erzählt. Als Antwort kam: „Anscheinend sollte dieses Treffen nicht stattfinden."

Bevor die Klausuren für das Examen geschrieben wurden, veranstalteten die Studenten der Elektrotechnik und des Maschinenbaus in der neuen Aula einen „Ingenieurball". Zu mir Ahnungslosem gesellte sich meine frühere Damenbekanntschaft Renate, von der ich über Monate nichts gehört hatte. Sie wollte unbedingt die Beziehung zu mir wieder aufnehmen und wich den ganzen Abend nicht von meiner Seite. Sie erzählte, dass ihr Vater inzwischen verstorben sei und sie weiterhin allein mit ihrer Mutter wohnt. Sie habe das Gymnasium, die „Engelsburg", nach der zehnten Klasse verlassen und als kaufmännische Angestellte bei einem Schreibwarengeschäft die Lehre begonnen.

Obwohl gewarnt von Renates Unfreundlichkeiten während des ersten Kennenlernens, glühte meine Liebe zu ihr erneut auf. Doch im Vordergrund stand mein Lernen für die anlaufenden Abschlussklausuren. Nach bestandenem Examen, am 16. Februar 1961, bekundete Renate ihre Bereitschaft, mit mir eine feste Beziehung eingehen zu wollen. Es kam zu einer Einladung in die elterliche Wohnung, wo ich ihre Mutter erneut in ihrer distanzierten Art erleben konnte. Als Ehemann für ihre Tochter wäre ihr ein hochstudierter Anwalt oder Arzt angenehmer. Offensichtlich hatte Renates Mutter übersehen, dass sie selbst arm war. Auch ihr Ansehen als künftige reiche Erbin war verblasst, der Bombenhagel auf die Stadt Kassel hatte das Hab und Gut ihrer Eltern zerstört. Um ihrer Distanziertheit zu trotzen, pflegte ich bei Vorstellungen meiner Person innerhalb ihres Bekanntenkreises auf die Frage nach meinem Beruf zu antworten: „Ich habe Maurer gelernt." Meine Berufsbezeichnung „Ingenieur des Bauwesens" blieb unerwähnt.

6 MEIN LEBEN MIT RENATE UND FAMILIE

Erste Anstellung als Bauingenieur

Aus der Studienzeit bestand ja noch der Vertrag mit dem Hessischen Straßenbauamt, welches mich mit einer Art Vorschusskredit finanziell unterstützt hatte. So etwas war damals wegen des Fachkräftemangels bei dieser Behörde üblich, wenn man sich hinterher für eine gewisse Zeit verpflichtete, dort zu arbeiten. Nach dem Examen erhielt ich von dort also die Ernennungsurkunde zum „Regierungsbauinspektoranwärter". Ein langer Titel, aber ausgestattet mit einem Gehalt von 375,- DM. Ich verzichtete auf den Amtstitel und zog die Rückzahlung des Kredits vor. Ein deutlich höheres Gehalt von 650,- DM bot mir in Wolfhagen Herr Baurat a.D. Hille in seinem Ingenieurbüro für Straßen- und Abwasserkanäle an. Diese Tätigkeit nahm ich am 1. März 1961 auf.

Meine Ergänzungskurse im Studienfach Vermessungstechnik führten zur Aufgabe, die Trassenführung für ein Straßen- und Brückenbauprojekt abzustecken. Bei dieser Tätigkeit beobachtete mich der Firmenchef eines größeren Kasseler Tiefbauunternehmens. Spontan bot er mir ein Grundgehalt von 1.200 DM an, wenn ich als Bauleiter für Straßen- und Erdbauprojekte außerhalb von Kassel für die Firma tätig werde. Der Firmenwechsel fand am 1. Oktober 1961 statt. Im technischen Bereich beschäftigte das Unternehmen einen Oberingenieur, zehn Bauingenieure und einen Maschinenbauingenieur.

Mit Frühlingserwachen wurde mir eine Straßenbaustelle im Raum der Stadt Marburg zugeteilt. Die dortigen Arbeiten waren weit fortgeschritten, konnten vom bisherigen Bauführer aus gesundheitlichen Gründen aber nicht weitergeführt werden. Ein Bauwagen wurde mein Domizil. Ich war nun Bauführer und hatte den Arbeits- und Maschineneinsatz zu leiten. Die Stammmannschaft bestand aus 15 bis 20 Personen und zusätzlichen

Hilfskräften aus der Landwirtschaft. Meine tägliche Arbeitszeit begann um 5.30 und endete um 20.00 Uhr. Nach wenigen Tagen hatte ich erkannt, dass meine Arbeit kein Zuckerschlecken war. Als Bauführer hatte ich wohl das Sagen auf der Baustelle; dennoch war ich als Jungingenieur auf die Mithilfe jedes einzelnen Bauarbeiters angewiesen.

Die Firma stellte mir wohl einen VW Käfer zur Verfügung, den ich auch für private Fahrten nutzen durfte, doch fehlte mir die Zeit für Fahrten in benachbarte Dörfer zum Einkauf von Lebensmitteln. Dieses Problem kannte die Mannschaft nicht, sie brachte ihre Verpflegung von zu Hause mit.

Am Freitag um 14.00 Uhr endete für die Mannschaft die Arbeitswoche. Für mich aber galt es, die schriftlichen Arbeiten der vergangenen Woche aufzuarbeiten. Endlich in Kassel angekommen, waren die Läden zum Lebensmitteleinkauf und zur Wäscheabgabe geschlossen. Nach dem Besuch des Luisenbades und einem Abendessen ging ich erschöpft ins Bett. Am Samstag, einem damals regulären Arbeitstag, hatten sich alle Bauführer um 8.00 Uhr zur Baubesprechung im Büro des Unternehmens einzufinden. Jeder Bauführer hatte über den Fortschritt seiner Baustelle sowie über die Frei- oder Bedarfsmeldungen von Personal oder Maschinen vorzutragen. Hierbei verteilte der Chef sporadisch Geld für besondere Leistungen, doch sparte auch nicht an Tadel, wenn der Baufortschritt nicht seinen Vorstellungen entsprach. Die Besprechung endete um 13.00 Uhr. Da alle Läden um 14.00 Uhr schlossen, musste ich mich sputen, um meine Besorgungen zu erledigen.

Und nach der Arbeit Renate

Am späten Nachmittag fand ich Zeit, mich mit Renate zu treffen. Es galt unser Abendprogramm zu besprechen. Nie aber wusste ich, in welcher Laune sie mich empfangen würde. Kam sie ablehnend auf mich zu, verließ ich die Wohnung und besuchte allein ein Kino oder eine Aufführung des Staatstheaters. Nach derartigen Abweisungen stand sie sonntags, oft am frühen Morgen vor meiner Stubentür und bereute ihr Handeln. In ihren Gefühlen herrschte das reinste Chaos. Bereits beim Ingenieurball wollte sie mit mir eine feste Verbindung eingehen, doch in den verstrichenen eineinhalb Jahren gab es keine wirkliche Annäherung zwischen uns beiden.

Die Zeit war gekommen, eine klare Antwort von ihr einzufordern, ob es eine gemeinsame Zukunft für uns gibt. Aus Renates Urlaub, den sie mit ihrer Mutter in Hopfen am See verbrachte, erhielt ich einen Brief. Sie beteuerte darin erneut ihre Liebe zu mir und hegte den Wunsch, ich möge die letzten Urlaubstage mit ihr verbringen. Da Christi Himmelfahrt 1962 anstand, nahm ich Urlaub, setzte mich ins Auto und fuhr zu ihr. Über mein Kommen war Renate sehr erfreut, ihre Mutter hingegen war eher erstaunt und trat äußerst abweisend gegen mich auf. Wieder in Kassel, festigte sich unser Verhältnis und nach dem ersten Liebesakt feierten wir Verlobung. Auch sprachen wir über eine baldige Hochzeit, doch ihre Mutter stemmte sich weiter gegen unsere Beziehung. Bald aber gefielen auch Renate weder mein Beruf noch unsere Treffen an den Wochenenden.

Weitere Baustellen folgen

Nach Abschluss der Baumaßnahme im Marburger Raum wurde mir eine Straßenbaustelle in der Nähe der Stadt Homberg (Efze) übertragen. Die Nähe von Homberg zu Kassel ermöglichte es, Renate auch während der Woche zu treffen. Während meine Poliere die neue Baustelle einrichteten, wurde ich kurzfristig nach Schmittlotheim zur Baustelle der Ederseerandstraße beordert. Wegen meiner Zusatzausbildung im Vermessungswesen hatte ich die Deckenhöhen des erstellten Straßenoberbaus zu kontrollieren. Der Chef hatte vom nachfolgenden Unternehmen gehört, welches die Asphaltschichten aufziehen sollte, dass die Höhen des Straßenunterbaus nicht der vorgegebenen Planung entsprachen. Die Krankmeldung des dortigen Bauführers ließ den Chef Böses erahnen.

Meine Vermessungen ergaben, dass die Straße im Kurvenbereich als Dachprofil erstellt worden war. Die Planung gab im Querprofil jedoch ein einseitiges Gefälle vor. Damit die nachfolgende Firma zeitgemäß mit ihren Deckenbauarbeiten beginnen konnte, galt es mit der fremden Mannschaft den Schaden so schnell wie möglich zu beheben. Über diesen Arbeitseinsatz hätte ich nicht berichtet, wäre da nicht meine nächtliche Fahrt mit Polizeibegleitung durch den Ort gewesen.

Zu jener Zeit war die Baufirma für die Verkehrsführung auf der Baustelle verantwortlich. Besonders der Spurwechsel im Einmündungsbereich der Dorfstraße erforderte täglich neue Maßnahmen in der Verkehrslenkung. Kurz vor dem Feierabend war es zur Gefahrenabwendung üblich geworden, die Polizei zu bitten, die aufgestellte Leiteinrichtung zu kontrollieren. Als Dank für ihre Hilfe gab es im nahen Gasthaus ein Abendbrot. Am Freitag erschien die Polizei auf der Baustelle im Doppelpack, d. h. die alte Mannschaft brachte neue Kollegen mit, die in der folgenden Woche die Verkehrslenkung überwachen sollten. Da es nach getaner Arbeit in der Gaststätte mit den Bauarbeitern, der Polizei und einigen Schönheiten des Dorfs richtig gemütlich wurde, erklärte der Wirt uns zu einer geschlossenen Gesellschaft. Wohl gegen 3.00 Uhr nachts wollte ich mein Quartier in der Ortsmitte aufsuchen. Es könnte sein, dass ich in der Runde über meine Trinkfestigkeit und Fahrtüchtigkeit geprahlt hatte. Auf jeden Fall wollten sich die Polizisten von meinen Fahrkünsten überzeugen. Ein Polizeiauto mit Blaulicht fuhr vor meinem Pkw und eines dahinter. Nach einer Strecke von rund einem Kilometer hatte ich mein Ziel erreicht. Am nächsten Morgen fand ich auf dem Sitz meines Pkws einen Polizeibericht. Darauf stand: „Du bist korrekt gefahren, hast mit einem Rad auf dem Bürgersteig geparkt und das Autolicht brennen lassen. Wir haben dein Auto dann ordnungsgemäß abgestellt."

Mit meinem Firmenwagen gab es eine weitere Episode, aber dieses Mal ohne Alkohol. Eines Freitagabends, nach einem unschönen Treffen mit Renate, fuhr ich allein mit dem Auto in die Innenstadt. Das Auto parkte ich auf dem Königsplatz und sah mir in der „Kaskade" einen Film an. Nach Ende des Films und dem Verlassen des Kinos regnete es in Strömen. Als eine Straßenbahn in Richtung meiner Unterkunft an der Haltestelle vor dem Kino hielt, sprang ich hinein. Am nächsten Morgen kurz nach 7.00 Uhr wollte ich zur Besprechung mit dem Auto zur Firma fahren. Aber auf dem gewohnten Parkplatz stand kein Auto. Ich setzte mich in die Straßenbahn, um der Firma den Diebstahl des Autos zu melden. Mit der Tram am Königsplatz angekommen, schaute ich gelangweilt aus dem Fenster. Auf dem Platz sah ich Marktfrauen, die ein Auto umringten. Sie wollten an dieser Stelle wohl ihren Stand aufbauen. Plötzlich fiel mir ein, dieses Fahrzeug könnte meines sein. An der nächsten Haltestelle verließ ich die Bahn und eilte zu dem Auto. Unter großem Geschimpfe der Marktbeschicker konnte ich den Wagen vom Königsplatz herunterfahren. Meine angedachte Meldung über den Diebstahl des Autos hatte sich erübrigt.

Nach dem erfolgreichen Einsatz auf der Baustelle der Ederseerandstraße war ich froh, mit der alten Stammmannschaft den anstehenden Bau der Panzerstraße bei der Stadt Homberg (Efze) zu beginnen. Unser Lager war gegenüber der neuen Kaserne aufgebaut worden. Hier gab es einen Wasser- und Stromanschluss an die öffentlichen Versorgungsnetze. Somit konnte nach Bedarf geduscht und gekocht werden. Die Nähe zur Innenstadt von Homberg erleichterte mir das Einkaufen und das Waschenlassen der Wäsche. Zudem erlaubte die Nähe der Baustelle zu Kassel mir an verschiedenen Tagen unter der Woche, den Feierabend mit Renate zu verbringen.

Auf der Baustelle – es war eine rund 4,5 km lange Panzerstraße zwischen dem Kasernenneubau in Homberg bis zum Ort Waßmuthshausen zu bauen – machte der Straßenbau wegen der nur gering anfallenden Erdarbeiten einen gewaltigen Fortschritt. Doch plötzlich stand alles auf Stopp. Wir trafen auf eine größere Linse eines stark wasserhaltigen, schluffigen Bodens, der in der Größenordnung von rund fünftausend Kubikmetern durch einen standfesteren Boden auszutauschen war. Die benötigten Maschinen waren schnell herbeigeschafft, etwas länger dauerte es, einen Landwirt zu finden, der gestattete, den eher flüssigen Boden zur Auffüllung seiner Wiese zu verwenden. Mit der beabsichtigten Bodenablagerung konnte ein vorhandener Hang begradigt und so das Grundstück im Wert gesteigert werden. Der Bodenaustausch war fast erledigt, als auf der Kippe der Raupenfahrer um Hilfe schrie. Er wollte den oberen Bereich der Kippe planieren, kam aber mit der Maschine zu weit in den abfallenden Hang hinein. Während er sich aus der Raupe mit einem beherzten Sprung retten konnte, glitt das Gefährt langsam bergab, bis es vollständig im Morast versank. Ich gehe davon aus, dass die Raupe dort heute noch ruht.

Nach vollbrachter Tagesarbeit bereitete die Mannschaft manch lustigen Streich. Wie erwähnt, war unser Camp gegenüber der Kaserne aufgebaut. In der neuen Kaserne, die für eine Panzergrenadierbrigade eingerichtet wurde, hielten sich derzeit nur wenige Soldaten auf. Wir hörten von einer Einladung junger Damen zu einer geplanten Tanzveranstaltung des Militärs. Veranstaltungsort war ein Gasthof im Ort Homberg. Wir, die Jüngeren unserer Mannschaft, besuchten am Abend die Veranstaltung. Aufgrund unserer guten finanziellen Ausstattung war es uns ein Leichtes, den Soldaten die Mädchen auszuspannen. Zu später Stunde bemerkten wir, dass immer mehr Soldaten den Saal füllten. Offensichtlich, nun in der Überzahl, wollten sie uns nach dem Verlassen des Gasthauses verprügeln.

Um diese Auseinandersetzung zu vermeiden, riefen wir die auf der Baustelle Verbliebenen um Hilfe. Wir baten, uns mit einem Fahrzeug abzuholen. Bald hörten wir in der Stille der Nacht das Dröhnen und Rattern eines Kettenfahrzeugs. Es nahte unsere große Kübelraupe, deren Schildbreite über 3 Meter und die vordere Kübelhöhe zirka 1,30 betrug. Vor der Gastwirtschaft stoppte der Fahrer das Gefährt und schwenkte den beweglichen Kübel quer. Für uns acht Personen war das Einsteigen in den Behälter damit leicht gemacht. Der Maschinist hob den Kübel mit uns an, sodass die kampfbereiten Soldaten keine Chance hatten, uns zu erreichen. Am nächsten Morgen berichtete die Zeitung, dass nachts ein Panzer durch die engen

Straßen des Ortes gedonnert sei. Natürlich kam ein Dementi aus der Kaserne, doch dem glaubte niemand. Für die Bewohner zeugten der nächtliche Höllenlärm in der Gasse und die frischen Kettenspuren auf der Straße eindeutig von einer Panzerfahrt.

Ein weiterer Fall, wo die Presse das Militär an den Pranger stellte, bezog sich auf unsere Mäusejagd. Wie gesagt, brachte ein Großteil der Mannschaft seine Essensvorräte für die Woche mit. Nachts hörte man zwischen den Pfannen und Töpfen in den Nachttischen das Rascheln von Mäusen. Immer öfter störten die Nager die Ruhe in der Schlafbaracke. Folglich beschlossen die Männer, ihre Waffen von zu Hause mitzubringen und auf Mäusejagd zu gehen. Zu diesem Spektakel wurden die Poliere und ich eingeladen. Am Tag des Geschehens räumten die Männer eine Giebelwand der Baracke frei, bauten hier aus leeren Blechdosen mehrere Türmchen und legten dazwischen Speckstreifen aus. Die Betten in der Baracke stellten sie so, dass sechs Schützen liegend auf vier Betten nebeneinander Platz fanden. Mit vormontierten Bauscheinwerfern konnten bei Bedarf die Aufbauten an der Giebelwand ausgeleuchtet werden. Als die Dunkelheit einsetzte, startete die Mäusejagd. Es dauerte nicht lange, da hörte man das Rascheln der Mäuse und das Zuschnappen der zusätzlich aufgestellten Mäusefallen. Nun unter dem eingeschalteten Licht der Strahler feuerte man mit allen Waffen auf die herumirrenden Mäuse. Dieses Spiel wiederholte sich einige Male. Wohl nach einer Stunde zählte man die Beute und feierte die Jagd mit ein paar Bieren.

Überrascht waren wir, als die Tageszeitung über ein nächtliches Schießen in der Kaserne berichtete. Umgehend ließ ich alle Waffen und Munition in eine Materialkiste verpacken und diese vergraben. Anschließend wurden alle Spuren der Mäusejagd beseitigt. Am nächsten Tag erschien das Dementi des Militärs in der Zeitung. Sie hätten keine Schießübungen in der Nacht durchgeführt. Doch wieder glaubte niemand den Beteuerungen. Noch am Vormittag besuchte die Polizei die Baustelle und befragte mich als Bauführer und weitere Männer aus der Mannschaft. Dem Beamten erzählten wir, dass wir nach 15 Arbeitsstunden derart müde seien, ins Bett gingen und sofort fest einschliefen. Von einer nächtlichen Schießerei hätten wir nichts gehört. Zum Wochenende wurde die Kiste mit den Waffen ausgegraben und den Besitzern mit dem Hinweis übergeben, keine Waffen mehr auf die Baustelle mitzubringen.

Meine persönliche Baustelle

Die Treffen mit Renate häuften sich, doch ihre Nörgeleien dauerten an. Hinter diesen Ablehnungen sah ich eher die Einwände der Schwiegermutter in spe. Ich wollte für Renate mein Baustellenleben aufgeben und glaubte, bei geregelter Dienstzeit könnte sich das Verhältnis zu ihr stabilisieren. Zudem sah ich im Umzug in eine fremde Stadt die Möglichkeit, Renate dem Einflussbereich ihrer Mutter zu entziehen und ihre Eigenständigkeit zu fördern. Von einem Anverwandten, der als Bauleiter in einem Neusser Bauunternehmen tätig war, hörte ich, dass die Stadtverwaltung Neuss dringend Bauingenieure suche. Meine Bewerbung hatte Erfolg, zum 1. Oktober 1962 konnte ich zur Bauverwaltung der Stadt Neuss wechseln. Hier gab es geregelte Arbeitszeiten, doch auch erhebliche Abstriche an meinem derzeitigen Gehalt.

Nun drängte ich Renate auf eine baldige Hochzeit. Doch von ihr kam anstatt einer freudigen Zustimmung die Auflösung unserer Verlobung. Um künftig beiden Frauen aus dem Weg gehen zu können, entschloss ich mich für den Stellenwechsel. Als der Firmenchef des Kasseler Bauunternehmens während der Auflösungsphase unseres Arbeitsvertrags von den Zerwürfnissen zwischen Renate und mir hörte, wollte er mich unbedingt in der Firma halten. Er versprach ein höheres Gehalt und einen Mercedes als Geschäftswagen. Würde ich den Wechsel zur Stadtverwaltung Neuss bereuen, könnte ich jederzeit zur Firma zurückkehren.

Nach Abgabe des Firmenwagens kaufte ich einen weißen VW Käfer, in den ich meine wenigen Habseligkeiten einlud und voller Erwartung nach Neuss fuhr. Da ich eine Rückkehr zum bisherigen Arbeitgeber nicht grundsätzlich ausschloss, behielt ich meine Studentenbude in Kassel und zahlte meine monatliche Miete für ein halbes Jahr im Voraus.

Dienstantritt bei der Stadt Neuss

Meine Entscheidung, das Baustellenleben aufzugeben und in einer anderen Stadt von Renate Abstand zu gewinnen, beflügelte mich in meiner neuen Lebenseinstellung. Der erste Arbeitstag im Tiefbauamt der Stadt Neuss begann mit einem längeren Gespräch mit dem Amtsleiter. Sein Redefluss kam bei der Übergabe meiner Lohnsteuerkarte ins Stocken. Für die vergangenen neun Monate war auf der Karte ein zu versteuerndes Gehalt von über 13.000 DM vermerkt. Der Amtsleiter bemerkte, dass er trotz seiner Position innerhalb eines Jahres diese Summe nicht erreichen würde. Seine Frage nach dem Grund meines Wechsels beantwortete ich mit der Schilderung eines Tagesablaufs auf einer größeren Baustelle im Erd- und Straßenbau. Zu leisten waren rund 75 Wochenstunden. Jetzt im Amt stünden 45 Stunden an, damit gäbe es nach Dienstschluss genügend Zeit, am öffentlichen Leben teilzunehmen.

Am gleichen Tag trat auch ein neuer Baurat als Vertreter des Amtsleiters in die Dienste der Stadt Neuss. Unter den Kollegen des Tiefbauamtes fühlte ich mich bald wohl. Weniger Freude bereitete mir die zugeteilte Aufgabe, schriftliche Eingaben von Bürgern zu beantworten. Für mich war dieses Thema ein unbekannter Fachbereich. Um auch diese Arbeit gewissenhaft auszuführen, suchte ich in der Ablage des Amtes nach ähnlich gelagerten Fällen. Bald beherrschte ich das Briefeschreiben und man übertrug mir eine kleinere Straßenbaumaßnahme. Dafür das Leistungsverzeichnis aufzustellen und die Ausschreibung vorzubereiten, war für mich ein Klacks. Nun wartete ich auf das Frühjahr, um mit diesen Bauarbeiten beginnen zu können. Um in der fremden Stadt nach Feierabend einer sinnvollen Betätigung nachgehen zu können, übernahm ich für ein Ingenieurbüro Planungsarbeiten. Hier lernte ich den Berufskollegen Christian kennen. Er und seine Freundin Erika nahmen mich zu Veranstaltungen mit und führten mich unter anderem in einen Kegelverein ein.

Wiedersehen mit Renate

Renate hätte ich bald vergessen, wäre da nicht ihre Freundin Helga, die mich zu ihrer Hochzeit einlud. Ich sagte meine Teilnahme an dieser Feier zu, konnte ich doch für die Übernachtung in Kassel meine Studentenbude aufsuchen. Die Hochzeit fand am 8.12.1962 statt. Nach der kirchlichen Trauung wurde in der Wohnung von Helgas Eltern gefeiert. Renate hatte mich als ihren Tischherrn erkoren und gab sich mir bald sehr zugeneigt.

Nach der Feier lud – für mich sehr überraschend – Renates Mutter mich zum Mittagessen am morgigen Sonntag ein. Beim Betreten ihrer Wohnung fielen mir Veränderungen auf. Das ursprüngliche Wohnzimmer war vermietet. Renates Jugendzimmer war zum Ess- und Wohnzimmer umgestaltet. Mitten im Zimmer stand der festlich eingedeckte runde Esstisch. Renate berichtete, dass sie jetzt mit der Mutter im Ehebett schlafen würde. Die Einladung zum Essen und der freundliche Empfang ließen mich glauben, dass eine Aussöhnung mit mir geplant sei.

Die Suppe war gegessen, als Renates Mutter den Raum verließ, um in der Küche den Hauptgang vorzubereiten. Es kam mit Renate zu einer innigen Umarmung, doch sie wollte mehr. Kaum war unser Liebesakt beendet, wurde sie in die Küche zum Auftragen des Hauptgerichts gerufen. Bedauerlicherweise blieb die erhoffte Aussöhnung mit Renates Mutter aus. Am Nachmittag, nach einer kurzen Verabschiedung, setzte ich mich ins Auto und glaubte, Kassel für immer verlassen zu haben.

Die vielen neuen Eindrücke, welche der Arbeitsplatz und die Stadt Neuss boten, verkürzten mir die Zeit, bis ich über Weihnachten und Neujahr zu meinen Eltern nach Herzberg fahren konnte. Wieder im Dienst, wurde ich mit der Beförderung in die

Besoldungsgruppe IVa überrascht. Doch dieser Überraschung folgte eine weitere, in einem Brief teilte mir Renate mit, dass sie schwanger sei und ich Vater werde. Während ich mich auf unser Baby freute, ließ sie mich wissen, falls ich sie nicht heirate, würde sie unser Kind zur Adoption freigeben.

Meine Hochzeit mit Renate

Entsetzt über Renates Ansinnen hinsichtlich der Freigabe unseres Babys teilte ich ihr mit, dass ich mich auf unseren Nachwuchs freue und wir längst geheiratet hätten, wäre sie nicht dem Ansinnen ihrer Mutter gefolgt. Sofort waren meine Eltern bereit, die Hochzeit in Herzberg auszurichten. Währenddessen unterstützte mich die Stadtverwaltung Neuss bei der Wohnungssuche. Die Küche sowie das Kinderzimmer hatte ich bald vollständig eingerichtet. In dem sonst leeren Wohnzimmer waren Fernseher und Telefon bereits angeschlossen. Die fehlenden Möbel für das Wohn- und das Schlafzimmer sollten aus Renates Aussteuerversicherung gekauft werden. Die Schwiegermutter in spe bestand darauf, die Möbel durch ihren Bruder, einen Tischler, aus Kassel anliefern zu lassen.

Der Tag der Trauung rückte näher. Telefonisch versuchte ich Renate über ihre Ankunft in Neuss zu befragen, doch sie wollte mit mir nicht reden. Auch die angekündigte Lieferung der Möbel blieb aus. Erst unmittelbar vor unserer standesamtlichen Trauung am 22. Februar 1963 durfte ich Renate in Herzberg begrüßen. Die Schwiegermutter reiste am Tag der kirchlichen Trauung an und verließ Herzberg direkt nach der Zeremonie in der Kirche St. Nikolai. Wenige Tage später, als jung vermähltes Ehepaar, fuhren wir mit meinem Auto nach Neuss in unsere Wohnung. Hier warteten wir weitere drei Wochen auf die bestellten Möbel. Offensichtlich hatte die Schwiegermutter die Möbelbestellung erst nach unserer Trauung aufgegeben. Sehr viel später erfuhr ich den Grund ihres befremdlichen Verhaltens. Renate hatte ihr den wahrhaften Anlass verheimlicht, der zu ihrer Schwangerschaft führte, und mich dafür bezichtigt, ich hätte ihr Gewalt angetan. Für mich eine unverzeihbare Lüge, die meines Erachtens begründet lag in Renates Hörigkeit ihrer Mutter gegenüber.

Nun allein in der eigenen Wohnung blühte Renates Zuneigung zu mir wieder auf. Auch ohne die fehlenden Möbel genossen wir unsere Zweisamkeit. Geborgenheit in Neuss ließen uns mein neuer Freund Christian und seine Braut Erika fühlen. In den arbeitsfreien Tagen zeigten sie uns die Sehenswürdigkeiten der nahen und auch weiterer Umgebung. Auch Fahrten mit den eigenen Autos in das nahe Holland gehörten zu den Abwechslungen. Die ersten zwei Monate als Jungvermählte genossen wir unbeschwert. Doch diese Harmonie ebbte ab. Durch Zufall hörte ich einem Telefongespräch zu, welches zwischen Renate und ihrer Mutter geführt wurde. Von der Schwiegermutter vernahm ich nur Hetze gegen mich. Ihre Dünkelhaftigkeit gegen mich als Habenichts und Renates Lüge hinsichtlich ihrer Schwangerschaft beflügelten sie, unsere Ehe zu zerstören. Ich übernahm das Telefongespräch und verbot der Schwiegermutter, sich in unsere Ehe einzumischen. Sie aber ließ mich kaum zu Wort kommen und warf mir vor, ich hätte Renate nur geschwängert, um sie nach Neuss zu verschleppen. Auch meine Mittellosigkeit hielt sie mir wieder vor. Ich konterte, dass meine Vorfahren viel vermögender waren als ihre Eltern. Derzeit aber wäre sie ebenso mittellos wie ich, doch mein Gehalt würde ausreichen, meiner Familie ein gutes Dasein zu bieten. Zudem hätte ich in meinem bisherigen Leben mehr geleistet als sie sich dies überhaupt vorstellen könnte. In unserer Familie sei nicht Geld das höchste Gut, sondern der Zusammenhalt, um auch schlimmste Zeiten zu überstehen. Als ich der Schwiegermutter vorwarf, dass sie trotz ihres Alters ihr Leben nicht im Griff habe und deshalb dauernd unsere Ehe stören würde, brach sie das Gespräch ab.

Nach dieser Unterhaltung glaubte ich, die Schwiegermutter würde Ruhe halten, doch diese Mutmaßung war falsch. Es dauerte wohl nur einige Tage, als ich wiederum durch Zufall ein Telefongespräch mithörte. Auch dieses Mal musste Renate Beschimpfungen ihrer Mutter über sich ergehen lassen. Irgendwie durch ihre Mutter in die Enge getrieben, häuften sich Renates Arztbesuche. Sie wurde gefühllos und unser Sexleben kam zum Erliegen. Ich hingegen glaubte, ihr abweisendes Verhalten stände mit der nahenden Geburt im Zusammenhang. Um sie zu unterstützen, übernahm ich mehr und mehr das Kochen der Mahlzeiten und das Säubern der Wohnung.

Dienstliche Aufgaben in Neuss

Von den häuslichen Problemen ließ ich mir im Amt nichts anmerken und ging den Dienstaufgaben weiter gründlich nach. Die kleine Straßenbaustelle war bis auf die Gehwege fertiggestellt, als ein Starkregen mir half, einen Betrug der bauausführenden Firma zu erkennen. Anstatt die Rückenstütze der Bordsteine aus Beton herzustellen, wie zuvor im ersten Teilbereich, hatte sie jetzt Boden formgerecht eingebaut und diesen mit einer dünnen Mörtelschicht überzogen. Der Regen spülte stellenweise das Erdreich unter der Mörtelschicht aus, sodass die Arbeitsweise der Baufirma sichtbar wurde. Die fehlerhafte Rückenstütze ließ ich auf rund 200 m fachgerecht herstellen. Ohne mein Zutun sprach sich mein Handeln im Amt und bei den anderen Baufirmen in Neuss herum. Die Bloßstellung der Vorzeigefirma fand geteilte Zustimmung im Kreis der Bauschaffenden. Anders als erhofft, war unserer Amtsleiter wenig erfreut über meine Aktion, die Amtskollegen hingegen waren über meine mutige Tat beglückt. Nach der Fertigstellung und Abrechnung der Baumaßnahme hoffte ich auf eine größere Bauaufgabe, doch diese blieb aus.

In ähnlicher Weise beklagte der als stellvertretender Amtsleiter eingestellte Kollege seine fehlende Einbindung in die Amtsgeschäfte. Für uns gab es damit genügend Zeit, uns mit der Planung und der Bauausführung seines Hausneubaus zu beschäftigen. Diese gute Zusammenarbeit gefiel dem Amtsleiter nicht und so übertrug er mir die Aufgaben eines Verbindungsmannes zwischen dem Amt und einem größeren Ingenieurbüro. Das Büro aus Gelsenkirchen bereitete die Großbaustelle „Gielenstraße" vor und sollte danach die Bauleitung für dieses Projekt übernehmen. Vorgesehen war, die Gielenstraße von zwei Fahrspuren auf vier Spuren mit zusätzlichen Abbiegespuren zu verbreitern. Eingebunden in diese Maßnahme waren die Kreuzungsbereiche Further Straße (Hbf) und Rheydter Straße. Im Bereich Rheydter Straße waren die Fahrbahnen der Gielenstraße stark abzusenken, um hier eine Brücke unter der Bahnstrecke für eine neue Straßenverbindung bauen zu können. Um Platz für den Straßenausbau zu schaffen, war es erforderlich, auf rund 500 Meter Länge einen 5 m hohen Bahndamm bei vollem Bahnbetrieb abzutragen und diesen durch eine Stützwand zu ersetzen.

Das Ingenieurbüro fertigte das Leistungsverzeichnis und eine Kostenschätzung für das Bauvorhaben und legte diese Unterlagen dem Tiefbauamt vor. Diese Arbeiten hatte ich überschlägig zu prüfen und danach die Ausschreibung der Bauarbeiten verwaltungsmäßig zu veranlassen. Inzwischen hatten Anlieger von der bevorstehenden Baumaßnahme gehört und wollten wissen, wie ihr Grundstück an die neue abgesenkte Straße angebunden wird. Einige Grundstücksbesitzer wollten die Planungen einsehen. Um Auskunft erteilen zu können, wurden mir wohl zwanzig Aktenordner in den Schrank gestellt. Doch neben dem Inhaltsverzeichnis und einem Übersichtsplan waren alle Ordner leer. Als die Aufforderung an das Büro, fehlende Zeichnungen vorzulegen, ergebnislos blieb und die vorgelegten Angebotsunterlagen unvollständig waren, gab es eine Besprechung beim Baudezernenten. Hier bekam ich den Auftrag, beim Ingenieurbüro den Stand der Planung zu überprüfen. Gemeinsam mit einem Mitarbeiter des Büros legten wir an den jeweiligen Plänen den Planungsstand und die Höhe der dafür erbrachten Ingenieurleistungen fest.

Mir kam später zur Kenntnis, dass allein für die Maßnahme „Gielenstraße" ein riesiges Honorar zu viel bezahlt worden sei. Die Überzahlung führte dazu, dass dem Büro die Bauleitung für den Ausbau der Gielenstraße entzogen und mir vollends die Baumaßnahme übertragen wurde.

Kurze Zeit danach verstarb bei einem Verkehrsunfall der Amtsleiter und sein Stellvertreter, der neu eingestellte Baurat, übernahm die Amtsleitung.

Bau der Gielenstraße

Meine gründlichen Vorarbeiten zur Durchführung der Bauarbeiten zahlten sich im schnellen Baufortschritt aus. Viel Zeit und Aufmerksamkeit kostete es, mit den betroffenen Grundstückseigentümern über die Anpassungen ihrer Grundstückszufahrten an die neue Höhenlage der Straße zu verhandeln. Nur mit Verständnis und Feingefühl den Grundbesitzern gegenüber ließen sich Gebäudeteile und feste Schuppen abtragen und mittels Umbauarbeiten einer anderen Nutzung zuführen. Obwohl die Erfüllung der Bauaufgaben mehr als die täglich acht Dienststunden erforderte und Überstunden nicht bezahlt wurden, waren mir der reibungslose Bauablauf und der Kontakt zu den Grundstücksinhabern wichtiger als meine Freizeit. Der Umfang der anspruchsvollen Baumaßnahme lässt sich erkennen aus den Fotos. Wie vorgetragen, war nach dem Abstützen des Bahndammes dieser für eine Straßenverbreiterung abzutragen und der Damm durch eine Stützwand zu sichern.

Abbildung 34: Eisenbahnstrecke, gesichert durch einen sog. Berliner Verbau

Abbildung 35: Gielenstraße – Bereich Durchstich Rheydter Straße

Abbildung 36a (links), 36b, 36c: Fertige Stützwand mit Unterbrechung für die Brücke der Rheydter Straße:

Auf und Ab im Ehe- und Familienleben

Renates Verhalten blieb bis zur Geburt unseres Kindes unverändert. Um den Haushalt kümmerte sie sich nicht, sie war froh, ungestört ihre Illustrierten lesen zu können. Sie sprach von Beschwerden infolge der Schwangerschaft, doch ihr Frauenarzt fand, sie sei völlig gesund.

Am 31. August zur Mittagszeit wurde unsere Tochter Heike in dem Städtischen Krankenhaus zu Neuss geboren. Frau und Tochter waren wohlauf. Am nächsten Morgen im Amt erhielt ich einen Anruf des Krankenhauses. Man teilte mir mit, dass unsere Tochter nach Düsseldorf in die Uni-Klinik verlegt worden sei. Eine Krankenschwester hatte Hautverfärbungen bei ihr erkannt, die auf eine Blutunverträglichkeit hinwiesen. Um mögliche Gehirnschäden zu vermeiden, tauschte die Klinik das Blut unseres Babys aus. In diesem Zusammenhang riet mir die behandelnde Ärztin, von einem weiteren Kind abzusehen. Bei einer erneuten Schwangerschaft müssten wir mit einer Fehl- oder Totgeburt rechnen.

Da die Geburt komplikationslos verlaufen war, entließ das Neusser Krankenhaus Renate am fünften Tag nach ihrer Einweisung. Erstaunt war ich über ihre bandagierte Brust. Sie hatte sich entschieden, unser Baby nicht zu stillen. Die angelegte Bandage sollte die Produktion der Muttermilch unterbinden. Zudem gab Renate vor, aus gesundheitlichen Gründen könnte sie sich nicht um unsere Tochter kümmern. So fuhr ich täglich nach Dienstende in die Uni-Klinik nach Düsseldorf und besuchte unsere Tochter. Renate verweigerte jede Mitfahrt. Das dortige Pflegepersonal stellte mir oft die Frage, warum ich die Muttermilch meiner Frau nicht mitbringen würde. Eher als ich erkannten die Schwestern, dass Renate ihr eigenes Kind ablehnte. Nach zirka drei Wochen durfte ich Heike nach Hause holen. Die Klinik bot mir an, für die nächsten drei Wochen täglich frische Muttermilch für das Baby holen zu können. Dieses Angebot nahm ich gern an.

Auch in nächster Zeit kümmerte sich Renate weder um das Baby noch um den Haushalt. Ich übernahm die Versorgung

unserer Tochter und berichtete meiner Mutter über mein ge-
hetztes Leben. Anlässlich meines Geburtstages am 8. November
besuchten meine Mutter sowie Bruder Rudi uns und nahmen
auf der Rückfahrt nach Herzberg unsere Tochter mit.

Es freute mich, dass Renate sich langsam am allgemeinen
Leben beteiligte, doch diese Freude war kurz. Mitte Dezember
signalisierte ihre Mutter, sie sei krank und bedürfe Renates Hilfe. Ohne zu zögern, reiste Renate nach Kassel. Meine Bitte, die
anstehenden Weihnachtstage mit mir in Neuss zu verbringen,
lehnte sie konsequent ab.

Weihnachten im Szenelokal

Ein lediger Kollege, der meine Situation kannte, bot sich an, mit
mir den Heiligen Abend 1963 in einem Szenelokal zu verbringen. Dieses Lokal lag gegenüber dem Rathaus und hatte über
die Weihnachtstage durchgehend geöffnet. Hier trafen sich insbesondere alleinstehende Musiker, Schauspieler, Tänzer und
Abenteurer. Festlich gekleidet betraten wir gegen Abend das Lokal. Mein Begleiter strebte gleich in den hinteren großen Saal.
Dort befand sich eine Bühne, wo Künstler spontan und ohne
Gage auftreten konnten. In einem Eckbereich des Raumes setzten wir uns an einen festlich gedeckten Tisch. Es dauerte nicht
lange, bis sich das Lokal füllte und ein katholischer Pfarrer die
Bühne betrat. Nach einer kurzen Begrüßung führte er aus, dass
er und ein Pater mit uns die Feiertage verbringen werden. Wir
sollten keine Scheu haben, ihm unsere Sorgen und Nöte anzu-
vertrauen, er würde Trost für uns finden. Anschließend zelebrierte er die Heilige Messe.

Während die Speisen aufgetragen und wir am Essen waren,
bestiegen Künstler aus dem Publikum die Bühne und zeigten ihr
Können. Gegen Mitternacht – nach der Christmette – spielten
die Musiker zum Tanz auf. Zwischendurch traten Sänger auf,
die einfache Volkslieder bis hin zu Opernarien vortrugen. Auch
Kabarettisten und Varietékünstler wollten ihr Können zeigen.

Kaum beschreiben lässt sich die Stimmung im Lokal, die getragen wurde durch die Fülle der Darbietungen und die Feierfreudigkeit der Gäste. Mein Kollege und ich genossen das bunte Treiben bis zum frühen Morgen. Wir alle hatten dann erst einmal unsere Zeche zu zahlen und das Lokal zu verlassen. Sobald die Spuren der Nacht beseitigt seien, gäbe es ein gemeinsames Frühstück.

Während die meisten Gäste die Frühmesse im nahen Dom besuchten, wanderten mein Begleiter und ich durch die Parkanlagen, um frische Luft zu atmen. Pünktlich zur angekündigten Zeit saßen wir im Saal an unserem Tisch und genossen das Frühstück. Beim anschließenden Frühschoppen konnten Bekanntschaften geschlossen werden. Wieder folgten spontane Auftritte von Künstlern und alsbald trug man das Mittagessen auf. Um die aufkommende Müdigkeit zu vertreiben, gab es wieder einen ausgedehnten Spaziergang. Zu Kaffee und Kuchen begaben wir uns wieder an unseren Tisch. Nach und nach füllte sich das Lokal, da Künstler oder solche, die es seien wollten, ihre Bühnenauftritte fortsetzten. Meist gab es viel zu lachen. Wie am Vortag auch, betrat am späten Nachmittag der Pfarrer die Bühne und zelebrierte nach einer kurzen Ansprache eine Messe. Alsbald folgte eine Darbietung der anderen und das bunte Treiben im Lokal nahm Fahrt auf. Ich besiegelte mit Künstlern und Gästen Freundschaften und genoss dabei manches Getränk. Ehe man sich versah, zeigte draußen das Licht den zweiten Feiertag an. Wie an dem Tag zuvor gab es den Spaziergang und danach das Frühstück. Nach ein paar Bieren mit den neuen Freunden kehrte ich gegen Mittag ermüdet in unsere Wohnung zurück. Nur noch Schlafen, das war mein Ansinnen.

Oh, welche Überraschung wartete dort auf mich. Kaum hatte ich die Wohnung betreten, da kam Renate mir grimmig entgegen. Es folgten die Vorwürfe, ich wäre selbst über Nacht weggeblieben und komme nun angetrunken nach Hause. Zu einer freundlichen Begrüßung kam es nicht. Sie sei am ersten Feiertag angereist und müsse nun zum Bahnhof, wo in Kürze ihr Zug zurück nach Kassel fährt. Mir war alles egal, ich wollte erst einmal ausschlafen.

Angedachte Scheidung

Für Anfang Februar 1964 kündigten unsere Mutter und Rudi ihren Besuch in Neuss an. Sie wollten Tochter Heike mitbringen und ihren guten Entwicklungsstand zeigen. Für Renate gab es damit Anlass, von Kassel nach Neuss zu reisen. Der Besuch meiner Mutter dauerte eine Woche. Ich nutzte diese Zeit, um über meine Scheidungsabsichten zu sprechen. Obwohl ich Renate liebe und mit ihr verheiratet bin, lebe ich seit Monaten allein und im Zölibat. Doch von meiner Mutter kam nur die Antwort: „Du kannst doch keine kranke Frau im Stich lassen." Wie unsere Mutter zu dieser Aussage „kranke Frau" kam, hatte ich leider nicht nachgefragt. Von einer Erkrankung war mir nichts bekannt, ich sah nur, dass Renate erkennbar durch die Hetze der Schwiegermutter in eine Krankheit hineingedrängt wird. Wenige Tage nach der Abreise unseres Besuches verließ mich Renate und fuhr wieder zu ihrer Mutter nach Kassel. Ihre ständige Abwesenheit sahen mein Freund Christian und seine Braut Erika als eine gezielte Abwendung vom Kind und mir. Als ich wieder allein war, boten sie sich an, mir bei der Suche nach einer neuen Partnerin zu helfen.

Die Osterfeiertage plante ich bei meinen Eltern in Herzberg zu verbringen. Renate, noch immer in Kassel, hörte davon und wollte von mir nach Herzberg mitgenommen werden. Am Gründonnerstag nach Dienstschluss setzte ich mich in meinen VW Käfer, um nach Kassel zu fahren. Eine Übernachtung bei der Schwiegermutter wollte ich auf jeden Fall ausschließen. Ein Auffahrunfall auf der Autobahn in der Nähe von Unna, in den ich verwickelt war, half mir, diesen Vorsatz zu erfüllen. Äpfel, die auf dem Rücksitz im offenen Karton lagen, klebten als Apfelmus auf der Frontscheibe. Dem angelegten Sicherheitsgurt hatte ich zu verdanken, dass ich nahezu unverletzt blieb. Lediglich zeichnete sich später der Gurtverlauf durch blutunterlaufene Striemen auf der Haut ab. Noch vor Ort verkaufte ich mein Auto an das Abschleppunternehmen. Mit der Bahn setzte ich meine Reise fort und erreichte Kassel erst am nächsten

Morgen. Am Bahnhof mietete ich mir einen Leihwagen, mit dem ich Renate zur Weiterfahrt nach Herzberg abholte. Die Schwiegermutter heuchelte Betroffenheit über meinen Unfall, doch darauf konnte ich verzichten.

Noch auf der Hinfahrt bestand Renate darauf, nach den geplanten zwei Wochen bei meinen Eltern wieder zurück zu ihrer Mutter gebracht zu werden. Doch nach weiteren Gesprächen über meine Scheidungsabsichten entschloss sie sich, mir nach Neuss zu folgen. Zu meinem Erstaunen bemühte sie sich hier, eine perfekte Ehe- und Hausfrau zu sein. Unsere Wohnung wurde von ihr geputzt, das Mittagessen stand pünktlich auf dem Tisch und auch unser Eheleben nahm Fahrt auf. Gemeinsam bestellten wir nach Rückgabe des Leihwagens eine neue VW-Limousine.

Tulpensuche in Holland

Nach Christi Himmelfahrt 1964 reisten meine Mutter, Schwester Christa, Bruder Rudi und unsere Tochter Heike an. Bei der Begrüßung unseres Besuchs fiel mir auf, dass Heike ihre einstige Scheu uns Eltern gegenüber abgelegt hatte. Auch war sie ordentlich gewachsen und sah in ihrem schönen Kleidchen gesund und munter aus.

Die Auslieferung der bestellten VW-Limousine verzögerte sich, sodass wir die zum Muttertag versprochene Fahrt nach Holland zu den Tulpenfeldern mit Rudis Auto unternehmen mussten. Sehr früh am Morgen und eng gedrängt in seinem Käfer startete die Reise. Viele Leute verfolgten das gleiche Reiseziel und so verlief die Autofahrt bei oft verstopften Straßen im Schritttempo. Wohl nach knapp 200 Kilometer Fahrstrecke – noch immer, ohne ein Tulpenfeld gesehen zu haben – steuerte Rudi für das Mittagessen einen Gasthof mit dem Schild „Cafe-Billard" an. Kaum stand das Auto, drückte sich Christa aus dem Wagen und lief direkt auf den vermeintlichen Gasthof zu. Hinter einem riesigen Fenster sah man Leute an einem großen Esstisch. Forsch betrat sie das Haus, um bald wieder mit der

Nachricht zurückzukehren. Dieses Haus war nicht die Gaststätte, sondern ein Privathaus. Der Eingang des gesuchten Lokals würde auf der anderen Hausseite liegen.

Noch freuten wir uns auf eine warme Mahlzeit, doch als wir das Café betraten, standen wir in einer dreckigen Spelunke. Die unfreundliche Wirtin wollte uns keinen Kaffee, sondern nur Bier verkaufen. Alles war so abstoßend, dass wir gern die Rückfahrt antraten. Erst wieder in Deutschland fanden wir ein Lokal, wo wir in gemütlicher Atmosphäre das begehrte Kännchen Kaffee und einen leckeren Kuchen essen konnten. Enttäuscht waren wir von der holländischen Gastronomie und dem Dilemma, dass wir kein Tulpenfeld gesehen hatten. Am Montag nach dem Muttertag reiste unser Besuch mit Heike wieder ab.

Am Dienstag darauf stand eine Dienstreise mit der Bahn zur Bundesbahndirektion in Köln an. Voller Bewunderung sah ich, wie sich entlang der Bahnstrecke ein Tulpenfeld an das andere reihte. Man musste sich die Frage stellen, warum nach Holland fahren, wenn Gleiches in unmittelbarer Nähe geboten wird.

Unser zweites „Ehe"jahr

Kurz nach der Abreise unseres Besuches aus Herzberg wurde unser Neuwagen, ein VW 1500, ausgeliefert. Renate zeigte sich fröhlich und ausgelassen und so konnten wir mit unseren Freunden die nähere Umgebung kennenlernen. Wir besuchten das Neandertal, das Kloster Langwaden und weitere Sehenswürdigkeiten. Diese Zeit der Zweisamkeit dauerte wohl zehn Wochen. Mitte Juli 1964 besuchte uns eine längst vergessene Freundin aus Kassel mit ihrem Partner. Kaum angekommen, luden sie uns ein zu einer Fahrt mit ihrem MINI nach Amsterdam. Sie wollten uns von dem Platzangebot ihres Autos überzeugen. Renate stimmte der Fahrt begeistert zu und so saßen wir eingequetscht zwischen Gepäckstücken auf der engen Rückbank. Die Stadt Amsterdam enttäuschte mich sehr, Straßen, Plätze und Parkanlagen waren oft vermüllt. Überall fehlte es an der

Sauberkeit, die wir Deutschen den Holländern gern zuordnen. Bei der Hotelsuche mussten wir weit in das Umland fahren, um in einem von einem Schweizer geführten Hotel eine annehmbare Übernachtungsmöglichkeit zu finden. Selbst den Nachtbummel in der City, auf den wir uns gefreut hatten, mussten wir frühzeitig abbrechen. Die ständigen Belästigungen durch Bettler und Drogenabhängige schreckten uns ab. Ich war froh, am nächsten Tag wieder in Neuss zu sein. Auf der Rückfahrt aber merkte ich, dass der Besuch ihrer Freundin dazu geplant war, um Renate anschließend nach Kassel mitzunehmen.

Es vergingen Wochen, bis Renate nach Neuss zurückkehrte, um direkt nach dem Einkauf neuer Garderobe allein nach Pfronten im Allgäu zu reisen. Ich glaubte an ihr löbliches Vorhaben, sich dort in einer Klinik untersuchen zu lassen. Später fand ich Aufzeichnungen zu dieser Reise, denen zufolge sie in Begleitung eines Bekannten Wanderungen in das Hochgebirge durchführte und Tanzveranstaltungen besuchte.

Am Vorabend ihres 23. Geburtstags kehrte sie aus Pfronten nach Neuss zurück. Sie klagte über Schmerzen in den Beinen, selbst kleine Spaziergänge würden sie überanstrengen. Sie bestand auf eine gründliche Untersuchung in einer Neusser Neurologischen Klinik. Nach einem Klinikaufenthalt von 3,5 Wochen wurde sie auf eigenen Wunsch entlassen, besondere Krankheitsbefunde stellte man bei ihr nicht fest. Zu Hause aber legte sich Renate auf die Couch, las Illustrierte, aß Pralinen und trank „Doppelherz". Der Alkoholgehalt dieses „Heiltrunks" in Höhe von 17 % war mir unbekannt. Für mich aber standen weiter die Hausarbeiten und das Kochen an. Mitte November 1964 reiste Renate nach Kassel, um dort ihrer Mutter beim Umzug zu helfen. Erst zum Weihnachtsfest trafen wir uns bei meinen Eltern.

Zurück in Neuss wies der Hausarzt sie im Frühjahr 1965 in die Uni-Klinik Düsseldorf ein. Nach einem längeren Aufenthalt entließ man sie mit der Diagnose „Verdacht auf Multiple Sklerose/MS". Es folgte ein Sanatorium-Aufenthalt in Oberstaufen, der wohl zehn Wochen dauerte. Anschließend reiste sie kurzentschlossen zu ihrer Mutter nach Kassel. Telefonisch konnte ich

Renate kaum erreichen. Ihre Mutter blockte ab, entweder bummelte Renate in der Stadt umher oder hatte ohne mein Wissen eine neue „Kur" angetreten. Teils vergingen Wochen, bis Renate Kontakt zu mir aufnahm.

Als ich ihr am Telefon zu verstehen gab, dass es wohl besser wäre, wir würden uns trennen, stand sie eines Tages frohgemut in unserer Wohnung. Wieder spielte sie mir die heile Welt vor. Doch diese Zeit des liebevollen Zusammenlebens war kurz. Shoppingtouren waren angesagt. Von ihrem Verhalten und der ewig kalten Küche überdrüssig, ging ich zum Mittagessen, wie die Monate zuvor, in ein Lokal. So unverhofft wie Renate in unserer Wohnung auftauchte, so schnell war sie eines Tages wieder weg. Kurz vor Weihnachten 1965 fragte sie an, ob ich über die Feiertage nach Herzberg fahre. Sie wollte dann von Kassel abgeholt werden, um in meinem Familienkreis das Weihnachtsfest zu verbringen. Weihnachten und das Jahresende verbrachten wir dort, hiernach hatte ich Renate wieder zu ihrer Mutter zu bringen. Rückblickend auf die letzten zwölf Monate hatte ich Renate nur an wenigen Tagen gesehen.

Renate signalisiert Besserung

Ende Mai 1966 fragte Renate bei mir in Neuss an, ob ich über Pfingsten meine Eltern und die Tochter Heike besuche. Mit Verwunderung nahm ich den Wunsch der Schwiegermutter auf, mit nach Herzberg fahren zu wollen, um die Feiertage im Kreis unserer Großfamilie zu verbringen. Eher durch Zufall hörte ich von einem Treffen meiner Mutter und der Schwiegermutter in Kassel. Es soll über den bisherigen Verlauf der Ehe und Renates Krankheitszustand gesprochen worden sein. Letztlich bekundete die Schwiegermutter, ihre Blockadehaltung gegen mich und unsere Sippe aufzugeben.

Wohl deshalb bot mir die Schwiegermutter an, vor der Weiterfahrt nach Herzberg in ihrer Wohnung zu übernachten. Sehr spät dort angekommen, bereiteten beide mir einen übertriebenen

Empfang und zeigten mir im Wohnzimmer ein schmales Klapp-bett als Nachtlager. Nachts – ich konnte es kaum glauben – kam Renate aus dem benachbarten Schlafzimmer der Schwie-germutter zu mir ins enge Bett und wollte leidenschaftlichen Sex. Ihr Verlangen war mir in den bisherigen Ehejahren völlig fremd, meist hatte sie meine Annäherungsversuche energisch zurückgewiesen.

Während nach den Feiertagen die Schwiegermutter mit der Bahn nach Kassel abreiste, nutzte ich die Gelegenheit, mit un-serem Auto für ein paar Tage mit Renate und Heike durch die Lüneburger Heide zu fahren. Wir besuchten den „Heidepark" und übernachteten im dortigen Hotel. Ab sofort wollte Rena-te wieder die Stelle der Ehe- und Hausfrau übernehmen und so nahmen wir Heike mit nach Neuss.

Meine ehelichen Probleme blieben dem Dienstherrn nicht verborgen. Er hatte Kenntnis, dass meine Frau wahrscheinlich an Multipler Sklerose erkrankt sei. Meine Bitten um Dienstbe-freiung hatten sich in letzter Zeit vermehrt, um meine Frau zu Ärzten oder Krankenhäusern fahren zu dürfen. Da ich im An-gestelltenverhältnis stand, sorgte sich der Amtsleiter, dass ich wegen meiner Fehlzeiten Probleme mit der Personalverwaltung bekommen könnte. Er schlug mir eine Verbeamtung vor. Es gäbe weniger Gehalt, aber eine bessere Versorgung im Krankheitsfall. Auch könnten dann Ausfallzeiten zur Pflege eines Angehörigen leichter mit der Verwaltung vereinbart werden als bei einem An-gestellten. Ich folgte seinem Rat und stimmte einer Übernahme in das Beamtenverhältnis zu. Damit verbunden sollte eine ver-waltungstechnische Ausbildung bei der Verwaltungsakademie Düsseldorf sein. Auf die Frage meines Chefs, was ich denn dort lernen sollte, gab es eine Diskussion mit der Personalverwal-tung. Letztlich erhielt ich ohne Nachschulung am 10. Novem-ber 1966 die Urkunde zur Übernahme in das Beamtenverhält-nis und den Titel „Stadtbauinspektor z.A.".

Zweite Schwangerschaft

An ihrem 25. Geburtstag, dem 15. August, überraschte mich Renate mit der Verkündung, sie sei schwanger. Doch die seinerzeitige Warnung der Kinderärztin der Uni-Klinik Düsseldorf, dass eine weitere Schwangerschaft mit einer Fehl- oder Totgeburt enden könnte, bereitete mir nun Sorgen. In engen Abständen wurde Renates Fruchtwasser untersucht, doch Rhesus-Antikörper fand man nicht. Auch blieb Renate beschwerdefrei.

Wieder häuften sich die Einmischungen der Schwiegermutter in unser Eheleben. Es gab Vorwürfe wegen der Schwangerschaft. Auch meinte sie, Renate könnte auf gar keinen Fall das kommende Baby allein versorgen. Es wäre wohl besser, wir würden nach Kassel zurückkehren; denn als Beamter könnte ich auch hier eine Anstellung finden. Allein meine Äußerung, ich könnte mal darüber nachdenken, mobilisierte ihre Kräfte. Sie traf einen Freund aus ihrer glorreichen Zeit, dem sie ihr Anliegen vortrug. Diese Person stand im engen Kontakt zum Personalamt der Stadt Kassel. Da auch die Stadtverwaltung Bauingenieure für das Tiefbauamt suchte, bat er das Personalamt, mit mir Kontakt aufzunehmen.

Obwohl ich mir nicht vorstellen konnte, dass die Schwiegermutter eine Hilfe für Renate oder das Baby seien könnte, ließ sich Renates Verhalten bei der Geburt unserer Tochter nicht verdrängen. Sie hatte es abgelehnt, unsere Heike zu stillen und irgendwie zu versorgen. Müsste meine Mutter auch das neue Baby in Obhut nehmen, wäre der Weg von Kassel nach Herzberg kürzer als jener von Neuss. Noch bevor das Personalamt Kassel mich zur Vorstellung einlud, unterrichtete ich den Amtsleiter über meine Familienangelegenheit. Ich hatte inzwischen die Baumaßnahme Gielenstraße fach- und fristgerecht fertiggestellt und im vorgegebenen Kostenrahmen von 20 Millionen DM abgerechnet. Mein derzeitiger Chef wollte mich nicht gehen lassen und ich wollte das Tiefbauamt Neuss eigentlich nicht verlassen.

Doch nach ausgiebigen Gesprächen mit meinen Eltern fiel die Entscheidung für einen Umzug nach Kassel. Alsbald vereinbarten die Personalämter meine Versetzung zum 1. März 1967.

Mein Gehalt war ähnlich hoch, auch Hindernisse in meiner beruflichen Entwicklung sah ich in Kassel nicht.

Renate blieb weiterhin beschwerdefrei. Rhesus-Antikörper im Fruchtwasser hatten sich ebenfalls nicht gebildet und so warteten wir auf die nahende Geburt. Am Sonntag, den 19. Februar 1967, wurde unser Sohn Jürgen im Lukaskrankenhaus in der Preußenstraße in Neuss geboren. Glücklich über den Sohn und die schnelle Geburt, aber in Sorge, dass wie bei Heike nach ihrer Geburt ein Blutaustausch erforderlich werden könnte, wollte ich in der Klinik ein Gespräch mit dem Frauenarzt führen – hatten doch unsere unterschiedlichen Blutgruppen zu den Komplikationen bei Heike geführt. Doch ein Gespräch mit mir lehnte der Arzt ab. Lediglich auf dem Flur konnte ich ihn ansprechen, doch bei dem Thema Blutunverträglichkeit wich er aus.

Am sechsten Tag nach der Entbindung konnte ich Renate und das Baby aus der Klinik abholen. Zwischenzeitlich reiste meine Mutter an, um Hilfestellung zu leisten. Anders als erwartet, ließ Renate weder mich noch meine Mutter an das Baby heran. Sie stillte das Kind, badete und wickelte es selbst. Immer wieder betonte sie, dieses Kind nehme ihr niemand weg. Renates aktuelles Verhalten, ihr sexueller Überfall auf mich vor neun Monaten in Kassel und der Wegfall der Blutunverträglichkeit ließen nicht nur bei mir Zweifel an meiner Zeugung aufkommen. Erst Jahrzehnte später bestätigte ein Test meine Vaterschaft.

Renate hatte sich eine Hebamme organisiert und so war die Hilfe meiner Mutter nicht gefragt. Für mich stand nun an, meine Mutter und Tochter Heike nach Herzberg zu bringen und mich für den Stellenwechsel in Kassel vorzubereiten.

Dienstantritt in Kassel

Erst kurz vor dem Dienstantritt in Kassel nahm ich Quartier bei der Schwiegermutter. Die Wohnungssuche für die Familie und die mir im Tiefbauamt übertragene Aufgabe enttäuschten mich sehr. Ich war entsprechend meiner Bewerbung dem Sachgebiet

Brücken- und Ingenieurbau zugeordnet, hatte aber mit einem älteren Kollegen die Bachläufe der Stadt zu überwachen.

Es galt städtische Arbeiter zu kontrollieren, ob diese nach einem Starkregen die Rechenanlagen in den Bachläufen von Unrat freigeräumt, in den Uferbereichen das Gras ordentlich gemäht oder kleine Reparaturen an den Bachläufen ausgeführt hätten. Gern hätte der ältere Kollege gesehen, wenn ich bei Dienstgängen seine Aktentasche tragen würde.

Auf telepathische Weise musste mein ehemaliger Chef und Freund von meiner Sehnsucht nach Neuss gespürt haben. Nach drei Wochen im Kasseler Amt erhielt ich von ihm einen Anruf, in dem er mich bat, nach Neuss zurückzukommen. Er bot mir die Projektleitung einer rund 800 m langen Straßenverbindung zwischen Düsseldorfer Straße und Römerstraße an. Diese Baumaßnahme bestand im Wesentlichen aus einer Hochstraße über die Gleisanlagen der Deutschen Bundesbahn im Bereich des Hauptbahnhofes. Die Bausumme würde rund 25 Millionen DM betragen. Bei einer Rückkehr würde ich direkt als Amtmann übernommen. Alle Kosten des Umzugs würde die Stadt Neuss tragen. Ich bat meinem ehemaligen Chef um Bedenkzeit. In diesem Gespräch berichtete ich selbstverständlich über meine derzeit unbefriedigende Dienstaufgabe.

Da alle Telefonate über einen Lautsprecher im Zimmer liefen, hörten die Kollegen das Gespräch mit. Es dauerte nur wenige Minuten, bis ich zum hiesigen Amtsleiter gerufen wurde. Er begann über meinen derzeitigen Arbeitsbereich zu sprechen und stellte die Frage, wie es mir im Tiefbauamt gefiele. Bald schwenkte er auf den Anruf meines ehemaligen Chefs und dessen Angebot um. Ich berichtete über meine Tätigkeiten bei der Stadt Neuss und mein Interesse, das Großprojekt in Neuss zu übernehmen, zumal meine Familie noch in Neuss wohne und ich keine geeignete Wohnung im Kassel finde. Gleich bekam ich vom Amtsleiter das Versprechen, mir ein anderes Aufgabengebiet zu übertragen, meine Beförderungen voranzutreiben und bei der Wohnungssuche behilflich zu sein. Abschließend meinte er: „Was die Stadt Neuss bietet, könnten Sie auch bei der Stadt Kassel erreichen." Im Vertrauen auf seine Versprechen entschied ich mich, in Kassel zu bleiben.

Eingelöst wurde das Versprechen, bei der Wohnungssuche behilflich zu sein. Aber auf die Übertragung einer analogen Baumaßnahme wie der Gielenstraße in Neuss und eine Beförderung zum Amtmann wartete ich Jahre. Ich hatte zu erkennen, dass sich in Kassel die Einwohnerzahl reduzierte, während Neuss sich zur Großstadt entwickelte. Hier in der Beamtenstadt Kassel galt offensichtlich die Devise, lieber einen Schritt zurück zu gehen als einen nach vorn zu wagen.

Bau unseres Eigenheims

Obwohl die bezogene Neubauwohnung geräumig und annehmbar war, strebte ich nach dem Bau eines Eigenheims. Im Stadtteil Wolfsanger wurde im Herbst 1969 das rund 800 qm große Baugrundstück Hörnebachweg 20 zum Verkauf angeboten. Auch die Geländeform mit dem Berghang an der rückwärtigen Grundstücksgrenze entsprach meinen Vorstellungen. Das Grundstück wurde gekauft und in kürzester Zeit lag die Baugenehmigung vor.

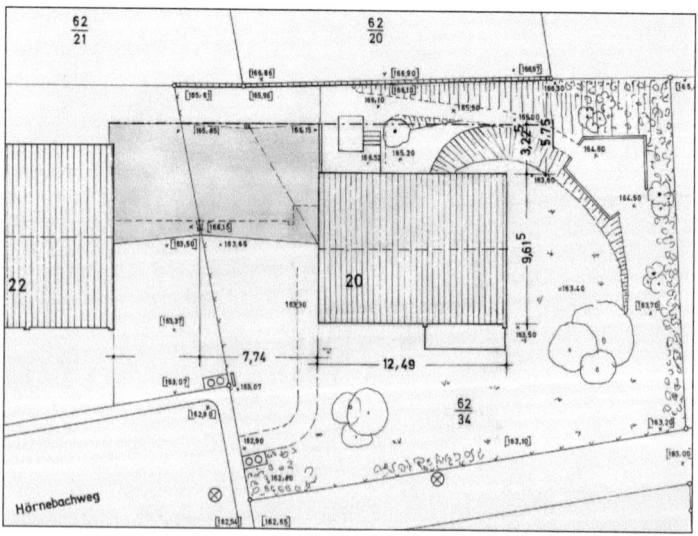

Abbildung 37: Grundstücksplan mit Haus und vorgesehener Rampe ins Obergeschoss

Vorgesehen war, die Erdgeschosswohnung zu vermieten und die Wohnräume in Ober- und Dachgeschoss selbst zu nutzen. Der Hang an der hinteren Grundstücksgrenze bot sich dafür an, über eine Rampe einen behindertengerechten Zugang zum Obergeschoss zu bauen. Details wurden mit Renate besprochen. Unerwartet stellten sich Probleme bei der Baufinanzierung ein. Meine Nachforschung ergab, dass Renate bei einem Geldgeber vorsprach und sich dort gegen den Hausbau und die beantragte Finanzierung stemmte. Dieses heimliche Vorgehen verstand ich nicht. Da Argumente für ihr Handeln fehlten, folgte Renate wieder einmal den Anweisungen ihrer Mutter.

Es gelang mit zeitweiser Unterstützung des Bruders Rudi, den Rohbau binnen sechs Wochen so weit fertigzustellen, dass die beauftragten Fachfirmen ihre Leistungen beginnen konnten. Große Unterstützung fand ich durch Renates Onkel Franz. Er führte die Montage der Installationen von Strom, Heizung, Ab- und Frischwasser durch. Selten auf der Baustelle sah man Renate, Heike hingegen begleitete mich gern und packte vor Ort auch kräftig an. Zum Feierabend hin legte sie sich auf leere Kartons und schlief ein.

Der Einzug in das neue Heim fand Anfang Dezember 1970 statt. Die Erdgeschosswohnung wurde im Januar bezogen.

Bald wollte die Schwiegermutter an unseren neuen Wohnverhältnissen teilhaben, doch davon wollte ich nichts wissen.

Die Straßenansicht auf unser Haus wird nachstehend als Abbildung 38 gezeigt.

Abbildung 38: Unser Haus, davor Jürgen,
Heike und ein Mädchen aus der Nachbarschaft

Unser Eheleben im Niedergang

Mit dem Einzug in das neue Haus und dem Tod der Schwiegermutter Anfang des Jahres 1972 glaubte ich, mit Renate und den
Kindern ein normales Familienleben führen zu können. Renate
aber fiel in ihr altes Verhaltensmuster. Ihr täglich langes Verweilen auf der Couch ließ ihre Beinmuskeln schwinden, sodass ein
Rollstuhl für die Wege außer Haus angeschafft werden musste.

Als in der Zeitung über die Eröffnung der Hardtwaldklinik
in Bad Zwesten mit den Fachbereichen Neurologie, Psychiatrie,
Psychosomatik und Traumatherapie berichtet wurde, ließ sich
Renate in diese Klinik einweisen.

Nach einem vierwöchigen Aufenthalt bat sie mich, beim nächsten Besuch ihren Rollstuhl und ihre Krücken mitzubringen. Der
behandelnde Arzt musste wohl mein Ausladen der Hilfsmittel
aus dem Auto gesehen haben. Er schickte eine Krankenschwester

zu mir, die mich in seinem Namen bat, alles wieder ins Auto einzuladen und hiernach mit Renate bei ihm vorzusprechen.

Der Arzt brachte bei diesem Gespräch zum Ausdruck, dass Renate durch ihr langes Liegen zu Hause einen Muskelaufbau benötigt. Von der Klinik seien sportliche Übungen zur Stärkung der Muskeln angesetzt, deren Erfolg durch die Benutzung von Krücken und Rollstuhl gefährdet wäre. Ferner führte der Arzt aus, dass Renate auch zu Hause ohne diese Hilfsmittel gehen könnte. Beschämt saß Renate vor dem Arzt, als der darüber sprach, wie negativ sie über mich gesprochen hatte. Hiernach wäre ich ein Unhold, der sie und die Kinder äußerst schlecht behandeln würde. Bald gab der Arzt mir Gelegenheit, über die Dinge zu sprechen, die mich bedrückten. In Kürze erzählte ich über unsere Ehe, die eigentlich nur auf dem Papier stand. Von Renates Dauerabwesenheiten von der ehelichen Wohnung in Neuss und von den bisher aneinandergereihten Klinik- und Kuraufenthalten. Ich berichtete, dass ich eigens wegen ihr eine aussichtsreiche Dienststellung in Neuss aufgegeben und dafür eine weniger zufriedenstellende Anstellung bei der Stadt Kassel angenommen habe. Zudem habe ich für sie ein behindertengerechtes Haus gebaut und führe neben meinen dienstlichen Obliegenheiten weitestgehend den Haushalt mit den Kindern.

Renates Glorienschein, mit dem sie sich umgab, verdunkelte sich, als der Arzt ausführte, dass die klinischen Untersuchungen keine krankheitsbedingten Gründe erkennen ließen, die Renate von ihren häuslichen Pflichten und einem erfüllten Sexleben abhalten könnten. Eigentlich sollte Renate nach diesem Arztgespräch aus der Klinik entlassen werden, doch der Arzt hielt es für erforderlich, sie der Abteilung Psychiatrie/Psychosomatik vorzustellen. Insgesamt dauerte Renates Aufenthalt in der Hardtwaldklinik mehr als sechs Wochen. Eine MS-Erkrankung wurde nicht bestätigt. Für mich aber war das Gespräch mit den Klinikarzt eher schockierend als beruhigend. Ich fühlte mich von Renate betrogen.

Inzwischen hatte ich von einem gleichaltrigen Mitarbeiter erfahren, dass seine Ehefrau seit Jahren an MS erkrankt sei und sie zwei gemeinsame Kinder hätten. Seine Frau würde – außer bei krankheitsbedingten Schüben – sich um das Wohl der Familie kümmern, den Haushalt führen und einen Kleingarten hegen und pflegen. Auch am Sex hätten beide ihren Spaß. Er überredete mich im Spätsommer 1972, an einen Wochenendseminar der Multiple-Sklerose-Gesellschaft in Altenstadt bei Hanau teilzunehmen. Neben Vorträgen über die Symptome und Behandlungsmöglichkeiten der Krankheit würden auch Probleme im Zusammenleben mit einer MS-kranken Person behandelt. Auch Renate war an der Veranstaltung interessiert. Am Samstag referierte man über verschiedene Themen, am Sonntagvormittag gab es Gelegenheit, eigene Probleme anzusprechen. Kaum hatte ich Fragen zur Sexualität gestellt, wollte Renate den Raum verlassen. Die Leiterin aber bat sie zu bleiben. Es wurde zum Thema vorgetragen und alle Anwesenden waren sich einig, Krankheit und Sex schlössen sich nicht aus.

Die Offenbarungen des Klinikarztes zum Gesundheitszustand von Renate, ihre Negativdarstellung meiner Person und die Erfahrungen aus dem Wochenendseminar ließen mich erkennen, dass Renate desinteressiert an mir und damit auch an unserer Ehe war. Eine unmittelbare Ehescheidung verwarf ich wegen der Kinder, setzte Renate aber in Kenntnis, dass ich zukünftig meine bisherige sexuelle Enthaltsamkeit aufgeben werde.

Reif für die Kur

Das Eingeständnis, eine Frau geliebt und geheiratet und wegen ihr berufliche Einschränkungen hingenommen zu haben, ließen mich über mein Leben sinnieren und machten mich schließlich krank.

Bei völliger Erschöpfung suchte ich einen Internisten auf, der meinen Zustand erkannte und für mich gleichzeitig Kuranträge bei der Rentenversicherung und der Krankenkasse stellte. Aufgrund seines Dringlichkeitsvermerks bewilligte die Krankenkasse noch für November eine Kur in Braunlage im Oberharz.

Meine Kur in Braunlage

Zu dieser Jahreszeit waren die meisten Pensionen geschlossen, lediglich ein Pensionsbetreiber vermietete mir ein Zimmer in seiner Privatwohnung. Der Kurarzt verschrieb mir das tägliche Schwimmen im städtischen Hallenbad, Massagen und ausgedehnte Wanderungen im Beisein einer Begleitperson. Eine Mitarbeiterin des Arztes führte mit mir Gespräche, die ich als physiotherapeutische Behandlung wertete.

Beim täglichen Schwimmen, welches ich auf die Morgenstunden gelegt hatte, war das Hallenbad bis auf zwei junge Frauen leer. Ich erfuhr von ihnen, dass sie derzeit in einem klösterlichen Stift lebten und auch kuren würden. Die Dunkelhaarige sprach von einer durchlebten Scheidung und die Rothaarige brauchte eine sexuelle Auszeit von ihrem Ehemann. Etwa am dritten Tag hatte die Rothaarige, die Renate sehr ähnelte, ihre Sexabstinenz aufgegeben. Sie überzeugte mich, dass ein Liebesspiel auch im Wasser seine Reize haben kann.

Zwei Tage später hatten sich die Frauen abgesprochen, mich zu fragen, ob auch die Dunkelhaarige meine Nähe spüren dürfte. Da mir ein derartiges Ansinnen fremd war, lehnte ich ab. Hierbei dachte ich, die Dunkelhaarige könnte für meinen ledigen Bruder Rudi die richtige Frau sein. Doch nach deren erstem Treffen war meine Hoffnung auf eine Schwägerin dahin. So gab es nicht nur morgens im Hallenbad Zuwendungen von mir an beide Frauen. Nach knapp vier Wochen war unsere gemeinsame Kur beendet.

Ich muss gestehen, für mich tat sich im Sexleben eine neue Welt auf. So glaube ich, nicht die ärztlich verordneten Anwendungen haben mich aus meinem Tief geholt, sondern diese beiden Frauen.

Meine Kur in Oberstaufen

Unmittelbar nach der Kur in Braunlage genehmigte die Rentenversicherungsanstalt mir für Mitte Mai 1973 eine Kur in Oberstaufen. Ich wollte die neue Kur absagen, doch mein Arzt empfahl mir, diese anzutreten. Nachdem mit meiner Mutter die Übernahme der Haushaltsführung abgestimmt war, konnte ich mich in das Auto setzen, um ins Allgäu nach Oberstaufen zu fahren.

Völlig anders als in Braunlage stellten sich Baulichkeiten der Kurklinik „Malas", meine Unterbringung und der Kurbetrieb dar: Das Anwesen bestand aus einem Hauptgebäude, vier zweigeschossigen Wohnblocks und einem freistehenden Hallenbad. Im Hauptgebäude waren neben der Verwaltung die Praxen der Ärzte und die Therapieräume untergebracht. Jeweils zwei Wohnblöcke standen zur Aufnahme der männlichen und der weiblichen Kurgäste zur Verfügung. Die Blocks waren mit Einzelzimmern ausgestattet.

Nach einer kurzen Begrüßung der Neuankömmlinge wurden die Zimmer zugewiesen. Meins befand sich im zweiten Stock in einem Männerhaus. Noch am Nachmittag lernte ich Kurgäste aus Köln und Umgebung kennen, die mich als Neusser direkt in ihre Gruppe aufnahmen. Die offizielle Begrüßung fand am Abend durch die Heimleiterin statt. Besonders häufig wies sie auf die strikte Trennung von Männern und Frauen hin. Frauen dürften keine Männerblocks und umgekehrt Männer keine Frauenquartiere aufsuchen. Bei Zuwiderhandlung müssen die „Ertappten" die Kur verlassen und die angelaufenen Kosten selbst tragen. Zudem würde die Verwaltung den Kurabbruch dem Rentenversicherer melden, der mit einem Sperrvermerk die Genehmigung weiterer Kuren ausschließen könnte. Noch glaubte ich, ein Kurabbruch infolge einer Verletzung der Hausordnung ginge mich nichts an, doch ein Vorfall brachte mich in arge Bedrängnis.

Bereits zwei Tage später, nach einer Zechtour an Christi Himmelfahrt, strebten einige Männer und ich abends der Klinik entgegen. Wir trafen auf eine betrunkene Frau, die außerstande war, vor der Schließung ihres Wohnblock diesen noch zu erreichen. Ein Mann und ich stützten die Frau und übergaben sie im Eingangsbereich ihres Hauses der Obhut dort anwesender Frauen. Gerade als ich nach dem Wirrwarr um die Betrunkene das Haus der Frauen verlassen wollte, nahte die Nachtschwester.

Wohl, um mit dieser Aufsichtsperson und mir eine Auseinandersetzung zu vermeiden, packte mich eine junge Frau und gab zu verstehen, ich könnte das Haus über das Fenster ihres Zimmers verlassen. Ihr Zimmer lag im Erdgeschoss am Ende des langen Flures, doch der angedachte Fluchtweg war versperrt, das Fenster ließ sich nur kippen und nicht öffnen.

Die Angelegenheit wurde für mich dramatisch, als eine Frau der Nachtschwester anzeigte, dass ein Mann sich im Haus aufhalten könnte. Es war zu hören, wie die Nachtschwester von Tür zu Tür ging, um den Eindringling zu finden. Während ich mich spontan hinter die Zimmertür stellte, sprang die junge Frau in voller Kleidung ins Bett, zog die Zudecke über sich und löschte das Licht. Als die Schwester an ihre Zimmertür klopfte, öffnet sie diese vom Bett aus spaltbreit, um schlaftrunken nachzufragen, was denn los sei. Mit den Worten: „Alles in Ordnung, ruhig weiterschlafen" zog sich die Nachtschwester zurück, verließ alsbald das Gebäude und schloss die Eingangstür ab. Für uns beide brach hiernach eine sehr lebhafte Nacht an. Unbemerkt verließ ich am nächsten Morgen das Nachtquartier, um im Männerblock mein Zimmer aufzusuchen. Oh Schreck, auf meinem Nachttisch lag ein Zettel.

Voller Aufregung las ich, dass ich nüchtern um 8.00 Uhr zum Zuckertest in das Labor kommen sollte. Unbemerkt blieb damit, dass in dieser Nacht mein Bett unbenutzt blieb. Frohgemut schritt ich ungefrühstückt und mit einem heftigen Nachdurst zum Ärztehaus. Der Eingang zum Gebäude lag ebenerdig und war über eine kleine Holzbrücke erreichbar. Der Steg überspannte einen abgeböschten Graben. Diese Abgrabung diente dazu, um die im Keller untergebrachten Laborräume über die Kellerfenster zu beleuchten. Beim Überqueren des Steges roch ich ekelhafte Heudämpfe, die aus einem Kellerfenster emporstiegen. Noch vor der Blutentnahme für den Zuckertest fragte die Laborantin, ob ich nüchtern sei. Ich wies auf meinen Restalkohol hin, doch als Antwort kam: „Wenn Sie heute nichts getrunken oder gegessen haben, dann sind Sie nüchtern." Nach der ersten Blutentnahme gab es einen Liter Zuckerwasser zu trinken. Während andere Personen mit dem Trinken Probleme hatten, lief das Zuckerwasser bei mir wie Balsam die trockene Kehle herunter. Mir wurde aufgetragen, während des Tests in Abständen von jeweils einer Stunde im Labor zu erscheinen, draußen weder etwas zu trinken noch zu essen und keinerlei Sport zu treiben.

Beim Verlassen des Gebäudes stand ich sogleich im Dunst des erhitzten Heus. Ein starker Brechreiz brachte mich dazu, das gerade getrunkene Zuckerwasser im hohen Bogen der Böschungsbepflanzung zu übergeben. Um meine Übelkeit zu überwinden, lief ich meine übliche rund 5 km lange Laufstrecke hin und zurück. Nach besagter Stunde erschien ich wieder zur Blutentnahme im Labor. Erneut hatte ich einen Liter Zuckerwasser zu trinken. Nach einer weiteren Stunde mit der letzten Blutentnahme war der Test beendet. Die Ergebnisse meines Zuckertests verkündete der Arzt bei der nächsten Visite. Die gemessenen Werte besorgten ihn derart, dass er den Test mit mir wiederholen wollte. Die Wiederholung setzte er an dem vorgesehenen Tag meiner Abreise aus der Kur an. Als ich dem Arzt dieses vortrug, verlängerte er meine Kur um zwei Wochen.

Nach knapp drei Wochen reiste die Bekanntschaft der Nacht ab. Auch für die Kölner Gruppe stand am Donnerstag nach den Pfingstfeiertagen das Kurende an. Über meine Kurverlängerung freute ich mich, sah aber ohne diese Freunde langweilige Tage auf mich zukommen. Doch Helmuts Unglück brachte den Wandel.

Am Pfingstsamstag mit einer ordentlichen Sause wollte die Kölner Gruppe, zu der Helmut gehörte, ihren Abschied von Oberstaufen feiern. Wir hörten, dass in Kempten auf dem Festplatz eine traditionelle Feier stattfinden sollte. Wir setzten uns ins Auto und besuchten am Vormittag den Festplatz. Dieser stand vollständig unter Wasser und der Regen wollte auch nicht enden. Auf der Rückfahrt zum Kurheim näherten wir uns einem kleinen Gasthof, der eingehüllt war von den Düften eines gegrillten Ochsen. Kurz angehalten, fragten wir den Wirt, wann die Feier beginnt und ob wir für den Nachmittag noch Plätze für zirka 10 Personen bestellen könnten. Da sich für das Ochsenessen bereits

200 Personen angemeldet hatten, war der Saal ausgebucht und weitere Platzbestellungen konnten nicht angenommen werden. Eventuell gäbe es im Schankraum den einen oder anderen Platz, doch am besten wäre es, wir würden gleich sitzen bleiben. Es gab einen großen runden Tisch, an dem einige Männer nach ihrem Frühschoppen noch ausharrten. Wir durften uns zu ihnen setzen, tranken unser Bier und erzählten, dass wir Kurgäste seien und pünktlich zum Mittagessen im Kurhaus erscheinen müssten. Hiernach hätten wir bis 14.00 Uhr Bettruhe zu halten.

Nach dieser Ruhephase und in der Hoffnung, im Wirtshaus noch Plätze zu finden, steuerten wir, insgesamt zwölf Personen, mit drei Fahrzeugen erneut das Lokal an. Wie befürchtet, waren Gastraum und Saal voller Menschen. Die Gäste warteten in ausgelassener Stimmung auf das Servieren des deftigen Ochsenbratens. Einige der Männer, die wir am Vormittag kennengelernt hatten, hockten noch immer an dem großen runden Tisch. Hinzugesetzt hatten sich junge Burschen. Als wir erkannt wurden, verjagte einer der Stammtischgäste die Jungen und bot uns deren Plätze an. An dem runden Tisch wurde es eng und bald stimmungsvoll. Es dauerte nicht lange, da befragte uns ein Urbayer nach dem Land unserer Herkunft. Alle aus unserer Gruppe sagten ihren Spruch auf, doch keiner wollte ein Preuße sein. Ich hielt mich zurück, um dann in voller Inbrunst zu erklären, ich sei ein echter Preuße: „Einen besseren Preußen gibt es nicht, denn ich bin sogar in einer preußischen Kaserne geboren worden!" Dem Urbayer verschlug es fast die Sprache. Ein anderer Bayer wollte gleich mit mir ein Wetttrinken veranstalten. Ich dachte in diesem Augenblick an meine trockene Kehle, erinnerte mich an die Wetten in meiner Studienzeit und stimmte gerne zu.

Der Wirt verkündete lautstark das bevorstehende Spektakel und hob hervor, dass es um einen Wettstreit zwischen einem Bayer und einem Preußen gehe. Damit alle Gäste das Schauspiel sehen konnten, hatten wir uns beide in der breiten Türöffnung zwischen der Gaststube und dem Saal aufzustellen. Der Wirt brachte zwei volle gläserne Maßkrüge und stellte diese vor unsere

Füße. Wer zuerst den ausgetrunkenen Krug vor seine Füße zurückstelle, habe gesiegt. Die Wette begann und wie bei einem geübten Maurer war nach wenigen Schlucken mein Glas leer. Der Bayer hatte gerade die halbe Maß geschafft, wobei noch das meiste seines Biers über seinen langen Bart zu Boden tropfte. Die Gäste im Saal jubelten und zollten mir Beifall. Offensichtlich waren im Saal mehr Ferien- und Kurgäste als Einheimische aus Bayern. Die Begeisterung über den Ausgang der Wette war kaum zu stoppen. Vor allen Gästen ernannte mich der Wirt zum Ehrengast des Tages und schaffte stets Bier und Ochsenbraten für mich heran – natürlich auf Kosten des Hauses.

Gegen 18.00 Uhr, der Saal hatte sich geleert, erschien die Ehefrau des Mannes, der die Plätze am runden Tisch für unsere Gruppe räumen ließ. Sie bat ihren Mann, nach Hause zu kommen, um für die Hausgäste die Sauna und das Schwimmbecken in Betrieb zu setzen. Doch dieser wollte seinen Platz nicht verlassen und fragte mich, ob ich diese Aufgabe übernehmen könnte. Da ich Saunagänger bin und Kenntnisse über die Armaturen einer Sauna hatte, stimmte ich zu. Mit einem Bulli brachte mich seine Ehefrau zum Ort Kalzhofen. Hier stand ein riesiges Anwesen und nicht der kleine Hof, von dem ihr Ehemann erzählte. Das Bauernhaus glich einem mittelgroßen Hotel, etwas abseits stand eine mächtige Halle. In ihr untergebracht waren eine geräumige Sauna, ein größeres Schwimmbecken und Umkleide- und Ruheräume. Mit den Informationen des Ehemannes über die Schalteinrichtungen war die Inbetriebnahme der Sauna und des Schwimmbeckens eine schnelle Sache. Zurück in der Gaststätte erzählte ich von der Saunalandschaft und dem Schwimmbecken mit Gegenstromanlage. Prompt kam von unserem Gönner die Einladung, die Anlagen selbst zu benutzen. Seine Hausgäste würden eh gegen 19.30 Uhr das Hallenbad verlassen, dann wäre Platz für uns. Alle stimmten zu, gemeinsam mit ihm fuhren wir zu seinem Anwesen. Schnell wurde sich entkleidet. Nur Helmut war derart schamhaft, dass er sich erst auszog, als alle Personen außer mir die Sauna aufgesucht hatten. Ich mied die Sauna wegen meines Alkoholkonsums und stieg direkt ins

Wasser des Schwimmbeckens. Nun fand auch Helmut den Mut, entblößt in die abgedunkelte Sauna zu gehen. Kaum hatte er die Tür hinter sich geschlossen, hörte ich einen gewaltigen Schrei aus der Sauna. Die Tür wurde aufgerissen, Helmut rannte zum Schwimmbecken und sprang ins Wasser. Alle übrigen folgten ihm und schwammen hinterher.

Was war geschehen? Als Helmut die Sauna betrat, war selbst das Notlicht gelöscht. Im Dunkeln tastete er sich durch den Gang bis ans Ende der belegten Sitzbänke. Er glaubte einen freien Platz gefunden zu haben und setzte sich. Leider stand hier der Saunaofen, sodass der Ofengrill sich in seinen Po einbrannte. Nun im Pool wollten alle Saunagänger die Verbrennungen an seinem Po begutachten und schwammen ihm hinterher. Dieser Vorfall beendete unseren Pfingstausflug, der so erwartungsvoll begann. Die weniger alkoholisierten Beifahrerinnen brachten unsere Autos und uns sicher in die Kurklinik zurück.

Am nächsten Tag, während die Kölner Gruppe langsam ihre Abreise vorbereitete, fragten einige nach, ob ich die gestrige Einladung zur Eröffnung meiner Kellerbar in Kassel ernst gemeint hätte. Einen Rückzieher wollte ich nicht machen, so bestätigte ich dies. Da Helmut bei dieser Besprechung fehlte, besuchte ich ihn in seinem Zimmer. Er traute sich nicht, aus dem Bett aufzustehen. Da sein Po nässte, sollte ich seine Anwendungstermine absagen. Aber ich verständigte seinen Arzt und berichtete über seine Verletzungen und sein anstehendes Kurende. Gleich am Bett untersuchte der Arzt Helmut und forderte direkt einen Krankentransport an, der ihn in das Krankenhaus nach Lindau am Bodensee brachte. Als ich dem Arzt bestätigte, dass ich seine Begleitung übernehmen würde, erlaubte er mir, dass ich für Krankenbesuche auch in der Woche die hiesige Kurklinik mit meinem Auto jederzeit verlassen dürfe. In der Folgezeit besuchte ich Helmut regelmäßig und nahm auch Kontakt zu seiner Frau in Köln auf. Nach zirka zehn Tagen konnte ich ihn aus dem Krankenhaus abholen. Auch für ihn gab es eine zweiwöchige Kurverlängerung, sodass unsere Zeit bis zum Kurende am 10. Juli alles andere als langweilig verlief.

Rückkehr in den Alltag

Nach der Erstvermietung wurde unsere Erdgeschosswohnung nach einem Jahr frei. Interesse an der Wohnung bekundete ein junges Paar. Doch für die Wohnung, die sozial gebunden war, benötigten sie vom Wohnungsamt einen Mietberechtigungsschein. Da beide zu heiraten beabsichtigten und ihre Einkünfte des vorletzten Jahres die zulässige Grenze nicht überschritten hatten, erhielten sie den Schein. Froh war ich darüber, dass damit ein Berufsschullehrer in Festanstellung und eine Berufsschullehrerin in spe in die Wohnung einzogen.

Der Bau der Kellerbar

Wie den Kölner Kurgenossen gegenüber als Einladung versprochen, war das Bauvorhaben „Kellerbar" noch zu verwirklichen. Schließlich wollte diese Gruppe ja zur Einweihung kommen. Vorgesehen war der Bau der Kellerbar in dem Kellerraum unter dem Wohnzimmer der neuen Mieter, Ulrich (schnell wurde er zu „Uli") und Elisabeth. Folglich musste für dieses Vorhaben von den Mietern die Zustimmung eingeholt werden. Hier gab es nicht nur die volle Erlaubnis, sondern auch Mithilfe wurde angeboten. Bald waren die baulichen Veränderungen abgeschlossen und der große Kellerraum zu einem gemütlichen Ort für kleine und größere Feiern eingerichtet. Die geräumige Diele vor der Bar statteten wir als Tanzfläche mit entsprechender Beleuchtung aus. In der Waschküche konnte problemlos der Aufbau der Speisen und Getränke erfolgen. Ein WC stand auf gleicher Ebene zur Verfügung. Die Bar und deren Möblierung glichen wir dem Stil einer Blockhütte an. Aus einer regalartigen Wandverkleidung konnten drei Bettgestelle ausgeklappt werden, für deren Matratzen gab es einen Stauraum. Die entsprechende Beleuchtung und Musikbeschallung von Bar und Tanzfläche sowie die Lichteffekte übernahmen die Mieter. Ulis Mutter spendete die Kissen für die langen Holzbänke in der Bar.

Wie versprochen, fand im Herbst 1973 die Einweihungsfeier mit den Helfern, den Nachbarn und der Kölner Gruppe statt. Die Bar gefiel auch Ulis Jagdgenossen und diente als Austragungsort manch fröhlicher Feier. Gemeinsame Treffen in den Wintermonaten von Mieter und Vermieter in der stets geheizten Bar führte zwischen den Parteien zu einer festen Freundschaft. Waren Getränke ausgegangen oder standen Neu- oder Ersatzanschaffungen an, reagierten beide Seiten, ohne über eine gegenseitige Kostenaufrechnung zu reden. Zu den Höhepunkten in der Kellerbar gehörten die jährlichen Feiern zum Karneval.

Abbildung 39: Freunde und Nachbarn
bei einer Karnevalsfeier in unserer Kellerbar

Arbeit, Kuren und Urlaubstage

Familienurlaub in Roses, Spanien

In der späten Erkenntnis, einer Zwangsehe zugestimmt zu haben, in der Umarmungen, Zärtlichkeiten und Tätigkeiten der Ehefrau weitestgehend ausblieben, musste ein Tagesablauf unter Mithilfe der Kinder organisiert werden. Inzwischen waren Tochter und Sohn schulpflichtig, auch hatte sich nach dem Hausbau die Familienkasse wieder gefüllt. Anstatt wie bisher Urlaubstage bei meinen Eltern zu verbringen, konnte im Sommer 1975 ein Familienurlaub angetreten werden. Die befreundete Familie Helga und Friedel, zu deren Hochzeit wir eingeladen waren, schloss sich mit ihren beiden Kindern unserer Urlaubsfahrt an.

Mit unseren Autos erreichten wir zügig den Nahbereich der französisch-spanischen Grenze. Straßenbaustellen zwangen uns, auf überlastete Umleitungsstrecken auszuweichen, wo wir im Schritttempo die Pyrenäen überquerten und nach rund 1.400 km Fahrstrecke unseren Zielort Roses erreichten.

Während die gebuchten Zimmer noch hinnehmbar waren, konnten wir uns mit den gebotenen Speisen nicht anfreunden. Man tischte uns fast täglich Hühnerfleisch und Pommes auf. Abwechslung von diesem Menüplan fanden wir am Hafen, wo man gegrillten Fisch, Fladenbrot und frischen Salat anbot. Tagsüber verbrachte ich Zeit mit den Kindern und der befreundeten Familie am Meeresufer, abends erkundeten wir mit Renate Restaurants oder fuhren mit unserem Auto zu Sehenswürdigkeiten in die nähere Umgebung. In Erinnerung geblieben ist der Besuch der antiken Ausgrabungsstätte Empuriabrava. Diese Siedlung soll von Griechen erbaut und später von den Römern übernommen worden sein. Fundstücke zeugen von der Pracht der einstigen Hafenstadt.

Auch interessierten sich beide Familien für den Zwergstaat Andorra. Wir dachten, mit unseren schnellen Autos könnten wir die Wegstrecke von rund 250 km in maximal drei Stunden Fahrzeit bewältigen. Friedel fuhr den sportlichen Renault 17 und ich einen VW 1600. Morgens sehr früh gestartet, ging die Fahrt zügig voran. Mit dem Erreichen des Gebirges hörten die asphaltierten Straßen auf und enge Schotterpisten begannen. Nur in steilen Kehren sah man minimal befestigte Straßenoberflächen. Senkrechte Felswände und steil abfallende Berghänge engten die schmalen Schotterpisten weiter ein. Leit- oder Schutzplanken gab es nicht. In den tiefen Schluchten konnte man abgestürzte Fahrzeuge erkennen. Zu oft stoppten Polizeisperren unsere rasante Fahrt. In den Autos suchte die Polizei nach Mitgliedern der baskischen ETA sowie nach Schusswaffen. Wir aber wollten unseren Zeitplan einhalten und gaben Gas. Die von unseren Autos aufgewirbelten Staubwolken nahmen einheimische Autofahrer zum Anlass, ganz dicht an die Felswände heranzufahren und gegebenenfalls dort stehen zu bleiben. Endlich in Andorra angekommen, reichte unser Aufenthalt für einem Toilettengang, ein schnelles Essen und ein Eis. Nach kurzer Stadtrundfahrt traten wir die Heimfahrt nach Roses an. Dieses Mal verlief die Autofahrt etwas gesitteter, aber mit gleichen Polizeikontrollen. Während unsere Mitfahrer müde ihre Betten aufsuchten, genehmigten wir Fahrer uns zur Entspannung eine Flasche Wein.

Etwas entfernt von Roses lag die Stadt Lloret de Mar. Dieser Ort und sein Strand waren überfüllt von Jugendlichen, entsprechend laut pulsierte hier das Leben. Renate gefiel hier das Bummeln durch Läden und Boutiquen. Gekauft aber wurde selten. Anders verlief der Besuch eines Möbelgeschäftes im Umfeld von Roses. Zur Ergänzung unserer Kellerbar kauften wir eine Bartheke mit Barhockern und zwei niedrigere Tische, die durch Drehen der Tischplatten als Bänke genutzt werden konnten. Ohne auf die begrenzte Zuladung des Autos zu achten, kauften wir bei einer Gemäldeausstellung ein Ölgemälde des Malers José Font Sellabona, welches man uns in einer Schutzhülle aus Sperrholzplatten übergab.

Recibí la cantidad de
650 · DM importe de
un cuadro titulo
Jarras en la ventana

Font Sellabona

Narbonne
17 - 6 - 76

Abbildung 40: Ölgemälde, erworben direkt vom Künstler
Font Sellabona, dazu die zugehörige Rechnung vom Künstler persönlich

Das Bild soll hier dokumentiert werden, weil es meines Wissens in dem offiziellen Werkeverzeichnis des Künstlers nicht aufgeführt ist, da es privat erstanden wurde statt auf einer offiziellen Auktion.

Nach drei Wochen Urlaub galt es das Auto für die Rückreise zu beladen. Ein stabiler Gepäckträger musste her. Während die Einkäufe problemlos abliefen, glich das Verstauen der Dinge im Innenraum und auf dem Dach des Autos einem Puzzlespiel. Wir wussten, dass wegen unseres Gepäcks eine Übernachtung auf halber Strecke ausgeschlossen war. Gelegen kam daher die Nachricht, dass inzwischen die Autobahn über die Pyrenäen dem Verkehr übergeben worden war. Wir starteten um 3.00 Uhr nachts und um im Zeitplan zu bleiben, gab es Pausen nur während des Tankens. Die Fahrt verlief zunächst reibungslos. In Deutschland bei zunehmendem Verkehr reduzierte sich das Fahrtempo und die Pausen wurden länger. Um mich wach zu halten, reichten bald nicht mehr das Trinken von Coca-Cola und ein kurzes Nickerchen im Auto. Endlich nach 17,5 Stunden erreichten wir unser Haus im Hörnebachweg. Bei der Einfahrt in die Garage wäre es bald zu einem folgenschweren Unfall gekommen. Frau und Kinder waren aus dem Auto ausgestiegen. Kaum hatte Renate das Garagentor geöffnet, wollte ich in die Garage einfahren. Nur ein lautes „Stopp, Stopp!" ließ mich bremsen. Beim Weiterfahren wären nicht nur unsere Fracht auf dem Autodach und das Fahrzeug selbst, sondern auch das betonierte Vordach der Garage zerstört worden. Letztlich waren wir uns alle einig, eine derart lange Autofahrt wollten wir nicht mehr unternehmen. Wir brauchten längere Pausen und ggf. Übernachtungen.

Meine Kur in Bad Iburg

Das aufkeimende Familienleben nach dem Urlaub wurde durch Renates neuen Krankheitsschub schwer gestört. Der Arzt empfahl, zur diagnostischen Abklärung ihrer Erkrankung eine Fachklinik in Königstein im Taunus aufzusuchen. Durch Punktionen des Rückenmarks bestätigte sich nun die MS-Erkrankung.

Nach ihrer Rückkehr benötigte Renate meine Pflegeleistungen und Zuwendungen. Diese zusätzlichen Aufgaben neben Haushalt und Beruf machten mich krank. Insbesondere der Bluthochdruck in Kombination mit niedrigem Puls bereitete meinem Arzt Sorgen. Er riet zu einer Kur, doch eine derartige Beantragung musste ich zurückstellen. Vorab galt es eine Person zu finden, die während meiner Abwesenheit die häuslichen

Tätigkeiten übernehmen wollte. Anfang Mai 1976 waren Vertretung und Kur geregelt.

Als Kurort hatte die Krankenkasse Bad Iburg bei Osnabrück gewählt. Der Ort war mir angenehm, weil die Entfernung von dort bis nach Kassel eher nah war. Die Kurklinik lag im Kurpark. Innerhalb des großen Hauses waren die Verwaltung, Arztpraxen, Therapieräume und die Zimmer der Kurgäste untergebracht. Etwas abseits des Haupthauses lag die Sporthalle. Abends erfolgten für die Neuankömmlinge die Begrüßung durch die Heimleitung und die Hausführung. Auffallend groß war der Frauenanteil unter den Kurgästen. Bei der anschließenden Zimmerverteilung gab es im Haus keine Trennung zwischen den Zimmern von Frauen und Männern. Auch fehlte der Hinweis, den ich aus Oberstaufen kannte, dass die Patienten keine fremden Zimmer aufsuchen dürften. Auf meinem Behandlungsplan waren für die ersten zwei Wochen vermerkt: tägliche Kneipp'sche Güsse, Sport in der Halle, Wanderungen mit Führung, Massagen und Psychotherapie.

Am späten Abend setzte ich mich im Kurpark auf eine Bank, um in Ruhe über manches nachzudenken. Doch dazu kam es nicht. Eine junge blondhaarige Frau gesellte sich zu mir und fragte, ob ich sie zum heutigen Kegelabend begleiten möchte. Natürlich stimmte ich zu und wir verabredeten uns mit Zeit- und Ortsangabe. Wohl etwas zu früh am Ort und auf die Blonde wartend, sprach mich eine schwarzhaarige Schönheit an. Sie wollte sich mir für den Abend anschließen. Unbedacht wie ich war, stimmte ich zu. Als die Blonde meine andere Begleiterin sah, war ihre fröhliche Stimmung dahin. Bereits nach der ersten Kegelrunde bat sie mich nach draußen mitzukommen. Ich dachte, gleich geht die Zickerei los, doch ohne viele Worte landeten wir auf einer Parkbank, wo ich ihr durch liebevolle Zuwendung wieder zu einer fröhlichen Stimmung verhelfen konnte. Als wir zum Kegeln zurückkehrten, fiel der anderen Begleiterin der Stimmungswechsel der Blonden auf. Kurz vor dem Heimgang zur Klinik wollte auch sie die Parkbank kennenlernen, diesen Wunsch erfüllte ich ihr gern. Meine enge Beziehung zu den beiden lebhaften Frauen dauerte knapp drei Wochen bis zu deren

Abreise. Nun hoffte ich nach der bewegten Zeit zuvor auf eine ruhige letzte Woche.

Wie bei der Kur in Oberstaufen üblich, war auch hier nach dem Mittagessen eine eineinhalbstündige Bettruhe einzuhalten. Ich strebte meinem Zimmer zu und schloss die Zimmertür auf. Auf dem Bett aalte sich eine entblößte Frau. Ich entschuldigte mich und wollte gerade das Zimmer verlassen, als ich erkannte, ich stehe in meinem eigenen Zimmer. Fortan gab es die „Mittagsruhe" nur im Doppelpack. Von der neuen Liebschaft, die aus Augsburg stammte, erfuhr ich, dass in dieser Klinik vornehmlich Frauenleiden behandelt werden. Ihr eigenes Leiden würde darin bestehen, dass man den Grad ihrer sexuellen Erregung an ihrer Duftmarke erkennen könnte. Sie erzählte, ihr Mann sei ihrem Verlangen nicht gewachsen und auch ihr Kinderwunsch blieb unerfüllt. Meine ganze Manneskraft, die bisher den beiden abgereisten Frauen zuteil geworden war, genoss sie nun allein. Sehr schnell ließ unser erfülltes Sexleben meine und auch ihre Symptome abklingen. Ihr Frauenarzt hingegen glaubte, seine verordnete Behandlung hätte bei ihr den Erfolg gebracht.

Mir fiel der Abschied von dieser Frau sehr schwer, auch wollte sie unbedingt nach Kassel mitfahren, um dort in meiner Nähe zu wohnen. Letztlich überzeugte sie meine glaubhafte Versicherung, dass ich meine kranke Ehefrau nicht verlassen werde. Sie flehte mich an, sie öfter in Augsburg zu besuchen. Doch zu einer weiteren Begegnung kam es nie.

Mitnehmen aus Bad Iburg konnte ich neben meiner gesundheitlichen Ertüchtigung einige Erkenntnisse über Frauen. Verstärkt hat sich mein Bewusstsein, dass auch Frauen am Sex interessiert sind, sehr schnell aktiv werden und deutlicher als Männer ihre Bereitschaft zum Beischlaf signalisieren. Diese neuen Erkenntnisse erlaubten mir in Kassel erstmals, die Signale einer Bekannten zu deuten, deren Ehemann seit Längerem erkrankt war. Sie war bereit, mit mir eine engere Beziehung aufzubauen, doch wegen meiner Unerfahrenheit hatte ich ihre Werbung bisher nicht verstanden. Obwohl sie sehr attraktiv und für Männer begehrenswert war, kam ein derartiges Liebesverhältnis in meinem engen Umfeld für mich nicht infrage. Insbesondere wollte ich meine Frau und die Kinder nicht dem Gerede der Nachbarschaft aussetzen.

Familienurlaub in Tossa de Mar, Spanien

Renates erneuter Klinikaufenthalt und ihre anschließende Kur dauerten länger als zunächst angedacht, deshalb verspätete sich unsere Urlaubsbuchung Sommer 1976. Interessante Hotels waren ausgebucht, nur im Urlaubsort Tossa de Mar gab es eine Ferienwohnung. Um dort das Kochen unserer Mahlzeiten zu umgehen, packten wir in unser Auto eine Unzahl von Dosen mit Fertiggerichten ein. Hinzugeladen werden musste ein Rollstuhl, sodass das persönliche Gepäck auf das Nötigste zu begrenzen war. Gehalten an diese Ansage hatte sich nur Jürgen. Sein Gepäck bestand aus einem kleineren Stoffbeutel, in welchem er ein zweites T-Shirt, zwei Badehosen und ein Buch eingepackt hatte.

Wegen der Fahrstrecke von rund 1.600 km war auf halber Strecke eine Übernachtung eingeplant. In Frankreich im Nahbereich der Autobahn „Straße zum Süden" fanden wir in der Ortschaft Orange ein kleines Hotel. Angeboten wurde eine Suite mit zwei Schlafzimmern und einem separaten Badezimmer. Nach einem erfrischenden Bad und neu gekleidet besuchten wir das Restaurant des Hauses. Seine ansprechende Ausstattung lud förmlich zum Verweilen ein. Im Lokal sprach man nur Französisch. Unsere Getränke konnten wir anhand der Getränkekarte bestellen, aber Gerichte aus der Speisekarte zu wählen, das ging für uns gar nicht. Als der Wirt unsere Ratlosigkeit erkannte, rief er seine Frau, welche Heike und mich in ihre Küche mitnahm. Hier zeigte sie ihr reichhaltiges Angebot. Wir nickten bei den Dingen, die sie für uns zubereiten sollte. Knapp eine Stunde später trug sie die fertigen Speisen auf. Nach einer leckeren Suppe gab es gegrillte Froschschenkel, gebrühte Schnecken in Knoblauchsoße, mehrere Fleischsorten, Gemüse, Salate und entsprechende Beilagen. Nach einer Weile servierte sie den

Nachtisch und reichte zum Schluss einige Käsesorten. Anders als zu Hause gewohnt, dauerte hier das Abendessen über zwei Stunden. Allen hatte das Essen geschmeckt, insbesondere die Wirtin freute sich darüber, dass sie unsere Wünsche erfüllen konnte. Nach wenigen Gläsern Wein suchten wir die Betten auf. Am nächsten Morgen, nach einem üppigen Frühstück, legte man uns die Rechnung vor. Die geforderte Summe entsprach etwa der Miete für den vierwöchigen Aufenthalt in der Ferienwohnung. Bereut aber haben wir den Aufenthalt im Hotel nie, noch Jahre danach sprachen wir gern über das französische Essen.

Mit unserer angemieteten Ferienwohnung waren wir zufrieden. Sie war groß, sauber und gut möbliert. Nur zum Strand mussten wir mehr als nur einen Kilometer laufen. Da wir im Ort reichhaltig, köstlich und kostengünstig speisen konnten, blieben die in Dosen mitgebrachten Fertiggerichte unangetastet. Tagsüber verweilten wir am Strand und am Abend besuchten wir kleine Lokale mit laubüberspannten Gärten. Hier boten die Wirtsleute spanische Gerichte an oder kochten das Essen nach Wunsch des Gastes. Mit Rum in der Sangria für Erwachsene und Erdbeerbohle ohne Alkohol für die Kinder klang der Tag aus. Eines Abends, eher unbemerkt von uns, fischte Jürgen die Erdbeeren aus der Sangria und ließ sich diese schmecken. Auf dem Heimweg zeigte sein wackliger Gang an, dass er wohl mehr als nur eine der rumgetränkten Erdbeeren verzehrt haben muss.

Trotz der gewählten vier Wochen Urlaub in Tossa wurde es uns nicht langweilig. Wir erkundeten die Umgebung und besuchten die Stadt Barcelona. Hier spürten wir die Sehenswürdigkeiten der Stadt auf und fuhren zum Hafen, wo ein Nachbau des Schiffes „Santa Maria" zu besichtigen war: Ein wahrlich winziger Kahn, mit dem Christoph Columbus mit viel Mut seiner Mannschaft die Atlantiküberquerung abverlangte. Am Nachmittag sahen wir uns einige Stierkämpfe in der Arena an. Hier verloren den Kampf immer die Stiere.

In Tossa wollte Jürgen auch zeigen, dass er schwimmen kann. Er wählte eine Strecke um die kleine Halbinsel, auf der eine burgähnliche Befestigungsanlage stand. Als ausgebildeter Rettungsschwimmer begleitete ich ihn natürlich. Nach einer Strecke von rund 600 m hatten wir fast die Halbinsel umschwommen, als ein Motorboot durch rüpelhafte Fahrweise uns bedrängte. Lautstark begann Jürgen über die riskante Fahrt des Bootsfahrers zu schimpfen. Mir aber zeigte seine Reaktion, dass er durch das Schwimmen nicht ermüdet war und wirklich gut schwimmen konnte.

Abbildung 41: Der Strand von Tossa mit Halbinsel und kleiner Befestigungsanlage

Abbildung 42: Sohn Jürgen in seiner kecken Art

Abbildung 43: Renate und Heike bei einer unserer Bootsfahrten

Ein Mercedes, unser neues Auto

Bei unseren Autofahrten zeigte sich, dass sich Renates Rollstuhl nur nach einer Teilmontage in unseren Ford Taunus einladen ließ. Folglich brauchten wir ein Auto mit einem großen Kofferraum. Leider betrug die Lieferzeit für einen Mercedes-Neuwagen derzeit mindestens zwei Jahre. Deshalb war ich froh, als die befreundete Familie Wilfried und Margit uns ihren Jahreswagen verkaufen wollte.

Konkreter wurde der Ankauf im Spätsommer 1976. Anlässlich Wilfrieds Geschäftsreise nach Paris konnten Renate und ich mitfahren, um das Auto zu testen. Die Hinfahrt ging über Aachen, dazu über Autobahnen im flachen Gelände. Kurz vor Paris überließ Wilfried mir das Steuer. Zunächst bereitete mir das Fahren im engen Stadtverkehr ein mulmiges Gefühl. Bald aber merkte ich, dass die Pariser eher kleine Autos fahren und freiwillig Platz machten für den dicken Wagen. In den nächsten

Tagen genoss ich das Autofahren in Paris und war bereit, das Auto zu kaufen. Die Rücktour ging über Saarbrücken und über die Kasseler Berge. Doch als mich auf der Autobahn selbst schwere Lastkraftwagen überholten, war meine Euphorie für das Auto mit dem kleinen Dieselmotor dahin.

Im Frühjahr 1977 bot mein Nachbar Andreas mir seinen Geschäftswagen zum Kauf an. Dieses Auto, ein Mercedes der Baureihe W123, hatte einen Ottomotor 2,8 Liter und konnte schnell gefahren werden. Seine gehobene Ausstattung und der große Kofferraum erfüllten perfekt unsere Wünsche. Auch der Preis von rund 9.000 DM bei einer Fahrleistung von rund 75.000 km entsprach unseren Vorstellungen. Dieses Auto verkaufte ich nach knapp dreizehn Jahren und 345.000 gefahrenen Kilometern für 500 DM. Der Käufer wollte mit dem Wagen ein Taxiunternehmen in der Türkei gründen.

Mit diesem Auto verknüpft sich eine Episode, zu der es ohne die neu erlernten Erkenntnisse über Frauen nicht gekommen wäre. Es standen die Herbstferien an, und während Renate wieder über mehrere Wochen kurte, verweilten die Kinder bei meinen Eltern in Herzberg. Jeweils über die Wochenenden setzte ich mich in das schöne neue Auto und fuhr dorthin. Onkel Willi, der bei meinen Eltern zu Besuch weilte, und mein Bruder Rudi wollten mit dem Auto gefahren werden. Unsere Fahrt endete am Abend in einer Musik- und Tanzbar in Bad Lauterberg. Wir hatten gerade unser erstes Bier bestellt, als eine junge Frau in Wanderkleidung das Lokal betrat. Sie blieb im Eingangsbereich stehen und schaute sich um. Als unsere Blicke sich kreuzten, ahnte ich ihre Bedürfnisse, ging spontan auf sie zu und fragte, ob sie tanzen möchte. Doch sie meinte, Aufregung hätte sie tagsüber gehabt, jetzt brauchte sie etwas, wonach sie entspannt einschlafen könnte. Ihren Wunsch wollte ich ihr gern erfüllen. Kurz war der gemeinsame Weg zum geparkten Auto, wo ich ihr die Vorzüge von Liegesitzen zeigen konnte. Namen wurden nicht gewechselt, sie gab an, eine Lehrerin zu sein, die in Göttingen wohne und dort auch unterrichte. Wenn ich sie wieder treffen möchte, würden mir sicherlich Wege dazu einfallen. Zurück in

Lokal fragten meine Begleiter, wo ich denn die letzten Minuten geblieben sei. Als ich ihnen wahrheitsgemäß die Episode erzählte, bogen die sich vor Lachen und glaubten mir kein einziges Wort.

Meine Kur in Füssen

Auch wenn Renate sich mühte, den Haushalt zu regeln, verblieben das Einkaufen, Putzen, Kochen und Waschen weiterhin bei mir und den Kindern. Meine Doppelbelastung im Haushalt und Querelen im Amt führten wieder zu Kopfschmerzen und starken Blutdruckschwankungen. Der Arzt beantragte eine Kur für mich, die ich im Mai 1977 in Füssen-Faulenbach im Allgäu antreten konnte. Als Therapie standen Moorbäder und Sport im Vordergrund. Es gab Einzelzimmer, die weder von anderen Kurgästen noch von Besuchern aus eigener Familie betreten werden durften. Wie in Oberstaufen sollten Zuwiderhandlungen mit dem Kurabbruch geahndet werden.

Bei den verordneten Moorbädern erlitt ich wiederholt Schwächeanfälle, sodass ein Bademeister mich ständig überwachte und mir beim Aussteigen aus der Wanne behilflich war. Weiter auf meiner Kurkarte standen Massagen, Schwimmen im hauseigenen Hallenbad und geführte Wanderungen. Es dauerte eine Weile, bis meine Herzbeklemmungen nachließen und meine Lebensgeister erwachten. Durch den Frauenüberschuss im Kurheim bekam ich öfters Angebote zum Beischlaf. Stärker aber interessierten mich die Sehenswürdigkeiten der Umgebung, die ich in meiner Freizeit mit meinem Auto besuchte.

Ungewollt konnte ich am nächsten Anreisetag neuer Kurgäste das Verhalten einiger Frauen beobachten, als sie aufgeregt auf die Dachterrasse kamen und sich an das Geländer oberhalb des Eingangsbereiches des Hauses stellten. Ich lag hier auf einer Liege und stellte mich schlafend. Während unten die Frauen ihre Ehemänner für deren Kurantritt verabschiedeten, wurden diese oben von den weiblichen Kurgästen taxiert und unter ihnen aufgeteilt. Wenn später diese Männer glaubten, einen weiblichen

Kurschatten erobert zu haben, hätten sie kaum geahnt, selbst ein ausgesuchtes „Opfer" geworden zu sein.

Meine Alleinfahrten hatten wohl zwei Frauen beobachtet. Sie überredeten mich, mit ihnen abends in ein exklusives Lokal zu fahren. Ihr Ziel war der „Gockel-Wirt" in Eisenberg, wo sich überwiegend die Urlaubsgäste der Umgebung trafen. Geboten wurden schmackhafte Speisen und nach Ende des Restaurantbetriebs spielte eine kleine Kapelle zum Tanz auf. Auf der Tanzfläche steigerte sich die Ausgelassenheit der Gäste. Auch an den Tischen konnte ich den Schmusereien der Ehepaare zuschauen. Plötzlich überkam mich das Gefühl der Einsamkeit und die Gedanken kreisten um meine Ehe. Mir fehlten die Zuneigung der eigenen Ehefrau, die Gesellschaft mit anderen Leuten und unbeschwerte Aktivitäten mit der ganzen Familie. Es blieb die Frage, was mir kurze Episoden mit Kurschatten bringen, wenn ich zu Hause derartige Bedürfnisse unterdrücken muss.

Weiterhin lehnte ich Angebote liebestoller Frauen ab und verbrachte viel Zeit auf dem Tennisplatz oder schloss mich Wandergruppen an. Bei diesen Aktivitäten lernte ich eine ansprechende Frau, Hildegard aus Herne, kennen. Das Tanzen mit ihr bereitete mir besondere Freude und verbesserte meinen Tanzstil in kürzester Zeit. Eher versteckt zeigte sie mir später ihr „Goldenes Tanzsportabzeichen". Diese Frau begeisterte mich derart, dass sich nach der Kur aus gelegentlichen Telefongesprächen ein echtes Liebesverhältnis entwickelte. Hildegard hatte zwei Töchter und wollte mit ihnen aus ihrer Ehe ausbrechen. Sie glaubte, mit mir und meinen Kindern ein neues Leben aufbauen zu können. Anfangs trafen wir uns stundenweise, dann kam sie öfters über das Wochenende nach Kassel oder verbrachte ihren Urlaub in Bad Wildungen. Ich hätte mir eine Ehe mit ihr vorstellen können, doch da gab es zwei Hemmnisse für mich. Eines sah ich in Renates Erkrankung und das andere in Hildegards finanzieller Ausstattung. Ihre monatlichen Beiträge an Vereine und Klubs und die Anschaffung der entsprechenden Garderobe würden mein Gehalt um ein Vielfaches übersteigen. Ihre Beteuerung, entsprechende Finanzmittel in eine Ehe mitzubringen, ließ mich eher klein und nichtig erscheinen. Zudem wollte sie ihr gewohntes Umfeld sowie Haus mit Pool nicht aufgeben, d. h. ich sollte mit den Kindern in ihr großes Haus einziehen und mein Heim und meine Anstellung in Kassel aufgeben. Es gab eine Aussprache, nach der wir uns trennten.

Kurz danach, als geschiedene Frau, suchte Hildegard erneut meine Nähe. Sie aktivierte ihre Besuche in Kassel oder mietete sich in Hotels in Bad Wildungen ein. Auch gab es Tagestouren von mir nach Herne. Nicht erloschen aber war ihre Forderung an mich, nach Herne umzuziehen. Dieses wiederkehrende Thema reduzierte unsere Treffen wieder auf gelegentliche Telefonanrufe.

Familienurlaub in Cala Ratjada auf Mallorca

Die lange Autofahrt nach Tossa de Mar war uns noch in Erinnerung, als wir im Sommer 1977 als Urlaubsziel eine Flugreise nach Mallorca wählten. Auch sollte es ein Hotel mit Restaurant sein. Dieses Haus mit Halbpension fanden wir im Ort Cala Ratjada. Mit uns den Urlaub verbringen wollten wieder unsere Freunde Helga und Friedel aus Butzbach mit ihren zwei Kindern. Während diese Familie vom Frankfurter Flughafen aus in den Urlaub starten wollte, entschieden wir uns für den Flug ab Hannover.

Noch vor der angegebenen Zeit zum Check-in waren wir am Schalter des Flugplatzes Hannover, hörten hier aber, dass unser Flieger – eigentlich vor der Zeit – gerade gestartet war. Wie bei Charterflügen üblich, sagte man uns, habe man Urlauber in den Flieger gesetzt, die am Vortag ihren Flug versäumt hatten. All mein Schimpfen half nichts, „kulanter Weise" wurde unser Flug umgebucht auf einen Flieger, der erst am nächsten Tag von Frankfurt aus starten würde. Umgehend telefonierten wir mit unseren Freunden, deren Flug erst am Nachmittag stattfinden sollte. Wir erzählten von unserem Missgeschick und baten sie, im Hotel zu verhindern, dass unsere Zimmer anderweitig vermietet werden.

Um nach der Rückkehr von Hannover in Kassel wegen des verpassten Fluges nicht verspottet zu werden, entschlossen wir uns, in Herzberg bei meinen Eltern zu übernachten. An deren Haus angekommen, waren die Eltern verreist und das Haus verschlossen. Glücklicherweise lag der Zweitschlüssel im Versteck, das ich aus meiner Jugend noch kannte. Auch die Garage im Kellergeschoss war frei, sodass ich unser Auto dort abstellen konnte. Aus den Koffern nahmen wir nur die Nachtwäsche, ansonsten wurden die Koffer auf den Garagenboden gelegt. Den ganzen Nachmittag regnete es und wir waren froh, eine trockene Bleibe gefunden zu haben. Doch kurz vor dem Zubettgehen ereilte uns ein weiteres Malheur. Ein Kind wollte noch etwas aus einem Koffer holen, doch plötzlich hörten wir seinen Schrei. Was war geschehen? In der Garage stand zirka 10 cm hoch das Regenwasser und mittendrin lagen unsere Koffer. Anstatt einer geruhsamen Nacht galt es nun den Inhalt der drei Koffer mit dem Bügeleisen zu trocknen und neu zu verpacken.

Am nächsten Morgen verliefen die Autofahrt nach Frankfurt und der Abflug nach Mallorca reibungslos. Vom Flughafen Palma holte uns ein Bus ab. Total müde erhofften wir eine kurze Anreise zum gebuchten Hotel. Doch die rund 100 km lange Strecke von Palma bis Cala Ratjada verlängerte der Busfahrer dadurch, dass er jedes Hotel ansteuerte, wo Feriengäste aus- oder zusteigen wollten. Zudem unterbrach er seine Fahrt an Läden, wo Lederwaren, Schmuck, Liköre und andere Waren zum Kauf angeboten wurden. Endlich, nach zirka sechs Stunden Busfahrt, erreichten wir unser Hotel. Unsere Buchung war nicht das geglaubte Schnäppchen. Während die Zimmer einfach, aber hinnehmbar waren, enttäuschten uns die gebotenen Speisen. Immer öfter suchten wir den Hafen auf, um gegrillten Fisch und frischen Salat zu genießen.

Als besondere Attraktion bot man einen Flug nach Marokko an. Dieser Ausflug sollte exakt 24 Stunden dauern. Im Flugpreis enthalten waren eine Busfahrt durch das Land und die Tagesverpflegung. Renate, die zu der Zeit keine Gehhilfen benötigte, und ich buchten diesen Ausflug. Gelandet ist der Flieger in

Tanger. Mit einem klimatisierten Bus ging die Fahrt weiter über Rabat bis Casablanca. Hier würde der Flieger für den Rückflug nach Palma auf uns warten. Die Zeit zum Besuch der Sehenswürdigkeiten des Landes war damit eng bemessen. Im Eiltempo zeigte man uns die Altstadt mit Basar in Rabat und Gleiches in Casablanca. Verließen wir Urlauber den Bus, umschwärmten uns Händler und bettelnde Kinder. Goethe und Hitler hielten sie für die wichtigsten Personen in Deutschland. Lautstark riefen sie uns auf Deutsch zu: „Passt auf die Kinder auf, diese stehlen wie die Raben." Unsere Begleitung erklärte, dieser Satz stamme von den Reiseleitern, wurde jetzt aber von den Kindern übernommen. Der Tagesausflug nach Marokko war für uns ein Eintauchen in eine fremde Welt und hat uns trotz aller Hektik sehr gut gefallen.

Aber auch mit Heike und Jürgen haben wir in Cala Ratjada und Umgebung einiges besucht und Bootsfahrten unternommen. Zu unseren Ausflügen mit einem gemieteten Auto gehörten Fahrten über die Gebirgskette der Serra de Tramuntana und ein Besuch der Delfinschau in Porto Cristo. Der Heimflug nach dem vierwöchigen Urlaub verlief problemlos.

Wanderungen zu einem entspannteren Leben

Um aus dem Bann der Eheprobleme herauszukommen, empfahl der Arzt mir, ein entspannteres Leben zu führen. Entgegen kam mir hier Jürgens Schulwechsel in eine weiterführende Ganztagsschule mit Mittagstisch, die auch Heike besuchte. In den Zeiten, in denen Renate sich in Sanatorien aufhielt, entfiel damit für mich zu Hause das Vorbereiten der warmen Mahlzeiten.

Entsprechend dem Rat des Arztes betätigte ich mich sportlich beim Turn- & Sportverein Kassel-Wolfsanger und wurde Mitglied des Rhönklubs, Zweigverein Kassel e.V., den mein Nachbar Andreas führte.

Angeboten wurden Tagestouren sowie Wochenend- und Langstreckenwanderungen bis 250 km. Alle Veranstaltungen und

Wanderungen mussten in einem Jahresplan festgeschrieben werden. Wenig Anklang unter den aktiven Mitgliedern fand die jährliche Kirchenwanderung, diese dauerte in der Regel zehn Tage. Auf dem Plan standen Besuche von Kruzifixen, Kapellen, Kirchen und meist auch die Besichtigung eines Doms. Einige Mitglieder wetterten über diese Wanderung, sodass sich nur wenige Personen für diese Tour anmeldeten. Auch ich war eher desinteressiert, bis mich gleichaltrige Mitglieder überredeten, an dieser beachtenswerten Wanderung teilzunehmen.

Die im Wanderplan als religiös angezeigten Orte wurden tatsächlich aufgesucht, doch in der Realität standen die Begriffe Kapelle und Kirche als Pseudonyme für kleinere und größere Feierlichkeiten in den Orten. Ein Dombesuch entsprach einem zweitägigen Weinfest. Die Aufnahme der „Kirchenwanderung" in den Jahresplan hatten sich wander- und feierfreudige Mitglieder erdacht. Sie wollten nur mit Gleichgesinnten diese Touren erleben und unangenehme Vereinsmitglieder abschrecken. Besonders in Erinnerung geblieben sind mir die Weinfeste in Würzburg, Fulda und Hammelsburg.

Neben der Kirchenwanderung bereiteten auch Wandertouren ohne kulturellen Hintergrund manches Vergnügen. In unserer Stammgruppe suchte eine geschiedene Kameradin einen neuen Partner. Für eine Wanderung in der Rhön hatten wir gerade das Wochenendquartier in einer Hütte bezogen, als uns ein geeigneter Bursche für unsere Kameradin auffiel. Wir verkuppelten sie und konnten bald beiderseitigen Gefallen aneinander erkennen. Kurz entschlossen, bereiteten wir eine Verlobungsfeier vor. Am Abend, nach mehreren Gläsern Wein, steuerte die Stimmung ihrem Höhepunkt zu. Zum Zeichen der Verlobung durfte der Bräutigam nun seine Braut küssen. Oh weh, bei der Umarmung verrutschte die Perücke des Bräutigams und seine Glatze strahlte im hellen Kerzenschein. Aus der Verlobung wurde leider nichts, aber fröhlich weiter gefeiert haben wir trotzdem. Unsere Suche konnten wir bald aufgeben; unsere Wanderfreundin hatte ihren Göttergatten selbst gefunden.

Statt der angedachten Verlobungsfeier durften wir dann jedoch bei einer Wanderung durch das Werratal einer Hochzeitsfeier beiwohnen: Wir wanderten von Herleshausen über die Ortschaften Wanfried, Eschwege, Bad Sooden-Allendorf, Witzenhausen, Hann. Münden, um am achten Tag das Endziel Kassel anzulaufen. Erwähnenswert bei dieser Tour bleibt die Übernachtung in Witzenhausen. Im Gasthof suchten wir unsere vorgebuchten Zimmer auf. Schnell geduscht, eilten wir danach zum großen Saal, wo unser Abendessen stattfinden sollte. Doch der Wirt verwehrte uns den Zugang zum Saal und Schankraum und wies uns stattdessen einen kleinen Nebenraum für unseren Aufenthalt zu. Ein breiter Gang trennte diesen Raum vom eigentlichen Gaststättenbereich. Den Saal und die Kneipe hatte eine Hochzeitsgesellschaft gemietet. Unsere Enttäuschung über die Enge des zugewiesenen Raumes wollten einige Wanderfreunde durch Musik überspielen. Unsere private Feier nahm ihren Lauf. Anzumerken bleibt, dass wir auf den Wanderungen nur Tagesgepäck mitführten. Alle übrigen Dinge, wie auch Gitarren, Akkordeons, Klarinetten gehörten zu unserem „großen" Gepäck. Dieses hatte der jeweils neue Wirt vertragsgemäß aus unserer letzten Herberge heranzuschaffen.

Während bei unserer Feier die Bude bebte, hörte man von der Hochzeitsgesellschaft im Saal kaum etwas. Bald besuchte uns zunächst der Brautvater, ihm folgte der Vater des Bräutigams. Offensichtlich sollten sie uns etwas fragen, doch sie trauten sich nicht. Jetzt erschienen deren Frauen und baten uns, an der Hochzeitsfeier teilzunehmen. Wir könnten essen und trinken, möchten bitte nur unsere Fröhlichkeit mitbringen. Der Alleinunterhalter im Saal durfte Pause machen und unsere Musiker spielten zum Tanz auf. Die Frauen unserer Wandergruppe holten die Männer von der Theke und wir Männer forderten die Damen der Hochzeitsgesellschaft zum Tanz auf. Die Tanzfläche füllte sich und die Hochzeitsgäste sangen mit uns Schlagertexte und Wanderlieder. Ohne unsere Gruppe wäre die Hochzeitsfeier wohl die stillste des Jahres geworden, so aber wird man über diese Feier noch lange reden. Mit Einverständnis des Wirtes konnten wir uns am nächsten Morgen unsere Feldflaschen anstatt mit Kaffee oder Tee mit Wein aus den halbleeren Flaschen füllen. Auf diese Weise hielt unsere fröhliche Stimmung noch über den ganzen Tag an.

Bürgermeister für eine Nacht

Eine unserer vielen Wanderungen führte durch die Bayerische Rhön. In einem Gasthof direkt an einem Fernwanderweg hatte sich unsere Gruppe zur Übernachtung angemeldet. Entfallen sind mir die Namen des Gasthauses und des Ortes. Doch prangte ein Schild am Tor der gegenüber dem Gasthof stehenden Scheune. Ein Spaßvogel hatte die Inschrift „tuberkulosefreier Rinderbestand" verändert auf „tuberkulosefreier Kinderbestand".

Beim Betreten des Gasthauses fiel meinem Hausnachbar und Wanderführer Andreas ein Aushang auf. Darauf zu lesen war: „Bürgermeister gesucht", weitere Angaben über die notwendigen Befähigungen des Bewerbers folgten. Andreas spottete und meinte, zu mir gewandt: „Dieser Posten wäre doch etwas für dich!" Beim Begrüßungsschoppen an der Theke führten wir unsere Foppereien fort. Eher von uns unbemerkt, verfolgte der Wirt gespannt unseren Worten. Doch als Andreas in seiner Bierlaune den Wirt ansprach und meinte, ich wäre der richtige Bürgermeister für diesen Ort, wollte er mehr über mich wissen. Andreas erzählte über meine gehobene Beamtenstellung im Kasseler Rathaus und meine besonderen Fähigkeiten als Bauingenieur im Tiefbauamt. Als im Nebenraum unser Abendessen aufgetragen wurde, gaben wir unseren Platz an der Theke auf. Der Wirt fragte noch schnell, ob ich wirklich Interesse an der freien Stelle hätte. Ich, auch in der Bierlaune, sagte natürlich „ja".

Als Andreas und ich in den Schankraum zurückkehrten, saßen am Stammtisch einige Männer, die uns heranwinkten und Plätze anboten. Wir sprachen über allgemeine Themen, über lokale Angelegenheiten und natürlich auch über den vakanten Posten des Bürgermeisters. Auch ordentlich gezecht wurde am Tisch.

In Anbetracht der späten Stunde und unseres frühen Aufbruchs zur morgigen Wanderetappe suchten wir beide unsere Betten auf. Am nächsten Morgen, ich hatte gerade das Lokal betreten, gratulierte mir der Wirt zu meiner Wahl als Bürgermeister. Er hatte die Ortsvertreter über mein Ansinnen informiert und ins Lokal eingeladen. Am gestrigen Stammtisch hatte ich wohl ihre Prüfung mit Bravour bestanden. Mit tiefstem Bedauern klärte ich die Angelegenheit auf und bedankte mich für das in mich gesetzte Vertrauen und den geselligen Abend am Stammtisch.

Tanz auf dem Tisch

Bei einer weiteren Rhön-Wanderung war das Karl-Straub-Haus als Nachtquartier gebucht worden. Wir näherten uns der Herberge vom Westen und hörten aus weiter Ferne Kirchenmusik. Auf der Terrasse des Hauses übten Studenten der Musikhochschule Würzburg. Um deren Konzert nicht zu stören, suchte unsere Gruppe ein Plätzchen auf der Ostseite des Hauses. Hier standen Tische und Bänke, hergestellt aus jeweils einem halben Baumstamm. Unsere Musiker spielten Wanderlieder und Schlager und wir sangen kräftig mit. Aus der Kirchenmusikgemeinde näherte sich als Erstes der Pfarrer. Ich glaubte, er wollte sich über unser lautes Treiben beschweren, doch zum Erstaunen setzte er sich zu uns und stimmte wohltönend ein. Nach und nach gesellten sich die Musikstudenten zu uns und zeigten, dass sie auch unsere Musik spielen konnten. Wohl einige Flaschen Wein waren bereits getrunken, als ein Boogie-Woogie gespielt wurde. Ich sprang auf den Tisch, gefolgt von der Ehefrau eines Wanderkameraden und wir tanzten den Boogie auf dem schmalen halben Baumstamm. Alle waren besorgt und wollten uns bei einem Absturz auffangen. Selbst nach mehreren dieser schnellen Tänze war nichts passiert. Doch die Begebenheit mit der Tanzpartnerin ging weiter.

Da bei dieser Wanderung auch Kinder – wie unsere Tochter Heike – teilnahmen, hatte man den Ehepaaren mit Kindern den großen Schlafsaal als Nachtquartier zugewiesen. Dieser Raum befand sich im Obergeschoss des Nebenhauses und war mit Stockbetten ausgestattet. Es war Schlafenszeit und jeder hatte sein Bett inzwischen aufgesucht, nur Inge, meine Tanzpartnerin von vorher, wollte sich nicht vor uns in ihrem Nachthemd zeigen. Den Waschraum wollte sie nur verlassen, wenn das Licht im Schlafraum ausgeschaltet wird. Ihren Weg zum Bett fand sie im Dunkeln. Nach knapp einer Stunde, alle waren inzwischen eingeschlafen, gab es einen grellen Hilfeschrei. Schnell wurde das Licht eingeschaltet und alle schauten zu, wie Inge – jetzt allerdings pudelnackt – im Saal herumirrte. Offensichtlich hatte sie ihren Durst nach der Tanzeinlage nur mit Wein gelöscht, der sich nun bemerkbar machte. Im Dunkeln auf dem Weg zur Toilette nahm sie die falsche Richtung und fand weder Lichtschalter noch Tür. Schnell brachte ihr Ehemann das Nachthemd und begleitete sie zum Waschraum, wo sie nach einiger Zeit im Nachthemd und diesmal bei Licht wieder ihr Bett bestieg. Die Situation war so grotesk, dass nur wenige im Schlafsaal sich das Lachen verkneifen konnten. Zunächst wollte sie sich im Nachthemd nicht zeigen, dann irrte sie im Eva-Kostüm bei Licht im Saal herum.

Doch nicht genug, verfolgte sie am nächsten Tag das Pech. Das Ende der Wanderung nahte und wir befanden uns am Nachmittag auf dem Weg zum nächsten Bahnhof. Wenige Kilometer vor dem Bahnhof passierten wir gemütlich eine leicht abfallende Wiese. Plötzlich schrie Inge vor Schmerzen. Sie war in eine kleine Mulde getreten und hatte sich den Fuß verstaucht oder angebrochen. Zur Minderung ihrer Schmerzen wurde ihr ein Mittel verabreicht und danach ihr Fuß fachgerecht gewickelt. Inge musste zum Bahnhof getragen werden. Wir Männer wechselten uns beim Tragen ab. Jeweils zwei Träger bildeten mit ihren Armen einen Sitz, auf dem sie einen sicheren Halt fand. Es war schon verrückt, dass bei unserem wilden Tanzen auf dem Tisch der befürchtete Absturz ausblieb, nun aber beim Gehen über die flache Wiese dieses Unglück eintrat.

Abbildung 44: Wir Wanderkameraden, nach Größe geordnet: Inge, ich, das Ehepaar Hannelore und Wolfgang sowie Heinz, Inges Ehemann

Die Knoblauch-Wanderung

Auch gab es eine Wanderung, die als Knoblauch-Wanderung in die Vereinsgeschichte einging. Wir gingen auf dem Studenten-pfad von Kassel nach Marburg und befanden uns auf dessen vorletztem Abschnitt. Die Sonne brannte und unsere Feldfla-schen waren längst leer. Als uns ein Obsthändler mit seinem Lieferwagen entgegenkam, hielten wir ihn an. Wir erhofften, frisches Obst zu kaufen, um unseren Durst stillen zu können. Doch der Obsthändler zeigte die leere Ladefläche und war froh, seine Waren auf dem Marburger Wochenmarkt verkauft zu ha-ben. Lediglich Knoblauch im geflochtenen Zopf konnte er uns anbieten. Unter der Devise, besser als gar nichts, kaufte eine Wanderfreundin die gebündelten Knollen und verteilte sie un-ter uns. Auf dem Weg zu unserem Nachtquartier wurde Zehe um Zehe gekaut und das trockene Fruchtfleisch ausgespuckt.

Endlich im Gasthof in unserem Nachtquartier angekommen, konnten wir unseren Durst mit Limonade stillen. Wir meinten auch, damit unseren Knoblauchgeschmack entfernen zu können. Nach und nach verließen Gäste das Lokal. Trat ein neuer Gast in die Kneipe, kehrte er um und strebte nach draußen. Derartige Kurzbesuche von Gästen beobachten wir auch nach unserem Abendessen. So erlaubte uns das leere Lokal, unsere Lieder lautstark zu singen. Erst sehr spät am Abend suchten wir unsere Zimmer auf. Mein Bett stand in einer schmalen Dachkammer, direkt an der niedrigen Außenwand unter der Dachschräge. Noch freute ich mich über das Einzelzimmer, doch gegen 3 Uhr morgens waren Freude und Schlaf vorbei. Ich hörte das laute Gurren von Tauben, das nicht nachlassen wollte. Noch vor dem Frühstück suchte ich nach den Tauben. Ich fand einen großen Taubenschlag, der direkt an der Außenwand meiner Kammer angebaut war. Die dünne Fachwerkwand war ungeeignet, in meiner Kammer die Lautstärke des Gurrens irgendwie zu mindern.

Einige Tage später nahm die Wirtin telefonisch mit unserem Wanderführer Kontakt auf und meldete Ersatzansprüche an. Wegen unserer Knoblauchwolke hätte sie Verdienstausfälle im Schankraum und die Zimmer konnte sie für Tage nicht vermieten. Doch Andreas konterte, dass weder die Zimmer noch das Essen den vereinbarten Standard aufwiesen und dieser Mangel gegen ihre Mindereinnahmen aufzurechnen sei. So einigte man sich auf ein Unentschieden.

Kegeltouren

Neben dem Wandern kegelte ich mit Kollegen des Amtes. War die Kasse gut gefüllt, unternahmen wir ein- oder mehrtägige Exkursionen. Eine Tour brachte uns nach Hamburg, wo wir uns den Bau des neuen Elbtunnels ansahen. Einzelne Tunnelelemente wurden an Land hergestellt, wasserdicht abgedichtet, an den Bestimmungsort in der Elbe eingeschwommen, abgesetzt und im Wasser zusammengefügt.

Abbildung 45: Kollege Wilhelm und ich: Besichtigung der vorgefertigten Elemente des Elbtunnels

Eine weitere Exkursion führte uns an die Mosel, wo durch den Bau von Wehren das Hochwasser besser gesteuert werden sollte. Wir übernachteten in einem Gasthof und glaubten an einen eher tristen Verlauf unseres Abends. In dem kleinen Saal, wo unser Abendessen serviert wurde, langweilten sich auch die übrigen Hausgäste. Nach dem Essen zeigte ein Kegelbruder seine für wenig Geld erworbene Kuckucksuhr. Gleich gab es ein Spiel und abgeschlossene Wetten, die darauf abzielten, den aus dem Türchen heraustretenden Kuckuck mit den Fingern zu greifen. Hierbei durfte die Uhr nur einmal das Türchen öffnen. Wer zu schnell war und das Türchen beschädigte, musste den verursachten Schaden ersetzen. Ein Bild an der Wand wurde abgehängt und die Uhr aufgehängt. Als Wetteinsatz wurde eine Mark festgesetzt. Doch die Wette gestaltete sich schwieriger als zunächst angenommen. Der Schrei des Kuckucks ließ einen beim Greifen des Vogels zurückschrecken. Mit unseren Wetteinsätzen hätten wir den Ersatz dieser Uhr längst bezahlen können. Nun wollten auch die übrigen Gäste an diesem Spaß teilhaben. Spät in der Nacht konnten wir unserem Kegelbruder die Uhr unbeschädigt zurückgeben und mit dem eingenommenen Geld unsere Zeche bezahlen.

Wie bereits erwähnt, besuchte ich teils mit meinen Kindern die Familiensauna in der Nahlstraße in Kassel. Anlässlich einer kleinen Karnevalsfeier – dieses Mal ohne Kinder – hat sich Folgendes zugetragen. Bis auf einen Ehemann hatten die übrigen wohl 16 Personen ihre Saunagänge beendet. In einem Nebenraum, bereits kostümiert, saßen wir an einer langen Tafel und feierten. Völlig unerwartet trat nun der letzte Saunagänger nackt in den Raum und fragte seine Frau nach seinem Kostüm. Seine Nacktheit war in diesem Augenblick so erheiternd, dass wir riefen, wozu brauchst du ein Kostüm, du hast doch eines an. Diese Situation beherrschte den ganzen Abend und war Gesprächsstoff für viele Monate.

Familienurlaub in Lignano, Italien

Auf lange Autofahrten und auf Flieger wollten wir in diesem Sommer 1978 verzichten. Wir folgten dem Rat unserer Nachbarfamilie, Heinz und Edith, die mit ihren beiden Töchtern Urlaub in Italien gebucht hatten. Im Ort Lignano sagte uns ein mittelgroßes Hotel in Strandnähe zu, welches mit einem gehobenen Speiseangebot warb. Wir buchten Zimmer mit Halbpension für vier Wochen. Dieses Mal entsprachen Zimmer und Mahlzeiten unseren Erwartungen. Nicht erwartet hatten wir die vielen Leute am Strand. Wohl in zwölf Reihen hintereinander und auf einer Länge von einigen Hundert Metern standen die Strandkörbe. Weniger sonnige Tage nutzten wir, um Fahrten in die Umgebung zu unternehmen. In Erinnerung blieb der Besuch der Lagunenstadt Venedig. Am Markusplatz nahmen wir an einem Tisch Platz, bestellten uns ein einfaches Nudelgericht und ein Getränk. Als Nepp betrachteten wir die umgerechnet rund 80 DM, die wir dort zu bezahlen hatten. Demgegenüber kostete unsere Halbpension im Hotel für vier Personen und vier Wochen rund 1.650 DM.

Weiter an Venedig in Erinnerung geblieben sind mir die vielen Treppen zur Überquerung der Kanäle, über die ich Renate eher tragen musste, als dass ich sie in ihrem Rollstuhl schieben konnte. Trotz allem wollten wir auf die angebotene Stadtbesichtigung nicht verzichten, die zu Fuß durch enge Gassen oder mit dem Boot zur Insel Murano zu den Glasbläsern führte.

Da in Lignano Renate wegen ihrer Gehbeschwerden lieber abends im Hotel blieb, wollte ich mit Heike gegen 22.00 Uhr eine Tanzbar in Hotelnähe aufsuchen. Der Eintritt kostete zirka 20 DM, doch als wir das Lokal betraten, war es leer. Trotzdem führte der Ober uns in ein Stübchen weit entfernt von der Tanzfläche. Der angebotene Tisch gefiel uns nicht, was ich deutlich zum Ausdruck brachte. Doch der Kellner grinste nur hämisch und sagte, alle anderen Tische seien vorbestellt. Bis jetzt konnten wir uns auf Deutsch unterhalten, doch als ich das Eintrittsgeld zurückforderte, verstand er angeblich kein Deutsch mehr. Sobald ich ihm mit der Polizei drohte, wollte er uns aus dem Lokal drängen. Ich bat Heike, so lange im Lokal zu bleiben, bis ich mit der Polizei zurückkomme. Jetzt hatte der Ober wohl den Ernst der Lage erkannt, zahlte grimmig den Eintrittspreis zurück und beschimpfte uns. Beim Verlassen des Lokals fragte er hämisch, ob ich denn der König von Deutschland wäre. Das Treiben auf einer Tanzfläche konnte ich Heike leider nicht zeigen, dafür erhielt sie Unterricht, wenn nötig, das eigene Recht auch lautstark einzufordern.

Bald fühlte ich mich tatsächlich als König, als ich in den Zeitungen über den rasanten Anstieg des Goldpreises las. Ich sehnte mich nach Hause, um meine 45 Krügerrand-Münzen zu verkaufen. Diese Münzen hatte ich aus dem Geld erworben, welches ich für Entwurfsbearbeitungen von Eigenheimen in den letzten Jahren verdiente. Kostete die Münze anfangs 250 DM, stieg letztlich ihr Kaufpreis auf 320 DM an.

Nun aber stand der Goldpreis bei rund 1.200 DM pro Rand, also um einiges höher als mein Ankaufspreis. Doch vor unserer Heimreise gab es bei der Übergabe der Hotelrechnung eine derbe Überraschung. Ähnlich hoch wie die Kosten für Übernachtung und Halbpension war die Zeche für den getrunkenen Wein und die von Renate eher heimlich getrunkenen Cocktails. In Anbetracht des zu erwartenden Geldsegens bezahlte ich die Zeche, ohne bei Renate nachzufragen. Zu Hause angekommen, verkaufte ich den Goldschatz zum Preis von 1.340 DM pro Münze und legte das Bargeld in Höhe von über 60.000 DM bei unserer Hausbank an.

Bauprojekte unterschiedlichster Natur

Sachgebietsleiter: Straßenunterhaltung

Inzwischen war ich im Sachgebiet Klassifizierte Straßen tätig. Nach den von mir durchgeführten Bauprojekten wie dem Brückenbau am Haltepunkt der DB in Harleshausen und der Straßenverbindung Wolfhager/Hersfelder Straße mit dem Brückenbau über das Döllbachtal wurde mir die Leitung des Sachgebietes Straßenunterhaltung übertragen.

Dem Sachgebiet zugeordnet waren zwei Bauingenieure, zehn Straßenmeister und 35 Arbeiter des städtischen Bauhofes. Die Straßenmeister hatten im Rahmen der Verkehrssicherungspflicht öffentliche Straßen und Plätze zu begehen und festgestellte Gefahrenstellen umgehend beseitigen zu lassen. Ich hatte vornehmlich Schadenersatzansprüche von Bürgern zu bearbeiten, die sich aus Stürzen infolge schadhafter Straßen ergeben haben sollten. Es galt die Ansprüche aus tiefbautechnischer Sicht zu prüfen und so dem Rechtsamt und dem städtischen Rechtsausschuss Amtshilfe zu gewähren. Dieses Amt führte 1976 zu meiner Ernennung zum „Technischen Amtmann".

Später wurde mir in Urlauben der Unterschied in der Betrachtungsweise der Verkehrssicherheit auf Straßen zwischen Deutschland und anderen Ländern deutlichst offenbart. Während hierzulande um Millimeter gefeilscht wurde für mögliche Schadenersatzansprüche, setzte man anderswo mehr auf den intelligenten Verkehrsteilnehmer. Das nachstehende Foto zeigt eine Brücke über einen spanischen Fluss mit zwei Fahrspuren und beidseitigen Gehwegen. Zur Verkehrssicherung standen vereinzelt verwitterte Steinpoller auf der Brücke. In Deutschland hingegen streitet man, ob Brückengeländer 1,10 oder 1,30 m hoch sein müssen.

Abbildung 46: Straßenbrücke in Spanien über ein zirka 150 m breites Flussbett

Planung der DB-Mitteltrasse

Zu Hause, wegen der kranken Ehefrau an das Haus gebunden, plante ich in den Abendstunden Eigenheime für Freunde und Bekannte. Diese Arbeiten nahmen eine andere Richtung an, als die Deutsche Bundesbahn im Zuge der Planung für die Neubaustrecke von Hannover über Kassel nach Würzburg Trassenverläufe für den Stadtbereich vorlegte. Die Gremien sollten abstimmen über eine West- oder eine Osttrasse. In dem Stadtteil Wolfsanger, wo ich wohnte, bildete sich eine Bürgerinitiative gegen den Bau der Osttrasse. Gleiches Bürgerbegehren entwickelte sich im Stadtteil Harleshausen, dieses Mal gegen die Westtrasse. Bei beiden Planungen war der Bau eines neuen Fernbahnhofs außerhalb der City vorgesehen.

Durch das Verlangen der Bürger, den bestehenden Haupt- und den neuen Fernbahnhof zusammenzufügen, begann ich auf Bitte der Bürgerinitiative, aber ohne Auftrag der Stadt oder der Bahn nach einer passenden Mitteltrasse für die Streckenführung zu suchen. Meine Kenntnisse über Straßenverläufe und die Höhenverhältnisse im Stadtgebiet erlaubten mir, eine Bahntrasse mitten durch die Stadt zu führen, die in weiten Strecken in Tunnellage gebaut werden konnte.

Nach der Unterfahrung der Gleise des Hauptbahnhofs Kassel stand dann genügend Freiraum zur Verfügung, um den neuen Fernbahnhof in offener Bauweise anlegen zu können. Im „Goldenen Loch" standen weitere Freiflächen zur Verfügung für eine Straßenbahnhaltestelle, einen Busbahnhof und für ein großes Parkhaus. Wieder in Tunnellage, erreichte die Trasse die östliche Stadtgrenze. Auch bot sich dabei der Vorteil, dass durch Aufgabe der Main-Weser-Bahnstrecke von Felsengarten der Bahndamm, der Nieder- und Oberzwehren voneinander durch Lärm und Gleise trennte, oberirdisch ganz entfallen könnte. Dadurch ließen sich nicht nur neue Flächen gewinnen, sondern auch die beiden Stadtteile miteinander verbinden.

Meinen Arbeitgeber unterrichtete ich über diese privat ergriffene Planungsinitiative und fertigte neben den Planunterlagen das große Modell an. Eigentlich glaubte ich, bei meiner weiteren Planung Unterstützung von der Stadt Kassel zu erhalten. Diese aber wollte davon nichts wissen und lehnte auch meine Bitte um Materialien und Dienstleistungen für meine Planungsarbeit ab. Unterstützung fand ich durch die Initiative „Bürger für Wolfsanger" und insbesondere durch meinen Hausnachbarn Andreas, der im Nicht-Wanderleben Architekt war. Er hatte die zur Plananfertigung notwendigen großen Tische und die Einrichtungen zur Herstellung von Lichtpausen. Drei namhafte Bauunternehmen kalkulierten die Kosten dieser Mitteltrasse einschließlich des Fernbahnhofs mit Anbindung an den Hauptbahnhof.

Abbildung 47: Planungsmodell für den kombinierten Haupt- und Fernbahnhof Kassel (rechts) sowie das „Goldene Loch" mit Straßenbahnanbindung und Parkhaus

In mehreren Veranstaltungen und Ausstellungen konnten sich die Kasseler Bürger über die Vorteile dieser Planung informieren. Während die Bürger begeistert waren, setzte die Stadt Kassel all ihren Einfluss ein, gegen diese Trasse zu intrigieren. Trotz aller Widerstände der Stadt Kassel wurde meine Trasse, unterstützt durch die Bundesbahn, in das Raumordnungsverfahren aufgenommen. Auch gab es für mich eine Einladung zum Studio des regionalen Fernsehens in Kassel, wo die Wahl der Bundesbahn zugunsten meiner Mitteltrasse verkündet werden sollte. Doch die plötzliche Absage dieser Sendung ließ mich erkennen, dass die Stadt Kassel dieser Entscheidung nicht folgen wollte. Sie bevorzugte im Jahr 1980 den Bau der Westtrasse.

Für mich haben die Verantwortungsträger der Stadt Kassel, die mit dieser Trassenwahl den zentralen Hauptbahnhof aufgegeben haben und den Fernbahnhof weit außerhalb der Innenstadt haben bauen lassen, viel Geld bezahlt, aber zum Niedergang der Innenstadt beigetragen. Möglicherweise habe ich durch meine Initiative die Verwaltungshierarchie gestört.

Neubau der Fuldabrücke

Obwohl ich das Sachgebiet Straßenunterhaltung führte und zu
Hause durch Renates Krankheit zeitlich sehr eingebunden war,
übertrug man mir zum Jahresanfang 1979 das terminlich sehr
unter Druck geratene Projekt „Abriss und Neubau der Fuldabrücke am Altmarkt". Mir war klar, dass für die gestellte Bauaufgabe die übliche Dienstzeit nicht ausreichen würde und ich
unbezahlte Überstunden und Nachtschichten zu leisten hätte.
Es galt die Brücke von rund 18 m auf 30 m zu verbreitern und
die Baumaßnahme nebst allen Nebenanlagen bis zur Eröffnung
der Bundesgartenschau in Kassel am 1. April 1981 fertigzustellen. In Hinblick auf meine häusliche Einspannung stellte ich die
Frage, warum das zuständige Sachgebiet Brücken- und Ingenieurbau das Projekt nicht ausführt, doch gab es keine Antwort
vom Amtsleiter. Auch mein Hinweis, dass in dieser Abteilung
genügend Bauingenieure tätig seien, fruchtete nicht. Es kam
nur der Hinweis, dass bis zur Fertigstellung des Projekts infolge der bisher schleppenden Bearbeitung nur noch 25 Monate
zur Verfügung stehen würden.

Neben dem Zeitdruck bestand auch die Verpflichtung, stets
den regen Straßen- und Straßenbahnverkehr über die Brücke zu
gewährleisten. Diese Auflage zwang dazu, den Abriss und Neubau der Fuldabrücke halbseitig durchzuführen. Zweifel an den
Fähigkeiten innerhalb des Sachgebietes Brücken- und Ingenieurbau kamen auf, als mir von dort gefertigte Brückenpläne und
die Anfänge eines Leistungsverzeichnisses übergeben wurden.
Auf der Seite des Altmarktes wollte man die Parkplätze vor den
Geschäften der geplanten Straßenverbreiterung opfern. Ein Anfahren der dortigen Geschäfte wäre damit nicht mehr gegeben.
Noch gravierender zeigten sich die Planungsmängel im Bereich
„Haus der Jugend". Stumpf gegen dieses Gebäude führte man
den Geh- und Fahrradweg in einer Breite von 5,00 m, ohne hierzu Planangaben zur Weiterführung zu machen. Man wollte es
der Bauausführung überlassen, eine Lösung zu finden. Ein ange-
dachter Umbau im „Haus der Jugend" sollte die Weiterführung

des Geh- und Fahrradweges ermöglichen. Doch dieses Vorhaben wäre durch die vorhandenen Höhenunterschiede von der Brückenplatte über den Hof des „Hauses der Jugend" bis hin zur Waisenhausstraße gescheitert.

Den Planungsmangel konnte ich durch die Drehung der Brückenachse beheben. Auch das Leistungsverzeichnis stellte ich so auf, dass es den anbietenden Baufirmen leicht machte, Nebenangebote einzureichen. Drei Nebenangebote gelangten in die engere Auswahl. Zwei Bieter boten fast gleiche Brückenunterbauten an. Eine andere Firma überzeugte mit ihrem Brückenüberbau. Aufgrund der kombinierbaren Angebote war es möglich, die drei Firmen zu einer Arbeitsgemeinschaft zusammenzuführen. Nach meinen Planvorgaben wurde der Brückenentwurf von der neu gebildeten Arbeitsgemeinschaft erweitert und ausgeführt. Nachdem im Frühjahr 1979 Ausschreibung und Vergabe der Maßnahme liefen, konnte im Sommer mit dem Teilabriss der alten Brücke begonnen werden.

Abbildung 48: Fuldabrücke am Altmarkt, Beginn des halbseitigen Abbruchs

Abbildung 49: Fuldabrücke am Altmarkt, Neubau der ersten Brückenhälfte

Der enge Zeitplan für den Brückenbau kam mit dem frühen Frosteinbruch im Oktober ins Wanken. Es galt nun die Arbeiten unter einem Zelt voranzubringen. Trotz der erschwerten Bedingungen wurde das Projekt „Brückenbau, Gleis- und Straßenbau" termingerecht am 1. April 1981 dem Verkehr übergeben.

Abbildung 50: Die fertige Fuldabrücke am Altmarkt

Zum Dank der termingerechten Fertigstellung der Brücke nebst allen Nebenanlagen wurde ein Brückenfest mit allen Mitwirkenden und Anliegern in der Tiefgarage der Markthalle gefeiert. Man bot den Gästen bei Blasmusik ein Essen und Freibier. Die Kosten von 10.000 DM teilten sich die Stadt, die Städtischen Werke und die Bau-Arge. Lediglich die für meinen außergewöhnlichen Einsatz versprochene Beförderung zum Technischen Oberamtsrat blieb aus.

Hausplanung für den Mieter

Unsere Mieter entschlossen sich nach einer zehnjährigen Verweildauer bei uns, in der Lenaustraße in Kassel ein Wohnhaus zu bauen. Die Entwurfsbearbeitung führten wir gemeinsam durch und nutzten hierzu die Kellerbar. In der Kellerbar trugen wir meist abgetragene Kleidung, dennoch erfüllten wir uns oft den Wunsch, die Entwurfsbesprechung im „Klub 2000" in der Weserstraße fortzuführen. Dieser Klub war ein Szenelokal, der speziell an den Wochenenden von Gästen nach einer Kino- oder Theatervorstellung besucht wurde. Im Vergleich zu deren festlicher Garderobe passte unsere Kluft eher zu einem landwirtschaftlichen Betrieb. Deshalb stellten uns die feinen Leute alsbald die Frage, woher wir kämen. Meist erzählte Uli die folgende Geschichte: Wir seien Bauern aus Ahlheim und mit dem Trecker nach Kassel gekommen, um Schweine zu verkaufen. Der Verkaufspreis lag weit über unseren Erwartungen und so hätten wir beschlossen, die Mehreinnahmen zu vertrinken. Zu Hause auf dem Hof würden uns die Frauen eh das ganze Geld abnehmen. Dieses Lokal hätten wir gewählt, weil wir beim Vorbeifahren Musik gehört hätten. Nun könnten wir hier mit gebildeten Leuten über die ansonsten niedrigen Schweinepreise und die hohen Kosten in der Landwirtschaft diskutieren. Diese Gespräche brachten dann den Spaß, den wir eigentlich suchten.

Im Zuge der Entwurfsplanung lud Uli mich ein, sein Jagdrevier in Ahlheim kennenzulernen. Es war vorgesehen, die Nacht auf einen Hochsitz zu verbringen, um Wildschweine zu schießen. Zum Anlocken der Schweine pflückten wir bei der Anfahrt entlang der Straße von den Bäumen vom Auto aus Äpfel und legten diese im Nahbereich des Hochsitzes aus. Nach einem ordentlichen Schnitzelessen und ein paar Bieren ging es kurz vor Dunkelheit auf den Hochsitz. Gut in Schlafsäcke eingepackt, warteten wir auf die Schweine. Da sich vor dem Hochsitz nichts bewegte und es langweilig wurde, leerten wir wohl mehr als nur eine Flasche Schnaps. Tief eingeschlafen weckte uns in der Frühe die grelle Sonne. Der Wecker zeigte 8.00 Uhr an. Zu dieser Zeit hätte Uli Unterricht in der Berufsschule geben und ich den Dienst im Tiefbauamt antreten müssen. Da allein die Rückfahrt nach Kassel eine Stunde dauern würde, galt es schnell ein Telefon zu suchen, um den Kollegen in der Schule sowie im Amt Anweisungen zu geben. Ulis Unterricht übernahm ein Kollege, mein Fortbleiben diente einem Baustellenbesuch. Die Schweinejagd zählt für mich zu den erfreulichsten Erlebnissen mit Uli.

Renate will die Trennung

Im Sommer 1981 sprach Renate über eine Trennung auf Zeit, wollte Heikes Schulabgang aber noch abwarten. Während ich weiterhin an ein faires Nebeneinander glaubte, nutzte sie die Zeit, unter den ihr hörigen Bekannten Lügengeschichten über mich zu verbreiten. Triumphierend schilderte sie dort ihre Männerbekanntschaften, die sie seit Beginn unserer Ehe gepflegt hätte. Auch gäbe es für sie einen Partner in der MS-Gruppe, der sie glücklich mache. Zu Hause aber zog sie sich vollständig aus der Erledigung häuslicher Aufgaben zurück und begründete ihr Verhalten mit ihrer Krankheit.

Im Sommer 1983 hatte Heike ihr Abitur bestanden und eine Ausbildungsstelle bei einer Firma in Frankfurt angenommen. Es gab hier die Möglichkeit, neben einer kaufmännischen Lehre Fremdsprachen zu studieren. Wohnen konnte sie bei meinem Bruder Wilfried in Gelnhausen.

Ohne Kenntnis von Renates Verunglimpfung meiner Person verbrachten wir – Renate, Jürgen und ich – unseren letzten gemeinsamen Urlaub in Portorož, Slowenien. Anschließend kurte Renate in Bad Wildungen im Klinikzentrum Mühlengrund, wo sie mir offenbarte, dass der Zeitpunkt der Trennung gekommen sei. Gemeinsam suchten wir für Renate eine passende Wohnung, die Jürgen und ich renovierten. Wir halfen ihr, die Räume mit den Möbeln ihrer verstorbenen Mutter einzurichten. Weitere Einrichtungsgegenstände wie Sofa, Fernseher und Haushaltsgeräte wurden dazugekauft. Zudem verbrachte Renate alle Wertgegenstände aus der ehelichen Wohnung in ihr neues Domizil.

Doch Renates Gier hatte noch kein Ende gefunden. Wohl nach Weihnachten, lange Zeit nach ihrem Auszug, fragte mich mein Kollege und Freund Peter, ob wir inzwischen auch das Barvermögen geteilt hätten. Als ich dieses verneinte, besuchten wir beide die Bank, auf der Renate und ich über Konten, ein Aktiendepot und Sparbücher gemeinsam verfügten. Mit dem Geld aus dem Goldverkauf schätzte ich unser Vermögen auf weit über 120.000 DM ein. Doch anstatt einer Auskunft über unser Kapital zu erhalten, wurde mir erklärt, dass mir das Zugangsrecht auf alle Konten von meiner Ehefrau entzogen worden sei. Unverrichteter Dinge gingen wir zur Sparkasse, um mein Gehaltskonto einzusehen. Hier gab es die zweite Überraschung. Eigentlich hätten auf dem Girokonto die Reste aus dem Dezembergehalt, das Weihnachtsgeld und das Gehalt für den Monat Januar 1984 als positiver Betrag stehen müssen. Doch anstatt eines deutlichen Plus auf dem Konto erlitt ich auch hier unter Ausnutzung des Dispokredits einen Vermögensverlust von rund 25.000 DM. Zudem folgten in den nächsten Tagen noch Abbuchungen für Renates weitere Anschaffungen.

Jetzt erst war für mich ein Scheidungsverfahren unvermeidlich.

7 MEIN LEBEN MIT KATHI

Aufblühen in der Trennungsphase

Renates Auszug sprach sich in meinem Freundeskreis schnell herum. Jetzt erzählten mir die Nachbarn Wilfried und Margit sowie Heinz und Edith die von Renate erdachten und verbreiteten Horrorgeschichten über mich. Als Ventil und Reaktion auf die böswilligen Angriffe verstärkte ich die sportlichen Aktivitäten und begann mit der Vorbereitung zum Erwerb des „Goldenen Sportabzeichens".

Auch meldeten sich Damen, die sich ein Leben mit mir vorstellen konnten. Alles waren nette Frauen, doch für ein dauerhaftes Zusammenleben fehlte der einen oder anderen und auch mir der überspringende Funke. Insbesondere die Langzeitfreundin Hildegard aus Herne sah erneut ihre Gelegenheit, mit mir ein neues Leben zu beginnen. Doch auf meinen Umzug nach Herne bestand sie weiter.

Eher durch Zufall las ich in unserer Kasseler Zeitung, der HNA, eine Suchanzeige, nach der zwei Freundinnen Männer kennenlernen wollten. Ich dachte, eine Begegnung gleich mit zwei Frauen kann interessant werden. Für das Treffen am 26. Juli 1983, 19.30 Uhr schlug ich den Vorplatz des „Kleinen Hauses" des Theaters vor. Hier wartete eine adrett gekleidete Frau. Nach kurzer Vorstellung – sie heiße Kathi Rössler – berichtete sie, dass sie in Scheidung lebe, kinderlos sei und in Wellerode ein eigenes Haus bewohne. Ich fand sie sehr sympathisch und entsprechend verlief unsere Unterhaltung. Etwas später erschien ihre Freundin Hilde zum Treffen. Diese erkannte wohl gleich: Hier war meine Entscheidung längst gefallen.

Noch bevor ich zum weiteren Kennenlernen einen anderen Ort vorschlagen konnte, lud Frau Rössler mich ein, sie zu einer Gartenparty in Simmershausen zu begleiten. Dorthin war sie um 20.00 Uhr zu einem Klubtreffen von zirka zwanzig Singledamen eingeladen worden. Meine neue Bekanntschaft stellte mich den Damen vor und erzählte von meiner gehobenen Stellung im Rathaus Kassel. Wohl meine Position bewog einige Damen, sich in das rechte Licht zu stellen. Die einen beschrieben ihre Einkäufe, die sie in Paris oder in Düsseldorf auf der Kö tätigen. Andere lobten ihre Friseure, die sie in Frankfurt oder Hamburg regelmäßig besuchen würden. Dazu kamen Schwärmereien von eigenen Häusern und Urlaubsreisen in fremde Länder. Wieder andere Damen zeigten ihre körperlichen Reize. Da für ihre Posituren ihre Bikini lästig waren, zogen einige oben blank. Gespannt hörte ich mir diese Angebereien an. Was die Frauen aber nicht ahnten, war, dass ich beruflichen Kontakt zu den meisten Männern dieser Frauen hatte. Mir waren Umstände bekannt, die zum Niedergang ihrer Unternehmungen führten. Jetzt suchten die Frauen nach den Männern, die ihr ausschweifendes Leben weiter finanzieren konnten.

Auf der Rückfahrt mit Kathi Rössler zum „Kleinen Haus" gab es das Versprechen auf ein baldiges Wiedersehen. Am nächsten Morgen berichtete mein Büronachbar, dass seit weit vor Dienstbeginn in meinem Zimmer ununterbrochen das Telefon bimmelte. Es war meine neue Bekanntschaft, die mich für Samstagnachmittag in ihr Haus nach Wellerode einlud. Wie ihre Kleidung, so sah auch ihre Wohnung adrett und sauber aus. Doch bald machte auch sie auf ihre körperlichen Reize aufmerksam.

Als ich meiner langjährigen Freundin Hildegard am Telefon über die sich anbahnende feste Verbindung erzählte, änderte sie abrupt ihre Einstellung. Sie eilte zu mir nach Kassel und wollte ihren Umzug nach Kassel mit mir besprechen. Für mich aber, der sich in die neue Frau verliebt hatte, kam Hildegards Bereitschaft zu spät, mit mir ein neues Leben in Kassel aufbauen zu wollen.

Für knapp ein Jahr versorgte ich nach Dienstschluss den eigenen Haushalt, geschlafen aber wurde bei Kathi in Wellerode.

Abbildung 51: Kathi und ich – kurz nach dem Kennenlernen

Das Scheidungsverfahren

Es folgten Prozesse um Prozesse zunächst um den Unterhalt. Obwohl Renate durch die Plünderung unser Konten zur reichen Frau geworden war und ich ihre Vermögensverhältnisse vor Gericht belegen konnte, ging der Richter auf meinen Vortrag nicht ein. Zu den Verhandlungen kam Renate in ärmlicher Kleidung, im Rollstuhl sitzend und in Begleitung zweier Sanitäter. Im Verfahren beschwor sie, keinerlei Vermögenwerte zu besitzen. Jeden Prozess um Unterhalt habe ich verloren. Nach dem Gerichtstermin konnte man Renate hingegen adrett gekleidet und ohne Hilfsmittel auf Shoppingtour beobachten.

Noch rabiater ging sie bei der Vermögensverwertung des Eigenheims vor. Ihr war bekannt, dass ich unser Haus fast ausschließlich in Eigenleistung und mit Hilfe meines Bruders Rudi geschaffen und sie dazu keinerlei Beitrag geleistet hatte. Obwohl für unser Heim ein amtlicher Schätzwert in Höhe von

300.000 DM vorlag, spekulierte sie auf einen höheren Wert in dem Wissen, dass ich durch den Verlust meiner schlesischen Heimat auf jeden Fall das Haus für mich und die Kinder erhalten will.

Da ich den geforderten Anteil in Höhe von 340.000/2 = 170.000 DM ablehnte, veranlasste sie die Zwangsversteigerung des Hauses. Letztlich durch mich wurde Renate mit einem Vermögen mit 287.000 DM zu einer reichen Frau.

Endlich, nach zahlreichen Prozessen und immensen Prozesskosten, die ich allein zu tragen hatte, wurde die Scheidung am 21. Mai 1986 verfügt.

Arrangieren in der neuen Lebenssituation

Nach der Zwangsversteigerung wurde ich Mieter im einst eigenen Haus. Durch meine begrenzte Anwesenheit in dieser Wohnung hatten Sohn Jürgen und seine Freundin Carola es sich hier gemütlich eingerichtet. Für beide wird die Nachricht wohl bestürzend gewesen sein, dass Kathi ihr Wohnhaus aufgeben und bei uns einziehen würde. Ihre Möbel wurden in Wellerode eingelagert und sie wollte nur Dinge mitbringen, die ihr besonders lieb waren. Jürgen, der sein Domizil in einem separaten Zimmer im Dachgeschoss hatte, missbilligte eher Kathis Einzug. Um die angespannte Wohnsituation mit Jürgen zu entschärfen, suchten Kathi und ich nach einem erwerbbaren Wohnobjekt. Doch etwas Analoges zum Haus im Hörnebachweg fanden wir nicht. So weit als nötig nutzten wir die Wochenenden und Urlaubstage für Unternehmungen außer Haus. Angesagt waren für uns Besuche bei meinen Eltern in Herzberg, Bergsteigen in Südtirol, Touren ins Elsass und Wanderungen mit dem Rhönklub Kassel. Besonders in Erinnerung geblieben sind zwei Touren zur Weinstadt Barr im Elsass und eine Wanderung mit dem Rhönklub über die Vogesen.

Das Elsass, unsere gemeinsame Liebe

Unsere erste Urlaubsfahrt führte in das Elsass. Unser Quartier nahmen wir im Nahbereich der deutsch-französischen Grenze in Breisach. Tagestouren führten uns in die Städte Freiburg, Colmar und in die mittelalterlichen Ortschaften entlang der Elsässer Weinstraße, wie beispielsweise Ribeauville.

Am letzten Tag unseres Kurzurlaubs wollten wir Wein im Ort Barr einkaufen. An der Staatsgrenze erkundigten wir uns bei einem Zöllner über die Zollbestimmungen für diesen Weinimport.

Die Winzerfamilie, die wir in Barr aufsuchten, kannte ich bereits seit einigen Jahren. Nach dem Austausch der familiären Neuigkeiten gingen wir zur Weinverkostung mit dem Winzer in den Keller. Gleich versorgte uns die Frau des Winzers mit Brot und Käse. In der angeheiterten Stimmung kaufte ich Wein ein, bis kein weiterer Karton mehr im Kofferraum und auf der Rückbank der Mercedes-Limousine Platz fand. Wohl mit 16 Kartons zu jeweils zwölf Flaschen Wein fuhren wir frohgemut zur Grenze zurück. Inzwischen regnete es und wegen der schweren Last beleuchteten die Autoscheinwerfer weniger die Straße als den Himmel. An der Grenze hielt uns der Zöllner an, der uns bei der Einreise nach Frankreich die Zollbestimmungen erklärt hatte. Es kam zu der Frage, ob wir etwas zu verzollen hätten. In meiner Weinlaune sagte ich: „Eigentlich nichts." Es kam die Antwort: „Dann fahren Sie eigentlich weiter", was ich schleunigst auch tat.

Im übernächsten Jahr gab es wieder die Tour ins Elsass zum Weineinkauf. Leider stand uns für die Fahrt nur ein Wochenende zur Verfügung. In Vorahnung auf die ausgiebige Weinprobe bei der Winzerfamilie wollten wir dieses Mal eine Autofahrt im benebelten Zustand nicht wagen. Der Winzer empfahl uns für die Nacht eine nahe Pension. Er meldete uns dort an und bestellte zugleich im Lokal einen Tisch für den Abend. Nach der Weinprobe beim Winzer wurden wieder die 16 Kartons Wein in unser Auto verladen. Dieses Mal blieb unser Mercedes auf dem Hof des Winzers geparkt.

Am Abend betraten wir angeheitert das Restaurant. Dieses war klein und bereits gut besucht. An den sehr eng gestellten Tischen gab es Platz für jeweils zwei Gäste. Man unterhielt sich in sehr gedämpfter Stimmlage. Eher laut bestellte Kathi ihr Abendessen, natürlich tat sie das auf Französisch. Sie wollte mir zeigen, was sie in der Schule gelernt hatte. Offensichtlich konnte sie die Speisekarte nicht lesen und bestellte daraus ihr Gericht nach einem wohlklingenden Namen. Da mir bekannt war, dass die meisten Leute im Elsass der deutschen Sprache mächtig sind, bestellte ich mein Steak und die Beilagen auf Deutsch. Als serviert wurde, war ich mit meiner Bestellung sehr zufrieden. Kathi hingegen tafelte man eine banale Schlachteplatte auf. Ihre Versuche scheiterten, unsere Speisen zu tauschen. Ich sah keinen Sinn darin, eine Fremdsprache zu nutzen, deren Worte ich kaum verstehe. Nach dem Essen und dem Abtragen des Geschirrs unterhielten sich die Gäste weiter nur im gedämpften Ton. Das Tuscheln an den Tischen passte Kathi nicht. Sie versuchte, mit ihren Französisch-Kenntnissen Kontakt zu den benachbarten Gästen aufzunehmen. Anfänglich zögerlich, schaffte sie es mit ihrer offenen Art, alle Anwesenden anzustecken. Letztlich sangen fast alle Gäste deutsche und französische Lieder und erzählten in ihrer Feierlaune Anekdoten. Der einsetzende Weinkonsum beflügelte die Ausgelassenheit der Leute und sorgte im Lokal für eine ungezwungene Stimmung. Am nächsten Morgen bedankte sich der Wirt für Kathis Stimmungsmache und fragte an, ob wir sein Lokal nicht öfter besuchen könnten. Doch nun ging es zum Weingut, wo unser Auto startbereit zur Abreise stand. Inzwischen hatte sich der Winzer erkundigt, welcher Grenzübergang nach Deutschland an diesem Tag von deutschen Zöllnern unbesetzt blieb. Wir folgten seinem Hinweis.

Das Elsass gefiel Kathi und mir derart gut, dass wir an einer Wanderung über die Vogesen teilnahmen. Der Rhönklub und ein französischer Wanderführer hatten eine zehntägige Tour vorbereitet. Es gab zunächst eine Strecke von zirka 250 km Länge zu bewältigen und anschließend ein zweitägiges Kulturprogramm in Straßburg zu erleben. Wir waren 17 Personen, die mit Autos nach Straßburg anreisten. Vor Ort empfing uns der Wanderführer. In seiner Wohnung erläuterte er bei Kaffee und Gugelhupf die Wanderroute. Das Gepäck für die Kulturtage blieb in seiner Wohnung, alles Weitere hatten wir auf unserem Weg zu tragen. Unsere Autos parkten wir im Bereich der Pension, in der wir an dem Tag übernachteten und auch bei den Kulturtagen übernachten wollten. Ein Linienbus brachte uns am frühen Morgen nach Selestat, wo die Wanderung startete. Zunächst führte unsere Route über die Hohkönigsburg, die Orte Ribeauville, Aubure, Bonhomme, Munster, Grand Balon, dann entlang der alten deutsch-französischen Grenze bis zum „Friedhof des Ersten Weltkrieges", Hartmannsweilerkopf. Vom Ort Cernay hatten wir den Balon Alsace anzulaufen, um danach unser Wanderziel, die Kapelle Notre-Dame-du-Haut de Ronchamp des französischen Architekten Le Corbusier, zu erreichen.

Die Wanderung war sehr gut vorbereitet, doch man hatte versäumt, gutes Wetter zu bestellen. Es regnete fast die ganze Strecke und unsere Schuhe waren stets nass. Kathi meinte, es fühlt sich an, als würde sie mit ihren Füßen im Milcheimer stehen. Das viele Wasser in ihren zu großen Schuhen und die angezogenen doppelten Socken machten ihr das Gehen besonders schwer. Trotz allem bereitete uns das Wandern Freude.

Tafeln wie Gott in Frankreich

In Erinnerung geblieben sind mir das Mittagessen in einem Gasthof in Bonhomme und das Trocknen unserer nassen Sachen im Hotel auf dem Grand Balon. Der „Gasthof zum Schwan", in den wir einkehrten, lag direkt an unserer Wanderroute. Eigentlich sollte hier das Mittagessen in dem riesigen Biergarten eingenommen werden. Doch wegen des Regens hatte man für uns einen eher kleinen Raum im Lokal vorbereitet. Vom Fenster der Stube aus, welches gegenüber der Zimmertür lag, waren vier Tische zu einer langen Tafel zusammengestellt. Für neun Personen je Tischseite war der Platz sehr eng bemessen.

Die aufgelegte Papiertischdecke und die Größe der Servietten zeigten: Hier wird ordentlich gespart. Ganz anders eingedeckt waren die Tische in den anderen Räumen für die Stamm- und Tagesgäste. Hier trugen weiße Stofftischdecken, Stoffservietten, Blumen auf den Tischen und verzierte Stühle zum gehobenen Ambiente dieser Bereiche bei.

Angeregt von der Ausstattung der anderen Räume begann ich meinen Essplatz im Raum der Wanderer selbst zu gestalten. Vor der Zimmertür rechts an der Wand stand ein großer Wohnzimmerschrank der 20er-Jahre. Danach schloss sich eine kleine Nische an, die an der Seitenwand endete. In diese Nische hatte man einen Beistelltisch abgestellt. Ich zog den Tisch nach vorn und stellte einen Stuhl in die nun freie Nische. Im Schrank fand ich weiße Stofftischdecken, Stoffservietten, erlesenes Geschirr, edle Gläser, silberne Serviettenringe, einen mehrarmigen Kerzenhalter mit Kerzen sowie eine ältere, in Leder gebundene Speisekarte aus deutscher Zeit. Kurz entschlossen dekorierte ich den kleinen Tisch mit den ausgesuchten Dingen und zündete alle Kerzen im Leuchter an. Völlig entspannt setzte ich mich auf den Stuhl hinter dem Tisch.

Unsere Wandersleute waren über mein Handeln geteilter Meinung. Einige rümpften die Nase, andere hatten Freude über meine Darbietung. Jedoch alle aber waren gespannt über die Reaktion unserer Bedienung. Bald trat eine junge Kellnerin in unseren Raum, stutzte zunächst über meinen festlich eingedeckten Tisch, nahm dann in aller Gelassenheit die Getränkebestellung unserer Gruppe auf. Mich fragte sie zuletzt. Während die Gruppe Wasser zum Trinken bestellte, wünschte ich einen Wein, aber einen guten. Wunschgemäß wurden die Getränke gebracht, für mich ein prunkvolles Glas mit Wein. Als Mittagessen war für uns Wanderer ein einfaches Gericht vorbestellt worden, deshalb kam die Kellnerin nur an meinen Tisch und fragte nach meiner Bestellung. Bedächtig nahm ich die noble Speisekarte zur Hand, wählte daraus eine Vorsuppe, in Bezug auf den Namen des Gasthofes einen Braten vom Schwan und Beilagen. Hierzu meinte ich, die Küche des Gasthofs „Zum Schwan" wird diesen

Vogel wohl am besten zubereiten können. Bei der Nachspeise würde ich mich ganz auf den Koch verlassen.

Auf die lange Tafel der Wanderfreunde trug die junge Frau die Speisen in größeren Schüsseln zur Selbstbedienung auf. Auf meinen großen Teller legte sie als ersten Gang fünf Erbsen. Hiernach folgten für mich Gang um Gang ausschließlich mit Köstlichkeiten. Auch Wein wurde nachgeschenkt und ein exzellenter Nachtisch gereicht. Selbstverständlich wollte ich den Aufpreis zahlen, doch mein Ansinnen wehrte die freundliche Bedienung mit einem Lächeln ab. Ich hatte mich von ihr bereits verabschiedet und stand nun abmarschbereit bei unserer Gruppe vor dem Gasthaus. Plötzlich eilte die junge Frau zu mir und übergab mir mit einem freundlichen Lächeln die abgebildete Karte. Von dem französischen Wanderführer erfuhr ich: Bedient hatte uns Nathalie, die Tochter der Wirtsleute. Ich war wohl der Hansi, den sie gern nach Hause mitgenommen hätte.

Abbildung 52 a und b (rechts oben): Die Karte von Nathalie an mich als ihren „Hansi":

Für einen Schreck sorgte unsere Gruppe im Hotel auf dem Grand Balon. Man hatte uns in kleinen Dachkammern untergebracht. Zunächst galt es die nassen Sachen auszuziehen und diese zu trocknen. Einer von uns hatte in einer Bodenecke eine Vielzahl elektrischer Heizkörper entdeckt. Diese verteilten wir auf unsere Kammern und schalteten sie zum Trocknen unserer Kleidung ein. Plötzlich wurde es dunkel im ganzen Haus. Leute mit brennenden Kerzen liefen auf den Fluren und suchten nach der Störungsstelle für den Stromausfall. Bei uns in den Dachkammern wurden sie fündig. Die vielen Öfen, gleichzeitig in Betrieb genommen, hatten das Stromnetz überlastet. Für jeden Schlafraum beließ das Personal nur einen Heizkörper, die übrigen sammelten sie ein und verschlossen diese in einem Raum. Unsere miese Stimmung wegen der nassen Sachen und der eingesammelten Öfen verdrängten wir am Abend mit reichlich Wein. Doch an Schlaf war danach kaum zu denken. In den Zimmern musste abwechselnd einer von uns aufstehen, um am Heizkörper trockene Sachen gegen nasse zu wechseln. Nach diesen Tagen wollte Kathi nie wieder wandern. Diesen Vorsatz gab sie für eine spätere Bergtour vom Allgäu über Südtirol in die Dolomiten jedoch glücklicherweise wieder auf.

Sachgebietsleiter Kanalneubau

Lange Zeit nach der termingerechten Fertigstellung der Fuldabrücke, die mir Lob und das Versprechen der Amtsleitung ein-
brachte, mich umgehend zum Technischen Oberamtsrat zu be-
fördern, geschah nichts. Erst nach meiner Graduierung durch
die Universität Kassel zum Diplom-Ingenieur tilgte das Amt das
Gelöbnis mit der Beförderung im September 1983. Für mich war
damit die höchste Stufe des gehobenen Dienstes erreicht. Mein
Aufstieg sollte weitergehen, als im Jahr 1989 die Stelle des Lei-
ters des Sachgebietes Kanalneubau vakant wurde. Dieses Amt
sollte nach der Gruppe A14 vergütet werden. Meine Bewerbung
hatte Erfolg und man übertrug mir die Leitung dieses Sachgebietes. Nach einer gewissen Einarbeitungszeit beförderte man
mich im August 1990 zum Baurat, hierdurch veränderte sich jedoch meine Besoldung nicht. Die Beförderung zum Bauoberrat –
verbunden mit der A14 – versprach man mir zum April 1991.

Bei der Übernahme des Sachgebietes zeigte sich, dass – anders als beim Brückenbau – technische Vorgaben für den Kanalbau eher fehlten. Während beim Brückenbau für fast jedes
Detail eine entsprechende Vorgabe zu beachten war, stützte
sich der Kanalbau weitestgehend auf die wenigen Blätter der
DIN 4033/1979-11. Zudem fiel mir im Amt auf, dass Abnah-
meprotokolle von Kanalbaumaßnahmen Schäden an neu verlegten Kanalrohren aufzeigten. Insbesondere wurden Rissbildungen vornehmlich an Beton- und Stahlbetonrohren größerer
Nennweiten im Kämpfer sowie im Auflagerbereich der Rohre
festgestellt. In der Regel nahm man diese Mängel als naturge-
geben hin oder ahndete sie mit geringen Rechnungsabzügen.
Im Sachgebiet wurde über die möglichen Ursachen der Rissbildungen diskutiert, aber keine verbessernde Lösung gefunden.
Zur Vermeidung von Rohrschäden war man dazu übergegan-
gen, Stahlbeton-Rohre mit größeren Innendurchmessern DN
1400 mm in vorbetonierte konkave Rohrauflager zu verlegen.
Unebenheiten zwischen dem Betonauflager und dem Rohr sollten mit Mörtel ausgeglichen werden. Diese Verlegeart scheiterte

oft am Mörteleinbau. Bei Regen floss der Mörtel in den Sohlbereich des ausgeformten Betonauflagers und bei praller Sonne erhärtete der Mörtel, noch bevor das Rohr sein vorgesehenes Endlager erreicht hatte. In beiden Fällen musste das Rohr wieder aus dem Kanalgraben gehoben und die Mörtelschicht nachbehandelt werden. Diese Verlegeart benötigte zudem einen sehr breiten Kanalgraben.

Über die Rissbildungen bei neu verlegten Kanalrohren diskutierte ich mit Kathis Vater. Er hatte Fachkenntnisse und war mit dem Patentrecht aus seiner beruflichen Tätigkeit vertraut. Er riet zu einer störungsfreien Rohrverlegung auf Betonfertigteilen, was wetterunabhängig sei und zusätzlich enorme Baukosten einsparen würde. Wir diskutierten und optimierten. Diese Art benötigte einen wesentlich schmaleren Kanalgraben und durch das Justieren der leichteren Verlegehilfen vereinfachte sich die Rohrverlegung. Anschließend war die Leitung bis unterhalb des Kämpfers mit einen Magerbeton auszugießen. Wir waren uns einig, die neue Verlegart patentrechtlich absichern zu lassen. Ich sollte der Patentnehmer werden, er wollte in den Hintergrund treten. Nach dem Eingang der Anmeldebestätigung des Patentamtes München unterrichtete ich im Juli 1990 meine Vorgesetzten über das neuartige Verlegeverfahren. Der Amtsleiter und auch der Abteilungsleiter „Kanalbau" waren beeindruckt von dem neuen Verlegeverfahren. Falls die „Vorrichtung zum Verlegen eines Rohres ...", genannt „Verlegehilfe", als Patent anerkannt wird, wollten sie mich bei der Patentverwertung unterstützen. Mit in das Boot holte man das Kasseler Rohrwerk Kimm. Dieses ließ an einer Baustelle in Kassel umgehend ein Anschauungsobjekt aufbauen und lud zur Vorführung die Tiefbauunternehmen der Gegend ein. Vereinbart mit dem Rohrwerk wurde, dass bei Baumaßnahmen der Stadt Kassel keine Lizenzgebühren erhoben werden. Nach dieser Demonstration wurden bei öffentlichen Ausschreibungen von Kanalbaumaßnahmen nach herkömmlicher Bauweise von den Unternehmungen Nebenangebote eingereicht. Sie boten die Rohrverlegung nach neuer Art zu einem günstigeren Preis an.

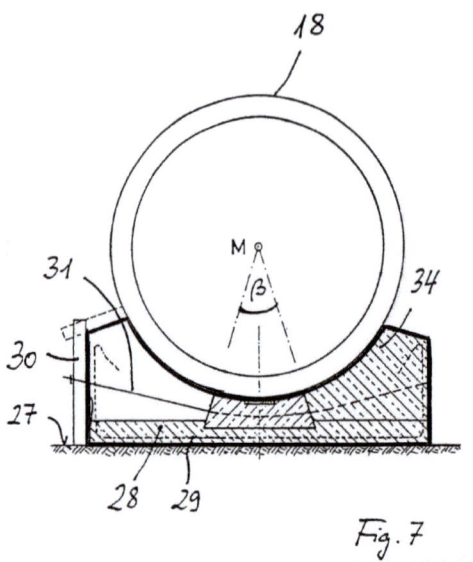

Abbildung 53: Bisheriges Verlegeverfahren mit geschaltem Element

Abbildung 54: Neuartige Rohrleitung auf der Verlegehilfe

Abbildung 55: Patentierte Rohrverlegung DN 1200 Sb ohne Arbeitsraum

Wie allgemein bei der Vergabe von Bauleistungen bei der Behörde zu handhaben ist, legte man die Angebotsunterlagen dem Rechnungsprüfungsamt zur Prüfung vor. In den Vergabevorlagen wurde die Art der Rohrverlegung auf der Verlegehilfe beschrieben und Bezug genommen auf die Kosteneinsparungen infolge des schmaleren Kanalgrabens. Letztlich empfahl der Baudezernent dem Magistrat der Stadt Kassel, den Auftrag an den preisgünstigsten Anbieter zu vergeben.

Nicht jeder der zehn Bauingenieure des Sachgebiets war über den Anklang erfreut, den das moderne Verlegeverfahren in der Bauwirtschaft fand. Selbst bei privaten Baumaßnahmen setzte sich der Rohrbau auf den Betonfertigteilen durch. Meine Kollegen, die schon länger in diesem Bereich tätig waren, mussten einsehen, dass ihre althergebrachten und schadensanfälligen Bauverfahren nicht mehr gefragt waren. Im Oktober 1991, kurz nach Veröffentlichung des Patentes 4023 695 C2 DE, wurde ich zur Amtsleitung gebeten. Neben dem Amtsleiter und meinem Abteilungsleiter warteten mehrere Personen der Verwaltung auf mich. Ich dachte, meine Ernennung zum Bauoberrat steht an. Doch Gegenstand der anschließenden Befragung wurden die städtischen Baumaßnahmen, bei denen Rohre nach dem patentierten Verlegeverfahren verlegt worden waren.

Bei diesem Treffen fühlte ich mich bald wie in einem Kreuzverhör. Doch als ich vortrug, dass alle Aufträge zur Rohrverlegung auf der Verlegehilfe auf Empfehlung des Baudezernenten vom Magistrat der Stadt vergeben worden sind, rückte die Patentschrift in den Fokus der weiteren Befragung. In der Schrift wurde ich als Eigentümer benannt, in der Zeile des Erfinders stand: „Antrag auf Nichtnennung", wie von Kathis Vater gewünscht. Nun entsprechend aggressiver forderte man mich auf, den Namen des Erfinders zu nennen. Doch nach meiner Antwort, ich müsste hierzu erst den Erfinder um Erlaubnis bitten, verwies man mich des Raumes. Wenige Tage später hörte ich, dass die Stadt Kassel ein Disziplinarverfahren gegen mich beim Regierungspräsidenten in Kassel beantragt hatte.

Man setzte mich als Leiter des Sachgebiets Kanalneubau ab und übertrug mir das weniger bedeutungsvolle Sachgebiet Kanalunterhaltung. Zu den Arbeitsbesprechungen im Amt wurde ich nicht mehr eingeladen und auch das Postfach blieb leer, wo üblicherweise der Schriftverkehr dieses Sachgebietes abgelegt wurde.

In der nachfolgenden Zeit glaubte ich, die Stadtverwaltung habe ihr Interesse an meinem Patent verloren. Doch für mich völlig überraschend bot mir der Amtsleiter für den Ankauf des Patentes eine Summe in Höhe von 35.000 DM an. Der Grund lag wohl darin, dass ein neuerliches Desaster bei einer Rohrverlegung zur Erschließung des Industrieparks Kassel geschehen war. Die Baufirma hatte für einen rund 300 m langen Kanal die Rohrverlegung mit Verlegehilfe angeboten und als günstigster Bieter den Auftrag von der Stadt Kassel erhalten. Zwischenzeitlich jedoch hatte die Verwaltung die Anwendung des patentierten Verfahrens für Kassel verboten. Die Baufirma verlangte nun die Erstattung der erheblichen Mehrkosten für das Bauen nach herkömmlicher Art. Doch bei der Bauabnahme zeigten sich die bekannten Rohrrisse in der gesamten Leitung. Letztlich hat die

Stadt Kassel erhebliche Mehrkosten aufgewandt und dafür einen neuen schadhaften Kanal erhalten. Doch ich verkaufte nicht.

Nach meiner Zurückweisung des Kaufangebots verlängerte sich meine Isolierung von den allgemeinen Amtsgeschäften weiter. Zudem trugen mir die inzwischen lizenzierten Rohrwerke zu, dass in Fachkreisen seitens der Stadtverwaltung gegen die Anwendung des neuen Verfahrens intrigiert werde. Doch die Lobby der Betonwerke hielt dagegen, sahen sie in der Verlegehilfe für ihre Werke ein neues Produkt und ein preisgünstiges und schadensfreies Verlegeverfahren. Zudem entfielen für sie mangels Schäden die bisherigen Schadenersatzansprüche Dritter.

Des Weiteren bescherte mir die Isolierung von den allgemeinen Amtsgeschäften viel freie Zeit. Ich erlernte in Kursen, die den Auszubildenden der Stadt angeboten wurden, den Umgang mit dem PC. Aber die Untätigkeit ließ auch viel Raum, über meine Gesamtsituation nachzudenken. Insbesondere meine psychische Verfassung verschlechterte meinen allgemeinen Gesundheitszustand sehr. Erst nach einem Jahr erhielt ich vom Regierungspräsidenten Kassel die Mitteilung, dass die Vorermittlungen zu dem beantragten Disziplinarverfahren gegen mich eingestellt worden seien. Jetzt hoffte ich auf die Beendigung meiner Diskriminierung im Amt, doch diese blieb aus.

Eher aus Langeweile begleitete ich als Leiter des Sachgebietes Kanalunterhaltung die Arbeitstrupps bei ihren Einsätzen. Die Kanalreinigung war mir zu stinkig und so sah ich mir das Leeren der Straßenabläufe intensiver an. Für mich waren diese Arbeitsabläufe sehr umständlich und damit auch zu teuer. Ich konnte mir eine vollautomatisierte Reinigung der Abläufe vorstellen, fotografierte die derzeitige Handhabung und sammelte Fakten. Daraus entstand nach meiner Pensionierung im Jahr 1995 das Europäische Patent EP 0768 436 B1 „Straßeneinlauf".

Straßeneinläufe (DIN 4052) dienen der Abführung von Regenwasser, sind im Einbau teuer und in der Wartung problembehaftet. Das Wasser fließt durch den Gitterrost der schweren Beton-Guss-Aufsätze in einen Schlammeimer, der Laub, Sand und Unrat der Straße aufnimmt. Zur Entleerung des Eimers ist der Rost des Aufsatzes zu entfernen. Oft gestaltet sich dieser Vorgang konfliktreich, weil Sand die Fugen der Aufsätze verklebt oder Verkehrslasten diese Aufsätze verdrückt haben. Jetzt sind rohe Kräfte zum Abheben der Roste gefragt, die nicht selten zur Zerstörung des Aufsatzes führen. In innerstädtischen Straßen sind zu entleerende Abläufe oftmals mehrfach anzufahren, weil auf dem Gully parkende Autos eine Leerung verhindern.

Der patentierte Straßeneinlauf ist hinter dem Bordstein einzubauen. Er setzt sich zusammen aus einem Bodenteil mit einem mittigen Abfluss zum Kanal, aus Schachtringen, einer Abdeckplatte und einer leichten Schachtabdeckung. Einzustellen in diesen Schacht ist ein rohrähnlicher Siebkörper, sodass die Schwemmteile sich zwischen der Schachtinnenwand und der Außenseite des Siebkörpers sammeln können. Dieser Stauraum ist größer als der Inhalt eines Eimers und erlaubt damit, bisherige Reinigungsintervalle zu minimieren. Die Reinigung der Abläufe erfolgt automatisiert über ein Saugrohr mit Wasserzuführung in Verbindung mit dem Einsatzfahrzeug. Doch auch diese Vorteile des neuen Straßenablaufs bleiben bisher in der Praxis noch ungenutzt.

Neubau des zweiten Eigenheims

Die Suche nach einem Wohnobjekt gaben Kathi und ich auf, weil keines der besichtigten Häuser unseren Erwartungen entsprach. Es reifte der Plan, ein neues Heim für uns zu bauen. Mit dem Geld aus der Zwangsversteigerung kaufte ich im Sommer 1986 ein bezahlbares Baugrundstück in Lohfelden. Wegen der Emissionen aus dem Betrieb der nahen Sandgrube wurde die voll erschlossene Parzelle in der Größe von zirka 820 qm für 60.000 DM angeboten. Da der Sandabbau und die spätere Rekultivierung des riesigen Areals wohl noch Jahre dauern würden, schreckten viele Bauwillige vom Kauf dieses Grundstücks ab. Zudem ließ die Grubensohle von rund 22 Meter unterhalb des Straßenniveaus befürchten, dass beim weiteren Sandabbau entsprechende Bodenmassen aus dieser Parzelle in die Grube abrutschen könnten.

Abbildung 56: Die Sandgrube hinter unserem Haus
(links oben als schwarzes Dach erkennbar)

Für mich aber entsprachen Lage und Ausrichtung des Grundstücks meiner Hausplanung. Um mich vor dem Kauf abzusichern, gab es Gespräche mit dem Bergamt in Kassel und dem Verkäufer, der Kreissparkasse Kassel. Das Amt bestätigte, dass die in der Betriebserlaubnis gesetzten Grenzen des Sandabbaus nicht überschritten werden dürften und die Rekultivierungsarbeiten innerhalb der nächsten vier Jahre abgeschlossen sein müssen. Letztlich reduzierte die Sparkasse den Grundstückspreis auf rund 55.000 DM. Nun stimmte ich dem Ankauf zu.

Wieder ließ ich mir den Jahresurlaub 1986 auf das Jahr 1987 übertragen und hatte damit zwölf Wochen Zeit, um Eigenleistungen zu erbringen. Im April wurden in Ausschachtung per Hand die Fundamente und Rohrgräben ausgehoben, die Rohre der Hausentwässerung verlegt und die Fundamente sowie die Bodenplatte bewehrt und betoniert. Anschließend übernahm eine Baufirma die Maurer- und Betonarbeiten, während ich die Doppelgarage erstellte. Abends überprüfte ich die Arbeiten der Firma. Entdeckte ich Fehler, deren Korrektur wegen der am nächsten Tag anstehenden Folgearbeiten nicht aufschiebbar war, beseitigte ich diese. Für diese Tätigkeit ließ ich mir Kranstunden vom Polier gutschreiben und nahm diese für Hilfeleistungen beim Garagenbau in Anspruch. Kathis Mithilfe bestand anfangs darin, die Baustelle zu säubern. Die Bauarbeiter mussten aufpassen, nicht von ihr fortgekehrt zu werden. Umfangreicher wurden die Eigenleistungen nach Fertigstellung des Rohbaus. Jetzt hieß es, Unmengen von Abwasser- und Frischwasserleitungen, Leerrohre, Stromkabel und Heizungsrohre zu verlegen und deren Schlitze zu verschließen. Der Umfang der Leitungslegungen lässt sich erkennen aus der Vielzahl der Fotos in den hinterlegten Alben. Bei der Installation der sanitären Anlagen und der Heizung hat uns wieder Onkel Franz geholfen. Als Gegenleistung plante ich sein Wohnhaus in Fuldatal-Ihringshausen. Wieder in Eigenleistung erbrachten wir die Maler- und Tapezierarbeiten. Tochter Heike unterstützte uns hierbei tatkräftig.

Abbildung 57: Kathi nach der Verlegung der Rohrleitungen für die Heizung in für diese elegante Frau im „normalen" Leben undenkbarer Aufmachung

Nach einer Bauzeit von sieben Monaten konnten wir im November 1987 unser neues Heim beziehen. In den Wintermonaten richteten wir die Kellerbar ein, hierzu standen das ausgebaute Holz der Kellerbar vom Hörnebachweg sowie deren Möbel zur Verfügung.

Das Geschehen in der Sandgrube beobachtete ich ständig. Die vom Bergamt gesetzten Grenzlinien für den Sandabbau waren im Herbst 1990 erreicht und in Teilbereichen bereits überschritten. Meine Eingabe beim Bergamt stoppte den Sandabbau und förderte die Bodenverfüllung der restlichen Grube. Auf dieser Fläche entstand die Parklandschaft „Grüne Mitte". Im Zuge dieser Umgestaltung kaufte ich von der Gemeinde Lohfelden eine Fläche von 350 qm zur Bauplatzerweiterung. Der Zukauf und die angrenzende Parkanlage haben – bildlich gesprochen – mein Grundstück von einem hässlichen Entlein zu einem stolzen Schwan entwickelt.

Abbildung 58: Gartenansicht des Hauses mit nachträglich aufgesetztem Giebel

Abbildung 59: Hausansicht in nordwestlicher Richtung

Zweite Ehe – endlich angekommen!

Bereits kurz nach dem ersten Kennenlernen war ich bereit, mit Kathi die Ehe einzugehen. Sie war liebenswert, unternehmungslustig und bot mir die Liebe, die Renate mir verweigerte. Doch sie zeigte auch andere Eigenschaften. Ihr sprunghaftes Wesen und ihre aggressiven Phasen ließen sie manchmal zu einem Chaoten werden. Sie erfüllte dann die Eigenschaften, wie ihr Sternkreiszeichen diese benennt: „Zwillingsdamen sind leicht beeinflussbar, wirken daher flatterhaft und nervös. Sie möchten alles haben und am besten sofort." Nach einer gemeinsamen Zeit von zehn Jahren heirateten wir standesamtlich am 7.5.1993. Inzwischen feierten wir unsere Silberne Hochzeit und haben bereits Gäste für unsere Goldene Hochzeit im Jahr 2043 eingeladen. Wir hoffen nur, dass die geladenen Gäste bis dahin alle gesund und munter bleiben.

Kathis offene Art ließ uns neue Bekanntschaften schließen. Unsere Kellerbar, die wir aus dem Haus Hörnebachweg mitnahmen, war wieder offen für Karnevalsfeiern in größerer Runde. Kathi sorgte für die entsprechende Musik. Neben einer Soundanlage standen ihr drei erworbene Jukeboxen der 60er-Jahre und weit über 3.000 Musiktitel zur Verfügung. Selbst unsere ehemaligen Mieter des Hauses im Hörnebachweg, Uli und Elisabeth, jetzt beide Schuldirektoren, besuchen gern unsere Veranstaltungen. Auch nehmen wir am öffentlichen Leben teil. Nach gemeinsamen Tanzkursen zog es uns zu Tanzveranstaltungen, wo wir unser Können anwenden konnten. Neben den häuslichen Arbeiten, die Kathi sorgsam verrichtet, pflegt sie mit besonderer Hingabe unseren großen Garten. Das nachstehende Foto, welches zum 85. Geburtstag unserer Mutter aufgenommen wurde, zeigt meine Geschwister und deren Partner. Im Bild stehen hinten von rechts Bruder Rudi, Schwager Karl-Heinz, Schwester Uschi, Bruder Wilfried, seine Frau Vera und ich. Vor mir sitzt meine Frau Kathi, daneben unsere Mutter, gefolgt von meiner Schwester Christa und deren Mann Uli.

Abbildung 60: Unsere Familie am 85. Geburtstag unserer Mutter

Ende meiner Dienstzeit,
Patente und neue Erddrucktheorie

Im Zeitrahmen von 1983 bis 1992 ließen das Scheidungsverfahren, die Zwangsversteigerung, die Ausgrenzung im Amt und die Häme mancher Kollegen meine Blutdruckwerte auf 240/180 mm Hg steigen. Im Mai 1993 schrieb mein Internist mich krank und überwies mich anschließend in eine Rehabilitations-Klinik. Nach drei Monaten konnte ich den Dienst wieder aufnehmen. Im Amt versuchte man, mir freundlich zu begegnen, doch sah ich darin reine Heuchelei. Erst die Kommunalwahl brachte für viele Bürger der Stadt und für mich eine Wende. Die neue Führung hob die Diffamierungen meiner Person auf und beförderte mich im November 1993 zum Bauoberrat.

Mein Glaube, durch den Wechsel des Abteilungsleiters Kanalbau wieder vollständig in das System Tiefbauamt eingegliedert zu werden, scheiterte an der noch immer von der bisherigen Partei beeinflussten Verwaltung. Um meinen Sachgebietsleiterposten Kanalunterhaltung aufgeben zu können, bewarb ich mich um die freie Stelle des Projektleiters für den Umbau und die Erweiterung der Kläranlage. Diese Maßnahme war mit rund 20 Millionen DM veranschlagt und sollte in einer Bauzeit von fünf Jahren beendet sein. Als mir signalisiert wurde, meine Bewerbung habe Erfolg, bat mich die Amtsleitung, aus gesundheitlichen Gründen die Bewerbung zurückzunehmen. Ich erfüllte deren Wunsch und ersuchte gleichzeitig, mich aus gesundheitlichen Gründen in den Ruhestand zu versetzen. Diesem Antrag wurde stattgegeben, die Urkunde zu diesem Verwaltungsakt erhielt ich am 1. Juli 1995.

Patentverwertung: Verlegehilfe

Die Patentverwertung der Verlegehilfe begann noch während meiner Dienstzeit. Um Pflichtverletzungen zu vermeiden, übertrug ich die Vermarktung meinem Sohn Jürgen. Durch meine

Fachartikel, die in Fachzeitschriften veröffentlicht wurden, machte ich das neue Verlegeverfahren bundesweit bekannt. So konnte mein Sohn mit namhaften Rohrwerken in fast allen Bundesländern Lizenzverträge abschließen. Neben einer festen Jahresgebühr bezahlten die lizenzierten Werke eine Lizenzgebühr pro Meter verkaufter Verlegehilfen. Bei diesen Abschlüssen hatte Jürgen gute Arbeit geleistet.

Nach meiner Entlassung aus dem Dienst der Stadt Kassel brauchte ich eine fast einjährige Erholungsphase, um meine Blutdruckwerte mit Medikamenten in den Normalbereich zu bringen. Anschließend übernahm ich die Firma für die Lizenzen. Bis jetzt war die Gebührenabrechnung mit den Lizenznehmern weitestgehend Vertrauenssache, doch meine freie Zeit erlaubte es, die laufende Produktion der Fertigteile in den Werken zu verfolgen. Bald erstellte ich in Zusammenarbeit mit den Rohrwerken und Baufirmen Nebenangebote, die sich für die Werke als verkaufsfördernd erwiesen. Der Erfolg auf den Baustellen brachte Ämter und Ingenieurbüros dazu, mich zu Vorträgen einzuladen. Insbesondere eine Rohrverlegung im innerstädtischen Bereich in einem schmalen Graben begeisterte manche Fachabteilung. Meinem Bestreben, die Verkaufszahlen bei der Verlegehilfe zu steigern, stand die Verpflichtung entgegen, als Vorruheständler Nebeneinnahmen bei Überschreitung eines Freibetrags an die Stadt Kassel abführen zu müssen. Um diese Ausgaben zu vermeiden, gönnte ich mir auf den Geschäftsreisen Übernachtungen in höherwertigen Hotels und kaufte jedes zweite Jahr als Geschäftswagen einen neuen Mercedes. Die Beteiligung der Stadt Kassel an meinen Nebeneinnahmen endete mit dem Erreichen meines 65. Lebensjahres. Kurz vor diesem Termin meldete sich das Finanzamt bei mir zu einer Steuerprüfung an. Dem Finanzbeamten ging es weniger um Akteneinsicht, sondern mehr darum, über die Verwendung meiner Einnahmen aus den Lizenzgebühren zu erfahren. Als ich das Thema „Beteiligung der Stadt Kassel an meinen Nebeneinnahmen" ansprach, kam vom Finanzbeamten nur ein vielsagendes Lächeln zurück, hier hatte möglicherweise die Stadt Kassel das

Finanzamt um Amtshilfe gebeten. Schnell war meine Geschichte über die Patenteinnahmen und deren Verwendung erzählt, und so verabschiedete sich der Beamte. Mit Ablauf des zwanzigjährigen Patentschutzes löste ich Ende 2011 die Firma auf.

Die neue Erddrucklehre

Über meine Ermittlungen der natürlichen Bodeneigenschaften und der Erdkräfte konnte ich nachweisen, dass die derzeit in den deutschen Normen vorgegebenen empirischen Bodenkennwerte nicht zum realen Bodenverhalten in freier Natur passen. In den 15 Jahren, in denen ich Ämter, Ingenieurbüros und Baufirmen über die Rohrverlegung auf der Verlegehilfe beriet, wurden mir neben den bekannten Rohrschäden auch Schäden an Stützwänden vorgetragen. Da ich meine Erkundungen über die Rissbildungen an neu verlegten Kanalrohren mit fehlerhaften Erddruckberechnungen begründen konnte, sah ich Bauschäden an Stützwänden im gleichen Zusammenhang.

Nun, im Ruhestand, hatte ich die Zeit und die Möglichkeit, selbst der Sache als Forscher auf den Grund zu gehen, ohne dass mir Steine in den Weg gelegt wurden. So richtete ich mir im heimischen Keller eine Art Labor ein. Umfangreiche Untersuchungen der Eigenschaften unterschiedlicher Bodenarten ohne und mit Wasserzugabe ließen mich erkennen, dass ähnlich wie das Klima auch die Böden einem ewigem Wandel unterliegen. Beim Klima werden Kraftunterschiede bezeichnet mit den Begriffen „Hoch" und „Tief". Die jeweilige Kraftdifferenz lässt z. B. Winde oder Orkane entstehen und bewegt das Wasser der Meere. Addiert man die Kräfte der Wetterlagen Hoch und Tief, so erhält man eine positive Kraft, die unter dem Diktat der Zeit in polare Richtungen wirken kann. Diese Erkenntnisse lassen sich auch auf den steten Wandel der Böden übertragen. Hier verändern Erosionen, Kräfte den harten Fels zu Staub und Staub unter Druck wieder zu Fels. Der Wandel geht einher mit einer Massenmehrung bei der Auflösung des Felsgesteins und einer Massenminderung bei der Umwandlung von Staub zu Fels. Diese Umbildung benötigt Kraftgrößen, die sich der Stoffdichte anpassen. Für die Berechnung der Dichte und des natürlichen Bodenwinkels einer Bodenart wurde dem harten Felsgestein die Stoffdichte g *(ptg)* = 3,0 t/m³ und der Neigungswinkel βt = 90,0° zugeordnet, d. h. der Fels entwickelt aus seinem Eigengewicht G keine horizontalen Kräfte. Lässt man externe Kräfte (Erosionen) zu, erhöht sich das ursprüngliche Volumen (Vp) des Felsgesteins durch die Bildung von Luftporen (Vl). Ordnet man dem porenlosem Felsgestein das Volumen (Vf) zu, so lassen sich über die vorgegebene Stoffdichte ptg und die Volumenänderung ($\Sigma V = Vf + Vl$) alle weiteren Eigenschaften der neuen Bodenart errechnen. Weiterführende Bodenuntersuchungen offenbaren, dass deren Dichte, Neigungswinkel und Scherwinkel in einem direkten Abhängigkeitsverhältnis zueinander stehen. Ändert sich ein Bodenwert, so verändern sich auch die übrigen Werte und lassen eine andere Bodenart mit eigenen Eigenschaften entstehen.

Mit der Berechenbarkeit der Bodeneigenschaften und der Erkenntnis, dass sich ein Erdblock mit dem Volumen ($Vp = a_0 \cdot b_0 \cdot h_0$) bei einachsiger Kraftausrichtung infolge des natürlichen Neigungswinkels β in einen sogenannten stehenden und einen sogenannten liegenden Erdkeil teilt, werden physikalische Prozesse und die Kraftverteilung im Erdblock erklärbar. Der stehende Erdkeil mit der Schwerpunktlage im oberen Dritte der Höhe h_0 kann aus seiner Gewichtskraft eine horizontale Erdkraft gegen eine vertikale Stützwand entwickeln, wobei der liegende Erdkeil die gleiche Kraftgröße – nur in polarer Richtung – ausbildet. Noch einfacher lassen sich die unterschiedlichen Erdkräfte beim Betrieb einer Sanduhr darstellen. Befüllt man den unteren Behälter der Uhr mit Sand, so bildet sich auf dem horizontalen Boden ein Schüttkegel aus. Der Sand im Kegel verhält sich inaktiv und verändert seine Form nur unter dem Einfluss einer externen Kraft. Sein Schwerpunkt befindet sich im unteren Drittel seiner Höhe h. Dreht man aber die Uhr um 180°, so nimmt der Sand, gehalten durch die Behälterwand, jetzt die Form eines auf der Spitze stehenden

Kegels ein. Sein Schwerpunkt liegt nun im oberen Drittel des Kegels. Durch die dem Sand beim Drehen der Uhr zugeführte Energie ist dieser aktiv und in der Lage, horizontale Kräfte auszubilden. Die zugeführte Kraft reduziert sich durch das Abfließen des Sandes in den unteren Behälter, wo der Sand wieder seine liegende inaktive Form einnimmt.

Über diese Erkenntnisse verfasste ich die Artikel „Erddruck nach dem physikalischen Gesetz der geneigten Ebene" und „Zeit für eine neue Erddrucklehre", die das Fachorgan „tis – Tiefbau, Ingenieurbau, Straßenbau" erstmalig im März 2005 bzw. März 2010 veröffentlichte.

Abbildung 61: Versuchsanordnung in einem Glaskasten, der durch eine einstellbare Glasscheibe in zwei gleichgroße Kammern unterteilt werden kann. Hier schichtweiser Einbau von Sand und Basaltgrus in die linke Kammer und danach unterschiedliche Ausbreitung der Füllstoffe nach dem Ziehen der Trennscheibe.

Abbildung 62: Versuchsanordnung im Glaskasten gemäß Abbildung 61. Hier schichtweiser Einbau von Basaltgrus mit Einlage von Papierstreifen zur Nachverfolgung der auftretenden Erdkräfte. Feststellung: Keine Erdkraft gegen die vertikale Bezugsachse am Behälterboden, damit These der herkömmlichen Lehre widerlegt.

Weitere Versuchsanordnungen, Auswertungen und Erddruckberechnungen sind dargestellt in der „Erddruck-Studie, März 2015". Dieses Werk wurde der Fachwelt im Internet auf eigener Seite www.erddruck.de vorgestellt und in gedruckter Form Universitäten sowie Instituten mit geotechnischer Ausrichtung zur Verfügung gestellt. Diese Studien habe ich auch in englischer Sprache übersetzt und publiziert. Gleichzeitig offenbarte das

Studium der herkömmlichen Erddrucklehre für diese und die daraus entwickelten Regelwerke für die Berechnung des Erddrucks eine Vielzahl gravierender Fehleinschätzungen. Zudem werden in diesen Berechnungsgrundlagen empirische Bodenwerte genutzt, welche die Berechnungsergebnisse weiter verfälschen.

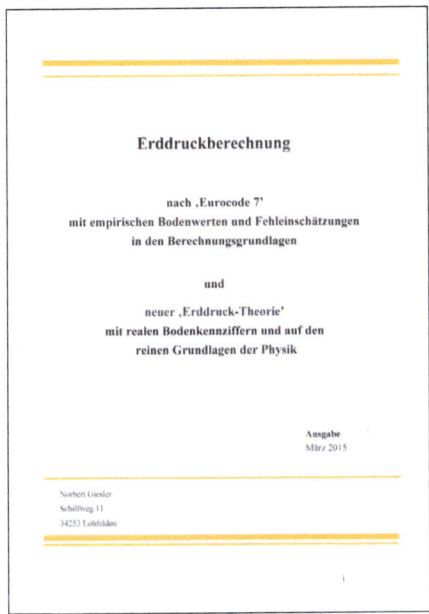

Erddruckberechnung

nach ‚Eurocode 7'
mit empirischen Bodenwerten und Fehleinschätzungen
in den Berechnungsgrundlagen

und

neuer ‚Erddruck-Theorie'
mit realen Bodenkennziffern und auf den
reinen Grundlagen der Physik

Ausgabe
März 2015

Norbert Giesler
Schäffweg 11
34253 Lohfelden

*Abbildung 63: Studie zum Erddruck nach
Eurocode 7 und neue Erddruck-Theorie 2015*

Die Erkenntnisse zum Bodenverhalten und deren Kräfte habe ich zusammengefasst im Buch „Die neue Erddrucklehre ..." und ergänzt mit einer Kurzfassung zum Buch.

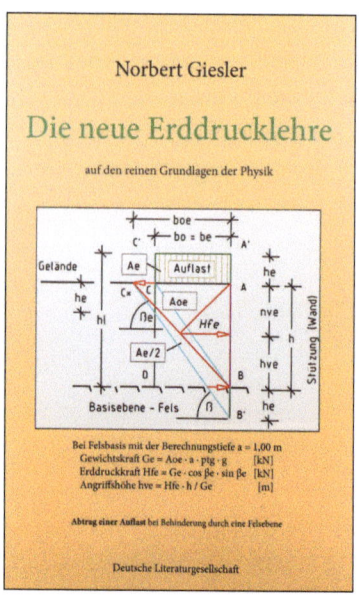

Abbildung 64: Buch: Die neue Erddrucklehre 2017

Abbildung 65: Kurzfassung zum Buch 2021

Auch wenn die Fachwelt bisher über Neuerungen in der Erddruckberechnung eher schweigt, glaube ich fest daran, dass diese Innovationen sich zukünftig durchsetzen werden. Meine Hoffnung stützt sich auf die Tatsache, dass die neue Erddrucklehre den Grundlagen der reinen Physik folgt und diese Fakten unumstößlich sind.

Einsturz des Kölner Archivs

Dramatische Ereignisse im Jahr 2009 zeigten mir umso mehr, dass bei den Regelwerken der Geotechnik nicht mit den realen Bodenwerten und deren Winkeln gerechnet wird. So waren der Bergrutsch in Nachterstedt und der Einsturz des Kölner Archivs tatsächlich unfreiwillige Praxistests meiner neuen Lehre.

Zum Einsturz des Historischen Archivs habe ich Stellung bezogen, weil die vom Gerichtsgutachter angezeigte Begründung hierzu aus bautechnischer Sicht nicht möglich ist. Er sieht einen größeren Steinblock als Ursache, der bei der Herstellung der dem Archiv zugewandten Schlitzwand in dieser Wand verblieben und nicht beseitigt worden sei. Folgt man dem Verfahren zur Herstellung von Schlitzwänden, so lässt sich leicht erkennen, dass ein im Graben der Wand belassenes Hindernis ein weiteres Ausschachten, Bewehren und Betonieren der Wand ausschließt. In Anwendung der neuen Erddrucklehre konnte ich hingegen nachweisen, dass die Einbeziehung der Lasten aus dem Archiv auf den Baugrund eine Erddruckkraft entstehen lässt, die sehr wohl zu einer Betonüberspannung in der Schlitzwand führen konnte. Es dürfte sein, dass als Einsturzursache des Archivs eine fehlerhafte Erddruckermittlung infrage kommt. An diesem Desaster in Köln und weiteren Schadensfällen mit Toten und immensen finanziellen Einbußen in Deutschland tragen für mich Mitschuld die fehlerhaften und immer noch geltenden Regelwerke der derzeitigen Erddrucklehre und die DIN-Vorgaben. Ohne eine Überarbeitung der mangelhaften Vorschriften werden sich ähnliche Unglücke bei anderen Bauvorhaben ereignen können.

Ich aber möchte meine Tätigkeiten zur Einführung einer neuen Erddrucklehre beenden mit dem Spruch von Vincent van Gogh: „Was wäre das Leben, hätten wir nicht den Mut, etwas zu riskieren?"

8 WAS WAR UND WAS BLEIBT

Meine Lebensgeschichte beruht auf realen Erlebnissen. Betrachtet man die deutsch-schwedische Abstammung meiner Mutter, die österreich-polnische Herkunft meines Vaters und verknüpft diese Ahnen mit meiner Geburt in einer preußischen Kaserne, so stellt sich für mich die Frage: „Bin ich noch ein Deutscher oder schon ein Europäer?" Wie ausgeführt, gab es zu den Großeltern mütterlicherseits nur wenige Kontakte, mein Leben war vornehmlich eingegliedert in den Familienkreis der Gieslers. Die Aufnahme der Großeltern in das Haus unserer Eltern in Herzberg festigte die Bindungen an unsere weitläufige Verwandtschaft. Ähnlich wie das Dasein der Großeltern war auch das Leben unserer Eltern von Entbehrungen und von Sorgen um das Wohl ihrer Kinder geprägt. „Urlaub" war für sie eher ein Fremdwort, für sie stand die Arbeit im Vordergrund. Besonders meinen Eltern habe ich nicht nur für die Obhut meiner Tochter Heike zu danken, sondern auch für ihre moralische Unterstützung in meinem ewigen Kampf mit den Launen meiner ersten Ehefrau Renate.

Abbildung 66:
Großeltern Giesler und
Cousin Reiner, 1952

Abbildung 67: Mein Vater Hans-Johann Giesler, 1978

Abbildung 68: Meine Mutter Ida Giesler, geb. Wengel, 1980

Unsere Großmutter verstarb am 2.5.1954 und der Großvater folgte ihr am 31.7.1957. Ihre letzte Ruhestätte fanden sie, wie später unsere Eltern, im Familiengrab auf dem Herzberger Friedhof. Unser Vater verstarb am 8.7.1986 und unsere Mutter am 26.7.2001.

Meine Ehe mit Renate stand eher auf dem Papier, als dass sie in ehelicher Gemeinschaft vollzogen wurde. Sie begann mit Renates Lüge bezüglich der Zeugung der Tochter und endete in einem im Laufe der Jahre immer weiter ausufernden Lügengeflecht. Obwohl ich Renate liebte, brachten mich ihre Launen bis an den Rand meiner – nicht nur körperlichen – Grenzen. Das mit ihrem neuen Partner ersehnte Paradies hat sie leider nicht gefunden, sie verstarb nach langem Siechtum und in Einsamkeit am 30. Januar 2013.

Trotz all der widrigen Lebensumstände sind Tochter Heike und Sohn Jürgen geboren und aufgewachsen und sie entwickelten sich zu lebensbejahenden Menschen. Durch beide Kinder bin ich jeweils doppelter Großvater. Der Weg, den meine Kinder eingeschlagen haben, erfüllt mich mit Stolz.

Leider beschränkten sich meine Kontakte zu den Kindern und den vier Enkelkindern auf die jährlich sehr wenigen Familientreffen. Mögliche Gründe sehe ich darin, dass sie die Ursache nicht kannten, die zur Ehescheidung führten, und erbost waren über meine Damenbekanntschaften am Ende der Ehe. Dennoch bedanke ich mich bei meinen Kindern und bitte um Verständnis für den von mir gegangenen Weg.

Jetzt mit 86 Jahren am Ende meines Weges schaue ich zurück auf jenes, was mir das Leben bereitete. Auch für mich spiegelt sich im Psalm 90,10 („Unser Leben währet siebzig Jahre, und wenn's hoch kommt, so sind's achtzig Jahre, und wenn's köstlich gewesen ist, so ist es Mühe und Arbeit gewesen; denn es fährt schnell dahin, als flögen wir davon.") mein arbeitsreiches Leben wider, welches geprägt ist von Hunger und Erniedrigungen, aber auch von Erfolgen. Meine Liebe verschenkte ich lange an Renate. Die familiären Umstände und die Missgunst beim beruflichen Aufstieg brachten mir jedoch gesundheitliche Beschwerden. Aus diesem Tief holte mich letztlich Kathi.

Dennoch bleibt die Frage: Warum bin ich diesen Weg gegangen? Oft boten sich Gelegenheiten, meinem Leben eine andere Richtung zu geben. Auch war ich Gefahren ausgesetzt, wo der Tod hätte fester zugreifen können. Aus irgendeinem Grunde hat er es nicht getan. Die Aufgaben, die ein Mensch in seinem Leben erfüllen sollte, konnte ich erledigen. Ich habe Bäume gepflanzt, Häuser für die Familie gebaut, Bücher geschrieben, an meiner Umwelt teilgenommen und vielleicht das mir zugeteilte Leben ganz ordentlich gelebt – mit allen Kapriolen.

Obwohl Realist, glaube ich an ein vorbestimmtes Leben und sehe meine Begegnung aus möglicherweise weit zurückliegenden Zeiten mit meinem Ebenbild in Plauen als Zeichen einer Wiedergeburt. Vielleicht gibt es den allgemeinen Kreislauf des Lebens, der darin gesehen werden kann, dass Fels zu Staub und Staub zu Felsen wird.

Bei mir fühlte sich dieser Kreislauf mit seinen irren Wendungen, den Höhenflügen und teils noch rasanteren Abfahrten jedenfalls an wie ein ereignisreicher Besuch auf dem Rummelplatz – mitten auf der Achterbahn.

DER AUTOR

Norbert Giesler wurde 1936 in Westpreußen geboren und ist in Oberschlesien aufgewachsen. Nach einer durch den Krieg abgekürzten Kindheit erlangte er die Mittlere Reife und schloss in Kassel erfolgreich das Studium des Bauingenieurwesens ab. Danach war er in verschiedensten, verantwortungsvollen Positionen in der Baubranche tätig, vom Planungsbüro bis zum Bauoberrat. Er nahm auch eine freiberufliche Tätigkeit zur Verwertung eigener Patente im Bauwesen in Angriff. In seiner Freizeit widmet sich Giesler gerne dem Sport, vor allem Wanderungen. Sein Lebenslauf und seine Karriere haben ihm eine Beharrlichkeit beigebracht, die es ihm ermöglicht, auch unter widrigsten Bedingungen an einer Sache festzuhalten, von der er überzeugt ist. Mathematische und analytische Kompetenzen, ein gutes, detailliertes Erinnerungsvermögen und ein Verständnis von Erdkräften und deren Berechnungen haben ihm nicht nur beruflich gute Dienste erwiesen.

DER VERLAG

VINDOBONA
VERLAG SEIT 1946
ein Verlag mit Geschichte

Bereits seit 1946 steht der Vindobona Verlag im Dienst seiner Bücher und Autoren. Ursprünglich im Bereich periodisch erscheinender Journale tätig, präsentiert sich der Verlag heute als kompetenter Partner für Neuautoren am deutschen, österreichischen und schweizerischen Buchmarkt. Engagement, Verlässlichkeit und Sachverstand – das sind die Grundpfeiler, auf denen der Verlag seit jeher sicher steht.

Sie möchten mit Ihrem Werk das vielseitige Verlagsprogramm bereichern? Der Vindobona Verlag garantiert Ihnen eine professionelle Prüfung Ihres Manuskriptes durch das Lektorat sowie eine zeitnahe Rückmeldung.

Genauere Informationen zum Verlag
finden Sie im Internet unter:

www.vindobonaverlag.com